应用型本科院校"十二五"规划教材/经济管理类

The Generality of China's Foreign Trade

中国对外贸易概论

主　编　刘世鹏　李　莹
副主编　赵玉颖　张　武　王维娜

哈尔滨工业大学出版社
HARBIN INSTITUTE OF TECHNOLOGY PRESS

内容简介

全书共十章,首先介绍我国对外贸易的发展概况,然后介绍我国对外贸易的发展战略、管理体制、三大管理手段、技术和服务贸易、对外贸易关系及外贸发展过程中的问题等内容。每章配有本章导读、资料卡、本章小结和思考题,有助于学生对本门课程进行全面的认识和理解,引导学生思考我国未来外贸发展的问题。

本教材内容翔实,体系完整,引用的资料新颖,有一定的时效性,既可供应用型本科院校国际经济与贸易专业学生及其他经济类专业学生使用,也适合其他对外贸感兴趣的人士阅读。

图书在版编目(CIP)数据

中国对外贸易概论/刘世鹏,李莹主编. —哈尔滨:哈尔滨工业大学出版社,2012.7

应用型本科院校"十二五"规划教材

ISBN 978-7-5603-3680-0

Ⅰ.①对… Ⅱ.①刘…②李… Ⅲ.①对外贸易-中国-高等学校-教材 Ⅳ.①F752

中国版本图书馆 CIP 数据核字(2012)第 163177 号

策划编辑	杜 燕 赵文斌 李 岩
责任编辑	李广鑫
出版发行	哈尔滨工业大学出版社
社　　址	哈尔滨市南岗区复华四道街10号 邮编150006
传　　真	0451-86414749
网　　址	http://hitpress.hit.edu.cn
印　　刷	哈尔滨市石桥印务有限公司
开　　本	787mm×960mm 1/16 印张18.75 字数404千字
版　　次	2012年7月第1版 2012年7月第1次印刷
书　　号	ISBN 978-7-5603-3680-0
定　　价	33.80元

(如因印装质量问题影响阅读,我社负责调换)

《应用型本科院校"十二五"规划教材》编委会

主　任　修朋月　竺培国
副主任　王玉文　吕其诚　线恒录　李敬来
委　员　（按姓氏笔画排序）
　　　　　丁福庆　于长福　马志民　王庄严　王建华
　　　　　王德章　刘金祺　刘宝华　刘通学　刘福荣
　　　　　关晓冬　李云波　杨玉顺　吴知丰　张幸刚
　　　　　陈江波　林　艳　林文华　周方圆　姜思政
　　　　　庹　莉　韩毓洁　臧玉英

序

哈尔滨工业大学出版社策划的《应用型本科院校"十二五"规划教材》即将付梓,诚可贺也。

该系列教材卷帙浩繁,凡百余种,涉及众多学科门类,定位准确,内容新颖,体系完整,实用性强,突出实践能力培养。不仅便于教师教学和学生学习,而且满足就业市场对应用型人才的迫切需求。

应用型本科院校的人才培养目标是面对现代社会生产、建设、管理、服务等一线岗位,培养能直接从事实际工作、解决具体问题、维持工作有效运行的高等应用型人才。应用型本科与研究型本科和高职高专院校在人才培养上有着明显的区别,其培养的人才特征是:①就业导向与社会需求高度吻合;②扎实的理论基础和过硬的实践能力紧密结合;③具备良好的人文素质和科学技术素质;④富于面对职业应用的创新精神。因此,应用型本科院校只有着力培养"进入角色快、业务水平高、动手能力强、综合素质好"的人才,才能在激烈的就业市场竞争中站稳脚跟。

目前国内应用型本科院校所采用的教材往往只是对理论性较强的本科院校教材的简单删减,针对性、应用性不够突出,因材施教的目的难以达到。因此亟须既有一定的理论深度又注重实践能力培养的系列教材,以满足应用型本科院校教学目标、培养方向和办学特色的需要。

哈尔滨工业大学出版社出版的《应用型本科院校"十二五"规划教材》,在选题设计思路上认真贯彻教育部关于培养适应地方、区域经济和社会发展需要的"本科应用型高级专门人才"精神,根据黑龙江省委书记吉炳轩同志提出的关于加强应用型本科院校建设的意见,在应用型本科试点院校成功经验总结的基础上,特邀请黑龙江省9所知名的应用型本科院校的专家、学者联合编写。

本系列教材突出与办学定位、教学目标的一致性和适应性,既严格遵照学科体系的知识构成和教材编写的一般规律,又针对应用型本科人才培养目标及与之相适应的教学特点,精心设计写作体例,科学安排知识内容,围绕应用讲授理论,做到"基础知识够用、实践技能实用、专业理论管用"。同时注意适当融入新理论、新技术、新工艺、新成果,并且制作了与本书配套的PPT多媒体教学课件,形成立体化教材,供教师参考使用。

《应用型本科院校"十二五"规划教材》的编辑出版,是适应"科教兴国"战略对复合型、应用型人才的需求,是推动相对滞后的应用型本科院校教材建设的一种有益尝试,在应用型创新人才培养方面是一件具有开创意义的工作,为应用型人才的培养提供了及时、可靠、坚实的保证。

希望本系列教材在使用过程中,通过编者、作者和读者的共同努力,厚积薄发、推陈出新、细上加细、精益求精,不断丰富、不断完善、不断创新,力争成为同类教材中的精品。

黑龙江省教育厅厅长

前　言

　　2011年以来，世界经济在矛盾中缓慢复苏，各国皆在奋力寻求新的经济增长之路，但欧美债务危机、全球通胀压力、自然灾害频发等使得全球经济复苏仍充满不定因素。中国作为世界第一大出口国，面对外需减弱、人民币升值、生产成本增高等多重压力，对外贸易在"稳出口、扩进口、调结构"的政策驱动下保持了稳定增长，进出口额再创历史新高。对外贸易平衡状况、对外贸易方式、对外贸易伙伴等结构问题都持续得以优化，对推动世界贸易和世界经济增长发挥了重要作用。但与此同时，中国的出口商品结构也出现了一些细微的问题，对外贸易也已呈现出减弱的苗头。在这种新形势下，只有稳定出口、扩大进口，吸引外商投资，引进先进技术，改造提升国内产业，全面参与国际分工和竞争，才能实现对外贸易的跨越式发展。

　　《中国对外贸易概论》是国际经济与贸易专业的专业基础课程，也是其他专业的选修课程，本门课程属于理论课，学习本门课程的主要目的是使学生了解当前我国外贸的发展状况，外贸发展和管理方面的政策和具体管理方法，了解当前我国外贸发展中的问题和对外经贸关系。为学习后续的专业课程打下基础。以往的教材理论性太强，不接触实际，不适合应用型本科院校的教学要求。所以我们在保留一定的理论基础知识的同时，加入了目前我国外贸管理的一些具体做法，例如，书中有"对外贸易经营者备案登记表"、2012年实行许可证管理的货物目录等，希望对学生和读者有所帮助。本书在编写过程中尽可能使用最新的数据资料，运用图、表、资料卡等使内容更加丰富，突出实际应用性。

　　本书由刘世鹏、李莹任主编，由赵玉颖、张武、王维娜任副主编。编写任务分工如下：第一章由李莹（黑龙江外国语学院）编写，第二、三章由张武（吉林师范大学）编写，第四、六章由赵玉颖（黑龙江科技大学）编写，第五章由刘世鹏（哈尔滨德强商务学院）编写，第七、八章由王维娜（哈尔滨德强商务学院）编写，第九章由裴丽杰（哈尔滨德强商务学院）编写，第十章由刘忠梅（哈尔滨德强商务学院）编写。刘世鹏对全书进行大纲制定和审核定稿，王秋兰（黑龙江大学）老师、王立民（东北农业大学成栋学院）老师，对本教材的编写给予了宝贵的指导和帮助。潘启荣、张波（哈尔滨德强商务学院）等同学帮助老师整理稿件，在此表示深深的谢意。

在编写过程中我们参考和引用了大量的文献资料,在此向文献资料的作者表示深深的谢意。限于编写人员的水平,书中难免有不当和疏漏之处,恳请各位专家和读者批评指正,以便我们做进一步的修改和完善。

编 者

2012 年 5 月

目 录

第一章 中国对外贸易发展概述 ... 1
- 第一节 中国对外贸易发展历程 ... 2
- 第二节 中国对外贸易总体格局 ... 10
- 第三节 中国对外贸易在国民经济中的地位和作用 ... 19
- 本章小结 ... 23
- 思考题 ... 23

第二章 中国发展对外贸易的理论依据 ... 27
- 第一节 国际贸易理论 ... 28
- 第二节 国际贸易理论在中国的适用 ... 41
- 本章小结 ... 46
- 思考题 ... 47

第三章 中国对外贸易发展战略 ... 49
- 第一节 中国对外贸易发展战略概述 ... 50
- 第二节 中国对外贸易发展的总体战略 ... 53
- 第三节 中国对外贸易发展的基础战略 ... 63
- 本章小结 ... 76
- 思考题 ... 76

第四章 中国对外贸易体制 ... 78
- 第一节 中国对外贸易宏观管理体制 ... 79
- 第二节 中国对外贸易微观经营体制 ... 85
- 本章小结 ... 89
- 思考题 ... 89

第五章 中国对外贸易管理（一） ... 92
- 第一节 中国关税制度 ... 93
- 第二节 中国贸易促进制度 ... 109
- 第三节 中国外汇制度 ... 123
- 本章小结 ... 132

思考题 ··· 132

第六章　中国对外贸易管理（二） ··· 135
　　第一节　中国对外贸易法律制度 ··· 136
　　第二节　中国对外贸易海关管理制度 ··· 143
　　第三节　中国货物进出口管理制度 ··· 158
　　第四节　中国商品进出口检验制度 ··· 164
　　本章小结 ··· 168
　　思考题 ··· 168

第七章　服务贸易 ··· 170
　　第一节　服务贸易的含义 ··· 171
　　第二节　服务贸易的保护与开放 ··· 174
　　第三节　我国的服务贸易 ··· 179
　　本章小结 ··· 188
　　思考题 ··· 188

第八章　技术贸易 ··· 190
　　第一节　技术贸易概述 ··· 191
　　第二节　知识产权及知识产权保护 ··· 195
　　第三节　我国的技术进出口贸易 ··· 206
　　本章小结 ··· 215
　　思考题 ··· 216

第九章　中国对外经济贸易关系 ··· 218
　　第一节　中国与亚洲主要国家的贸易关系 ··· 219
　　第二节　中国与欧洲主要国家的贸易关系 ··· 234
　　第三节　中国与美国的贸易关系 ··· 250
　　第四节　中国与南非的贸易关系 ··· 254
　　第五节　中国与澳大利亚的贸易关系 ··· 258
　　本章小结 ··· 261
　　思考题 ··· 261

第十章　中国对外贸易相关问题 ··· 263
　　第一节　中国对外贸易知识产权保护问题 ··· 263
　　第二节　中国对外贸易环境保护问题 ··· 269
　　第三节　中国对外贸易摩擦问题 ··· 277

本章小结 ·· 284
思考题 ·· 285
参考文献 ·· 286

第一章
Chapter 1

中国对外贸易发展概述

【本章学习要求】

通过本章学习,要求学生了解中国对外贸易的建立和发展历程;了解中国在封建社会、半殖民地半封建社会、改革开放前后对外贸易发展的状况和特点;掌握对外贸易在中国国民经济中的作用。

【本章主要概念】

朝贡贸易　市舶司　对外贸易额　贸易差额　商品结构　贸易方式

【本章导读】

2001年12月11日,中国正式成为世界贸易组织的第143个成员。入世10年来,中国迅速崛起为世界经济大国,并逐渐完成了从世贸组织的新成员、参与者到推动者的角色转变。10年来,中国GDP增长了3.4倍,而货物出口额增长了4.9倍,货物进口额增长了4.7倍,中国跃居成为全球GDP第二大国,第一大出口国,第二大进口国。入世10年是新中国成立以来特别是改革开放以来增长最快的时期,出口对国内经济增长的年均贡献率达20%。10年来贸易结构显现优化态势,初级品在货物出口中的比重在2001～2010年间从10%下降至5.2%;而机电产品出口增长了近8倍,机电产品占货物出口比重由10年前的44.6%提高到59.2%;服务贸易增长了4倍多。中国作为一个全球贸易大国兴起于世界舞台。中国对外贸易的发展不仅推动了中国经济的现代化和综合国力的提升,提高了13亿多中国人民的生活水平,也使中国经济成为世界经济的一部分,促进了经济全球化向有利于世界各国和地区共同繁荣的方向发展。

(资料来源:裴长洪,王宏淼.贸易改变了中国与世界.中国社会科学报,2011.12)

以上资料告诉我们,对外贸易改变了中国,那么中国对外贸易是何时建立的?又是如何发展壮大的?本章就来了解一下中国对外贸易的建立和发展历程,掌握当前中国对外贸易的基本状况以及对外贸易给中国的国民经济带来的影响。

第一节 中国对外贸易发展历程

贸易并不是人类诞生就产生的一种经济现象。它是随着人类社会劳动分工的产生及交换活动的出现而发展起来的。对外贸易的产生必须要具备物质和社会两方面的条件。物质条件是指剩余产品,社会条件是指国家政治实体的形成。中国在秦朝就应该具备了这两个条件,但是由于特殊的地域环境,真正意义上的对外贸易兴起于两千多年前的汉朝。中国对外贸易的发展历经了新中国成立之前、新中国成立到改革开放之前、改革开放之后这三个阶段。

一、新中国成立之前的对外贸易

中国对外贸易起源最早可以追溯到春秋时期,但学术界普遍认为中国对外贸易是始于秦代,而兴于汉代。在新中国成立之前,中国社会历史形态分为封建社会、半殖民地半封建社会两个阶段,对外贸易也呈现出不同的发展状况和特点。由此,新中国成立之前的对外贸易分为封建社会时期和半殖民地半封建社会时期。

(一)封建社会时期的中国对外贸易

1. 封建社会时期中国对外贸易的概况

(1)秦汉时期。公元前221年,秦帝国的建立结束了中国自春秋时代起500多年分裂割据的局面,成为中国历史上第一个统一的、中央集权制的国家,这也促进了生产力的发展和对外经贸活动的交流。但从秦始皇灭六国到秦国灭亡只有短短的15年,中国大规模的对外贸易活动还是没有展开。

西汉时的张骞和东汉时的班超先后出使西域,开辟以洛阳为起点,往西一直延伸到古罗马帝国的著名的"丝绸之路"。丝绸之路不仅促进了亚欧各国和中国的友好往来,沟通了东西方文化,还是古代亚欧互通有无的商贸大道。通过这条贯穿亚欧的大道,中国的丝织品、皮毛、瓷器、铁器及其他金属制品,源源不断地运向中亚,并进一步出口到地中海各国及欧洲国家。而从国外交换香料、药材、宝石、玻璃、织物等。这一时期,中国对外贸易伙伴主要是古罗马帝国、阿拉伯地区国家和日本、朝鲜、印度等亚洲国家。

从东汉到隋朝,由于社会动荡不安、战乱不断,中国对外经贸关系虽然受到一定抑制,但仍然有所发展。贸易伙伴不断增加,贸易内容逐渐复杂,贸易方式主要采用国家与国家之间的朝贡贸易。

(2)唐宋时期。唐朝是世界所公认的中国最强盛的时代之一,中国呈现出空前统一安定的社会局面,经济文化也达到前所未有的水平。疆域的扩大、政治的稳定、商运的畅通、文化的发达、经济的繁荣都吸引世界诸国前来交流和贸易。当时的首都长安也成为世界最重要的贸易中心。可以说唐代开启了中国古代对外贸易的历史新纪元。具体表现如下:首先,外贸中心发生转移。唐代之前,中国对外贸易集中在从丝绸之路的起点长安为中心的北方城市,而唐代南方经济发展迅速,还开辟了如扬州、明州(宁波)、温州、广州、潮州等通商口岸,使得对外贸易的兴旺程度大大提升。其次,外贸通道发生变化。唐代之前,中国对外贸易通道是以丝绸之路为代表的传统的陆路商道。为推进陆路贸易发展,唐政府设置了两个特别行政管理机构:安西都护府和北庭都护府。在加强陆路贸易管理的同时,还开通了海上商道,并设立"市舶司"以管理对外贸易。例如,从广州出发,直接到印度半岛南端,横渡阿拉伯海而到达今天的阿拉伯半岛周围的地区。唐代之后进入了北方开展传统的陆路贸易、南方开展海上贸易的时代。第三,对外贸易商品品种增加。唐代外商来中国从事贸易的人数创造了历史上的新纪录,他们带来了国外的金、银、铜、人参、毛皮类、黄漆、硫黄、丁香、沉香等商品,而唐代中国的丝织业、陶瓷业和金属铸造业也都发达起来,出口商品除了传统的丝织物、茶、酒以外,还出口瓷器、银器、药材。

自唐代安史之乱后,吐蕃、契丹、女真、蒙古等少数民族相继崛起,隔断了宋朝与海外的陆路联系,于是东南方的海路就成了宋朝对外贸易的唯一通道,海路贸易因而更加兴盛。由于北方的战乱,人口流徙到南方,大量南迁的北方人带来了先进的农业生产技术,促进了江南地区的进一步发展。加上南方优越的发展农业生产的自然条件,以及南方人经济观念受传统束缚相对较轻,南方耕地面积扩大,稻、麦、茶、桑、甘蔗的种植更为普遍,产量很高,并成为出口产品,推动了海外贸易的发展。宋代的手工业部门如制瓷业、纺织业、矿冶业、金属制造业在前代的基础上均有所发展,造船业的规模和制作技术,都比唐代有明显的进步。东南沿海主要海港都有发达的造船业。活字印刷术使书籍大量出版成为可能。这些都为海外贸易提供了新货源。在对外贸易的管理上,宋代不仅进一步完善了建于唐代的市舶机构,而且疏浚海港,增辟口岸,制定条例,积极鼓励外商来华贸易,还对市舶官员招徕蕃商的成绩予以奖惩,这些都促成了宋代海外贸易的兴盛及。

(3)元明清时期。元代时,政府在消灭南宋政权、统一全国的同时,立即着手组织海外贸易。农业、手工业都得到了一定的恢复和发展,船舶制造和航海技术也都居于世界先进之列,为海外贸易提供了丰富的物资。因此,中国当时的商船东起高丽、日本,中经印尼诸岛、印度次大陆,直到波斯湾沿岸地区、阿拉伯半岛和非洲沿海地区。国际上当时建立了横跨欧亚的大帝国,促动北方陆路贸易的畅通,对经济交流起到了积极作用。元明代初期,由于政权仍然不够稳定,社会经济情况尚未恢复,北方陆路贸易衰落;为对抗沿海居民的海外走私和倭寇的骚扰,明政府实施海禁,海上贸易也受到限制。明朝中后期,随着政权的不断稳固,明政府开始解禁,逐步放宽"海禁"政策,社会经济的快速恢复,促进了商贸的发展。尤其是明永乐三年至宣德八年(1405—1433),郑和先后率领庞大的船队七次下西洋,经东南亚、印度洋远航亚非地区,最远到达红海和非洲东海岸,航海足迹遍及30多个国家和地区。由于郑和下西洋的巨大影响,世界上许多国家都与中国建立了贸易关系,中国成为当时世界最大的海上贸易强国。明朝时期,中国的纺织业、漆器业、冶炼业、陶瓷业和铸造业都相当发达,出口商品也多出自这些产业。为加强对外贸易的管理,1405年明政府恢复了宁波、泉州、广州的"市舶司",在云南等地设立了新的"市舶司",其职能相当于当今的海关,对进出港口的货物征收关税,对进出港口的货物以及船舶进行监督和管理。

到了清朝初期,清王朝为防止汉族人从海外组织力量反击,颁布了"禁海令"和"迁海令",政府对海上贸易的严格禁止,使得14、15世纪发展起来的中国对外贸易大大衰落了。到康熙年间,清王朝平定三藩叛乱和收复台湾后,康熙皇帝立即废除海禁,颁布了开海贸易命令。在开海贸易政策的推动下,贸易总值、贸易伙伴、进出口商品、贸易港口、往来商船均出现增长的态势。该时期,同清朝进行贸易的国家,除承袭历代的东亚、东南亚和南亚各国外,欧洲的英国、荷兰、法国和美洲的美国也占有重要的地位。主要出口的商品有茶叶、生丝、绸缎、土布等,主要进口商品有毛织品、棉花、棉布、棉纱等。在对外贸易的管理方面,清政府设立粤、闽、浙、江四大海关,而对外贸易经营机构由明朝时期的"牙行"演变为"行商",由"行商"组成的机构称为"公行",在这种制度下,中国对外贸易的经营和管理都由"公行"控制。

2. 封建社会时期中国对外贸易的特点

(1)官方垄断下的朝贡贸易。封建社会时期,虽然中国民间对外贸易在封建社会有所发展,但一直不是主流。中国对外贸易从未实行过自由经营,而是由官方垄断经营并且进行强制性管理。自唐朝开始到明朝,一直延续着市舶制度的集中管理。清朝时期,管理和经营开始分离,有了专门管理对外贸易的海关,经营由半官方的"十三行"垄断。

朝贡贸易就是通过两国官方使节的往返,以礼物赠答形式进行交换的贸易方式。它是一种贸易和外交结合的官方贸易方式。例如,周朝时,表现为诸侯王国在其领地内自治,向周天子进贡,以表达共同隶属于中国的意义。秦汉以后,则表现为中央政府与地方王国的关系。明朝时朝贡制度达到鼎盛时期,来华朝贡的国家数量之多,朝贡的规模之大,手续之缜密,组织管理之完善,皆为历朝所不及。主要朝贡国有朝鲜、琉球(今日本冲绳)、安南(今越南北部)、占城(今越南南部)、暹罗(今泰国)、日本、爪哇(今印度尼西亚爪哇岛)、满剌加(今马来西亚马六甲)、苏门答腊(今印度尼西亚苏门答腊岛北部)、真腊(今柬埔寨和越南南部部分地区)、渤泥(今加里曼丹岛北部和文莱一带)、撒马儿罕(今乌兹别克斯坦萨马尔罕)等十几个国家。朝贡贸易是中国古代对外贸易的主要贸易方式,但是其种种限制却严重妨碍了中国对外贸易的进一步发展。

(2)对外贸易商品结构特点。封建社会时期,中国的手工业,尤其是丝织品、陶瓷业和铸造业曾长期领先于世界,出口商品结构中以丝织品、陶瓷产品和金属制造品为主。早在汉代,中国的丝绸就从河西走廊源源不断地输送到中亚各国,甚至是远销欧洲。由于中国对外贸易的官方垄断性,进口商品主要是为了满足王朝统治者享乐的生活用品和奢侈品,比如金属制品、药品、香料和珍贵动植物等。

(3)自然经济限制贸易发展。自然经济指生产是为了直接满足生产者个人或经济单位的需要,而不是为了交换的经济形式。中国封建社会时期,虽然对外贸易有所扩大,但自然经济长期占有统治地位,制约了经济和对外贸易的发展速度。

(二)半殖民地半封建社会时期的中国对外贸易

从1840年鸦片战争后爆发到1949年中华人民共和国成立,中国社会处于半殖民半封建地社会。鸦片战争以前,中国是一个自给自足的封建经济占统治地位的国家;鸦片战争以后,西方资本主义国家利用侵略战争,疯狂地向中国倾销商品和掠夺原料,逐渐把中国市场卷入世界资本主义市场,中国的封建经济逐步解体,开始沦为半殖民地半封建社会。

1. 半殖民地半封建社会时期中国对外贸易概况

(1)鸦片战争爆发至抗日战争前。鸦片战争爆发后,清政府被迫签订了一系列不平等条约,被迫割让领土、开辟通商口岸、丧失海关行政权、沿海贸易与内河航行权、领事裁判权等。中国完全丧失了对外贸易的自主权,封建的自然经济由于资本主义入侵而开始遭到破坏。民族资本主义经济有所发展,但受到帝国主义、官僚资本主义的压迫,同时又与它们有着千丝万缕的联系,势力比较薄弱。这一时期,中国对外贸易主要是为了满足资本主义列强的需要。资本主义向中国倾销的商品有:洋药、洋烟、洋酒、洋糖果、洋水果、洋咖啡、洋毯、洋手巾、洋纽扣、洋针、洋线、洋伞、洋灯、洋纸、洋钉、洋竿、洋墨水、洋牙刷、洋肥皂、洋火、洋钟表、洋玻璃器具等,基本全部是生活用品。再加上大宗进口的棉织品和鸦片,则纯消费品进口的比重大,几乎占总值的80%~90%。而出口方面,除传统的丝茶贸易之外,为适应资本主义的需求,驼毛、羊皮、羊毛、牛皮、猪鬃、锡、豆类、原棉等原材料不断扩大输出。例如,锡和猪鬃,就是由于英国的需求增加,而成为对外贸易的抢手货。

(2)抗日战争爆发后至新中国成立前。这个时期是整个中国和世界剧烈动荡和战争的年代,中国对外贸易状况可以分为两个阶段:第一阶段——抗日战争爆发后,中国的国民政府实行对外贸易的封锁。第二阶段——抗日战争结束后,中美之间传统的贸易关系得以恢复,美国取代日本成为中国最大的贸易伙伴。战争结束后,由于国民党政府发动内战,中国对外贸易极度萎缩,中国的经济更加混乱,通货膨胀严重,工业恢复缓慢,财政高度赤字,对外贸易逆差达到历史最高点,外汇储备和黄金储备迅速耗尽。

2. 半殖民地半封建社会时期中国对外贸易的特点

(1)买办阶级的产生。"买办",即所谓"康白度"(出自西班牙语Comprador),他们直接受雇于外国商人,与外商的权利、义务关系由契约规定。他们的身份不再是鸦片战争前受公行控制的"采办员",而是外国资产阶级所雇佣的代理人,是外国侵略中国的工具,是对外贸易中挹国利洋、居间肥私的投机者。由于买办的作用,资本主义列强迅速在各通商口岸建立起巨大的侵略势力。买办资产阶级从它诞生时起,就成为西方资产阶级的附庸,扮演着对外贸易、国际关系乃至政治舞台上的反派角色。

(2)洋行操纵进出口贸易经营权。资本主义列强设在各通商口岸的商业洋行是在华推销商品和掠夺原料的经营机构。西方资产阶级侵略的势力加强,在华的洋行得到迅速发展。其中,英国势力最大,约占2/3左右,比较著名的洋行有英国的怡和洋行、沙逊洋行、义记洋行,美国的旗昌洋行,德国的礼和洋行等。洋行一方面凭借其雄厚的经济实力和特权地位垄断和控制中国进出口贸易的具体业务,还进一步与买办势力相结合。洋行借助买办势力,控制了中国进出口贸易的实际经营权,使中国的对外贸易实际上是与在华的洋行间的贸易。

(3)外资在华势力决定中国对外贸易的地理方向。半殖民地化对外贸易的一个特点,是列强对中国外贸的控制,随列强在华势力的消长而变化。英国在鸦片战争前和战争后的一段时期,一直居于中国对外贸易的垄断地位,进出口贸易总额达85%以上。但到19世纪60年代以后,由于美、日、德、法、俄等国加紧与英国的竞争,特别是美、日两国在华势力的扩大,英国在华的垄断地位不断削弱。到1895年英国(包括印度和香港地区)在中国对外贸易中的比重已下降到66%。随着美国和日本对华侵略的扩大,两国对中国的贸易急剧增长。据统计,1870~1895年期间,美国对华贸易增长了13倍。美国的粗棉布、煤油对华输出大增,特别是粗棉布已大大超过英国而居优势地位。这一期间,日本的对华出口增加了6倍,对华进口增加了16倍。可见,半殖民地化对外贸易的进出口的主要地理方向,完全由外资势力所支配。

(4)外国资本的需要决定中国进出口的商品结构。资本主义列强控制中国对外贸易的一个目的,就是要变中国为它们的商品销售市场和原料供应地。这就使得中国进出口商品由外国资本的需要来决定,反映在具体内容上,进口以生活消费品为主,出口以农副矿产品为主。

(5)中国对外贸易长期巨额逆差。鸦片战争以后,对外贸易的急剧增长是资本列强加紧向中国倾销商品和掠夺资源的结果,这种进出口商品结构使得中国出现严重的对外贸易逆差,并且日趋严重。到1877年,近代中国的对外贸易便年年入超,一直连续73年,到全国解放。而且,入超额也日益骤增:1865~1880年的16年间,入超净值为4 572万两白银,平均每年约286万两;而1881~1894年的14年间,入超净值便增加到30 895万两,平均每年为2 200多万两,为前者的7倍多。

二、新中国成立到改革开放之前的对外贸易

新中国建立后,中国政府立即废除了西方帝国主义的一切特权,建立了新海关,取消了它们对外汇、金融、航运、保险等方面的垄断,摧毁了西方列强对中国外贸的长期控制。1949年新中国成立到改革开放之前,中国对外贸易总体上处于闭关自守的阶段,对外贸易的经营权由国家统制,通过改造私营进出口公司等一系列措施,全面建立中国的社会主义对外贸易。

这一时期,中国对外贸易基本状况如下:1950年,中国对外贸易总额为11.35亿美元,其中出口5.52亿美元,进口5.83亿美元。到1978年,对外贸易总额扩大到206.38亿美元,其中出口97.45亿美元,进口108.93亿美元,分别增长16.7倍和17.7倍。出口商品以农副产品等初级产品为主,约占出口总额的80%,反映出当时的经济结构和生产水平。随着工业迅速发展,出口商品结构也发生较大变化,轻纺产品超过农副产品成为主要出口商品,重工业产品出口比重呈上升趋势。但直到1978年,初级产品出口占出口总额的比重仍有53.5%。进口商品结构方面,旧中国以进口消费品、奢侈品为主的状况得以改变,生产资料在进口中占主

要地位,各年大体占总进口的80%左右。

(一)新中国成立到改革开放前中国对外贸易状况

这一时期,又大致可以分为三个阶段:国民经济恢复和建设时期、国民经济调整时期、"文化大革命"时期。

1. 国民经济恢复和建设时期(1950~1957年)

1950~1952年是国民经济的恢复时期,该时期中国积极发展了与前苏联、东欧等社会主义国家的经贸关系,发展国民经济必需的物资,组织农副土特产品及原料产品的出口。1953~1957年是第一个五年计划时期,也是国民经济的建设时期。该时期主要任务是启动工业化进程,在初步建立起来的工业化基础上,中国的贸易伙伴拓展到了东南亚和西方国家。在出口传统的农副产品基础上,还增加了轻纺产品的出口,从前苏联和东欧国家进口156项和68项重点建设工程所需要的技术设备。贸易规模扩大的同时,扭转了长期逆差的局面。到1957年,中国已与82个国家和地区建立了贸易关系,当年进出口总额达到31.03亿美元,比1950年增长了1.73倍,平均增速为15.4%,中国对外贸易在世界贸易中所占的比重提升到1.85%。

2. 国民经济调整时期(1958~1965年)

由于经济建设中极"左"错误思想的影响,对外贸易也严重脱离实际,出现违背经济规律的高指标和高速度。1959年对外贸易总额猛增到43.81亿美元。但连续三年的自然灾害,使得中国经济出现了严重下滑,1960~1962年连年大幅度下降,到1962年降为26.32亿美元。由于政治和意识形态的原因,中国与前苏联和东欧等社会主义国家之间的贸易急剧下降,贸易对象开始转向西方发达国家和地区。进出口商品结构也根据国内和国际市场变化而进行调整,进口中粮食等生活资料比重大幅度增加,生产资料比重下降;出口中轻纺产品比重增加较快。1963~1965年,中国对外贸易有所回升,到1965年,对外贸易总额达到42.45亿美元,对外贸易伙伴也增加至100个国家和地区。

3. "文化大革命"时期(1966~1978年)

1966年开始的"文化大革命"使得中国对外贸易又陷入停滞状态,1966~1969年,对外贸易出现连续倒退。1971年中国恢复了在联合国大会的合法席位,1972年后又先后与日本、美国等主要西方发达国家建立外交关系和经贸关系,对外贸易得到一定促进。但1975年全国又将开展对外贸易视为卖国行为,致使稍有回升的对外贸易再次回落。

(二)新中国成立到改革开放前中国对外贸易的特点

1. 对外贸易实行国家垄断

由于新中国成立之初的国内民族经济的薄弱和外交环境的限制,中央政府决定将一切外经贸活动置于国家的集中统一管理之下,对外贸易实行国家垄断制度,国家先后成立了一批国营专业外贸公司,由这些公司统一经营全部对外贸易,国家对外贸公司实行指令性计划管理,统收统支、统负盈亏。通过没收对外贸易中的官僚资本、建立国营对外贸易企业以及改造私营进出口业,废除了帝国主义在华的一切特权,建立了独立自主的社会主义对外贸易。

2. 实施计划经济体制

改革开放前,中国实行严格的计划经济,对外贸易毫无例外也必须服从国家的统一计划。外贸的计划性一个重要政策就是"统筹兼顾、适当安排",搞好综合平衡。在对外贸易的综合平衡中,要处理好外贸和生产、外贸和内贸、外贸和其他部门的关系。此外,在外贸内部各方面,如进口和出口、出口和货源、贸易和支付,以及中央部门和地方部门之间的关系,沿海口岸和内地口岸之间的关系,口岸和口岸之间的关系等,都要从整体出发,调动一切积极因素,加强协作。

三、改革开放之后的对外贸易

1978年12月,中国共产党召开了第十一届三中全会,在会议上,党中央将工作重心转移到社会主义现代化建设上,决定实行"对外开放,对内搞活经济"的重要政策。在总结历史经验和研究当代世界经济特点的基础上,将对外开放确立为中国的基本国策,将对外贸易放在国民经济发展的重要战略地位上。纵观中国的对外贸易在改革开放后的发展之路,可以将此分为以下三个阶段。

(一)改革开放初期(1979~1991年)

从1979年开始实行对外开放到1992年中国共产党第十四次代表大会召开之前,是中国改革开放的初级阶段。这一阶段,国家对外贸的重视程度空前提高,尤其是外贸体制改革和外商直接投资极大地促进了外贸发展。

1979年,国家开始对外贸体制进行了一系列改革,包括调整中央外贸领导机构、成立了一批归属工业部门管理的工贸公司、简化外贸计划内容、实行汇率双轨制以提高出口竞争力、实行进出口许可证制度等。

中国陆续建立了经济特区、沿海开放城市、开发区等特殊经济区域,在进出口管理与经营政策、外汇政策等方面试点实行更灵活、更优惠的特殊政策,以招商引资、扩大出口能力和创汇能力。1979~1991年,中国累计实际利用外资250亿美元。外商投资企业进出口规模不断扩大,外商投资企业的出口额占中国外贸总额的比重由0.1%提高到21.3%,在中国外贸中的作用迅速提升。

在以上政策措施的顺利实施下,中国对外贸易发展速度稳步增长,1978~1991年,中国外贸在世界的位次从第32名提升到了第13名,进出口总额由206.4亿美元增长到1 357亿美元,其中出口由97.5亿美元增长到719.1亿美元,进口由108.9亿美元增长到637.9亿美元,年均增速分别达到16.6%和14.6%。

(二)深化改革阶段(1992~2001年)

从党的十四次全国代表大会召开到2001年12月中国加入世界贸易组织,是中国深化对外开放的阶段。1992年10月,中国共产党第十四次全国代表大会召开,大会决议并宣布中国经济改革的目标:建立社会主义市场经济,以促进国家的经济建设和对外开放的进一步发展。

这一阶段,对外贸易的发展速度远远高于改革开放的初级阶段,进出口贸易总额由1992年的1 655.3亿美元增长到2001年的5 096.5亿美元,在世界贸易中的位次由第13位提升为第7位。在对外贸易量增长的同时,中国进出口商品结构也得到改善,机电产品取代纺织品成为第一大出口产品,优化了长期以出口劳动密集型和资源密集型商品为主要出口商品的进出口结构。该时期,中国大幅度降低进口商品的进口关税,由1992年的39%的世界最高水平降低到2000年的15.3%,已经接近发展中国家的平均水平。该时期,中国国际收支状况也有所改善,除了1993年以外,其余年份都是贸易顺差,外汇储备大幅度增加。货物贸易快速发展的同时,随着中国申请恢复GATT地位谈判的深入,中国对服务市场开放做出初步承诺,由此推动了服务贸易的发展。1992~2001年,服务贸易进出口总额由182.4亿美元扩大到726.1亿美元,增长了3倍。由于国内服务业发展水平与发达国家差距大、竞争力低,其间除1994年呈现少量顺差外,其余年份服务贸易均为逆差,且逆差呈逐年扩大趋势。

在积极吸引外资、承接产业转移、发展加工装配制造业过程中,外商投资企业迅速发展为中国对外贸易的主力军。

(三)加入世贸组织后(2001年至今)

2001年12月,中国经过15年的漫长等待和努力,终于成为世界贸易组织的正式成员。加入世界贸易组织之后,中国可以享受到普遍优惠制和发展中国家的特殊优惠待遇,可以利用其争端解决机制解决贸易争端和摩擦,可以参与制定和修改国际贸易规则,这些都有效地推动了中国对外贸易的增长。在享受世贸组织成员的优惠性待遇的同时,中国要根据多边贸易体制的规则履行相应的职责和入世时的相关承诺。

这一阶段,中国对外贸易取得了相当大的成绩:在世界贸易中,中国的位次从第7位提升到第2位,仅次于美国而成为世界第二贸易大国;进出口贸易总额由2001年的5 096.5亿美元增长为2011年的36 420.6亿美元,进出口贸易年增长都在20%以上;在贸易差额上连年实现贸易顺差,外汇储备已经超过日本成为世界第一外汇储备国。在出口商品结构上,工业制成品仍占主导地位,其中机电产品继续保持中国最大的出口产品的地位,超过出口规模的一半,而且高科技产品出口增速迅猛。中国主要贸易伙伴有欧盟、美国、日本、东盟和中国香港地区等。在确立货物贸易大国地位的同时,中国服务贸易获得蓬勃发展。加入WTO后,中国服务业对外开放程度进一步加大。服务贸易发展速度超过同期世界平均增速,在世界服务贸易中的地位不断上升,2010年上升到出口第4位,进口第3位,占世界服务贸易的4.9%。但总体而言,中国服务贸易与货物贸易的国际地位还不相称,服务贸易出口仍以旅游、商业等传统劳动密集型行业为主,技术和知识密集型的新兴服务业仍处初级发展阶段,服务贸易有待进一步发展。

第二节 中国对外贸易总体格局

新中国成立后,尤其是改革开放后,经过30余年的曲折发展,中国对外经济贸易已形成内容丰富、形式多样、各种对外经济交往互相融合、互相促进的格局。对外贸易规模迅速增长,市场结构多元化,贸易方式多样化,贸易商品结构明显优化。

一、中国对外贸易总体规模

(一)中国对外贸易总额状况

对外贸易额是一个国家或地区在一定时期(一年、一季或一月)内出口额和进口额的总和。该数据是反映一个国家或地区对外贸易规模的重要指标之一。计算一国的对外贸易额,一般采用本国货币或国际上通用的货币。目前,联合国和许多国家编制的对外贸易额以美元计算。

中国实行对外开放国策之后,对外贸易规模不断扩大,外贸规模基本每五年翻一番。从"六五"时期到"十一五"时期分别为:2 524亿美元、4 864亿美元、10 145亿美元、17 739.2亿美元、31 362.0亿美元。"十一五"期间,中国货物进出口总额累计116 806亿美元。2011年,中国进出口总值为36 420.6亿美元,同比增长22.5%,其中:出口18 986亿美元,增长20.3%;进口17 434.6亿美元,增长24.9%。对外贸易的高速增长使得中国在世界贸易中的位次不断提升,对外贸易总额在世界贸易中所占比重也不断提高,现已稳居世界贸易第二大国的位置。1978~2002年中国对外贸易规模状况见表1.1;2000~2012年中国对外贸易规模如图1.1所示。

表1.1 1978~2002年中国对外贸易规模状况　　　　　　　　　　单位:亿美元

年份	进出口额	出口额	进口额
1978	206.4	97.5	108.9
1979	293.3	136.6	156.8
1980	378.2	182.7	195.5
1981	440.2	220.1	220.2
1982	416.1	223.2	192.9
1983	436.2	222.3	213.9
1984	535.5	261.4	274.1
1985	696.0	273.5	422.5

续表1.1

年份	进出口额	出口额	进口额
1986	738.5	309.4	429.0
1987	826.5	394.4	432.2
1988	1 027.8	475.2	552.7
1989	1 116.8	525.4	591.4
1990	1 154.4	620.9	533.5
1991	1 357.0	719.1	637.9
1992	1 655.3	849.4	805.9
1993	1 957.0	917.4	1 039.6
1994	2 366.2	1 210.1	1 156.2
1195	2 808.6	1 487.8	1 320.8
1996	2 898.8	1 510.5	1 388.3
1997	3 251.6	1 827.9	1 423.7
1998	3 239.5	1 837.1	1 402.4
1999	3 606.3	1 949.3	1 657.0
2000	4 743.0	2 492.0	2 250.9
2001	5 096.5	2 661.0	2 435.5
2002	6 207.7	3 255.7	2 952.0

注:1981年以前的数据来自于外贸业务统计。

(资料来源:中华人民共和国商务部资料整理)

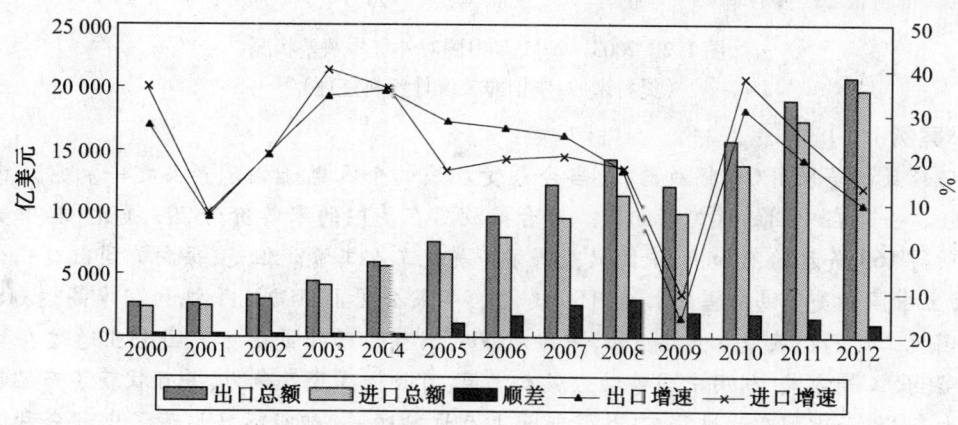

图1.1 2000~2012年中国对外贸易进出口情况

注:(1)2012年数据为作者预测数据;(2)其他数据来源为《海关统计年鉴》。

(二) 中国对外贸易差额状况

对外贸易差额是指一个国家在一定时期(一年、一季或一月)内,出口值与进口值的差额。当两者相等时,称为贸易平衡;当出口值大于进口值时,称为贸易顺差;反之,则称为贸易逆差。该数据是一国对外贸易收支状况的重要指标之一。原则上说,长期入超与长期出超对一国的对外贸易和国民经济发展都是不利的。

自新中国成立以来,出口贸易迅速扩大,对外贸易差额得到一定的改善,但1993年之前多数年份还仍处于逆差状态。从1994年开始,中国对外贸易差额进入顺差阶段。尤其是加入世界贸易组织之后,中国对外贸易顺差增长速度加快。截止到2011年,已经连续18年出超,2008年达到顶峰,即2 954亿美元。2008年全球性金融危机爆发后,由于国际经济形势和社会环境的变化,中国对外贸易顺差幅度连年收缩。从顺差结构上看,美国和中国香港占绝对比重,分别居顺差来源地的第一和第二位。前十位集中在荷兰、英国、意大利等欧洲国家,以及印度、越南等亚洲国家。2003~2011年中国对外贸易顺差状况如图1.2所示。

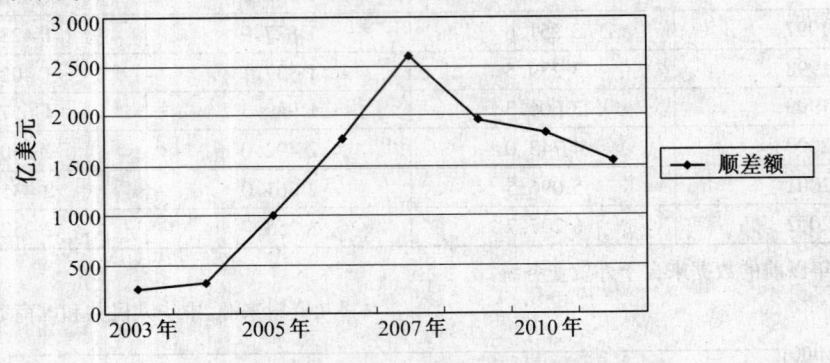

图1.2 2003~2011年中国对外贸易顺差状况

(资料来源:中国海关统计资料整理)

【小案例1.1】

小巧精致的苹果IPOD播放器,是当今最受欢迎的个人电子娱乐产品之一。它是由苹果公司委托富士康在中国的代工厂组装。每台播放器在美国的零售价为299美元,其中美国本土企业获得163美元的附加值,中国只获得了4美元工人工资。但是,每向美国出口一台播放器,账面上中国对美贸易顺差就增加150美元。苹果公司IPHONE手机利润率高达60%,而其在中国代工厂的组装成本只占7%,中方所获利润可想而知更少。美国企业通过在华投资设厂、委托代工等方式,利用中国劳动力成本优势,有效提高了竞争力,并且收获了产品销售利润的绝大部分;而中国在此过程中,尽管账面上有巨额顺差,却实际只收获了少部分利润。可见,贸易顺差需要正确解读。

(资料来源:刘丽娜.中美贸易顺差需要正确"解读".财经信息网,2010-12-07)

二、中国贸易的地理方向

对外贸易地理方向又称对外贸易地区分布或国别结构,是指一定时期内各个国家或区域集团在一国对外贸易中所占有的地位,通常以它们在该国进出口总额或进口总额、出口总额中的比重来表示。对外贸易地理方向指明一国出口商品的去向和进口商品的来源,从而反映一国与其他国家或区域集团之间经济贸易联系的程度。

(一)中国对外贸易的地理方向的总体状况

新中国成立之前,中国处于半封建半殖民地社会时期,对外贸易被帝国主义所控制,进出口市场主要是帝国主义国家。新中国成立初期,由于西方发达国家对中国实行"封锁禁运",对外贸易市场主要集中于前苏联和东欧等社会主义国家。进入20世纪60年代,由于中苏意识形态产生分歧,前苏联和东欧国家与中国经贸关系疏远,中国对外贸易市场转向亚欧国家。这一时期对外贸易伙伴由118个增加到1970年的130个。20世纪70年代,随着中国恢复联合国的合法席位、先后与日美等国家正式建交,中国的对外贸易市场不断扩大,到1980年与中国建立经贸关系的国家和地区已经达到174个。20世纪90年代,中国开始推行市场多元化战略,在努力深度拓展美、日、欧盟等发达国家和地区市场的同时,大力开拓非洲、拉美、东欧和独联体、澳洲等重点市场和新兴市场,出口市场布局逐渐趋向合理,基本形成了多元化格局。到2000年,中国已经与228个国家和地区建立了经贸关系,遍布世界的每个角落。

(二)中国主要的出口市场状况

中国对外贸易伙伴很多,出口市场不断扩大。主要的商品出口目的国或地区是美国、日本、欧盟、中国香港和中国台湾。对这些国家(地区)的出口额在中国出口总额中的排名也相对稳定。以2011年为例,排在中国出口市场前五位的国家(地区)分别为:欧盟、美国、中国香港、东盟和日本。中国对这些国家(地区)的出口额占中国出口总额的67%,而且中国香港地区、日本和东盟的出口额增长速度超过了中国对外出口增长速度。

(三)中国主要进口来源地状况

中国主要的进口来源地包括中国香港、中国台湾、日本、韩国、印度和东盟等亚洲国家(地区),也有英国、德国、法国、意大利等欧洲国家,还有美国、加拿大、巴西等美洲国家,澳大利亚、新西兰等大洋洲国家。其中,欧盟、日本、东盟、韩国、中国台湾地区是排名前五位的中国进口来源地,从这些国家(地区)进口额占总进口额的50.8%。2011年1~12月进出口主要国别(地区)情况见表1.2。

表 1.2 2011 年 1～12 月进出口主要国别(地区)情况

单位:亿美元

国别(地区)	进出口额	同比/%	出口额	同比/%	进口额	同比/%
总值	36 420.6	22.5	18 986.0	20.3	17 434.6	24.9
中国香港地区	2 835.2	23.0	2 680.3	22.8	155.0	26.4
印度	739.0	19.7	505.4	23.5	233.7	12.1
日本	3 428.9	15.1	1 483.0	22.5	1 945.9	10.1
韩国	2 456.3	18.6	829.2	20.6	1 627.1	17.6
中国台湾地区	1 600.3	10.1	351.1	18.3	1 249.2	17.6
东盟	3 628.5	23.9	1 700.8	23.1	1 927.7	24.6
其中:印尼	605.2	41.6	292.2	33.1	313.0	50.5
马来西亚	900.3	21.3	278.9	17.2	621.4	23.2
菲律宾	322.5	16.2	142.5	23.5	180.0	11.0
新加坡	634.8	11.2	355.7	10.0	279.1	12.9
泰国	647.4	22.3	257.0	30.2	390.4	17.6
越南	402.1	33.6	290.9	25.9	111.2	59.1
欧盟	5 672.1	18.3	3 560.2	14.4	2 111.9	25.4
其中:英国	586.8	17.2	441.3	13.8	145.6	28.8
德国	1 691.5	18.9	764.3	12.3	927.2	24.9
法国	520.8	16.4	300.0	8.5	220.8	29.1
意大利	512.8	13.6	337.0	8.2	175.9	25.6
荷兰	681.5	21.3	595.0	19.7	86.5	33.6
俄罗斯	792.5	42.7	389.0	31.4	403.5	55.6
南非	454.3	76.7	133.6	23.7	320.7	115.2
巴西	842.0	34.5	318.4	30.2	523.6	37.3
加拿大	474.5	27.8	252.7	13.7	221.8	48.6
美国	4 466.5	15.9	3 244.9	14.5	1 221.5	19.6
澳大利亚	1 166.3	32.0	339.1	24.6	827.2	35.3
新西兰	87.2	33.6	37.4	35.2	49.9	32.5

(资料来源:中华人民共和国商务部综合司)

三、中国对外贸易商品结构

对外贸易商品结构是指一定时期内一国进出口贸易中各种商品的构成,即某大类或某种商品进出口额与整个进出口贸易额之比,以份额表示。一个国家对外贸易商品结构,主要是由该国的经济发展水平、产业结构状况、自然资源状况和贸易政策决定的。发达国家对外贸易商品结构是以进口初级产品、出口工业制成品为主;发展中国家对外贸易商品结构的特征是以出口初级产品、进口工业制成品为主。

第一章 中国对外贸易发展概述

随着中国对外贸易规模和进出口市场的不断扩大,进出口的商品结构也不断得以完善,尤其是出口商品结构明显提升。1980年,初级产品和工业制成品在总出口中所占比重分别为53.4%和46.6%;1990年该比重变为25.69%和74.4%,出口商品结构实现由初级产品向工业制成品为主转变;2000年初级产品出口在总出口中所占比重进一步降低为10%;2010年初级产品出口在总出口中所占比重进一步降低为5.2%。这说明中国出口商品结构中,工业制成品已经占据了绝对的主导地位。尤其要指出的是,中国外贸领域实施科技兴贸和品牌战略之后,高新技术产品和机电产品出口额增长迅猛,而且在出口贸易中所占的比重逐渐提高。机电产品和高新技术产品出口的快速增长,使得中国成功地实现了出口商品结构的第三次转变,继出口主导产品从资源性产品转向轻纺产品之后,逐步转向机电产品以及高新技术产品,出口商品结构进一步优化。

中国主要进口商品所占比例情况见表1.3,中国出口产品结构情况见表1.4。

表1.3 中国主要进口商品所占比例情况(%)

HS编码	商品名称	2006	2007	2008	2009	2010	2011	2011/2010
85	机电产品	27.67	26.94	23.57	24.28	22.56	20.15	11.63
27	矿物燃料	11.25	10.95	14.91	12.27	13.52	15.70	45.16
84	机械器具	13.83	13.01	12.26	12.33	12.37	11.46	15.76
26	矿石	4.04	5.64	7.53	6.86	7.75	8.65	39.54
90	光学产品等	7.43	7.26	6.87	6.67	6.44	5.69	10.36
39	塑料	4.78	4.74	4.32	4.83	4.57	4.03	10.23
87	车辆	2.15	2.31	2.38	2.82	3.55	3.75	32.15
29	有机化学	3.77	4.01	3.47	3.60	3.46	3.63	30.95
74	铜及制品	2.17	2.84	2.31	2.93	3.30	3.12	18.02

注:(1)商品名称为简称,详见HS编码;(2)2011/2010指的是2011年较2010年的同比增长率。

(资料来源:WTA数据库)

表1.4 中国出口产品结构情况(亿美元,%)

产品	2008		2009		2010		2011	
	金额	增长率	金额	增长率	金额	增长率	金额	增长率
纺织产品	653.75	16.6	599.73	-8.4	770.41	28.4	946.69	22.9
服装产品	1 197.90	4.1	1 070.51	-11.0	1 294.67	20.9	1 532.20	18.3
机电产品	7 014.16	17.3	7 131.13	-13.4	9 333.43	30.9	10 854.78	16.3
高新技术产品	3 674.43	13.1	3 769.09	-9.3	4 923.78	30.7	5 487.88	11.5

(资料来源:《海关统计月报》)

【资料卡1.1】

中国加入世贸组织这10年,我国的货物进出口贸易总额累计达到15万7 287.8亿美元,出口规模已居世界第一,同时进出口商品结构也在进一步优化。从出口商品看,2010年工业制成品的出口占出口比重由10年前的90.1%,提高到现在的94.8%,汽车、船舶、飞机、铁路装备、通信产品等大型机电产品和成套设备的出口均有突破。从进口方面看,我们的先进技术、设备、关键零部件的进口大幅增长,大宗资源产品进口规模不断扩大,其中,机电产品进口增长10.9倍。进口结构的变化满足了国内经济发展的需要,同时也对世界金融危机的回暖做出了巨大的贡献。

（资料来源.姚景源.入世10年中国进出口商品结构进一步优化.新华08网.2011-06-05）

四、中国对外贸易方式

贸易方式是指国际贸易中买卖双方所采用的各种交易的具体做法。贸易方式是买卖双方交易过程中随着不同商品、不同地区和不同对象,根据双方的需要形成的。中国将对外贸易方式分为一般贸易、加工贸易和其他贸易,其中一般贸易是指出口利用自己的原材料和技术生产产品或者进口其他国家利用自己的原材料生产的商品的贸易形式;加工贸易是将进口的原材料、零部件加工成产品后再出口以获得附加值的贸易形式,它主要包括来料加工、进料加工、来件组装和协作生产;其他贸易包括易货贸易、保税仓库进出境货物等。

【小案例1.2】

加工贸易模式面临巨大挑战。与其他国家相比,我国加工贸易的优势主要体现在低廉的劳动力成本和充裕的劳动力数量上,但随着经济全球化和区域经济一体化进程的加快,特别是周边许多发展中国家和地区投资环境的不断改善,我们的劳动力成本优势逐渐弱化。据媒体报道,东南亚国家的劳动力成本与我国东部沿海地区相比低15%～30%。另外,据海关数据显示,我国高新技术产品进出口总额迅速上升,而劳动密集型产品出口则大幅递减。尤其值得一提的是,东莞在改革开放初期,凭借全国各地的廉价劳动力及其他因素,成为闻名国际的世界工厂。然而"民工荒"、人民币不断升值、出口退税政策调整、金融危机等因素使东莞以劳动密集型为主的加工贸易企业大量倒闭。可以说,广东东莞的这种处境颇具代表性,我国现有的加工贸易模式亟待转型。

加工贸易层次低,处于产业价值链的最低端。中国所从事的加工贸易利润微薄,处于价值链最低端,其利润一般只有3%～5%,绝大部分利润被外资企业拿走。据美国《华尔街日报》报道:"Wanda无线鼠标是罗技公司最畅销的产品之一,在美国的销售价大约为40美元,其中罗技拿8美元,分销商和零售商拿15美元,Wanda零部件供应商拿14美元,生产地中国从每只鼠标中仅能拿到3美元。负责营销的公司在加州弗里蒙特,这里450名员工的薪水比中国苏州装配厂4 000名中国工人的薪水总和还要高出很多。"

（资料来源:王力.我国加工贸易转型问题研究.人民论坛.2009(21)）

20世纪50年代,新中国刚刚建立,在饱经战乱后面对西方国家的经济封锁,外汇相当紧缺。为节约外汇,只能采用易货贸易的方式开展经贸活动。改革开放以后,中国在原有的贸易方式下,采用了来料加工、来样加工、来件组装、补偿贸易等灵活多样的贸易方式。20世纪80

年代,一般贸易是成为中国最主要的贸易方式,同时对销贸易和边境贸易也得到广泛开展。20世纪90年代,在众多的贸易方式中加工贸易发展尤为突出,加工贸易与一般贸易在总贸易额中所占的比重基本持平,到90年代中后期,加工贸易比重已经超过一般贸易成为中国最重要的贸易方式,并且比重还不断上升。随着中国加入世界贸易组织,关税水平大幅度降低,非关税壁垒大量取消,中国法制环境逐渐健全,加工贸易的比重有所下降,一般贸易强势回归。2011年,中国一般贸易进出口19 245.9亿美元,增长29.2%,占同期进出口总值的52.8%,所占比重较2010年提升2.7%。其中出口9 171.2亿美元,增长27.3%,高出同期出口总体增速7%;进口10 074.7亿美元,增长31%,高出同期进口总体增速6.1%。一般贸易项下出现逆差903.5亿美元,扩大85.8%。同期,中国加工贸易进出口13 052.1亿美元,增长12.7%。其中出口8 354.2亿美元,增长12.9%;进口4 697.9亿美元,增长12.5%。加工贸易项下的顺差为3 656.3亿美元,扩大13.4%。2006~2011年中国进出口贸易中贸易方式情况如图1.3所示。

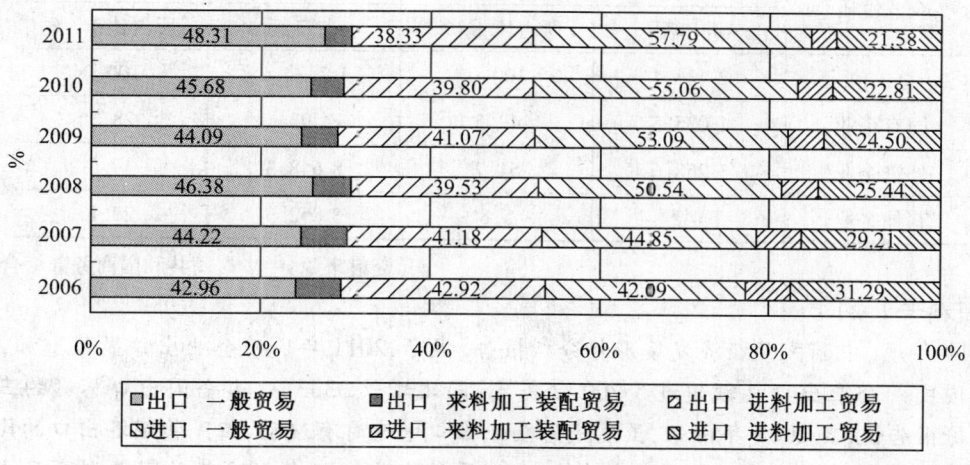

图1.3 中国主要对外贸易方式构成(2006~2011年)
(资料来源:中国海关统计)

五、中国对外贸易企业结构

改革开放之前,中国对外贸易的经营主体比较单一,只有国有企业可以从事对外贸易活动。改革开放后,国家不断放开对外贸易的经营权,外贸主体逐步实现了多元化。就所有制结构而言,分为国有企业、集体企业、民营企业和外商投资企业。随着中国外贸体制改革的不断深入,国有企业在对外贸易中所占的比重逐步下降,而外商投资企业和私营企业在进出口总额中的比重则逐步上升。目前,外商投资企业已经成为进出口贸易增长的主要动力,私营企业已经成为增长速度最快的外贸经营主体。2011年,外商投资企业进出口18 601.6亿美元,增长16.2%,占同期我国进出口总值的51.1%,所占比重下降2.8%。同期,民营企业(包括集体、私营企业及其他企业)进出口 10 212.8 亿美元,增长 36%,高出同期我国进出口总体增速 13.5%,占同期我国进出口总值的 28%,比上年提升 2.8%。此外,国有企业进出口 7 606.2 亿美元,增长 22.2%。中国进出口按企业性质分类见表 1.5。

表 1.5　中国进出口按企业性质分类表　　　　　　　　　单位:亿美元

企业性质	2001 年		2011 年	
	出口额	所占比重/%	出口额	所占比重/%
总　值	2 661.5	100.0	18 986	100.0
国有企业	1 132.3	42.5	2 672.2	14.1
外资企业	1 332.4	50.1	9 953.3	52.4
其他企业	196.9	7.4	6 360.5	33.5

企业性质	2001 年		2011 年	
	进口额	所占比重/%	进口额	所占比重/%
总　值	2 436.1	100.0	1 7434.6	100.0
国有企业	1 035.5	42.5	4 934	28.3
外资企业	1 258.6	51.7	8 648.3	49.6
其他企业	142	5.8	3 852.3	22.1

(资料来源:中华人民共和国商务部综合司)

【资料卡 1.2】

2011 年度《中国民营经济发展形势分析报告》显示,2011 年民营企业出口显著增加,前 11 个月全国民营企业出口总额超过 5 700 亿美元,同比增长 33.3%,占全国出口总额的三分之一。这份报告说,自 2005 年以来,虽然民营企业出口增速时有波动,但民营经济出口的比重始终保持不断攀升的势头。从出口产品结构上看,民营企业不仅在传统劳动密集型商品出口上占有优势,在机电、家电产品和高新技术产品领域也越发活跃;从地区分布来看,中部地区民营企业出口增速加快,西部地区和东北地区民营企业已成为当地出口的主力军。

(资料来源:崔静,朱绍斌.2011 年民营企业出口显著增加.中国江门网,2012-01-11)

综上所述,中国对外贸易的发展有力地推动了中国的现代化建设,中国才成长为一个开放的经济体。参与国际分工,引进先进的技术、设备和管理,利用外商直接投资,极大促进了中国技术进步和产业升级,提高了企业管理水平和市场竞争力。加工贸易迅速发展壮大使中国劳动力充裕的比较优势得以发挥,加快了中国的工业化和城镇化进程。对外贸易与国内投资、消费一起,成为中国经济增长的三大引擎。

但必须指出的是中国仍然是一个发展中国家。与世界贸易强国相比,中国出口产业仍处于全球产业链的低端,资源、能源等要素投入和环境成本还比较高,企业国际竞争力、一些行业的抗风险能力相对较弱等。实现由贸易大国向贸易强国的转变,将是一个较为长期的进程,还需要付出艰苦的努力。

第三节 中国对外贸易在国民经济中的地位和作用

一、对外贸易在中国国民经济中的地位

（一）对外贸易在社会再生产中的地位

马克思的政治经济学将社会再生产分为四个环节:生产、分配、交换和消费,其中生产是社会再生产的开始,经过分配和交换之后,最终进入消费。在整个过程中,四个环节相互联系、相互制约形成一个统一的整体。社会再生产以生产为起点,以消费为终点,分配和交换都是中间环节,是连接生产和消费不可或缺的桥梁和纽带。

$$生产 \rightarrow 分配 \rightarrow 交换 \rightarrow 消费$$
$$起点 \qquad 中间环节 \qquad 终点$$

国内的交换活动在地域范围上扩大到国际就形成了对外贸易,因此,对外贸易是社会再生产中交换环节的一个部分。交换是生产和消费的桥梁,在社会再生产中处于中介地位,则对外贸易也在社会再生产中处于中介地位。但它并不是一般的中介地位,而是特定的中介地位,主要表现在以下三个方面:

1. 对外贸易只是中介地位的一部分

对外贸易并不是社会再生产中交换环节的全部,对外贸易在整个商品的流通过程中只是占有一定的比重,其比例的大小取决于一个国家的生产力发展水平、国内市场的规模、人口数量、要素禀赋状况等诸多因素。

2. 对外贸易是种特殊的桥梁

对外贸易与国内商业不同,它在商品流通中,一端连接的是国内,另一端连接的是国外。它或者联系着国内生产和国外消费,或者联系着国内消费和国外生产。它所起到的是一种特殊的桥梁和纽带作用,这是国内商业活动所不能够实现的。

3. 对外贸易受到世界市场规律的制约

对外贸易必须参加世界市场商品流通的国际循环,涉及极其复杂的经济领域,包括性质截然不同的两种分工、两个市场、两种价格、两种货币等。在这个领域起作用的除了社会主义经济规律外,还有价值规律在世界市场的作用,以及垄断和竞争、供求规律、经济危机等客观规律的作用。

（二）中国对外贸易在国民经济中的地位

新中国成立以来,中国贸易和经济以改革开放为分水岭。改革开放之前,中国处于相对封

闭和落后的状态,对外贸易在国民经济中处于辅助地位。改革开放之后,中国改变了自我封闭的状况,将发展对外贸易作为对外开放的重要内容,对外贸易在国民经济中提升到了重要的战略地位。

1. 改革开放之前,对外贸易在中国国民经济中处于调剂余缺的辅助地位

新中国的社会主义社会建立在漫长的封建社会之后,几千年的封建社会遗留下来了自给自足的自然经济思想,在经济建设上片面地强调自力更生和国内市场的作用,否认国际分工和合作的必要性,把对外贸易的发展与坚守自力更生的传统对立起来。另外,客观的外部环境也不允许中国大规模地开展对外贸易。中华人民共和国的成立,沉重地打击了帝国主义,以美国为首的西方国家对中国实行封锁禁运的政策,企图阻挠中国国民经济的恢复,干扰中国同其他国家的友好贸易往来。由于受到国内外条件的限制,当时对外贸易的指导方针是调剂余缺、互通有无,以我所有换我所无,在自用有余的基础上挤一部分出口。主要表现在:政治与经济、外贸与外交的关系上片面强调政治第一,外贸服从外交;在进口与出口的关系上力求进出口平衡,略有顺差,限制对外贸易发展;在国家财政上强调"既无内债又无外债",否定利用外资的必要性和重要性;在贸易方式上简单、呆板,满足于函电成交和广交会,不采用"三来一补"等国际通用的灵活贸易方式,失去了大量的贸易机会。

2. 改革开放之后,对外贸易在中国国民经济中处于重要的战略地位

1978年12月第十一届三中全会在北京召开,党中央将对外开放作为基本国策进行公布。对外贸易的发展作为改革开放的重要内容得到了极大的重视,其在中国国民经济中的重要战略地位也得到了充分肯定。

(1)实行对外开放政策决定中国对外贸易在国民经济中处于重要战略地位。党的十一届三中全会以后,中国改变了之前自我封闭式的发展模式,实行对外开放。对外开放是经济发展的必经之路,而其最重要的内容就是对外贸易,而引进国外先进技术、利用外资、对外经济技术合作和对外经济援助等其他内容也必须建立在对外贸易的基础上。对外开放的广度和深度都取决于对外贸易的发展状况,因而,对外贸易在国民经济中处于重要战略地位。

(2)社会主义市场经济决定中国对外贸易在国民经济中处于重要战略地位。社会主义市场经济与对外贸易是不可分割的,通过对外贸易可以实现市场经济所要达到的目的,实现资源在国际范围内的优化配置。培养和发展社会主义市场经济,强化市场机制的作用就意味着要扩大对外贸易,因而决定了对外贸易在国民经济中处于重要的战略地位。

(3)国际经济大循环决定中国对外贸易在国民经济中处于重要战略地位。党中央根据历史条件和外部环境的变化,提出在社会主义建设中利用国内外两种资源,组织国内经济建设和发展对外经济关系。对外贸易是促进国际经济循环的桥梁,是加速国内国际经济互补的纽带。

二、对外贸易在中国国民经济中的作用

党的十一届三中全会以来,在改革开放总方针的指导下,中国采取了一系列大力发展对外

贸易的政策措施,促进了进出口贸易的发展,扩大了技术的交流与合作。经过30多年的努力,对外贸易成为中国经济最为活跃、增长最快的部分之一,中国也成为跻身世界前列的贸易大国。中国对外贸易的发展,将中国与世界更加紧密地联系起来,有力推动了中国的现代化建设,促进了中国的繁荣与进步。对外贸易在国民经济中的重要作用体现在如下方面:

（一）促进国民经济协调发展

通过在国际范围内进行商品交换,将本国的产品输出到国外换取另外一种产品,实现使用价值的转换,有计划地调节国内供求状况。新中国成立以来,根据扩大再生产的需要,中国进口了很多发展工业生产和其他国民经济部门所需要的机械设备和原材料,发展农业所需的化肥、农药、拖拉机以及相应的生产设备,发展轻工业所需要的棉花、化纤等原料和相应的生产设备,发展重工业所需要的优质钢材、石油管、矽钢片等以及各种重工业技术装备。

（二）推动工农业生产发展

对外贸易有力地促进了工农业生产的发展和经济结构的调整。中国每年进口的生产资料,绝大部分是国内短线产品、稀缺物资和先进适用的技术设备,而且钢材、橡胶、羊毛、木材、化肥等的进口都占国内可分配商品量的较大比重,对保证国家重点建设和工农业生产的发展都起了重要作用。

（三）提高科学技术水平

引进先进技术和设备是对外贸易的重要任务,通过技术贸易,中国逐步缩短了与先进国家的差距,提高了中国工业生产的科技水平,加快了现代化的步伐。改革开放以来,中国引进了能源、交通、通信、电子、机械、化工冶金等国民经济重点行业的先进技术,这些从国外引进的新技术、设备和管理经验,填补了中国某些技术的空白,使一些重要产品的生产技术日趋现代化。

【资料卡1.3】

近年来,引进的先进技术设备主要有:轻工业的聚乙烯透明板生产装置,合成革成套设备及专利技术等;纺织工业的高速涤棉染色设备、毛精纺机等;机械工业的特殊轴承的制造和加工设备技术、航空发动机专用机床和设备技术、光学冷加工设备制造专有技术、柔性加工单元、柔性加工系统、光纤光缆制造技术等;电子工业的计算机配套技术及设备、彩色电视机生产技术和设备等。利用外资建设了一批像上海宝山钢铁厂、齐鲁石化、北京吉普、上海大众汽车厂、西安和北京显像管厂等具有20世纪80年代初世界水平的骨干项目;通过对现有企业进行技术改造,使我国的汽车、电梯、玻璃、葡萄酒、密封件、仪表等制造技术登上了一个新台阶。举办合资、合作经营的宾馆饭店,不仅使我国国际旅游业接待能力大大提高,而且经营管理和服务水平发生了根本变化。同时还通过接受国际多边、双边经济技术援助、对外承包工程和劳务合作等引进和学到一些先进技术和管理经验,培养了一批人才。如通过接受外援渠道,出国进修、考察、培训了近万名人员,同时还聘请外国专家2 000多人次来华讲学、工作。华北油田两个钻井队利用学到的技术,两个月内打了3口平均3 216 m的试验井,打井速度提高2/5,钻头平均消耗由11.5只降到7.2只。联合国人口基金为我国第三次人口普查提供的100多台计算机,有些型号是当时通过其他途径难以买到的,并为我国培养了一批编号、操作和数据处理人员,对我国计算机的推广应用也起了积极作用。联合国儿童基金会援助的免疫项目,使我国儿童麻疹、百日咳、白喉、脊髓灰质炎等疾病的发病率大幅度下降,收到了很好的社会效益。

(资料来源:http://liuxiangdong.mofcom.gov.cn/)

(四)积累国家建设所需资金

对外贸易已经成为国家积累资金的重要源泉之一。它增加国家收入的主要途径有三个:一是吸收外商直接投资办企业,扩大了国家的利税来源;二是与外贸直接有关的进口关税和增值税,生产出口商品企业上缴的所得税和进口商品投入生产所产生的利税,都是国家和地方财政一笔可观的收入;三是增加外汇收入。在贸易顺差猛增的作用下,中国外汇储备2006年突破1万亿美元,达到10 663亿美元;2009年突破2万亿美元,达到23 992亿美元。2010年末,我国外汇储备已达到28 473亿美元,比2005年增长2.5倍,年均增长28.3%。我国外汇储备规模自2006年超过日本,连续五年稳居世界第一位。

(五)丰富国内市场供应

社会主义生产的目的是为了满足人民日益增长的物质和文化生活的需要。通过发展对外贸易,进口部分生活资料和生产原材料,引进先进的技术和设备,扩大了国内商品生产,增加了商品投放量,改进了花色品种,提高了商品档次。为了满足国内需求,还进口许多国内市场稀缺的生活必需品和耐用消费品,以缓解国内供求不平衡的矛盾。因此,对外贸易改善了国内市场的供求状况,丰富了国内市场商品种类和层次,提高了物质和文化生活水平。

(六)扩大劳动就业

中国拥有近14亿人口,占世界人口的比例约为19.36%,就业是经济发展首要解决的问题。发展对外贸易可以作为解决劳动就业的一种重要途径,有利于中国安定团结局面的巩固和发展。从出口角度看,在过去相当长的一段时间内,中国出口商品中劳动密集型产品占有很大的比重,加工贸易在全部出口贸易方式中一直占有50%左右的比重。据测算,每出口1亿元的工业品可为1.2万人提供就业机会,按近年来的出口规模计算,中国出口的工业品可以扩大就业人数大约6 000多万。可见,发展出口贸易可以创造就业岗位,提高国内就业率。从进口角度看,进口国内短缺的原材料、技术和设备等生产要素,可以扩大国内现有的生产规模,从而增加国内就业的机会。按国内每亿元工业产值约容纳8 000劳动力的比例计算,2008年进口的生产资料可大约解决5 000万人左右的就业。由此可见,随着对外贸易的不断发展,中国劳动就业会有越来越多的机会。

(七)推动对外经贸关系的发展

对外经贸关系包括对外贸易、利用外资、引进和出口技术、对外工程承包和劳务合作、经济技术交流与援助等。其中对外贸易是最重要、最基础的形式,它与对外经贸关系的其他方面有着密切的联系。譬如,利用外资时要考虑以扩大出口所获得的外汇来偿还;引进国外的先进技术和设备或者出口技术,都要通过贸易的方式实现;开展对外工程承包和劳务合作时,必会带动物资的进出口。从这种意义上讲,发展对外贸易是开展对外经贸关系的中心环节,对外贸易推动了对外经贸关系的发展。

本 章 小 结

中国已经成为世界第二贸易大国,对外贸易的规模不断扩大,商品结构不断优化,市场结构多元化发展,加工贸易在对外贸易中起着重要的作用。

中国对外贸易的发展,将中国与世界更加紧密地联系起来,有力推动了中国的现代化建设,也促进了中国的繁荣与进步。

思 考 题

一、名词解释

对外贸易值　贸易差额　朝贡贸易　贸易的商品结构　贸易的地理方向　贸易方式

二、问答题

1. 新中国成立初期,中国对外贸易发展的特点有哪些?
2. 中国对外贸易总体格局如何?
3. 为什么对外贸易在中国国民经济中处于重要的战略地位?
4. 对外贸易在中国的国民经济中发挥了哪些作用?

三、论述题

试述中国是贸易大国还是贸易强国。

【阅读资料】

后危机时期中国对外贸易变化的六大趋势

陈长缨

国际金融危机之后,支撑近10年来我国对外贸易快速发展的诸多为外部因素都将发生很大变化。受此影响,未来在中期之内(2010~2015年),我国对外贸易将可能出现重大变化,除总体增长速度明显下降外,对外贸易产品、地区、贸易方式等都将出现较大的结构性变化。

一、影响我国对外贸易的内外部因素将出现重大调整

就影响外部环境出现重大调整的诸多因素分析,主要有以下四个方面值得关注:

1. 国际金融危机之后,全球经济和国际贸易增速都将放慢

据国际货币基金组织(IMF)2009年9月的预计,2010~2014年的年均增长率(4.2%)将比2003~2007年的年均增长率(4.7%)减少0.5%左右。在国际贸易(包括服务贸易)方面,2010~2014年间预测的全球贸易年均增长率(5.6%)将明显低于2003~2007年的年均增长率(8.1%)约2.5%。所以,全球经济和贸易增速的下降,将改变我国自新世纪以来外部需求不断扩张的状况,我国出口增长空间将有所缩小。

2. 全球经济向再平衡方向调整

国际金融危机之后,各国纷纷调整了宏观经济政策,尤其是美国采取了减少"双赤字"、提高储蓄率等政策,这些政策已开始取得了一定成效,2009年美国储蓄率开始由负转正,未来美国经济失衡的状况将进一步得到纠正,这也会促使全球经济向平衡方向调整。这种调整意味着,即使是世界经济摆脱金融危机影响恢复到正常的增长速度,但由于美国等原来经常账户赤字较大的经济体将大幅减少赤字,从而这些经济体的进口增速慢于经济增速。因此,全球经济的再平衡调整,一方面使我国出口需求空间相对缩小,另一方面也会促使我国外贸长期顺差、内外经济失衡的状况进行主动或被动的调整。

3. 针对我国的贸易保护主义将出现新特征

由于全球经济和贸易增速下滑,全球贸易保护主义将出现上升的趋势。对我国而言,除受世界经济、贸易增速放缓而出现的普遍贸易保护主义影响外,还会因我国出口结构升级受到更多的贸易保护主义冲击。过去几年,我国虽然遇到不少贸易保护主义威胁,但真正对我国实施的贸易制裁还是有限的。但随着我国出口产品结构升级趋势加快,资本密集型和高技术产品竞争力逐渐增强,对发达国家优势产业将形成越来越强的竞争,这种变化将对发达国家的优势产业造成实际损害,不但影响越来越多的工人就业,而且对发达国家核心利益造成影响。20世纪80年代以后,日本由于出口产品结构快速提升和竞争力加强,就和美国发生过严重的贸易战。因此,可以预计,在中短期内,发达国家和我国经济摩擦将呈现快速上升趋势,对我国出口的实际制裁也越来越多。另一方面,由于我国在全球出口比重扩大,以及在劳动密集型产业中仍会保持较强的竞争力,与发展中国家传统出口产品之间的竞争也持续存在,预计我国与发展中国家的贸易摩擦也会增加。此外,以气候变化、环境保护、安全和技术标准等为借口的形形色色新贸易壁垒也将不断增加,这同样也会制约我国出口空间。不过,我们也要看到,未来也会出现一些有利于我国应对贸易摩擦的变化。例如,我国加入WTO时的特定产品过渡性保障机制("特保机制")将于2013年底到期后中止,届时其他WTO成员方不能再运用此条款对我国实施贸易保护。另外,随着我国进口增加、贸易顺差减少以及对国际规则熟练运用能力的加强,我国对外贸易报复的能力也将增强,这也会迫使其他国家慎重考虑与我国的贸易冲突。

4. 经济全球化进程将减速

20世纪90年代以来的新一轮经济全球化主要是依靠信息技术革命和经济自由化推动的,经过近20年的发展,除非有新的推动经济全球化的因素出现,否则经济全球化过程将趋于减速。受此影响,国际产业转移和国际分工格局也会出现一些新的变化。

二、除了外部环境出现重大调整外,内部环境也将出现重大调整

在此,有以下四个方面影响因素值得引起注意。

1. 我国要素禀赋和比较优势将发生较大变化

一方面我国将开始出现由劳动力大国向人力资本大国的转变。预计国内劳动力市场将开始出现"刘易斯拐点",即原来长期存在的数量充足、工资较低、具有熟练技能、以农民工为主的劳动力供给将减少,我国尤其是沿海地区劳动力成本将出现一个较快的上升期。近年来陆续出现的"民工荒"、企业最低工资不断上调等现象已经说明我国已逐渐进入"刘易斯拐点",今后这种趋势还将进一步加快。另外,土地、资源等要素也将出现供给减少、价格上升的情况,对依赖于要素投入的出口扩张约束也越来越强。但另一方面也要看到,我国人才、资本、技术等高端生产要素供给在今后一段时间可能发生的重大变化。以人才为例,预计未来掌握先进技术、具有先进管理经验的国际性人才也会越来越多地流入我国,将大大改变我国高技术产业发展面临的人才瓶颈。总体看来,未来我国过去依靠低成本和大量要素投入的劳动密集型出口比较优势将逐渐削弱,而依靠高成本投入、技术密集型出口优势将开始形成,出口结构向高端升级速度将加快,这种变化也将促使我国由原来以增加要素投入为主的粗放型出口增长方式,向以提高要素使用效率的集约型出口增长方式转变。

2. 国内经济政策将逐步向扩大内需方向进行调整

下一阶段,我国经济政策将着重向扩大内需,尤其是扩大国内消费需求的方向进行调整,以减少经济增长对出口的依赖程度。因此,对外向型经济有偏的鼓励政策将向无偏的中性政策转型,即逐渐减少对出口、外资的优惠鼓励政策,引导资源均衡地投向对内和对外经济部门,实现国内经济和对外经济的统筹协调发展。

3. 汇率和通货膨胀的新变化对贸易将产生很大影响

在我国经济出现"刘易斯拐点"之后,由于我国总供给曲线发生了变化,增加的超额货币供给不再会像过去那样,在带来产出(包括出口)增加的同时没有引发严重的通货膨胀,而转而会出现在产出增加的同时也会带来一定甚至较高的通货膨胀。在这种情况下,未来贸易账户将不会再出现长期、持续的顺差,简单地说,贸易顺差增加要么会推动国内物价水平上升,要么会推动人民币名义汇率升值,无论哪种情况,都会造成人民币实际有效汇率升值,最终导致顺差向恢复基本平衡的方向变化。此外,由于近年来土地、能源、公用产品和服务、原材料等价格都开始不同程度的上涨,尤其是房地产价格更是出现了成倍的上涨,未来一段时间,这些价格将逐渐传导到生产成本上,使我国存在较大的成本推动型通货膨胀压力。因此,未来我国将可能由原来的国内低于全球平均通胀水平转为国内高于全球平均通胀水平。在这种情况下,我国出口产品价格将变得比较昂贵,进口产品价格将变得比较便宜,也会促使外贸向基本平衡方向发展。

4. 扩大进口因素不断增加

一是到2015年左右,我国人均GDP将由3 000多美元增加到5 000美元甚至更高,这是消费结构升级最快的阶段之一,我国对国内不能生产的高端消费品,或发达国家掌握品牌的奢侈品等进口增加;二是我国处于工业化加速发展、制造业快速升级时期,对国外先进的高技术、装备等资本品需求在一定时期内仍会保持较快的增速;三是人民币实际汇率升值将使进口产品相对价格下降,将会使国内消费者增加对国外产品的采购;四是政策也会向有助于增加进口的方向调整,例如,我国为减少过大的贸易顺差、缓解贸易摩擦,会采取一些主动增加进口的措施。

三、我国对外贸易中期变化的主要趋势

1. 对外贸易总体增速将趋缓

预计从2010年到"十二五"末期的2015年,我国外贸总量将继续保持增长,但增速逐渐回落。在这段时间,以美元计算的贸易额,将以平均每年接近10%的速度增长,也就是贸易年增速将略高于国内GDP增速,也将高于全球贸易增速4%左右。据此计算,2015年,我国外贸规模将达到约4万亿的规模,在此期间,我国将一直保持全球最大贸易体的地位。从时间分布看,由于金融危机后外贸将出现恢复性增长,加之外贸增长的惯性,未来几年外贸增速将大致呈现"前高后低"的走势。

2. 出口产品结构将加快升级

从中期看,我国出口产品向高端升级的能力将大大提高,有利于推动我国出口结构向高端的资本密集型,特别是技术密集型产业升级。

3. 加工贸易比重持续下降

加工贸易曾经在我国进出口贸易中占有举足轻重的地位。未来由于各项成本的增加和政策的调整,不利于加工贸易发展的因素将不断增加,加工贸易从沿海发达地区向外转移的趋势将继续加快,并最终导致加工贸易在全部贸易中比重继续减少。我们预计,到2015年左右,加工贸易出口占我国全部出口的比重将下降到

40%以下。

4. 顺差规模将明显缩小,贸易差额趋于平衡

下一阶段,受国际市场需求增速减缓、国内要素成本上升等因素的影响,我国出口增速将显著放慢;受国内工业化进程加快、产业结构升级和消费结构升级等因素的影响,进口增速将有所提高。总体看来,我国进口增速将高于出口增速,长期贸易顺差局面将得到较大改善,贸易顺差将减少,甚至存在个别年份出现逆差的可能性,预计到2015年左右,我国外贸顺差将大为减少甚至将趋于平衡。贸易顺差下降,将导致贸易净出口对我国经济增长的贡献由正转负,但也要看到,顺差下降有利于减少贸易摩擦,从而在一定程度上改善我国贸易的外部环境。

5. 我国与新兴市场和"金砖四国"的贸易将增加

进入新世纪以来,虽然我国贸易多元化战略取得很大进展,但发达国家仍是我国最大的出口市场,占我国出口市场70%以上。在中期内,一方面,从全球最终贸易产品需求看,新兴市场国家、"金砖四国"的经济增长率将超过发达经济体,前者在全球经济和国际贸易的份额将会趋于上升,未来我国一般贸易出口地区结构也将发生变化,对发达国家出口比重将逐步下降,对新兴市场和俄、印、巴出口比重将上升。在进口方面,我国将加大从非洲、澳洲、拉美、俄罗斯等资源大国进口资源类产品。另一方面,从基于国际分工体系的国际贸易中间产品流向看,亚洲区内有可能形成更为精细的生产体系,我国在亚洲生产体系的地位将发生变化。因此,下一阶段,我国可能由原来接受欧美日韩等跨国公司投资、在我国从事加工贸易生产、位于"雁行"模式中低端的分工体系,开始向对其他经济体投资、在其他国家从事加工贸易生产、位于"雁行"模式中高端的分工体系转变,相应的贸易流向也会由从发达国家进口上游产品、向发达国家出口最终产品的流向,向对其他发展中国家出口中间产品的贸易流向转变,从而使我国和发展中国家的贸易规模出现较快上升。

6. 贸易条件将得到一定改善

未来我国进出口产品价格也将发生较大变化。一方面,我国出口产品结构升级之后,由于这类产品需求收入弹性较大,加之我国逐渐进入技术、研发、品牌、渠道等具高附加值的产业链环节,以及我国影响国际价格的话语权增强,预计我国出口平均价格将会出现较大上升。另一方面,我国对资源品进口虽然总量还会增加,但国内政策调整等因素将提高国内资源的使用效率,我国对资源品进口增速将可能趋缓,此外全球资源品价格在经过前一时期的大幅上涨之后,难以出现新一轮快速上涨。因此,从中期看,预计我国出口产品平均价格上涨速度较快,并超过进口平均价格增速,我国贸易条件将扭转前一时期持续恶化的情况,而得到逐步改善。

(资料来源:上海证券报.2010-03-29)

第二章
Chapter 2

中国发展对外贸易的理论依据

【本章学习要求】

本章主要阐述了古典贸易理论、新古典贸易理论和新贸易理论及其在中国的适用性。通过本章学习,要求学生掌握古典贸易理论、新古典贸易理论、新贸易理论的代表理论和学说,学会用数学模型表达相关理论,并探讨各贸易理论在中国的适用性。

【本章主要概念】

绝对优势　比较优势　需求相似理论　产业内贸易

【本章导读】

翡翠岛国的灰姑娘童话　探寻爱尔兰经济崛起奥秘

一、当年欧盟的"丑小鸭"

"翡翠之岛",是人们对爱尔兰绿草茵茵的田园风光的赞美。但在另一方面,也反映了爱尔兰曾长期是欧盟成员中经济相对落后的农业国。

"那时我们真的很穷,很多人家都选择移民海外。"爱尔兰外交部亚太事务主管玛娜函女士笑着对记者说,"我父亲就去了美国学习工程技术。"玛娜函女士描述的是20世纪90年代以前在爱尔兰相当普遍的移民海外传统。许多爱尔兰人才因为国内经济长期落后,纷纷选择了移民英美另寻出路。资料显示,直到1987年,爱尔兰人均GDP仍仅为欧盟平均水平的69%。

二、"凯尔特之虎"的崛起

进入20世纪90年代以后,历史惊人地改写了。一组数字记录了爱尔兰在经济上的突飞猛进。

据统计,2003年,爱尔兰人均GDP已高达欧盟平均水平的136%。1987年,爱尔兰政府债务还高居 GDP 总量的 136%，而在 2003 年，这一数字骤减为 33%；失业率也从 1987 年的 17% 降至 2003 年的 4%。在经历了 20 世纪 90 年代的突然发力后，爱尔兰一跃成为欧盟人均 GDP 排名第二的富裕之国，并且创造了 20 世纪 90 年代 GDP 年均增长 7% 的经济奇迹。

"经济的巨变改变了爱尔兰人在欧盟中的形象，人们把这个变化称作'凯尔特之虎奇迹'（凯尔特人是爱尔兰岛的早期居民）。"玛娜函女士说。

二、奇迹背后的贸易立国

说到爱尔兰经济的成功，不能不首先提及其令人刮目相看的软件产业。据爱尔兰科学基金会常务董事威廉·哈里斯介绍，全球排名前十位的软件公司在爱尔兰都设有分支机构，欧洲市场 50% 以上的软件产品都由爱尔兰生产，美国已成为爱尔兰软件的最大市场。早在 1998 年，爱尔兰的软件出口额就超过了美国和印度跃居世界第一。软件出口占到了爱尔兰出口总额的一成以上，有力拉动了经济。

大量外商直接投资成为爱尔兰发展经济的有力支撑。即使在 2002 年全球投资萎缩的背景下，爱尔兰仍然吸引了 260 亿欧元的外商直接投资。大规模的资金流入直接促成了爱尔兰高技术高附加值的出口导向型经济。

充分的教育投入是导致经济成功的最值得骄傲的决策。据统计，从 1985 年来，爱尔兰政府在教育上的公共开支增长了 150%，并一直是其制定国家发展规划时的首要开支。素质提高的国民成为经济发展和吸引外资的有利条件。由此我们可以看到，对外贸易在一个国家经济发展中扮演着非常重要的作用。

（资料来源：http://news.163.com）

第一节　国际贸易理论

一、传统国际贸易理论

（一）重商主义

重商主义产生于 15 世纪，全盛于十六七世纪，主要代表人物有英国经济学家约翰·海尔斯、威廉·斯塔福德、托马斯·曼，法国经济学家安·德·孟克列钦、让·马蒂斯特·柯尔塔等人。

从 15 世纪末开始，西欧自然经济日趋衰落和解体，商品货币关系日益发展，城市和农村出现了手工业者和农民的急剧分化，资本主义关系开始萌芽和成长。资本主义经济关系的产生和发展需要大量货币资本，因而开始了资本原始积累过程。在资本原始积累时期，资本主义经济关系中是商业支配产业，流通支配生产，商业资产阶级力量大大超过产业资产阶级力量，因此产生了以流通过程为研究中心的重商主义学说，代表了商业资产阶级的利益。

重商主义这个名称最初是由亚当·斯密在《国民财富的性质和原因的研究》（简称《国富

论》)一书中提出来的。但 1776 年亚当·斯密在他的著作中抨击了重商主义,他提倡自由贸易和开明的经济政策。但是,直到 19 世纪中叶英国才废弃以重商主义哲学为基础的经济政策。

1. 重商主义产生的背景

历史上对国际贸易的研究和理论在最早的时候几乎都是出自重商学派的著作,重商主义是资产阶级最初的经济学说,产生和发展于欧洲资本原始积累时期,反映这个时期商业资本的利益和要求。它对资本主义生产方式进行了最初的理论考察。15 世纪末,西欧社会进入封建社会的瓦解时期,资本主义生产关系开始萌芽和成长;地理大发现扩大了世界市场,给商业、航海业、工业以极大刺激;商业资本发挥着突出的作用,促进各国国内市场的统一和世界市场的形成,推动对外贸易的发展;在商业资本加强的同时,西欧一些国家建立起封建专制的中央集权国家,运用国家力量支持商业资本的发展。随着商业资本的发展和国家支持商业资本的政策的实施,产生了从理论上阐述这些经济政策的要求,逐渐形成了重商主义理论。

重商主义是西欧封建制度向资本主义制度过渡时期(资本原始积累时期),具体地说,在 15~18 世纪初受到普遍推崇的一种经济哲学,它抛弃了西欧封建社会哲学的教义和伦理规范,开始用世俗的眼光,依据商业资本家的经验去观察和说明社会经济现象。它以商业资本的运动作为考察对象,从流通领域研究了货币—商品—货币的运动(资本产生的过程)。

2. 重商主义的发展阶段

重商主义的发展经历了早期重商主义和晚期重商主义两个阶段。

(1)早期重商主义产生于 15~16 世纪中叶,以货币差额论为中心(即重金主义),强调少买。该时期代表人物为英国的威廉斯·塔福。早期重商主义者主张采取行政手段,禁止货币输出,反对商品输入,以贮藏尽量多的货币。一些国家还要求外国人来本国进行交易时,必须将其销售货物的全部款项用于购买本国货物或在本国花费掉。

(2)16 世纪下半叶到 17 世纪是重商主义的第二阶段,即晚期重商主义,其中心思想是贸易差额论,强调多卖,代表人物为托马斯·孟。他认为对外贸易必须做到商品的输出总值大于输入总值(即卖给外国人的商品总值应大于购买他们商品的总值),以增加货币流入量。16 世纪下半叶,西欧各国力图通过实施奖励出口,限制进口,即奖出限入的政策措施,保证对外贸易出超,以达到金银流入的目的。

早晚期重商主义的差别反映了商业资本不同历史阶段的不同要求。重商主义促进了商品货币关系和资本主义工场手工业的发展,为资本主义生产方式的成长与确立创造了必要的条件。重商主义的政策、理论在历史上曾促进了资本的原始积累,推动了资本主义产生方式的建立与发展。

3. 重商主义的主要思想和贸易观点

重商主义者认为,金银是唯一的财富,为了增加一国的金银财富,有效的办法就是通过对外贸易,实现顺差,从逆差国家取得金银。在重商主义者看来,对外贸易只能是一方遭受金银的损失,对方才能获得利益。因此,要得到这种财富,国家应积极干预经济生活,奖励国内工商业,实施促进对外贸易的保护主义政策。也就是由政府管制农业、商业和制造业;发展对外贸易垄断;通过高关税率及其他贸易限制来保护国内市场;并利用殖民地为母国的制造业提供原料和市场。他们的贸易保护主义思想一直影响着当今世界的国际贸易。

4. 重商主义的局限性

(1) 重商主义的政策结论仅在某些情况下站得住脚,并非在一般意义上能站得住脚。

(2) 重商主义把国际贸易看做一种零和游戏的观点显然是错误的。

(3) 重商主义把货币与真实财富等同起来也是错误的。正是基于这样一个错误的认识,重商主义才轻率地把高水平的货币积累与供给等同于经济繁荣,并把贸易顺差与金银等贵金属的流入作为其唯一的政策目标。

【小案例2.1】

都铎王朝的重商主义及其影响

都铎王朝(1845—1603年)历时118年,共经历了五代君主。虽然历时不长,但是都铎王朝处于英国从封建社会向资本主义社会转型这样一个关键时代,因而其实施的各项政策也极具时代特色,特别是它实行的重商主义政策,对英国社会的各个方面都产生了极大的影响。

(1) 重商主义政策振兴了英国的民族工业,为英国资本主义工业腾飞提供了前提条件。

首先,都铎王朝扶植、鼓励发展呢绒制造业,以出口呢绒换取货币。

其次,大力发展海外商业,鼓励发展造船业。

(2) 重商主义政策揭开了英国农业资本主义革命的序幕,推动了英国封建农奴制度的瓦解。

如果说圈地运动是英国农业资本主义革命的序幕,那么揭开这一序幕的便是都铎王朝的重商主义政策。因为:

① 都铎王朝的重商主义政策是引发圈地运动的主要原动力。

② 重商主义政策加速了寺院土地所有制的崩溃。

③ 重商主义政策也瓦解了封建贵族的领地所有制,导致了土地所有权的再分配。

(3) 重商主义政策促使英国建立起外向型经济模式,推动英国经济走向世界。

(资料来源:刘义程. 浅析都铎王朝的重商主义政策的影响[J]. 井冈山师范学院学报(哲学社会科学),2001(4))

(二) 亚当·斯密绝对优势理论

亚当·斯密(1723—1790年)是英国产业革命前期工场手工业时期的经济学家。产业革命是指从工场手工业转向机械大工业的过渡,在这一过程中封建主义和重商主义是实现这一变革的障碍。亚当·斯密代表工业资产阶级的要求,在他1776年出版的代表作《国民财富的性质和原因的研究》中猛烈抨击重商主义,鼓吹自由放任,系统地提出了绝对成本说。亚当·斯密因此成为自由贸易理论的鼻祖。

1. 产生背景

在 17 世纪,资本主义生产关系在西欧有了迅速的发展,特别是英国,资产阶级革命成功以后,圈地运动大大加快,仅 1760~1790 年间,被圈占的土地就高达 298 万英亩(1 英亩 = 6.072 0 市亩≈4 050 m^2)。大约在 18 世纪中叶,英国的小农基本被消灭,农业生产普遍采取了资本主义方式,资本的原始积累正在逐渐完成其历史使命而让位于资本主义的积累,资本主义的工场手工业进一步发展成为社会生产的主要形式。但是,随着社会生产力的发展,这种相对落后的生产方式——以手工劳动为基础的手工工场,已经难以适应经济迅速发展的需要,到 18 世纪 60 年代,英国开始了产业革命。这次产业革命以一系列的发明为标志,如 1733 年钟表匠约翰·凯伊发明飞梭,1765 年哈格里夫斯发明手摇纺车,1769 年瓦特发明蒸汽机等。

随着产业革命的开展,英国的经济发展迅速,在经济、军事上都超过了其对手西班牙、荷兰,获得海上霸权,在海外拥有大量殖民地,成为真正的"日不落"帝国。英国的工业发展,使英国产品具有极大的竞争力。新兴的资产阶级为了从海外市场获得更多的廉价原料并销售其产品,迫切要求扩大对外贸易,而重商主义的一系列贸易保护政策却严重束缚了对外贸易,阻碍了资本主义大工业的发展。这种要求,必然要反映到经济思想上来。这就是重商主义衰落和古典学派兴起的大背景。古典学派的研究从流通领域转向生产领域,触及了经济现象的内在联系,并奠定了劳动价值论的基础。因此,古典学派的学说具有一定的科学性。古典学派提出了"自由放任"的口号,在理论上为资本主义的自由发展铺平道路,为新兴的资产阶级服务。

2. 主要内容

亚当·斯密主张实行自由贸易政策,并在其著作中指出:"裁缝不想自己制作鞋子,而向鞋匠购买……如果每一个私人家庭的行为是理性的,那么整个国家的行为就很难是荒唐的。如果一个国家能以比我们低的成本提供商品,那么我们最好用自己有优势的商品同他们交换。"他认为:国际贸易产生的原因,在于因地域、自然条件不同而形成的商品成本绝对差异。所以又称地域分工学说,主要观点可概括如下:

(1)他认为分工可以提高劳动生产率,每个人专门从事于一种物品的生产,然后彼此进行交换,对每个人都是有利的。

(2)国际分工是各种分工形式中的最高形式。因此,如果外国的产品比自己国内生产要便宜(生产成本绝对地低),那么就应该输出本国在有利的生产条件下生产的产品去交换外国(便宜)的产品,而不要自己去生产。

(3)国际分工的基础是有利的自然禀赋或后天的有利的生产条件。无论是自然禀赋或后天的有利生产条件,都可以使一个国家生产某种生产成本绝对低的产品,然后彼此进行交换,将会使各国的资源、劳动力和资本得到最有效的利用,从而大大提高劳动生产率,增加社会物质财富。

3. 绝对优势贸易模型

(1) 绝对优势贸易模型的前提条件。

①世界上只有两个国家,并且只生产两种商品;

②生产过程中只投入一种生产要素也就是劳动,每一个国家的劳动力资源在某一给定时间都是固定不变的,且具有同质性,劳动力市场始终处于充分就业状态;

③劳动力要素可以在国内不同部门之间流动,但不能在国家之间流动;

④两国技术水平和规模报酬都保持不变,并且不同产品上的生产技术不同;

⑤所有市场都是完全竞争的,没有任何一个生产者和消费者有足够的力量对市场施加影响,他们都是价格的接受者,且各国生产的产品价格都等于产品的平均生产成本,没有经济利润;

⑥实行自由贸易,运输费用和其他交易费用为零,不存在政府对贸易的干预或管制;

⑦两国之间的贸易是平衡的,因此,不用考虑货币在国家间的流动。

(2) 绝对优势贸易模型的分析。假定A、B两国,生产布料和小麦。因为A、B两国在生产率上的差异,使得两国在X和Y商品上各自具有绝对优势,见表2.1。

表2.1 分工前后两种产品情况　　　　单位:每小时生产产品数量

	分工前		分工后	
	布料	小麦	布料	小麦
A国	4	3	8	0
B国	2	7	0	14
合计	6	10	8	14

从表格中可以看出,A国在生产布料上有绝对优势,每小时可生产4单位布料,B国在生产小麦上有绝对优势,每小时可生产7单位小麦。在没有分工情况下,两个国家各自生产布料和小麦,平均分配时间1小时用于生产小麦,1小时用于生产布料,两国合计产量为布料6单位,小麦10单位。现在A、B两国按照绝对优势理论进行分工,A国将全部生产要素投入到布料的生产中,B国则专门生产小麦,那么分工的结果就是整个社会中布料的总产量为8,小麦的总产量为14,明显高于分工之前的产出。同时每个国家选择生产自身具有绝对优势的产品并进行交换,只要交换价格在一个合理的区域内,那么A国和B国均可以从中获益。

4. 对绝对优势理论的评价

亚当·斯密第一次运用劳动价值论说明了国际贸易的基础和利益所在,将劳动分工的概念扩大到了国际范围,为科学的国际贸易理论建立提供了一个良好的开端。但是亚当·斯密的绝对优势理论也有很大的局限性。他强调只有在生产成本上有绝对优势的国家参加国际分工和国际贸易才能获利,可是在现实经济活动中很多并不具备绝对优势的国家同样也能从国际分工和国际贸易中获利。因此亚当·斯密的学说在很多情况下无法解释国际贸易中的实践。

【资料卡 2.1】

亚当·斯密小传

亚当·斯密(Adam Smith)是经济学的主要创立者。1723年亚当·斯密出生在苏格兰法夫郡(County Fife)的寇克卡迪(Kirkcaldy)。亚当·斯密的父亲也叫亚当·斯密,是律师,也是苏格兰的军法官和寇克卡迪的海关监督,在亚当·斯密出生前几个月去世;母亲玛格丽特(Margaret)是法夫郡斯特拉森德利(Strathendry)大地主约翰·道格拉斯(John Douglas)的女儿,亚当·斯密一生与母亲相依为命,终身未娶。

亚当·斯密14岁考入格拉斯哥大学,学习数学和哲学,17岁时转入牛津大学。他毕业后,于1748年到爱丁堡大学讲授修辞学与文学。1751年返回格拉斯哥大学讲授逻辑学,次年担任道德哲学讲座。他讲的道德哲学包括神学、论理学、法学和政治学四个部分。他的伦理学讲义后来经过修订在1759年作为《道德情操论》出版,获得学术界极高评价。1764年,他辞退了大学教授的职务,担任布克莱公爵的私人教师,并陪同公爵到欧洲大陆旅行。

在法国巴黎,他认识了启蒙思想家伏尔泰、重农学派代表魁奈和杜尔阁等名流,这对他的经济学说的形成有很大的影响。当他结束了欧洲大陆的游历之后回到英国,于1768年开始着手著述《国民财富的性质和原因的研究》,1773年时已基本完成,但亚当·斯密多花三年时间润饰此书,1776年3月此书出版后引起大众广泛的讨论,影响所及除了英国本地,连欧洲大陆和美洲也为之疯狂,因此世人尊称亚当·斯密为"现代经济学之父"和"自由企业的守护神"。

(资料来源:http://baike.baidu.com/view)

(三)大卫·李嘉图的比较优势贸易理论

大卫·李嘉图(1772—1823年)是英国古典政治经济学的集大成者。他在1817年出版的《政治经济学及赋税原理》提出了著名的比较利益学说,这是一项最重要的、至今仍然没有受到挑战的经济学的普遍原理,具有很强的实用价值和经济解释力,从而进一步完善了国际贸易的基础理论,解决了亚当·斯密绝对优势理论所不能回答的问题。李嘉图指出即使一个国家各个行业的生产都缺乏效率,不具有绝对优势,但他仍然能通过国际贸易获得贸易利益。

1. 比较优势理论的产生背景

1815年英国政府为维护土地贵族阶级利益而修订实行了《谷物法》。《谷物法》颁布后,英国粮价上涨,地租猛增,它对地主贵族有利,而严重地损害了产业资产阶级的利益。昂贵的谷物,使工人货币工资被迫提高,成本增加,利润减少,削弱了工业品的竞争能力;同时,昂贵的谷物,也扩大了英国各阶层的吃粮开支,而减少了对工业品的消费。"谷物法"还招致外国以高关税阻止英国工业品对他们的出口。为了废除"谷物法",工业资产阶级采取了多种手段,鼓吹谷物自由贸易的好处。而地主贵族阶级则千方百计维护"谷物法",认为既然英国能够自己生产粮食,根本不需要从国外进口,反对在谷物上自由贸易。此时英国的工业资产阶级迫切需要找到谷物自由贸易的理论依据。李嘉图适时地提出了著名的比较优势理论。他认为,英国不仅要从外国进口粮食,而且要大量进口,因为英国在纺织品生产上所占的优势比在粮食生产上优势更大。故英国应专门发展纺织品生产,以其出口换取粮食,取得比较利益,提高商品生产数量。

2. 比较优势理论内容

比较优势理论是在绝对成本理论的基础上发展起来的。根据比较优势原理,一国在两种商品生产上较之另一国均处于绝对劣势,但只要处于劣势的国家在两种商品生产上劣势的程度不同,处于优势的国家在两种商品生产上优势的程度不同,则处于劣势的国家在劣势较轻的商品生产方面具有比较优势,处于优势的国家则在优势较大的商品生产方面具有比较优势。两个国家分工专业化生产和出口其具有比较优势的商品,进口其处于比较劣势的商品,则两国都能从贸易中得到利益。这就是比较优势原理。也就是说,两国按比较优势参与国际贸易,通过"两优取其最优,两劣取其次劣",两国都可以提升福利水平。

3. 比较优势理论模型

(1) 比较优势理论的前提假设条件。

①假定贸易中只有两个国家和两种商品(X 与 Y 商品)。

②两国在生产中使用相同的技术。即如果要素价格在两国间是相同的,两国在生产同一商品时,就会使用相同数量的劳动。由于要素价格通常是不同的,因此,各国的生产者都将使用更多的低价格要素,以降低生产成本。

③在两个国家中,商品与要素市场都是完全竞争的。并且在一国内要素可以自由流动,但是在国际之中不流动。

④不考虑交易费用和运输费用,没有关税或影响国际贸易自由进行的其他壁垒。但是,在贸易存在的条件下,当两国的相对商品价格完全相等时,两国的生产分工才会停止。

⑤生产和交换在完全竞争条件下进行。

⑥两国的贸易是平衡的,即总的进口额等于总的出口额。同时整个国际经济处于静态之中,不发生其他影响分工和经济变化。

⑦两国资源都得到了充分利用,均不存在未被利用的资源和要素。

(2) 比较优势贸易理论模型。

假定 A、B 两国,生产呢绒和葡萄酒,见表 2.2。

表 2.2　分工前后两种产品比较优势情况　　　　　　　　　　　单位:人/年

	分工前		分工后	
	1 单位呢绒	1 单位葡萄酒	1 单位呢绒	1 单位葡萄酒
A 国	100 人/年	120 人/年	220 人/年	0
B 国	90 人/年	80 人/年	0	170 人/年
生产产品总量	2 单位	2 单位	2.2 单位	2.125 单位

从表中可以看出,A 国生产 1 单位呢绒每年需要 100 人,生产 1 单位葡萄酒每年需要 120 人,而 B 国生产 1 单位呢绒每年需要 70 人,生产 1 单位葡萄酒每年需要 80 人。此时 A 国和 B

国相比,两种产品的生产都处于绝对的劣势。但是通过比较两国的成本进行国际贸易分工,同样可以使得两国都获利。

将 A 国和 B 国的成本进行比较,首先比较 A 国对 B 国,呢绒的成本比较 $100/90 \approx 1.1$,葡萄酒的成本比较 $120/80 = 1.5$,两者相比对 A 国而言呢绒的相对成本比较低;在比较 B 国对 A 国,呢绒的成本比较为 $90/100 = 0.9$,葡萄酒的成本比较 $80/120 \approx 0.67$,两者相比对 B 国而言生产酒的比较成本比较低。因此对 B 国来说"两优取其最优",专门生产葡萄酒,对 A 国来说"两劣取其次劣"专门生产呢绒。

此种情况的结果就是 A 国专门生产呢绒,现在 1 年当中全部的 220 人可以生产出 2.2 单位的呢绒。B 国专门生产葡萄酒,1 年中全部的 170 人可以生产出 2.125 单位的葡萄酒。和分工前进行比较,此时呢绒的数量多 0.2 单位,葡萄酒的数量多 0.125 单位。

4. 对比较优势理论的评价

大卫·李嘉图的比较优势理论将贸易的动因从绝对成本差异推广到相对成本差异,从而将绝对优势归结为相对优势,这就从理论上解决了处于不同生产力发展水平的国家,尤其是生产力落后的国家,参与国际贸易分工并获取利益的问题,为自由贸易的发展奠定了理论基础,被称为国际贸易的一般理论,在国际贸易理论中占据着统治地位。

【小案例 2.2】

田忌赛马

中国的田忌赛马故事反映了比较优势原理。齐国将军田忌与齐国诸公子赛马,设重金赌注。孙膑发现他们的马脚力都差不多,可分为上、中、下三等。于是孙膑对田忌说:"您只管下大赌注,我能让您取胜。"田忌相信并答应了他,与齐王和诸公子用千金来赌注。比赛即将开始,孙膑说:"现在用您的下等马对付他们的上等马,拿您的上等马对付他们的中等马,拿您的中等马对付他们的下等马。"三场比赛完后,田忌一场不胜而两场胜,最终赢得齐王的千金赌注。

(资料来源:http://baike.baidu.com/view)

(四)要素禀赋理论

要素禀赋理论最早是由两位瑞典经济学家——赫克歇尔(EliHeckscher)和俄林(Bertil Ohlin)师生提出的,后经萨缪尔森(Paul Samuelson)等人不断加以完善。其主要内容包括赫克歇尔-俄林理论(以下简称 H-O 定理)、要素价格均等化理论以及要素积累对国际贸易影响等。

要素禀赋是指一国所拥有的两种生产要素的相对比例。这是一个相对的概念,与生产要素的绝对数量无关(相对于国家而言的概念)。例如,美国无论是在资本存量,还是在劳动绝对数量上,都远远高于瑞士和墨西哥这两个国家。但与瑞士相比,美国的人均资本存量低于对方,因此相对于瑞士而言,美国属于劳动丰富的国家。如果拿美国与墨西哥相比,则美国的人均资本存量高于墨西哥的水平,因此美国与墨西哥相比,属于资本丰富的国家。由此可见,当我们说某国在要素禀赋上属于哪种类型时,必须注意看与谁相比。A、B两国在贸易前由于要素禀赋的不同,导致了供给能力的差异,进而引起商品相对价格的差异。根据比较优势原理,一国出口密集使用其丰富要素的产品,进口密集使用其稀缺要素的产品。

在赫克歇尔和俄林看来,现实生产中投入的生产要素不只是一种——劳动力,而是多种。而投入两种生产要素则是生产过程中的基本条件。根据生产要素禀赋理论,在各国生产同一种产品的技术水平相同的情况下,两国生产同一产品的价格差别来自于产品的成本差别,这种成本差别来自于生产过程中所使用的生产要素的价格差别,这种生产要素的价格差别则取决于各国各种生产要素的相对丰裕程度,即相对禀赋差异,由此产生的价格差异导致了国际贸易和国际分工。这种理论观点也被称为狭义的生产要素禀赋论。

广义的生产要素禀赋理论指出,当国际贸易使参加贸易的国家在商品的市场价格、生产商品的生产要素的价格相等的情况下,以及在生产要素价格均等的前提下,两国生产同一产品的技术水平相等(或生产同一产品的技术密集度相同)的情况下,国际贸易取决于各国生产要素的禀赋,各国的生产结构表现为,每个国家专门生产密集使用本国具有相对禀赋优势的生产要素的商品。生产要素禀赋论假定,生产要素在各部门转移时,增加生产的某种产品的机会成本保持不变。

要素禀赋理论从要素禀赋结构差异以及由这种差异所导致的要素相对价格在国际之中的差异方面来寻找国际贸易发生的原因,克服了李嘉图模型中关于一种生产要素投入假定的局限,取得了相当大的成功。但该理论仍然建立在一系列的假定条件之上,有明显的局限性。

【小案例2.3】

南北贸易及收入不均的案例分析

在20世纪70~90年代,美国工人工资收入不均的现象急剧增长。例如,1970~1989年间,工资收入在90%的人之上,10%的人之下的男性工人的实际工资增长了15%,工资收入处于10%的人之上,90%的人之下的工人的实际工资却下降了25%。有很多人认为,美国工资收入不均的现象使美国的社会问题更加恶化:低收入家庭的工资的降低,使其更难以摆脱贫困,许多家庭收入停滞不前与上层社会收入迅速增长的鲜明对比很可能造成对整个社会和政治的不满。为什么工资不均的现象在急剧增长呢?很多学者将原因归之于世界贸易的增长,尤其是新兴工业化经济(NIES)中制成品出口的增长,如韩国和中国。到19世纪70年代为止,发达国家与发展中国家之间的贸易绝大部分是北方加工产品和南方原材料和农产品——如原油和咖啡——进行交换。由于大部分发达国家位于北半球温带地区,这种贸易模式通常被称之为"南北贸易"。从1970年开始,以前的原材料出口国也逐渐开始向高收入国家如美国出售加工产品。

发展中国家的制成品出口（占进口国或地区的百分比）

	所有工业化国家	欧盟	美国
1970 年	0.24	0.22	0.28
1990 年	1.61	1.30	1.91

新兴工业经济向发达国家出口制成品比重在迅速增长。新兴工业化经济的出口产品明显地在要素密集度上与进口产品大有区别。新兴工业化经济向发达国家出口包括服装、鞋类等其他技术相对简单的产品，而发达国家出口到新兴工业化经济的产品主要是资本密集型或技术密集型产品，例如化学药品和航空航天产品等。

许多学者似乎都能直接得出结论：正在发生的一切正是要向要素价格均等化转移。发达国家资本和技术丰裕，新兴工业经济非技术劳动力丰裕。按照要素禀赋理论，双方之间的贸易将提高资本和技术丰裕国家中高技术工人的工资，降低非技术工人的工资。

对于这个问题的争论已经远远超过纯技术的范围，如果你也认为，发达国家收入不平均的现象是一个严重的问题，并认为世界贸易的增长是问题的主要成因。那么，你将难以维持经济学家一贯主张的自由贸易。一些有影响的评论家认为，发达国家如果想保持一个中产阶级社会，他们将不得不限制与不发达国家之间的贸易往来。一些学者认为，美国收入不均现象增长的主要原因在于与低收入国家之间贸易的增长。但是，大多数实证研究者认为，国际贸易至多只是收入差距扩大的原因之一，并不是主要因素。

（1）尽管发达国家一直出口资本密集型产品和进口劳动密集型产品，但直到20世纪90年代初，收入在资本和劳动之间的分配没有很大区别。关于贸易造成收入差距的说法至多只适用于说明收入分配在技术工人和非技术工人之间的转移，而不是工人和资本之间的转移。

（2）要素禀赋理论认为，国际贸易通过产品相对价格的变化来影响要素的价格。如果说国际贸易是收入差距扩大的主要原因，那么，同非技术劳动密集型产品相比，技术密集型产品的价格就应该有明显的上涨。但是，并没有这一方面的有力的国际商品价格的证据。

（3）模型预测要素价格会趋于一致。如果在技术先进的国家，技术工人工资上涨，而非技术工人工资下降，那么在劳动丰裕的国家将相反。然而，在许多国家，尤其是在中国，在这些新兴工业化经济，收入不均现象的增长丝毫不亚于发达国家的增长速度，在那些国家技术工人的收入也同样不错。

（4）尽管发达国家同新兴工业化经济之间贸易增长迅速，但是，这些贸易只占发达国家总支出的很小比重。这意味着，这种发达国家出口技术劳动和进口非技术劳动贸易中的"要素含量"只能占其技术工人和非技术工人总供给的小部分。这说明这些贸易往来并没有对收入分配造成很大影响。

究竟是什么原因造成美国技术工人与非技术工人之间的收入差距日益扩大？大多数学者认为是技术而不是贸易造成了低技术工作的贬值，不过仍有一定数量学者认为贸易是收入差距扩大的主要原因。

(资料来源:Paul R. Krugman & Maurice Obstfeld. 国际经济学理论与政策[M]. 英文版. 5版. 北京:清华大学出版社,2001:79.)

二、新贸易理论

(一)竞争优势理论

竞争优势理论,又称"国家竞争优势钻石理论",由哈佛大学商学研究院迈克尔·波特在其代表作《国家竞争优势》(The Competitive Advantage of Nations)中提出,属于国际贸易理论之一。国家竞争优势理论既是基于国家的理论,也是基于公司的理论。国家竞争优势理论试图解释如何才能造就并保持可持续的相对优势。

波特认为,一国的贸易优势并不像传统的国际贸易理论宣称的那样简单地决定于一国的自然资源、劳动力、利率、汇率,而是在很大程度上决定于一国的产业创新和升级的能力。由于当代的国际竞争更多地依赖于知识的创造和吸收,竞争优势的形成和发展已经日益超出单个企业或行业的范围,成为一个经济体内部各种因素综合作用的结果,一国的价值观、文化、经济结构和历史都成为竞争优势产生的来源。

波特的国际竞争优势模型(又称钻石模型)包括四种本国的决定因素(country specific determinants)和两种外部力量。四种本国的决定因素包括要素条件,需求条件,相关及支持产业,公司的战略、组织以及竞争;两种外部力量是机会和政府。

1. 要素条件

波特将生产要素划分为初级生产要素和高级生产要素,前者是指天然资源、气候、地理位置、非技术工人、资金等,后者则是指现代通信、信息、交通等基础设施,受过高等教育的人力、研究机构等。波特认为,初级生产要素重要性越来越低,因为对它的需求在减少,而跨国公司可以通过全球的市场网络来取得(当然初级生产因素对农业和以天然产品为主的产业还是非常重要的)。高级生产要素对获得竞争优势具有不容置疑的重要性。高级生产要素需要先在人力和资本上大量和持续地投资,而作为培养高级生产要素的研究所和教育计划,本身就需要高级的人才。高等级生产要素很难从外部获得,必须自己来投资创造。例如荷兰,它并不是因为位居热带而有了首屈一指的花卉业,而是因为在花卉的培育、包装及运送上都有高度专精的研究机构。

2. 需求条件

一国的国内需求对竞争优势的行程有很大的作用。如日本家庭因为地狭人稠,所以家电向小型、可携带的电视、音响、录像带方向发展,就因为本国市场拥有一群最懂得挑剔的消费者,使得日本拥有全球最精致、最高价值的家电产业。此外,欧洲严格的环保要求也使许多欧洲公司的汽车环保性能、节能性能全球一流。

3. 相关及支持产业

一个国家的产业要想获得持久的竞争优势,必须在国内具有在国际上有竞争力的支持产业和相关产业。例如,日本的机床生产世界一流,其成功的因素在于日本国内有一流的数控系统、马达和其他零部件供应商;瑞典的轴承、切割工具等钢制品在世界上处于领先地位,主要因为国内有特种钢的优势。

4. 公司的战略、组织以及竞争

竞争优势的获得取决于国内的竞争程度,激烈的国内竞争是创造和保持竞争优势最有利的刺激因素。

5. 机会和政府

机会包括重要的新发明、重大科技变化、外汇汇率的重要变化等。机会对于竞争优势也非常重要,如果能够抓住机会的话,它可以改变一个国家在一个产业中的国际竞争地位。此外,政府合理的经济政策也会为企业竞争力的行程提供有力的环境。

波特的"竞争优势理论"是当代国际经济理论的重大发展,弥补了其他国际贸易理论的不足,超越了传统理论对国家优势地位形成的片面认识,首次从多层次、多角度论述了竞争优势的确切内涵,提出国家优势形成的根本在于竞争,在于优势产业的确定,从而为国际经济贸易理论的发展做出了重要的贡献。

(二) 需求相似理论

需求相似理论又称偏好相似理论,是瑞典经济学家斯戴芬·伯伦斯坦·林德于1961年在其论文《论贸易和转变》提出的。林德认为工业生产初期,一种工业品要成为潜在的出口产品,必须首先满足国内市场的需要;一旦国内市场大到可以使工业得到规模经济和竞争的单位成本时,该工业在国际市场上就具有竞争能力,可以出口。由于该产品是为满足国内市场喜好和收入水平而生产的,故该产品较多的是出口到经济发展水平相近、收入相近的国家。原因在于:出口只是国内生产和销售的延伸。企业家对国外市场不可能像对国内市场那样熟悉,不可能想到一个国内不存在的需求。出口是市场扩大的结果,而不是开端;产品发明来自于国内市场需求。一国本身的需求才是技术革新和发明创造的推动力;出口的工业品必须先有一个国内市场,才能获得相对优势。例如,日本国内挑剔的消费者促使日本电子产品的质量性能优良,从而在世界各国大受欢迎。

需求相似理论有三个主要观点:

1. 产品出口的可能性取决于其国内的需求

在长期致力于满足国内需求的过程中,企业规模日益扩大,当产品逐渐具备竞争力后,企业就会扩大出口,产品出口也就成为市场扩大的结果。

2. 影响一国需求结构的最主要因素是平均收入水平

反映一个社会一般收入水平的需求水平成为代表性需求。不平均的收入分配会扩大两国间进出口产品范围,增加两国间需求的一致性,如贫困国家的高收入者和富有国家的较低收入者可能会需求同一种产品。

3. 两国消费偏好越相似,其需求结构越接近,或者说需求结构重叠的部分越大

重叠需求是两国开展国际贸易的基础,如果两个国家需求结构完全一样,那么一个国家所有的可供进出口物品也是另一个国家可供进出口物品。比如,美国生产的电冰箱、汽车等产品主要是用以满足美国的市场需要,在设计产品的规格时考虑了美国的收入水平、家庭结构和消费习惯,所以美国产品将出口到那些需求偏好和美国相似的国家。

需求相似理论在一定程度上解释了发达国家间贸易发展的原因,从需求角度论证各国经济发展水平越接近,他们之间的贸易规模则越有可能扩大。但仅从需求角度看待贸易竞争现象还不够充分,所以该理论的指导作用并不全面。

(三) 产业内贸易理论

产业内贸易理论由西方学者格鲁贝尔和劳埃德在其合著的《产业内贸易》中提出。该理论认为:从产品结构上看,国际贸易有两种基本类型:一种是国家进口和出口的产品属于不同的产业部门,比如出口初级产品,进口制成品,这种国际贸易称为产业间贸易;另外一种被称为产业内贸易,也就是一国同时出口和进口同类型的制成品。

格鲁贝尔通过研究证明,在垄断竞争条件下,由于每个厂商生产一种差异化产品,即使两个国家在所有的方面完全相同,两个国家也会存在贸易。并且,两个国家越相似,贸易量越大,例如美国和日本之间相互输出汽车。

与产业间贸易相比,产业内贸易具有以下特点:产业内贸易是同一产业内同类产品的相互交换;产业内贸易的产品流向是双向性的,即在同一产业内的产品,在两国之间相互进出口;产业内贸易的产品具有多样化的特点,既有劳动密集型产品也有资本密集型产品;产业内贸易的商品具有多样性同时必须具备两个条件才能进行产业内贸易,一是在消费上能够相互替代,二是在生产中需要相近或相似的生产要素的投入。

产业内贸易普遍存在的原因在于:

1. 同类产品的差异性是产业内贸易的原因

两个国家虽然生产同一类产品,但是从产品总体概念上说是有质的差异性的,每一种产品的质量、性能、商标、牌号以及售后服务都有差异性,这样就引起了双方对对方产品的需求,这种相互需求,导致国际贸易的发生。例如美国生产的轿车豪华坚固,而日本生产的轿车经济适用,两国生产的轿车各有千秋,自然就会满足两国不同收入阶层的消费者。

2. 需求偏好是产业内贸易的又一原因

这是林德的偏好相似理论的应用,它认为国际贸易是国内贸易的延伸,在本国消费或投资生产的产品才能够成为潜在的出口产品;两个国家的消费者需求偏好越相似,一国的产品也就越容易打入另一个国家的市场,因而这两个国家之间的贸易量就越大。如果两个国家人均收入相似,其需求结构和消费偏好也会相似,双方潜在的贸易量就会越大,贸易密度也会越大。如人均收入水平较高的发达国家,对耐用消费品和奢侈品的需求就比较大,而国内这类产品的生产规模就比较大,企业在大量生产满足国内消费需求过程中就获得规模经济,然后向外出口,将国内贸易扩大为国际贸易,而这类产品的进口国一般都是收入水平、消费结构与之相似的国家,这样就会出现两国经济越相似、市场隔离越小,贸易机会就越多、潜力就越大,这是当前国际贸易中发达国家之间工业制成品贸易比重很大的一个重要原因。

3. 规模经济是产业内贸易的重要原因和贸易利益的来源

规模经济是企业进行大规模生产,使成本降低而带来的经济效益。大规模的生产可以充分利用自然资源、交通运输及通信设施等良好环境,提高厂房、设备的利用率和劳动生产率,从而达到降低成本的目的。也就是说,即使两个国家的生产要素的禀赋基本相同或相似,但由于其中一个国家或企业享有垄断引起的规模经济的优势,其成本随着产量的增加而减少,从而得到生产上的优势,在贸易中,其产品的竞争能力就大大提高。这样享有规模经济效益的国家或企业通过贸易获得利益。规模经济和产品的差异性是存在密切的联系的,正是由于规模经济的作用,形成一国内某种产品由一家和少数几家厂商来生产的局面,大型企业进而发展成为出口商,由于规模经济的要求,一国的大型企业只能生产有限的同类商品,而不能满足消费者各式各样的选择。产品差异的存在,既是促使企业走向专业化、大型化的因素,又为生产者相互竞争提供了市场,概而言之,规模经济的存在是产业内贸易发生的必要基础,而产品的差异性和消费者需求的多样性导致了产业内贸易必然出现。

产业内贸易理论是对传统贸易理论的批判。它不以完全竞争为前提,而是基于不完全竞争的现实背景,从供给(即存在规模经济利益)和需求(即存在需求偏好重叠)两个方面来揭示产业内贸易的诱因,使得该理论比传统贸易理论更具有说服力。产业内贸易理论在发达资本主义国家间的贸易发展中都得到了验证,美国和日本、欧盟与美国之间的贸易增长都是来自产业内贸易。

第二节 国际贸易理论在中国的适用

中国是世界上最大的发展中国家,并且早已成为世界经济和贸易大国。改革开放以前,我国经济总体上处于封闭状态,进出口始终在低水平徘徊。1950年进出口总值仅11.35亿美元,1977年发展到148.04亿美元,年均增长9.9%。1978年以后,对外贸易快速增长。2008年进出口总值从1978年的206亿美元猛增到25 616亿美元,年均增长18.1%。2001年加入世贸组织以来,对外贸易赢来了历史上最好最快的发展时期。2002~2008年,进出口总值以年均25.9%的速度增长。

对于现在的中国对外贸易来说,速度和质量都很重要。因为作为一个发展中国家需保持一定的增长速度。而中国又存在着区域的二元经济结构,既有经济较发达的东部沿海地区,又有经济落后的中西部地区。有些东部发达地区的各项经济指标可以与中等发达国家相媲美,而中西部不发达地区却要落后很多。因此,要正确运用国际贸易理论,来促进中国的对外贸易发展。

一、比较优势理论与中国对外贸易发展

比较优势理论一直是发展中国家对外贸易的指导思想,而在中国长期的出口贸易中体现的比较优势更为人们所津津乐道,而我国也在不断地把比较优势运用在我国对外贸易实践中。但不利的是,我国出口贸易传统的比较优势中,资源环境廉价甚至无偿使用及成本的外部化占了相当大的比例,目前在我国的出口产品中,纺织品、轻工业产品、家电等占有相当大的份额,即劳动力成本比较优势明显,资本和技术含量不高。毋庸置疑,劳动力密集是我国的比较优势,而技术先进是发达国家的比较优势。这样的比较优势若不能及时得到修正,不仅会使对外贸易的实际经济收益越来越低,更会使国家的长远利益受到极大损害。我们必须设法实现比较优势从劳动密集型向资本和技术密集型转换,才能从贸易大国走向贸易强国。

首先,要充分发挥和维护当前支柱产业——劳动密集型产业的优势地位。国际经验表明,凡是人口众多、土地和资本稀缺的国家和地区,其产业结构都要经历由资源和劳动密集型向资本和技术密集型演进的过程。从历史上看,美国以轻工纺织等劳动密集型产业为主导的工业化阶段持续了110年,日本80年,中国台湾地区40年。中国的要素禀赋状况决定了其比较优势在于劳动密集型产品的生产,因此应遵从产业演进的客观规律,在发展经济和对外贸易中遵循而不是脱离比较优势的原则。当前要通过资源转换实现产业结构升级,通过产业结构升级,形成一簇处于较高技术层次的主导产业。要实施"科技兴贸"战略,培植中国出口产业和产品的动态比较优势,在国际分工和国际贸易中争取有利地位,增强抵御各种外部风险与冲击的能力。

改革开放30年来,通过发展劳动密集型产品出口,及时获取国际商品市场发展变化的最新信息,有效地弥补了我国建设资金的不足,引进了先进的技术、设备与管理经验,对国民经济结构调整发挥了积极、能动的导向作用,进而促进我国产业结构的调整和优化。同时,还通过进口和引进国外先进适用的技术和设备,为国内产品升级换代和产业结构升级提供保证,增强我国产品和产业的国际竞争力,促进国民经济的市场化和经济结构的合理化。

其次,要重点扶植和发展日后主导产业——资本密集型产业。如汽车、化工、电子和机械设备等。我国发展资本密集型产业有巨大的潜力,因为这些产业大都具有规模经济的特征。如冶金工业、石油工业、机械制造业等重工业。特点:技术装备多,投资量大,容纳劳动力较少,资金周转较慢,投资效果也慢。同技术密集型产业相比,资本密集型产业的产品产量同投资量成正比,而同产业所需劳动力数量成反比,因此只有形成规模经济才能达到良好的效益。如我国的家电和通信设备的产量能迅速进入世界前列,很重要的原因就在于它在国内市场需求量大,形成了规模经济效应。在扶植这些日后主导产业成长过程中,政府应该注意引导企业增加研发投入,加强企业自主开发技术的能力。或者引进先进技术并转化成自有技术,以此培育我国资本和技术密集型产业。

最后,为了国家更长远的经济发展培育未来的战略产业——知识和技术密集型产业。传统的劳动密集型产业的生产很容易被复制,价值难以得到保护,它永远会向社会成本更低的地区转移,而我们的低成本优势也会随着生活水平的上升而逐渐降低。而知识密集型生产的价值却会受到技术保密、转让壁垒和知识产权的保护,难以被复制,这也恰恰是西方发达国家近代繁荣的主要源泉。此外劳动密集型产业,其劳动生产率最低,而知识密集型产业,其劳动生产率最高。解决就业确实可以依赖于劳动密集型产业,但是要想提高社会的整体福利水平和国际竞争力,同步追求知识密集型产业是一条捷径。

知识密集型产业的生产部门和服务部门需要用复杂先进而又尖端的科学技术才能进行工作。它的技术密集程度,往往同各行业、部门或企业的机械化、自动化程度成正比,而同各行业、部门或企业所用手工操作人数成反比。在中国,电子计算机工业,飞机和宇宙航天工业,原子能工业,大规模和超大规模集成电路工业,精密机床、数控机床、防止污染设施制造等高级组装工业,高级医疗器械,电子乐器等高级工业均属该产业。

在20世纪传统劳动密集型产业的大规模迁移中,中国从发展中国家里脱颖而出,建立起很强的优势。随着中国经济的崛起,目前国内有庞大的具有高等技术和知识能力的人力资源,这些人力完全符合进行知识密集型生产的需求。因此,我国应在现有的经济和技术条件下尽可能培育和发展高科技产业,在产业界、学术界和政府之间建立密切的合作关系,集中一切可以利用的优势资源,制定具有前瞻性、实用性、复合型,同时具有较大市场潜力,能充分推动产业升级的一系列关键技术发展计划。在具备条件的重要产业,要立足于加强关键技术创新和系统集成;在关系国计民生的关键领域和若干科技发展前沿,要加强自主创新能力,掌握具有自主知识产权的核心技术。

二、产业内贸易理论与中国对外贸易发展

目前,我国的对外贸易格局基本上是建立在以比较利益为基础的产业间贸易,而产业内贸易则较不发达,与发达国家相比有一定的差距。而产业内贸易理论对我国适应国际市场新变化,制定正确的对外贸易发展战略提供了新的思路。随着国际经济贸易的发展,贸易结构从以产业间贸易为主转向以产业内贸易为主是经济发展的客观要求,是我国提高对外贸易竞争,实行外向型经济发展战略的必然选择。目前,我国的产业内贸易还处于较低阶段。产品结构比较落后,且以垂直型产业内贸易为主。

1. 充分发挥高新技术产业优势,不断加大创新力度

由于技术水平的快速发展,产品生命周期会越来越短,新技术的推出使产品生产和消费的速度也不断加快。高新技术是一国持续发展的驱动力,只有掌握了先进技术,使产业产品保持竞争力,才能实现贸易的稳步增长。目前我国制造业产业内贸易的比例在不断提高,所以只有加大对技术创新投资和引导的力度,鼓励企业进行技术创新,才能够提高我国高技术产业的水平,才能逐渐缩小我国与发达国家间的距离,使我国能够深入参与水平型产业内贸易。为此,

应加大人力资本投资力度,提高劳动力队伍的素质,建立有利于促进我国高技术含量产品出口发展的研发创新型人力资本吸聚机制,以吸纳、集聚国内外优秀的研发创新型人力资本。同时还要加快创新型加工贸易产业集群的发展,提高加工贸易产业的档次,增强自主创新能力,逐步由贴牌生产向自创品牌生产,由初加工向深加工转变,实现加工贸易产业升级。这不仅可以提高本国资本的利用效率,加快技术吸收和创新,而且可以为发展产业内贸易奠定重要的基础,最终推动国民经济健康、快速地发展。

2. 扩大产品差异化,提高产品国际竞争力

产业内贸易的前提是产品的差别化,不同产品差别程度越高,产业内贸易比重越大。为此国家应一方面增加科技投入,另一方面鼓励企业增加开发研究费用,改进产品质量,开发国际市场需求量大且有特色的重点产品,并通过各种渠道和手段扩大我国产品的影响,形成与他国不同的差别优势。而政府则通过适当的政策引导,合理调整对外贸易商品结构,提高出口商品的国际竞争力,促进贸易模式由产业间贸易向产业内贸易的转变,并且加快产业内贸易的发展步伐,实现由垂直型为主向水平型为主的转变,实现我国出口商品高质量高档次战略。

3. 选择产业内贸易发展的主导产业,创造产业竞争优势

我们知道,产业内贸易发展与一国主导产业的发展密切相关,因为这些关键性产业一旦获得成功,就会产生广泛的外部经济,促进产业结构升级,带动贸易结构的优化,创造出强有力的产业竞争优势。我们要提升贸易结构和增强国际竞争优势,就应该重视主导产业竞争优势的创造,选择具有增长潜力、技术含量较高而且规模经济特征显著的产业进行投资,以促成制造业结构升级,从而使我国能够在代表未来发展方向的关键性产业中创造竞争优势。

4. 在积极利用外资的同时,推动我国的企业走出去

在引进技术方面要重点推动主导产业、新兴产业的发展。加快出口企业的技术进步,着重增强我国参与水平式国际分工和国际竞争的能力。在充分合理利用外商直接投资的同时积极走出去。短期内,我国企业还应积极利用跨国公司的垂直投资,并逐渐加入到跨国公司的全球生产链中,向高附加值的行业领域转移,提高我国产业内贸易的层次。长期来看,鼓励我国有实力的企业向发展中国家,并进一步向发达国家进行投资经营。在拓展与发展中国家的产业内贸易时,可以将一些垂直分工型的贸易投资转移到地理和成本优势更突出的国家,同时与经济实力和需求偏好相似的发展中国家加深水平型产业内贸易,因为我国同这些国家生产要素禀赋相似,产业结构差异小,较容易发生产业内贸易。进而鼓励我国企业进入发达国家市场,努力向外国企业学习技术与经验,提高竞争水平从而提高贸易水平。

三、竞争优势理论与中国对外贸易发展

改革开放以来,我国基本是以劳动生产率和资源禀赋差异形成的比较优势来进行国际分工和国际贸易的。但随着对外贸易规模的扩大和国际国内经济形势的变化,中国出口产品在国际上的竞争力减弱,外贸出口开始出现增长缓慢的趋势,出口发展后劲明显不足。具体而

言,就是进口资本和技术密集型产品,出口劳动密集型产品。但是从动态的角度看,各国的比较优势是不断变化的,所以基于比较优势的贸易结构是不能长期遵循的,单纯以我国资源和成本优势来确定对外贸易的结构,将会导致长期内的比较利益丧失、产业结构刚性和贸易条件恶化,最终势必会陷入"比较优势的陷阱"中去。竞争优势在现代国际贸易理论体系中具有十分重要的地位和作用,是对比较优势的完善和发展。因此要促进对外贸易的进一步发展,保障其对中国经济增长的有效推动,因此,中国未来应随着竞争优势的不断充实和完善,逐步将现有比较优势转变为竞争优势。

(1)继续发挥传统比较优势,通过改造传统产业和提高资源的配置效率,大力发展高技术产业,创造我国产业竞争优势。竞争优势来源于有竞争力的产业界结构,国家竞争优势的基础就是产业的竞争优势,中国的劳动密集型产业具有较强的比较优势,并且由于劳动密集型产业在国民经济发展、就业、资本积累等方面具有重要作用,因此,当前不能放弃劳动密集型产业而片面地发展资本、技术密集型产业。应该在原有比较优势的基础上,扩大对劳动密集型产业的资本和技术投入,要提高传统产业的技术含量和附加值,增强传统产业竞争力。同时,中国企业在任何一种产品的生产中,都应重视在更重要的生产经营环节中积累、形成自己的比较优势。例如,在纺织品生产中,中国企业已经在加工环节具有比较优势,但在高质量面料及辅料、设计等生产环节尚不具有优势。再如,增加出口产品的附加值,既取决于生产环节,也取决于流通环节,有时后者的附加值更高。在这种情况下,努力开拓自己的国际营销渠道就更为重要。

(2)发挥政府在提高国际竞争力上的重要作用。首先,为了充分发挥政府的特殊作用,就必须继续深化政府的体制改革,实行政企分开,使政府经济管理的调控作用有力、有效。同时应尽快建立起市场化、法制化的外经贸管理体制,本着公开、公平、竞争、效益的原则不断改进进出口管理体制,实现企业外经贸自营进出口权依法登记制;建立公平规范、统一合理的进口税收体制,依靠动态关税调节进口数量和结构。其次,引导作用。无论是技术创新还是产业结构调整都涉及了引进国外先进产业和先进技术的问题,政府应通过产业政策制定一定的产业进入范围和技术门槛,引导外来资金、技术,促进国内产业结构的升级。再次,扶持和保护作用。根据国外经验,在形成竞争优势产业的过程中,政府的扶持和保护是必要的,即对一些关键性的高技术产业和幼稚产业采取一系列的扶持政策,包括金融、税收、研究投入等方面,并且在一定时期内保护国内市场。但这种扶持和保护不同于一般的进口替代政策,它的最终目的在于形成具有竞争优势的产业。

(3)政府要营造稳定的发展环境,特别是通过正确的财政和货币政策,营造良好的宏观经济运行环境。对一些关键性的高技术产业和幼稚产业采取一系列的扶持政策,包括金融、税收、研究投入等方面,并且在一定时期内保护国内市场。但这种扶持和保护不同于一般的进口替代政策,它的最终目的在于形成具有竞争优势的产业。同时为了充分发挥政府的作用,就必须继续深化政府的体制改革,实行政企分开,使政府经济管理的调控作用有力有效。政府也要不断完善国家产业政策,根据经济发展不同阶段的要求,扶持具有国际竞争力的主导产业,带动整体经济的全面发展;加强市场机制建设,创造一个有效的市场竞争环境,要特别注意让一般生产要素市场健康有序地运行,建立市场竞争规则,让反映供求关系的价格机制在优化资源配置中最充分地发挥作用,依法保护投资者和生产者公平竞争的权利,保护消费者权益和公平合法的国民权利,创造一个有序竞争的市场环境。

【小案例2.4】

蜡烛工的请愿

在重商主义哲学盛行时期,保护主义蔓延,被激怒的法国经济学家 Frederic Bastiat(1801—1851年),通过以子之矛攻子之盾的方法压倒了保护主义者。Frederic Bastiat 在 1845 年虚构的法国蜡烛工人请愿的故事中,最成功地打击了贸易保护主义。现摘录如下:

我们正在经受着无法容忍的外来竞争,他看来有一个比我们优越得多的生产条件来生产光线,因此可以用一个荒谬的低价位占领我们整个国内市场。我们的顾客全都涌向了他,当他出现时,我们的贸易不再与我们有关,许多有无数分支机构的国内工业一下子停滞不前了。这个竞争对手不是别人,就是太阳。

我们所请求的是,请你们通过一条法令,命令关上所有窗户、天窗、屋顶窗、帘子、百叶窗和船上的舷窗;一句话,所有使光线进入房屋的开口、边沿、裂缝和缝隙,都应当为了受损害的工厂而关掉。这些值得称赞的工厂使我们以为已使我们的国家满意了,作为感激,我们的国家不应当将我们置于一个如此不平等的竞争之中……仅仅因为或部分因为进口的煤、钢铁、奶酪和外国的制成品的价格接近于零,你们对这些商品的进口就设置了很多限制,但为什么,当太阳光的价格整天都处于零时,你们却不加任何限制,任它蔓延?如果你们尽可能减少自然光,从而创造对人造光的需求,哪个法国制造商会不欢欣鼓舞?如果我们制造更多的蜡烛,那就需要更多的动物脂,这样就会有更多的牛羊,相应地,我们会见到更多人造草场,肉、毛、皮和作为植物生产基础的肥料。

(资料来源:保罗·克鲁克曼.国际经济学.海闻,蔡荣,译.2002:28.)

本 章 小 结

1. 国际贸易理论经历了从古典贸易理论到新古典贸易理论,进而从新古典贸易理论到新贸易理论三个发展阶段。这一发展的过程是伴随着现实经济的发展,进而是经济学理论的发展而不断向前推进的。

2. 我国作为发展中国家缺少资本和技术,而有自然资源和劳动力资源丰富且价格低廉的优势,发达国家则具有资本和技术资源优势。因此比较利益的贸易格局是发达国家进口劳动密集型和自然资源密集型的产品,出口资本和技术密集型的产品,发展中国家则反之。

3. 我国的对外贸易目标不是片面追求外向度,而是在扩大开放和扩大对外贸易中利用国际资源和国际市场提升国内的产业结构。国家要在市场选择的基础上,通过在国际市场上以低位资源换取高位资源,引进技术和资金或使两者结合的机制,有重点地培植一批高位产业。同时,对国外资源及国外产业建立一定进入壁垒,鼓励高位资源和高位产业进入我国。确定目标后,我们可根据我国的市场结构、发展水平的实际并运用战略贸易理论的基本内容、实施条件、政策效应得到一些启示。

思 考 题

1. 绝对优势理论的贸易基础是什么?决定贸易双方获利的关键因素又是什么?
2. 比较优势理论与绝对优势理论相比较有了哪些发展?
3. 要素禀赋理论与比较成本理论相比有哪些发展?
4. 产业内贸易理论的主要内容是什么?简述中国产业内贸易的发展情况。
5. 根据国家竞争优势论分析一国的竞争优势由哪些因素决定?比较优势与国家竞争优势的关系如何?
6. 目前中国为什么要实现并如何实现中国外贸发展战略从比较优势导向转变为竞争优势导向?
7. 在战后的几十年间,东亚的一些国家和地区,例如韩国的国际贸易商品结构发生了显著变化,主要出口产品由初级产品发展为劳动密集型产品,再发展为资本密集型产品,试利用相关原理加以解释。

【阅读资料】

国际贸易中的劳工标准

印度的地毯制造业在 20 年前,大约雇用着 2 万名童工,每年带来 410 万美元的收入。20 年后的今天,雇用童工数量增加到 30 万名,收益也增加到 8 亿 1 500 万美元,从而使地毯制造业在印度的出口市场中占有着巨大的份额。

为此,印度著名的活动家 Kailash Satyarthi 于 1994 年 9 月与德国的非政府"善待世界"合作,成立了一个名为 RUGMARK 的志愿组织,致力于使这些童工离开工厂,进入学校读书。要实现这一目标,他们所面临的问题是,作为一个政府,是否有权决定自己国家的劳工标准,而低劳动成本又是发展中国家在全球经济部分中向世界市场提供低价产品的主要优势。

然而,并非所有的人都认为取消童工是天经地义的。也有人担心一旦立即取消童工,可能使这些孩子陷入更为恶劣的境况。如果不能从根本上改变他们的生存状况,即使不再制造地毯了,他们也依然不能摆脱贫困的折磨。显然,在那些极度贫困的家庭里,就业比人道更具诱惑力。

为此,日趋严重的童工问题已成为许多论坛讨论的焦点,无论是国际社会还是第三世界国家的地方政府都给予了极大的关注。

从国际贸易的角度来考虑,当这些产品生产出来以后,作为世界市场的消费一方,譬如说美国,是否拥有选择的权利,如果他们选择了不予购买这种通过被认为是不人道方式生产出来的产品,会不会被指责为是出于贸易保护主义。

早在 1992 年美国国会就提出了禁止童工法案,却未被通过。一个重要的原因就是由于涉及印度出口行业,有人断言这是立法机构出于抑制外国竞争而炮制出的一个贸易保护主义的产物。因为地毯在印度所有的出口创汇产品中占有着明显的份额,况且为广大消费者所钟爱,依然存在着广阔的销售空间。更为重要的是,有人认为这是在以外部压力影响和左右一个国家的童工政策。

1997 年美国国会通过了一项新的法案,这是对 1930 年一项关税法案的修正案。新的法案提供了一个有力的工具,使美国政府能够更为有效地反对利用童工进行生产。新的法案禁止美国海关允许任何由强制性和在契约制下利用童工生产的产品进口,从而使美国这一新法律视为一种社会制裁的形式,将其归入对贸易的技术壁垒一类。

根据由关贸总协定所批准的乌拉圭回合谈判协议,一个国家要禁止童工生产的产品进口是很困难的。因此有研究报告认为,美国的新法律有悖于关贸总协定的精神。

(资料来源:http://www.cnki.com.cn)

第三章
Chapter 3

中国对外贸易发展战略

【本章学习要求】

通过本章的学习,要求学生掌握对外贸易战略的内涵、中国对外贸易战略的演变过程以及新时期中国对外贸易战略的调整的主要内容,明确指定中国对外贸易战略的原则和指导思想,掌握中国对外贸易战略的总体战略和基础战略,并且能提出自己的看法和主张。

【本章主要概念】

大经贸战略　商品战略　以质取胜战略　科技兴贸战略　出口市场多元化战略

【本章导读】

中国智库:可持续发展外贸战略是重点

中国政府智库国务院发展研究中心12日在北京发布研究报告称,中国对外贸易发展面临多重挑战,未来发展需要可持续的对外贸易战略。

这份由国务院发展研究中心与国际可持续发展研究院共同完成的研究显示,2009年,中国对外贸易额已达到22 072亿美元,年均增长16.3%。尽管如此,中国外贸还面临着贸易摩擦持续上升、出口产品附加值低、对外部能源资源依赖程度上升等挑战。

研究认为,中国对外贸易的可持续发展应当注重提高出口商品的技术含量,加长出口产品的服务增值链,扩大服务贸易出口,减少"两高一资"产品的出口,优化进出口结构等。

该研究主持者国务院发展研究中心对外经济研究部部长隆国强表示:"对外贸易的可持续发展除了要注重经济方面的问题,还应多关注社会和环境,创造更多'体面就业',增加劳动者收入以及低排放等也是题中应有之义。"

商务部国际贸易经济合作研究院海外投资中心主任邢厚媛在接受本网记者采访时表示,对外贸易的发展需要大量优秀的专业人才,"中国目前缺少的不是人才,而是一个能吸引并充分发挥人才价值的体制。"

她表示:"尽管目前中国专利申请量已达世界第一,但很大一部分不能直接应用于实际,服务于经济建设中,中国目前也需要更多真正有价值的独立知识产权。"

(资料来源:《经济观察报》.李文博)

第一节 中国对外贸易发展战略概述

一、对外贸易战略的含义与特征

对外贸易战略有狭义和广义之分。狭义的外贸战略是指一国政府在一定阶段内所规定的外贸发展目标以及为实现这一目标所采取的政策及措施。广义的外贸战略是指一国政府把本国的对外经贸事务与本国的宏观经济发展结合起来规划和运行的各种模式。我们在本书中所讲授的主要是广义的对外贸易战略。

对外贸易战略是根据一国国民经济整体发展战略的一部分,结合国内外的实际环境,对通过参与国际分工与合作实现国内资源的有效配置的方式、对外贸易的发展目标和实现手段等所做的全局性战略规划,因此具有宏观性、长期性、稳定性和全局性四方面的特征。

1. 对外贸易战略具有宏观性

对外贸易战略目标是一种宏观目标。它是对国家外贸全局的一种总体设想,从宏观角度对一个国家外贸发展未来的一种较为理想的设定。它所提出的是整体发展的总任务和总要求。它所规定的是整体发展的根本方向。因此,一国所提出的对外贸易战略目标总是高度概括的。

2. 对外贸易战略具有长期性

战略目标是一种长期目标,它的着眼点是长远和未来。战略目标是关于未来的设想,它所设定的是一个国家通过长期努力奋斗而达到的对现实的一种根本性的改造。战略目标所规定的是一种长期的发展方向,它所提出的是一种长期的任务,绝不是一蹴而就的,而是要经过相当长的努力才能够实现。

3. 对外贸易战略具有相对稳定性

对外贸易战略目标既然是一种长期目标,那么它在其所规定的时间内就应该是相对稳定的。战略目标既然是总方向、总任务,那么它就应该是相对不变的。这样,相关部门和企业的行动才会有一个明确的方向,大家对目标的实现才会树立起坚定的信念。当然,强调战略目标的稳定性并不排斥根据客观需要和情况的发展而对战略目标做必要的修正。

4. 对外贸易战略具有全局性

对外贸易战略目标是一种整体性要求。它虽着眼于国际经济和世界经济的分工体系,充分考虑到国内的资源条件和经济发展目标,它虽着眼于全局,但又不排斥局部。其中的政策不仅对外贸行业,而且对整个国家的经济发展都能起到指导的作用。

二、中国对外贸易的战略目标和制定原则

(一)战略目标

中国对外贸易战略是实现我国经济发展战略目标的重要保证,既要在宏观上总体把握,又要在微观上落实到具体的基础上,才能不断开创对外贸易发展的新局面。2010年第十七届五中全会通过的《中共中央关于制定国民经济和社会发展第十二个五年规划的建议》(以下简称《建议》),提出了"十二五"期间我国对外贸易发展的战略目标方向和规划。

《建议》中提出了我国必须实行更加积极主动的开放战略,不断拓展新的开放领域和空间,扩大和深化同各方利益的汇合点,完善更加适应发展开放型经济要求的体制机制,有效防范风险,以开放促发展、促改革、促创新。

1. 优化对外贸易结构

继续稳定和拓展外需,保持现有出口竞争优势,加快培育以技术、品牌、质量、服务为核心竞争力的新优势,延长加工贸易国内增值链,推进市场多元化,大力发展服务贸易,促进出口结构转型升级。发挥进口对宏观经济平衡和结构调整的重要作用,促进贸易收支基本平衡。

2. 提高利用外资水平

利用外资要优化结构、丰富方式、拓宽渠道、提高质量,注重完善投资软环境,切实保护投资者合法权益。加大智力、人才和技术引进工作力度,鼓励外资企业在华设立研发中心,借鉴国际先进管理理念、制度、经验,促进体制创新和科技创新。扩大金融、物流等服务业对外开放,发展服务外包,稳步开放教育、医疗、体育等领域,引进优质资源,提高服务业国际化水平。

3. 加快实施"走出去"战略

按照市场导向和企业自主决策原则,引导各类所有制企业有序地到境外投资合作。发展海外工程承包,扩大农业国际合作,深化国际能源资源互利合作,积极开展有利于改善当地民生的项目合作。逐步发展我国大型跨国公司和跨国金融机构,提高国际化经营水平。扩大人民币在跨境贸易和投资中的作用。做好海外投资环境研究,强化投资项目的科学评估。提高综合统筹能力,完善跨部门协调机制,加强实施"走出去"战略的宏观指导和服务。维护我国海外权益,防范各类风险。

4. 积极参与全球经济治理和区域合作

推动国际经济体系改革,促进国际经济秩序朝着更加公正合理的方向发展。推动建立均衡、普惠、共赢的多边贸易体制,反对各种形式的保护主义。引导和推动区域合作进程,加快实施自由贸易区战略,深化同新兴市场国家和发展中国家的务实合作,增加对发展中国家的经济援助。

(二) 制定原则

1. 实行自由贸易和保护贸易相结合的"双轨制"政策

自由贸易和保护贸易是一对矛盾运动,在博弈中发展。自由贸易是全球化背景下的共同努力方向。而世界上各个国家的经济发展水平不同,处于不同的发展阶段,一国国内的产业发展也有主次先后之分,所以保护贸易必然永远存在。发展中国家或发达国家适当地采取保护贸易政策理所当然;而发达国家采用保护政策则是一种不公平的国际竞争。目前,我国的纺织、家电、轻工业等行业的关税水平与世界平均水平较接近,处于自由贸易的范围之内,因此这些行业实行自由贸易政策将带给它们更多的贸易收益,同时将有利于增强其国际竞争力。而汽车、农业、化学制药等重要产业或幼稚产业,其关税水平目前远高于世界平均水平的2倍,因此不适宜采取自由贸易政策。应注意的是,保护不是永久的、消极的。一国产业是否发展成熟,是否能领先于世界,必须拿到世界市场上去检验。因此可以说,保护的最终目的是为了实行自由贸易。我国产业必须抓紧保护贸易政策实行的有限期,采取各种措施促进自身发展,提高产品的国际竞争力。

我国是一个发展中国家,在国家竞争优势方面仍然存在很大差距,产业发展需要适度贸易保护,这种保护是在国际贸易惯例与规则下进行的,以免与其他国家产生贸易争端,同时通过开放部分国内市场,通过市场竞争机制推动国内产业发展和走上国际化道路。

2. 进口替代和出口导向兼收并蓄原则

我国国民经济发展正处于关键时期,扩大经济总量、提升产业结构、改善贸易条件、增进社会福利的任务十分繁重。结合我国实际情况,我国应立足于国内需求,降低对外贸易依存度,实施进口替代和出口导向相结合的外贸战略。通过出口为进口创造条件,通过进口替代实现重要产业的简历和发展,从而可以进一步实现国内产业升级,推动我国国民经济持续、快速、健康发展。

三、中国对外贸易战略的演变

中国对外贸易发展战略的形成较晚,1980年,党和政府向全国人民提出开创社会主义现代化建设的纲领,并确定到20世纪末中国工农业生产总值翻两番的战略目标,与此同时,相应地制定了与国民经济发展战略相适应的对外贸易发展战略和战略目标。

20世纪80年代,是中国国民经济打基础的时期,出口贸易的物质基础还比较薄弱,大规模开发石油、煤炭和其他矿产资源还处于初创阶段;基础工业、机电工业和其他重化工业的建设规模正在开发之中。因此,这个时期中国的出口能力还难以大幅度提高,出口商品结构还不可能发生根本性的变化,扩大出口潜力主要在于提高出口商品质量,进一步发挥传统的农副产品和轻纺等劳动密集型产品的优势,出口增长速度较低。

20世纪90年代,针对中国对外贸易过于集中在美国、日本、西欧、中国香港地区等市场的问题,为突破西方制裁,减少政治、经济风险,争取更大的发展回旋余地,中国正式提出"市场多元化"战略。其主要内涵是:在巩固和扩大发达国家市场的同时,加快开拓发展中国家特别是周边国家和地区市场。我国实施市场多元化战略是为了改善或避免外部市场过于不平衡、过分集中的状况。在巩固和深入传统市场的同时,努力开拓我们没有注重开拓的市场。

随后我国又开始实施"大经贸"战略。即扩大开放,拓展对外经贸的广度和深度,实现对外贸易、利用外资和其他对外经济技术合作业务的大融合提高企业国际竞争力。其主要内涵是:鼓励各类企业参与外经贸活动,实现外经贸经营主体多元化;促进外贸、外资、对外工程承包与劳务合作、对外援助、对外投资等各项外经贸业务的相互渗透与融合;推动商品、技术和服务贸易的协调发展;加强外经贸主管部门与各相关部门的协作配合,发挥各个方面的积极性,形成开拓国际市场的合力。

目前,在新的环境下,中国对外贸易发展战略已经不再只着眼于贸易和投资,而是形成了全方位、多层次、宽领域的综合贸易战略。根据不同的产业和发展目标制定具体的对外贸易基础战略,发挥对外贸易总体战略和基础战略的共同作用,实现贸易的可持续发展,由贸易大国发展为贸易强国。

第二节 中国对外贸易发展的总体战略

一、进口替代战略

(一)进口替代战略的含义和基本概况

进口替代战略又称为内向型的发展战略,就是通过建立和发展本国的工业,实现对进口工业制成品的替代,以带动经济增长、削减进口、节约外汇、发展本国工业和减少对外国经济依赖等目的。

改革开放前,中国对外贸易总体战略是进口替代战略,着重强调的是自力更生。实行这一政策的主要原因有三个:

(1)由于前苏联计划经济的成功,以及拉美国家在二战以后的成功有很好的示范效应。

(2)当时国际上存在着资本主义和社会主义两大阵营的对立,以美国为首的西方资本主义国家对中国实行了经济封锁和禁运,完全切断了中国与世界的经济联系。

(3)中国当时实行的是高度集中的计划经济体制,为保护国内产业,防止西方资本主义国家对中国的冲击,中国政府基本实行了闭关锁国的做法,经济上排斥对外经济,实行封闭状态下的进口替代。

(二)进口替代战略的实施条件

(1)实行各种贸易壁垒政策,限制进口。各国的普遍做法是国内的幼稚工业利用提高关税、办理进口许可证、实行配额等措施进行严格限制。对最终消费品的进口征收高关税,对生产最终消费品所需的资本品和中间产品征收低关税或免征关税,即限制各类商品的进口数量,以减少非必需品的进口,并保证国家扶植的工业企业能够得到进口的资本品和中间产品,降低它们的生产成本。

(2)使本国货币升值,以降低进口商品的成本,减轻外汇不足的压力。采取进口替代战略的国家一般都存在对本国货币汇率高估的现象,一次减少进口商品所需要的外汇。

(3)对本国市场实行不同程度的保护。实施进口替代战略的国家通常对重点扶持的工业部门实行减免政策。通过减免这些企业的负担,加速国内重点发展工业的资本积累。

(三)进口替代战略的优缺点

1. 进口替代战略的优点

进口替代战略能在国家的保护下,利用本国资源从事工业制成品的生产,为发展工业创造必备条件,培养技术和管理人才,促进国内工业发展的多样化,实现生产资料和生活资料某种程度的自给自足,摆脱对外国商品进口的依赖,减少外汇支出,积累一些资金,引进外国技术和设备,这都有利于本国出口工业的发展。具体表现在:

(1)由于国内已经存在市场,建立新工业的风险大大降低。

(2)对发展中国家来说,通过对本国幼稚工业和民族工业的保护,推动工业化进程,发展工业制成品出口,改善贸易条件。

(3)为了避免发展中国家的进口关税壁垒,外国厂商愿意将工厂建在该国国内,从而增加工业部门劳动就业,改变二元经济结构。

2. 进口替代战略的缺点

实行进口替代也有很多缺点,进口替代政策必然是以牺牲国内消费者为代价,而且由于其降低了该国与世界市场的联系程度,造成国内市场相对狭小,生产成本高,经济效益低,产品质量差,竞争能力不够。主要表现在:

(1)过于强调保护国内市场,实际保护了国内落后的工业企业,不利于促进国内工业生产技术和管理水平的提高,不容易提高本国产品的竞争能力。国内产业因贸易保护而避免国际竞争,缺乏提高效率的动力。

(2)大多数发展中国家的国内市场规模较小,一旦国内市场达到饱和,经济增长速度就会受到抑制,甚至倒退。

(3)实行进口替代战略容易造成国际收支失衡,导致外汇缺口扩大。

(4)需要政府补贴支持,从而既会增加财政支出,又易导致外国实施反补贴政策。加速了资本密集程度聚集,不利于扩大就业。

从以上情况可以看出,进口替代战略的实施应与相应的经济发展阶段相结合,在经过一定时期的发展后,进口替代战略就会走到尽头。实行进口替代政策的发展中国家,虽然在一定程度上促进了国内轻工业的发展,工业增长速度有所加快,但这只是短期现象,并不能长期保持。这就迫使它们不得不进行调整,甚至放弃,转而实行出口替代工业化政策。

【小案例 3.1】

进口替代战略给巴西造成的负面影响

尽管发展中国家经常采用进口替代战略进行工业化,但有时这一战略产生的结果却恰恰相反。让我们看一看巴西的例子。

1991年,安瑞科·米萨斯作为意大利奥力微特计算机制造公司巴西分工司的总裁,却没有一台奥力微特产的计算机。他的办公桌后摆放的计算机是由两家巴西公司制造的,不仅成本是奥力微特的三倍多,质量也很差劲。在巴西,奥力微特公司不能生产计算机,只可以生产打字机和计算器。

之所以会有这种反常现象,是因为巴西直到1991年仍然实施进口替代政策。从20世纪70年代直到1991年,巴西禁止从国外进口个人计算机或微芯片、传真及几十种其他电子产品。不仅禁止进口电子产品,就连外国公司在巴西投资建立电子产品的制造厂也遭到禁止。法律规定,合资公司中外国公司拥有股份不能超过30%。采取这些限制措施,目的是为了培育巴西国内的电子产业。但事实上,就连该法律的支持者也不得不承认,巴西的电子产业技术落后,根本不具备竞争力。

从20世纪90时代初期开始,禁止进口的成本日益突现。世界上已经广泛使用的电子燃料注射器或是刹车防滑系统在巴西的汽车内几乎看不到。诸如苹果公司的Macintosh计算机等产品不允许在巴西销售,巴西宁可让德州仪器关闭在巴西的半导体工厂,损失250个就业机会,也不允许该公司投资1.33亿美元更新生产线。对进口替代政策的坚持使巴西成为一个不欢迎计算机的国家:1991年,巴西只有12%的中小企业局部实现了计算机化,0.5%的教室装备计算机。国外的计算机既不能在国内生产,又不准许进口,阻碍了许多巴西企业的现代化进程。一些巴西企业借助于计算机和其他电子设备的走私,而遵守规定的企业则只得继续使用过时而昂贵的设备。

由于意识到进口替代政策对本国的计算机产业产生的负面影响,1991年,巴西政府取消了电子产品的进口禁令,推翻了民族主义的基石——尽管仍然运用高进口关税保护国内产业。政府还允许,外方在合资企业中持有的股份可以从30%提高49%,并将技术带入巴西。

【资料卡 3.1】

中国外贸战略应扩大进口

任何的发展战略都是有阶段性的,从贸易大国走向贸易强国,实现由依托比较优势的出口导向型战略向培育竞争优势的贸易平衡战略转变,是中国对外经济结构转型的必然选择,也是开放型经济的更高层次。进口波动和出口波动一样会对宏观经济的稳定性产生巨大冲击,作为以制造业高速发展的贸易大国而言,出口有其重要的意义,然而,作为资本深化、高附加值和国民经济具有更强吸纳力为特征的贸易强国来说,进口的稳定发展就具有更深远的战略意义。

海关统计表上曲折向上的线条,勾勒出中国外贸的触底反弹,从2009年3月份开始,经季节调整后,中国外贸总值已连续10个月环比增长,12月中国外贸进出口大幅增长,进出口总值为2 430.2亿美元,同比增长32.7%,环比增长16.7%。其中出口1 307.3亿美元,同比增长17.7%;进口1122.9亿美元,创造了月度进口值的历史新高,同比增长55.9%,环比增长18.8%,可见进口贸易的强劲复苏对外贸整体企稳回升起到了极其重要的拉动作用。当前中国正处于贸易大国向贸易强国转变的新的历史时期,进口贸易战略地位的提升意义深远。

一个国家的贸易结构、贸易方式和贸易政策,是这个国家经济发展水平、产业水平和比较优势在贸易上的真实反映。20世纪80年代以来,中国正赶上了全球产业与贸易分工体系重组的浪潮。欧美发达国家将传统的制造业、高新技术产业中的生产制造环节,甚至部分低端服务业大规模向外转移,特别是有资源优势、成本优势、市场潜力和产业配套能力强的新兴市场地区。我国紧紧抓住这一全球化分工的机遇,大力推行"出口导向型"发展模式,迅速融入国际生产分工体系,日益成为全球生产制造基地和各类制成品出口基地,在全球贸易中的比重持续上升,靠庞大的出口制造出的贸易顺差不断扩大,中国也由此迅速崛起为全球贸易大国。在2009年中国出口剧烈收缩的情况下,前三季度的出口总额占GDP的比重仍然高达26.5%。中国出口占全世界的份额从2000年的3.86%迅速上升到了2008年的8.9%,出口份额同等水平的提升,德国用了11年时间,日本用了20年时间,而中国只用了9年时间。

(资料来源:价值中国网,2010-01-12)

二、混合型贸易战略

(一)混合型贸易战略的含义

混合型贸易战略就是进口替代贸易战略和出口导向贸易战略的有效组合,包括进口替代贸易战略中面向国内市场的独立自主的工业化、改进后的政府干预和保护、出口导向战略中的出口鼓励政策等措施的组合。实际上,从国家实现经济增长来看,一般多数都是采用混合型战略,纯粹的进口替代和出口导向都是不多见的。

(二)改革开放初期的混合型贸易战略

我国在改革开放后由于经济体制的转变,外贸体制也在不断地改革和发展。原来封闭的进口替代战略已经不适应新的经济体制,需要以进口替代和出口导向相结合的对外贸易战略,才能与市场经济的新体制相适应。从1978年开始,我国将对外开放确定为基本国策之后,外贸战略开始转变,有进口替代战略逐步转向混合发展战略。因此,我国在20世纪80年代,基本上实行的是混合型贸易战略。

(三)混合型贸易的作用和局限性

混合型贸易战略大大促进了我国经济的发展。通过沿海经济特区、开放城市和经济开发区,我国大量引进外资,充分发挥我国的绝对优势和比较优势发展劳动密集型加工业,缓解了我国的就业压力。同时,混合型贸易战略还实现了我国出口商品由原来的初级产品为主向以工业制成品为主的转变,加速了我国工业化和现代化建设。当然混合贸易战略也存在其自身的缺陷。

从政策内容来看,混合型贸易战略在鼓励出口、利用市场机制、利用贸易的技术外溢促进产业升级等方面都与传统的进口替代不同。但从实质上看,混合型贸易战略仍属于进口替代型战略,是改良的进口替代战略。因为混合型贸易战略仍然实行政府干预下的全面进口替代,仍然通过较高关税和非关税壁垒来排斥进口。所以在混合型贸易战略中,尽管贸易的作用有所加强,但仍然受到抑制。

三、出口导向战略

(一)出口导向战略的含义和基本概况

出口导向战略又称为外向型的发展战略,是指国家采取种种措施促进面向出口的工业部门的发展,是着重于利用国外资源与开拓国际市场,以生产出口产品带动本国经济的发展,即主要以出口的增长来带动一国经济增长的战略模式,属于外向型经济。

(二)我国"出口导向"的对外贸易发展模式

改革开放后30年的对外贸易发展中,虽然国家并没有明确说明采取出口导向发展模式,但在具体的实际操作过程中采取的基本上是竭尽全力为出口的方式,始终将鼓励出口放在首位,千方百计扩大出口量,一系列的、各个方面的和各个环节的外贸体制改革均是为此而进行。

1. 外贸体制改革

我国从1983年开始不断下放外贸经营权(贸易权)。1983年对部分国有大中型企业开始赋予自营进出口权的试点工作。1985年将从事外贸经营许可的审批权限从中央下放到地方。1988年5月21日,外经贸部进一步将审批权限下放到省级外经贸主管部门及经济特区、经济开发区所在城市的外经贸主管部门,但规定不得层层下放。1992~1993年,先后批准出台了赋予各类企业进出口权的4个文件。加入WTO标志着我国外贸经营体制的又一次深刻变革,取消了贸易权的审批制。

与外贸体制改革紧密相连的是外汇体制改革。改革初期,虽然允许部分地方的外贸公司留存一定比例的出口创汇,开办外汇调剂市场与额度借贷业务,形成高于官方汇率的调剂汇率等。但从全国的范围来看,贸易计划和汇率高估使反出口偏向仍然较为强烈。自1994年1月1日起,我国的外汇体制进行根本性的改革,取消汇率双轨制,实现汇率并轨,实行以市场为基础的、单一的、有管理的浮动汇率制度。汇率并轨消除了人民币高估现象,为我国扩大出口贸易创造了有利的条件。

2. 鼓励出口政策

在外贸改革初期,为了抵消根深蒂固的进口替代偏向,国家采取了大力鼓励出口的措施。1985年开始实施出口退税政策,自此以后就成为我国调节外贸发展的常规政策工具。1988年的一揽子外贸改革进一步增加了对出口的鼓励,包括试行多元的按商品分类的外汇留成制度、全面的出口退税、鼓励来料加工和进料加工的出口、发展国家出口商品基地、扩大出口信贷等。

3. 优惠性的加工贸易政策

加工贸易已经成为我国对外贸易的中流砥柱,尤其是在高新技术产品出口中的比重更高。我国加工贸易政策始于20世纪70年代末期,经过不断完善,形成了一套较为完整的加工贸易政策体系。冯雷将我国加工贸易政策区分为鼓励型政策和管理型政策两大类,其中鼓励型政策可以概括为:对加工贸易进口料件实行保税政策;对加工贸易进口料件实行宽松的贸易政策,除少数敏感商品外,对加工贸易进口料件不实行进口数量限制;除国家规定不予免税的少数进口商品外,对外商不作价提供的加工贸易进口设备,免征关税和进口环节增值税;在国内税收方面,对来料加工的增值税实行不征不退,进料加工的进口料件部分免税,国内料件部分先征后退。

(三)出口导向战略的实施条件

出口导向战略的实施需要实行自由贸易政策,主要包括三个方面:

(1)出口导向战略一般要求一国减少贸易壁垒,实施自由贸易。随着传统贸易壁垒逐步走向分化。关税、配额和许可证等壁垒逐渐弱化,反倾销等传统贸易壁垒虽然在相当长时间内仍继续存在,而以技术性贸易壁垒为核心的新贸易壁垒将不断发展,将逐渐取代传统贸易壁垒成为国际贸易壁垒中的主体,成为实行贸易保护主义的主要手段和高级形式。因此要实行出口导向战略,必须减少贸易壁垒的限制。取消对进出口贸易的限制和障碍,取消本国进出口商品的各种优待和特权,对进出口商品不加干涉和限制,使商品自由进出口,在国内市场上自由竞争的贸易政策。但是这并不意味着完全放弃对进出口贸易的管理和关税制度,而是根据外贸法规即有关贸易条约与协定,使国内外产品在市场上处于平等地位,展开自由竞争与交易,在关税制度上,只是不采用保护关税,但为了增加财政收入,仍可征收财政关税。

(2)在政策上对出口部门给予明显的扶持。实行出口导向的国家大都对出口企业税收实施优惠政策,有的国家还对出口的产品实施出口退税、出口减税或出口奖励等,还有的提供出口信贷和外汇担保等措施,鼓励企业发展出口贸易。

(3)发挥海外投资的贸易带动效应。跨国投资是推动当代国际贸易发展的一个重要因素,跨国公司在国际贸易中的主体地位越来越突出。随着综合国力的不断增强,我国企业的对外投资已经开始起步,政府应当采取适当的鼓励措施,充分发挥其对出口贸易的拉动作用,培育新的国际贸易增长点。与单纯的出口贸易相比较,跨国投资与出口相结合能形成综合的竞争优势,更有效地突破贸易壁垒,提高市场回报率。近年我国已经出台一些鼓励海外投资的政策措施,但还只是局部的。从经济全球化的趋势来考虑,我国需要也应当把海外投资与出口贸易的增长更紧密地结合在一起,在政策鼓励方面统筹兼顾。比如,可以将海外投资项目的融资与出口信贷或担保结合在一起,使我国的海外投资在发展过程中更多地带动出口贸易的增长。

（四）出口导向战略的优缺点

1. 出口导向战略的优点

（1）出口导向政策有利于开发和创新市场。出口导向模式的实施为本国剩余产品开拓了新的市场，为发展中国家的初级产品和劳动密集型产品进入国际市场开设了一条渠道，为闲置和过剩的生产力与生产资源开发了新的市场，为本国有生产能力但国内无市场需求、无生产需要的产品创造了市场和需求，并满足有市场需求但无生产该产品优势的其他国家的市场需要。并通过开发创新、拓展国际市场，提高了本国生产要素的利用率，创造和增加就业机会，增进本国社会福利。

（2）出口导向政策有利于产业结构升级。对外贸易有助于促进产业结构调整。对外贸易的发展促使国内生产要素的流向发生变化，生产要素越来越多地流向优势产业，使优势产业的生产规模相应扩大。此外，市场需求的转移促使一些传统或劣势产业淘汰出局，一些新兴或朝阳行业不断涌现，从而有助于形成新的产业结构。

（3）出口导向政策有利于发挥国际分工优势，产生规模经济效益。国际分工中，国内生产单位直接面对激烈的国际市场竞争，可以促进我国企业改进技术和管理，带动国内工业发展，同时也可节约社会劳动，充分发挥自身的比较优势。在全球性的产业结构调整中，促进我国产业结构升级，从而获取绝对利益和比较利益。

（4）出口导向政策可以扩大就业。对外贸易会影响国内的就业量和就业结构。一国进口的大量增加，给国内与进口相关的企业造成较大的冲击，可能导致有关企业失业人数的增加。相反，出口的大量增加引起出口企业就业人数的增加，从而扩大国内就业量。在国内市场相对狭窄的条件下，通过外部市场的开拓，可以突破市场限制，带动国内相关产业和部门的发展，扩大劳动就业，带来经济增长。

2. 出口导向政策的不足

（1）出口导向政策会使一国对外贸易依存度上升，而增加政府宏观经济调控的难度，加大所面临的国际经济和政治风险。在经济全球化的影响下，任何一个国家的内部失衡都会反映为外部失衡，进而会很快影响到与其有紧密经济联系的国家。而且，依赖大量出口来推动本国经济发展，会增加本国经济的依赖性，从而丧失经济发展的主动权。

（2）出口导向政策以出口为目的，出现高额顺差的同时易导致贸易摩擦。

（3）出口导向政策会使一国产业结构发展出现失衡。出口导向政策使少数有出口竞争优势的部门过度发展，而其他部门则处于国际竞争力差的劣势状态，而一旦出口的优势部门发生结构性的国际生产过剩，依赖它的出口的国家就会陷入经济困境。

（4）出口导向模式对经济增长的促进作用有弱化之势。一方面，因为只有少数几个国家实施出口导向模式时，这种模式才能高效地促进该国经济发展。而当大部分发展中国家都同时实施这种战略模式时，这种战略的优势就减弱甚至转化为劣势，这时注重并实施进口替代战略模式的国家其效果可能更好。另一方面，随着经济一体化的进程以及双边、多边贸易谈判，现在发达国家的贸易壁垒已经很低,出口国已没有多少讨价还价的余地,这种情况使实施出口导向模式的国家处于不利地位。

【小案例 3.2】

韩国的出口导向战略(1961~1979 年)

韩国曾经是一个很落后的国家。1945 年光复后,由于美、苏两大国的介入,朝鲜处于南北分裂状态。1950~1953 年朝鲜战争后,南朝鲜即韩国成为世界上最贫穷的国家之一。为了振兴国家经济,韩国采取了"先工后农"和"贸易立国"的发展道路,对外贸易成为韩国外向型经济的支柱,在经济增长中发挥了"火车头"的作用。1963 年前后,韩国基本实现从进口替代到出口导向战略的转变;到 20 世纪 80 年代后期,韩国成为世界上 190 多个经济增长最快的国家之一,韩国从一个贫穷的国家转变为富裕的国家。

考察 1960~1980 年代韩国经济的快速发展,同该国出口导向战略分不开。1961 年朴正熙将军通过"5·16"军事政变上台,提出"经济问题高于政治问题"、"通过出口建设国家"的主张。1967 年在国民经济第二个"五年计划"中,出口第一主义、出口导向战略成为韩国经济发展的总方针。该方针制定者希望通过出口贸易的产业关联把国内经济带动起来。根据这一战略,政府和一些公司为商人确定了具体的出口指标,并把这些指标看做是必须完成的指令,除非有正当的理由,否则完不成出口指标任务的公司将受到政府严厉的行政制裁。

20 世纪 60 年代韩国制定扩大出口战略,政府成为韩国公司的主要决策人。不仅如此,为了降低出口商品的国内成本以增强其国际竞争能力,政府以各种方式奖励出口企业,包括给予出口企业种种优惠政策,如直接补贴(1964 年停止);免征进口税,对加工进口原材料、半成品免征进口税(后来改为进口退税);减征国内税,在规定范围内对出口企业减征企业所得税和法人税;对出口企业提供低息贷款等。这些优惠政策使 20 世纪 60 年代韩国出口企业在国际市场每创汇 1 美元,便可节省国内成本大约 26 美分。

以出口贸易为目的的出口导向战略,使得韩国的出口贸易额以年 14% 的速度高速增长,出口产品结构从初级产品转变为工业制成品,贸易依存度也从 20 世纪 60 年代中期的 20% 提高到 1979 年的 69%。韩国出口贸易的大发展和出口贸易结构的改变,通过关联效应对就业、产出产生了相应的影响。

(资料来源:根据网络资料整理)

四、大经贸战略

(一)大经贸战略含义及内容

大经贸战略是指实行以进出口贸易为基础,商品、资金、技术、服务相互渗透、协调发展,外经贸、生产、科技、金融等部门共同参与的经贸发展战略。这里的"大经贸"是相对于原来计划经济体制下由外经贸部所代表的各级外贸行政管理部门和外贸企业组成的"小经贸"而言的,基本内容如下:

1. 大开放

通过进一步拓展对外贸易的广度和深度,形成对内对外全方位、多领域、多渠道的开放格局。开拓以亚太市场和周边国家市场为重点,发达国家和发展中国家合理分布的多元化市场,提高我国的整体开放度。

2. 大融合

大融合即把商品、服务、技术出口和利用外资相互融合、协调发展。在维护全球多边贸易体制的前提下,努力实现双边、区域和多边经贸合作;积极推进贸易、生产、科技、金融等部门的密切合作,提高企业国际竞争力。

3. 大转变

大转变就是转变对外贸易的功能,在扩大外贸规模、提高外贸贡献度的同时,大力发挥其促进产业结构调整、加快技术进步、提高经济效益的作用,同时利用国际分工,对国民经济发挥引导性功能,提供多方面综合服务。

(二) 大经贸战略的实施

1992年外经贸部部长吴仪首次提出了大经贸发展战略。在1994年"20世纪90年代中国外经贸战略国际研讨会"上的主旨报告中,大经贸的战略构想被最终确定下来,即"我国对外经济贸易必须实行以进出口贸易为基础,商品、资金、技术、劳务合作与交流相互渗透,协调发展,外经贸、生产、科技、金融等部门共同参与的大经贸战略"。

(三) 大经贸的总体目标

(1) 营造并维护一个有利于国民经济健康和快速发展的国民经济环境,实现外经贸不同方式的融合和良性循环。

(2) 按国民经济体系通行的规则,发挥我国的比较优势,创造国际竞争优势,提高国民经济的国际竞争力。

(3) 在我国宏观经济环境基本稳定的基础上,实现外经贸不同方式的融合与良性循环,使对外经贸宏观效益达到最大化,推动国民经济的持续发展。

(4) 逐步实现市场多元化,实现以亚太市场为核心、周边国家为支撑的合理的市场布局结构。

【小案例3.3】

福建如何实施大经贸战略

与东南亚经济联系紧密的福建省,在亚洲金融危机后开始着力实施大经贸战略,调整外向经济结构,不但保持了利用外资和出口的增势,而且正加速实现由外经贸大省向外经贸强省的转变。

大经贸战略的实施,使福建与世界经济的联系更加紧密。世界500强中已有50多家公司在福建投资了70多个项目,大都是近年落户的。福建省的出口市场,原来过多集中于亚洲的局面已被扭转,美国和欧盟市场的比重已上升到目前的23.3%和15.5%。

福建省同地缘接近的中国港澳台地区和东南亚地区经济联系进一步加强。近年,福建和香港、澳门间的官员互访不断,经济合作向纵深推进。有专家指出,闽港澳台四地经济圈已进入良性互动的发展轨道。原来福建的工业许多是建立在"三来一补"基础上,近年,福建电子信息、石油化工、机械制造等支柱产业迅速崛起,其背后正是外资企业尤其是跨国公司的大量"进驻"。外资龙头企业投资福建后,带动了产业链条的快速"扩容"。

"东南汽车"吸引来68家台湾汽车零配件企业落户福州,"中华映管"则带动多家高技术配套企业进入。福州信息产业区、厦门信息产业区、闽东南汽车及配件生产基地、厦门为中心的工程机械和飞机维修生产基地、湄州湾石化区、厦门海沧石化区等六大外向型高科技经济板块,正在快速隆起。

有关人士认为,外向型经济出现诸多亮点,正好是福建省加快外经贸体制改革,努力改善投资软环境的结果。福建省在全国率先建立健全了"大通关"协调联动机制,使企业在出口通关方面遇到的困难能够得到及时解决。据悉,福建省最近又出台了《进一步提高对外开放水平的决定》。

值得一提的是,近年福建作为重要招商口岸的地位进一步得到加强。"中国投资贸易洽谈会"在厦门已成功举办五届,影响日益深远。此外,福州"国际招商月"、漳州"海峡两岸花卉博览会"、石狮"纺织服装博览会"、厦门"对台出口商品交易会"、晋江"国际鞋业博览会"的影响也不断提高。

(资料来源:根据网络资料整理)

五、新时期中国对外贸易战略的选择

(一)"十二五"规划建议:优化对外贸易结构 提高开放水平

2010年4月,商务部公布了《后危机时代中国外贸发展战略研究》报告,这份报告提出,未来10年中国将保持外贸稳步、持续发展,目标是推动货物和服务贸易双双实现"倍增",同时继续努力推进进出口贸易平衡发展。报告为中国外贸未来总体发展制定了战略目标。报告提出,到2020年,中国包括货物贸易和服务贸易在内的总贸易额将达到5.3万亿美元左右,其中货物贸易将达到4.3万亿美元左右,服务贸易将达到1万亿美元左右。战略报告提出,未来20年中国对外贸易发展要实现"从大到强的转变",即在2020年前巩固贸易大国地位,推动贸易强国进程,而在第二个10年即到2030年前后"初步实现贸易强国的目标"。

2010年10月,十七届五中全会通过的《中共中央关于制定国民经济和社会发展第十二个五年规划的建议》(以下简称《建议》)。《建议》强调,我国要实施互利共赢的开放战略,进一步提高对外开放水平。《建议》强调,适应我国对外开放由出口和吸收外资为主转向进口和出口、吸收外资和对外投资并重的新形势,必须实行更加积极主动的开放战略,不断拓展新的开放领域和空间,扩大和深化同各方利益的汇合点,完善更加适应发展开放型经济要求的体制机制,有效防范风险,以开放促发展、促改革、促创新。

(二)继续加大开放力度,实行内撑外开型贸易战略

内撑外开型贸易战略就是以国际比较优势为依据,以国内市场为依托,以适度保护为辅助,全面对外开放的贸易战略。在新的发展规划指导下,为了实现贸易强国目标,中国未来应当持续对外贸政策进行调整与完善,其中包括对关税和非关税政策、贸易方式政策、进口政策、服务贸易政策等进行调整。中国对外贸易战略要体现国民经济发展的各个方面,加快形成多元化出口市场格局。

(三)积极保持对外贸易的可持续发展

(1)积极参与国际经济合作,防止贸易保护主义的滋生和蔓延,加强全球、区域和多边经济合作,努力建立中国贸易大国形象。

(2)进一步降低进口关税总水平,逐步降低或取消对资源、能源、技术装备的进口关税;同时通过税率结构调整,提高进口关税的有效保护程度,并尽可能避免和减少对出口产品征税,适度降低进口环节消费税率。

(3)大力发展服务贸易,加快对外贸易发展方式转变的重要战略任务,支持西部地区从区域特点出发,发展特色服务贸易,不断挖掘旅游、文化等具有地域特色的服务贸易潜力。支持中国企业承接服务外包业务,提高服务贸易比重,优化贸易结构,培养专门人才队伍,帮助企业进行海外重要资源和优良资产并购、工程承包等项目的咨询与运作。最后,大力发展绿色环保出口产业,并积极参与国际碳交易,开展环境外交,为本国企业的发展创造良好的内外环境。

第三节 中国对外贸易发展的基础战略

进入2010年,整个世界经济继续缓慢复苏,中国国内经济持续较快增长,稳出口、扩进口政策效应继续显现,企业整体竞争力进一步提升。在这些因素共同作用下,我国外贸呈现恢复性较快增长态势,拓市场成效明显,调结构稳步推进,促平衡进展顺利,进出口规模均已超过2008年同期水平。

据工业和信息化部网站消息,工业和信息化部日前发布2010年进出口情况:2010年,全国进出口总额29 728亿美元(数据来源于海关总署或据此测算),同比增长34.7%。其中,出口15 779亿美元,增长31.3%;进口13 948亿美元,增长38.7%;贸易顺差1 831亿美元,同比下降6.4%。

因此,从整体看,金融危机后中国对外贸易恢复较快。但是,金融危机导致的全球经济衰退使我们意识到贸易发展中存在的不足,但也要看到在长期发展中积累的经验和优势,从而更好地调整我们的对外贸易战略,以适应当前新的经济发展形势。

一、进口商品战略

（一）进口商品战略内容

进口商品战略是指一国为了促使国内经济发展,对民经济发展所必需的机械设备和满足人们生活需要的必须进口物品的构成所做的战略规划。自中国改革开放以来,尤其是加入 WTO 以来,中国对外贸易持续高速增长,但长期以来存在"重出口、轻进口"的倾向。不同时期我国都制定了进口商品的战略安排。

（二）中国不同历史时期的进口商品战略

"九五"时期对进出商品结构所做的规划是:积极引进先进技术,适当提高高新技术、设备及原材料产品的进口比例,努力发展技术贸易和服务贸易。

"十五"时期对进出商品结构所做的规划是:增加国内急需的关键技术设备和重要资源的进口,弥补国内资源不足,促进产业结构和技术水平的升级。

"十一五"时期对进出商品结构所做的规划是:鼓励进口先进技术设备和国内短缺资源,完善大宗商品进出口协调机制,实行进出口基本平衡的政策,发挥进口在促进我国经济发展中的作用;发展服务贸易,积极稳妥地扩大服务业开放。

"十二五"时期对进出商品结构所做的规划是:进出口商品结构进一步优化,先进技术、关键零部件、国内短缺资源和节能环保产品进口比重进一步提高。消费品进口适度扩大。我国现阶段进口商品的领域应该是以下几个:

(1)进口中国经济社会发展所急需的、国内无法提供的货物和技术,特别是国内短缺资源、先进技术和关键设备等,从而引导进口结构,实现产业结构调整。

(2)积极参与区域经济一体化,加快发展进口市场多元化战略。中国要主动构建自己的对外经贸战略伙伴体系,促进中国对外经贸市场多元化向高级阶段发展。

(3)加大对战略物资的进口,包括战略储备、能源、矿产、粮食等资源进口。要实施石油资源进口多元化,除了中东和北非以外,我国要把目光适当地转向俄罗斯和中亚国家,减少对中东地区石油的依赖,降低风险。

(4)加强海外投资,强化供应基地的多元化,保障稳定进口来源。促使中国企业主动加快融入全球和区域经济体系,提高中国企业的自主能力和定价权,真正实现进口服务于中国可持续发展的战略调整。在这个过程中,政府部门应该在政策引导、信息服务、金融支持等各方面发挥其主导作用。

【资料卡 3.1】

大型环保设备等免征关税和进口环节增值税

新华社北京 2010 年 10 月 26 日电 财政部、国家发展改革委员会工业和信息化部、海关总署、国家税务总局四部门日前联合下发通知,调整大型环保及资源综合利用设备等重大技术装备进口税收政策。

通知指出,按照《财政部、国家发展改革委员会工业和信息化部、海关总署、国家税务总局、国家能源局关于调整重大技术装备进口税收政策的通知》规定,经研究决定,对大型环保和资源综合利用设备、应急柴油发电机组、机场行李自动分拣系统、重型模锻液压机及其关键零部件、原材料进口税收政策予以调整。

自2010年6月1日起,对符合规定条件的国内企业为生产国家支持发展的大型环保和资源综合利用设备、应急柴油发电机组、机场行李自动分拣系统、重型模锻液压机而确有必要进口部分关键零部件、原材料,免征关税和进口环节增值税。

自2011年1月1日起,对财关税[2009]55号文件附件《重大技术装备进口税收政策暂行规定》第三条所列项目和企业进口本通知附件所列自用设备以及按照合同随上述设备进口的技术及配套件、备件,一律征收进口税。

(资料来源:http://news.163.com/10/1027/11/6K0FV5M500014AED.html)

【小案例3.4】
日本:各大电机企业加大环保汽车用锂电池生产

人民网东京2009年11月24日电 据日本《读卖新闻》报道,日本各电机制造企业,目前正在加大用于电动汽车(EV)和双动力汽车(HV)的锂离子电池的开发和生产。

与目前广泛用于双动力汽车的镍氢电池相比,锂离子电池体积小、重量轻、容量大,是决定环保汽车性能的重要组件。由于需求的扩大,今后传统生产企业与新加入生产的企业之间,竞争将会越来越激烈。

日立制作所本月10日向媒体公开了其位于日本茨城县东海事业所的最新建成的锂离子电池工厂。在封闭除尘室中,制造装置排列井然有序,流水线上安静地生产着直径4厘米、高9厘米的圆筒形电池。厂内工作人员很少,看上去像一家半导体工厂。

该事业所正在为美国通用汽车公司批量生产试制品,该产品用于美国通用汽车公司目前开发中的双动力汽车,预计产品将于2011年正式出厂。日立还确立了2015年度将汽车用电池营业额提升到1 000亿元的目标。

在解决全球变暖问题的进程中,对环保型汽车的需求确实会不断增大。日本民间调查公司富士经济预计,汽车用锂离子电池的世界市场规模,将从2009年的250亿日元膨胀到2014年的2兆2 500亿日元。目前电脑以及电子机械上已被普及使用的锂离子电池,今后也将在开始在汽车领域普及。

其他大型电机企业也在把锂离子电池生产作为重点投资对象,日本东芝、三洋电机等公司都在建设新工厂。NEC表示"将尽快构筑量产体制",抽出企业增资所得的一部分资金用于零部件工厂的扩建。大型电池生产公司日本汤浅公司(GS Yuasa Corporation),将与三菱汽车等联合在滋贺县设立新工厂。

此外,不断有新企业参加到锂离子电池的生产上来,日本三菱重工今年8月公布将从

2010年度开始进行批量生产。IHI公司10月表示将从明年开始进口美国企业的产品进行销售,今后也会考虑自主开发同类产品。

（资料来源：http://japan.people.com.cn/35463/6823452.html）

二、出口商品战略

（一）出口商品战略含义及基本特点

出口商品战略是指一国根据其经济发展的具体情况、资源禀赋和国际市场的需要,对出口商品构成做出战略性的规划。一国要想使出口贸易持续、健康、稳定地发展,不能忽视出口商品结构的先进性和合理性。制定出口商品战略的意义在于合理安排出口商品结构,增强出口商品的国际竞争力,扩大出口创汇能力,提高出口经济效益。

改革开放以来,我国出口贸易的物质商品结构得到了很大的改善,发生了两个明显的转变：一是由以初级产品为主向以工业制成品为主的转变,20世纪80年代的改革开放初期,我国的出口商品是以食品、土特产品、矿物燃料产品等为主,工业制成品不占主要地位。到20世纪80年代后期,特别是90年代以后,发生了根本性的变化,2005年初级产品的出口仅占全部出口产品的7.9%,工业制成品已占到92.1%。二是工业制成品中由粗加工型为主向精加工型为主的转变。过去我国出口的工业制成品多属于附加值低的劳动密集型产品。近年来附加值高、科技含量高的产品逐渐增多。目前我国出口的几大类产品中,高科技产品仅次于机电、轻纺排在第三位,而且还有明显上升的趋势。

但是目前我国出口商品结构中仍然存在着一些问题：一是从总体上讲劳动密集型产品为主的状况仍未根本改变。轻纺产品中的绝大部分和机电产品中的相当一部分依然属于劳动密集型产品,不仅在国际市场上的销售价格上不去,而且随着科学技术的进步,国际市场的激烈竞争和我国国内原材料价格、劳动工资的上升,我国劳动密集型产品的优势也正在减弱。二是具有自主知识产权的品牌产品较少,市场竞争力不强。贴牌产品虽然市场看好,但我国付出的成本代价太高。

（二）中国不同历史时期的出口商品战略

1. "六五"计划时期的出口商品战略（1981~1985年）

发挥我国资源丰富的优势,增加矿产品和农副土特产品出口；发挥我国传统技艺精湛的优势,发展工艺品和传统的轻纺产品出口；发挥我国劳动力众多的优势,发展进料加工；发挥我国现有工业基础的作用,发展各种机电产品和多种有色金属、稀有金属加工品的出口。

2. "七五"计划时期的出口商品战略（1986~1990年）

我国出口商品构成要逐步实现由主要出口初级产品向主要出口工业制成品的转变,由主要出口粗加工制成品向主要出口精加工制成品的转变。

3. "八五"计划时期的出口商品战略（1991~1995年）

逐步实现由粗加工制成品出口为主向精加工制成品出口为主的转变,努力增加附加价值高的机电产品、轻纺产品和高技术产品的出口,鼓励那些在国际市场上有发展前景、竞争力强的拳头产品出口。

4. "九五"计划时期的出口商品战略(1996~2000年)

以以质取胜为核心,努力实现外贸出口增长由主要依靠数量和速度转向依靠质量和效益。

5. "十五"计划时期的出口商品战略(2001~2005年)

"十五"计划提出要继续贯彻以质取胜战略,重视科技兴贸,优化出口商品结构。加快推进外经贸领域的两个根本性转变,基本实现我国外经贸发展从主要依靠规模扩张和数量增长向主要依靠质量和效益提高的根本性转变,增强我国外经贸的国际竞争力,努力保持对外经济贸易的可持续发展。实施以质取胜战略和科技兴贸战略是实现上述目标的必要的保证措施。

6. "十一五"规划时期的出口商品战略(2006~2010年)

加快出口结构的优化。出口结构的优化以自有品牌、自主知识产权和自主营销为重点,引导企业增强综合竞争力。支持自主性高技术产品、机电产品和高附加值劳动密集型产品出口。严格执行劳动、安全、环保标准,规范出口成本构成,控制高耗能、高污染和资源性产品出口。完善加工贸易政策,继续发展加工贸易,着重提高产业层次和加工深度,增强国内配套能力,促进国内产业升级。引导企业构建境外营销网络,增强自主营销能力。加强对出口商品价格、质量、数量的动态监测,构建质量效益导向的外贸促进和调控体系。

7. "十二五"规划时期的出口商品战略(2011~2015年)

机电产品进出口年均增长10%左右,总额到2015年达到2.5万亿美元左右;劳动密集型产品出口附加值进一步提高;自有品牌和知识产权产品、大型成套设备出口比重显著提高。首先,企业应该以创建自身品牌为重点,发挥品牌效应,注重知识产权的保护,建立与完善政策扶持与激励机制,引导企业增强综合竞争力。其次国家要支持企业自主性高技术产品和机电产品出口;继续发挥传统劳动密集型产业的比较优势,支持高附加值劳动密集型产品出口,引导劳动密集型产业转型升级,最后,逐步停止高耗能、高污染和资源性行业的加工贸易,通过取消和降低出口退税,加征出口关税等措施,控制高耗能、高污染和资源性产品出口。

【资料卡3.2】

奥巴马高调公布"国家出口战略"

美国总统奥巴马2010年3月11日公布促进出口战略,内容包括设立贸易促进机构和帮助企业融资。分析认为,奥巴马高调推动出口,意在刺激经济增长,应对国内高失业率。

一、重视出口 不能"靠边站"

奥巴马当天在美国进出口银行年会上公布"国家出口战略"。

按照他的说法,美国经济未来取决于更多出口,"国家出口战略"为此制定,是美国首个以推动出口为目标的专门战略。"毫无疑问,我们在世界市场范围内竞争,"他说,全球95%的消费者和快速发展的新兴市场都在美国境外,其他国家忙着贸易谈判时,美国不能"靠边站"。

受金融危机拖累,美国2009年出口额较2008年大幅下滑。奥巴马警告说,要确保这一地位,"我们必须做得更好。"

在2010年的国情咨文中,奥巴马公布了5年内实现出口翻番的目标,希望出口增加能带来200万个就业机会。

二、众多措施 实施新计划

为实施"国家出口计划",奥巴马宣布成立出口促进部门,成员来自财政部、国务院、商务部和农业部。他们定于4月初举行首次会议,讨论促进出口事宜。

奥巴马还将重设总统出口委员会,由美国飞机制造业巨头波音公司首席执行官麦克纳尼和施乐公司首席执行官伯恩斯担任负责人。这一委员会可为私营企业提供咨询服务。前总统尼克松曾于1973年设立总统出口委员会。

另外,商务部将提议,把网络存储系统等涉及加密技术产品的出口许可审查期由原来的30~60天缩短至30分钟。

其他措施包括进出口银行为中、小企业提供20亿美元融资工具和美国驻外大使馆成立专门小组。

三、着手协定 多边促贸易

奥巴马当天提及美国与韩国、哥伦比亚和巴拿马的双边自由贸易协定,承诺将和国会一道努力,尽快批准协定。一些批评者说,白宫先前没有采取有力措施,导致协议迟迟没有通过。

奥巴马同时宣布,美国贸易代表团下周将参加跨太平洋战略经济伙伴协定谈判。这一协定所涉自由区包括美国、新加坡、智利、秘鲁、澳大利亚、越南和文莱。

按照他的说法,谈判将确立21世纪自由贸易协定的标准。奥巴马还说,美国政府仍将致力完成多哈回合全球贸易谈判。

(资料来源:北青网)

三、以质取胜战略

(一)以质取胜战略的提出及发展

以质取胜战略是在20世纪90年代初提出并实施的对外经济贸易发展战略之一。从酝酿到提出经历了前后数十年历程,以质取胜战略的内涵不断延展,不同时期战略重点也有所变化,从打击假冒伪劣到提高产品附加价值、优化出口商品结构,从营造重质量守信用的氛围到推行国际标准,再到创出口商品名牌战略,在实施过程中取得了重大成效。尤其是,随着全球经济一体化进程的逐步加快,标准化在国际贸易中的作用日益凸显出来。《国家中长期科学和技术发展规划纲要(2006~2020年)》明确指出,要实施技术标准战略。

(二)以质取胜战略的含义

以质取胜战略从出口商品的各个环节确保质量,推动中国外贸增长由粗放型经营转变到集约型经营,同时优化进出口商品结构,增加出口商品的附加值和技术含量。但其从酝酿到提出却经历了改革开放前后数十年的历程,但我国对外贸易中"以量取胜"的粗放型增长方式没有发生根本变化,而且部分出口产品质量较低,低价竞卖现象比较普遍,已严重影响"中国制造"的国际形象。从打击假冒伪劣到提高产品附加值、优化出口商品结构,从营造重质量守信用的氛围到推行国际标准,再到创出口商品名牌战略,以质取胜战略的内涵不断延展,不同时期战略重点也有所变化,并取得了重大成效。总体来说,以质取胜战略包括三个方面的内容:第一,提高出口商品的质量和信誉;第二,优化出口商品结构;第三,创名牌出口商品。

(三)实施以质取胜战略具体措施

(1)依靠科技进步,不断提高出口商品质量。目前世界各国都非常注重产品质量,因此中国要认真贯彻科技兴贸战略,提高对外贸易发展的科学技术含量,加强高科技产品的研制和开发,使科技成果尽快实现商品化、产业化,形成国际竞争的综合优势。

(2)加强质量管理,保证出口产品质量要在竞争空前激烈的国际市场上保持优势,根本的出路在于加速科技进步,发挥科学技术在产品质量提高中的关键性作用。

(3)推广和使用国际标准是减少国际贸易摩擦、突破技术性贸易壁垒、扩大商品出口的根本途径。建立符合国际通行规则的标准化体系,不仅有利于促进我国质量管理水平向国际水平靠拢,也是企业产品质量保证能力的有力证据。政府应鼓励企业积极开展 ISO 9000 质量管理体系认证,并重视其衍生出来的行业或专业的质量保证。目前,国际上采用的标准很多是由发达国家的国家标准或企业标准转化而来的,充分反映了发达国家利益和经济技术水平。这些国际标准由我国主导制定的却寥寥无几,因此我国在积极参与国际标准的制定、修订和协调工作的同时应认真研究和积极推广使用国际标准或发达国家的先进标准,提高企业的产品质量和技术水平。

(4)实施名牌战略,鼓励企业实行"走出去"发展战略。市场经济中,企业有树立品牌的动力。有的学者提出,市场经济有一只看不见的手,就是价格,还有一只看不见的眼,就是声誉。对于企业来说,声誉就是品牌。据联合国发展计划署统计,国际市场上名牌在全球品牌中所占比例不到 3%,但市场占有率却高达 40%,销售额超过 50%。利用名牌抢占和控制市场,已经成为贸易全球化时代跨国公司重要的经营策略和竞争战略。通过打造品牌,来增加产品在海外市场的附加值,从而为企业实行"走出去"的发展战略,进入海外市场打下良好的基础。

【小案例 3.5】

<h3 style="text-align:center">以质取胜的门业之王——盼盼防盗门</h3>

一、质量定位——追求用户满意

由于防撬门产品进入壁垒较低,市场容量巨大,生产厂家群起效尤,竞争异常激烈。要想站稳脚跟,保持产品竞争优势,质量就必须超越对手并达到甚至超越顾客的期望。

公司发明了"三面卧式"防撬门,由三道金属边挡住了门缝,不仅更加美观、防风,而且使撬具找不到施力的机会,从而更增加了安全系数;"连锁门"针对大多数人图方便只锁一把锁而懒于使用锁中锁的习惯,设计了插一次钥匙锁两把锁的功能,不仅解决了安全和便利的问题,而且万一被盗,免去了因没有使用锁中锁而不符合保险赔偿条件的隐患;款式上的革新更加丰富,新推出的机械横拉式安全窗不仅保温、封闭性能大大得到改善,而且开合自如,免去了易出故障的问题,自带的锁控装置使瞭望更方便、更安全;"多功能门"集栅栏、内藏的百叶窗、纱窗于一体,冬季保暖,夏季通风,适应了南北不同地区、不同季节的使用需要。

二、质量保证——制度与文化相结合

质量保证体系的完善不单纯是质量管理制度建设的问题,也是质量理念、质量文化不断提升的过程,两者的结合至关重要。

"盼盼"集团的厂门前,矗立着一块醒目的牌子,上面写着:"盼盼"集团的经营理念——不唯"盼盼"满意,更为满意"盼盼"。意思是,产品的质量企业自己满意不行,必须要让消费者满意。"不让我们万分之一的疏忽给用户带来百分之百的不方便"就成了"盼盼"人牢牢信守的准则。

三、持续改进——人和机器的平衡发展

人的素质的提高可以解决很多靠制度和文化解决不了的问题,机器设备的革新不仅能提高生产效率,还可以大大降低不确定性因素对产品质量的影响,人和机器的平衡发展将推动质量的持续改进。

公司展开了一系列提高企业员工素质的工作。企业规定:凡是不在班的工人、干部,都要抽出一定时间上职工夜校,并且他们在提高人员素质的同时还不断改造机器设备。

由此可以看出,"盼盼"公司在一次次地蜕变,达到今天的盛景,应归功于他们对质量和质量管理的深刻理解和对质量定位、质量保证、持续改进内在逻辑关系及发展规律的准确把握。用户为先的质量定位是目标,制度和文化相结合的质量保证是手段,人和机器的平衡发展则实现了质量的持续改进。

(资料来源:盼盼安居股份有限公司)

【小案例3.6】

中国无名巨人走向世界 华为、海尔为创品牌还需努力

2009年美国《新闻周刊》发表的一篇名为《无名巨人》的文章写道:作为一家中国公司,华为并不为美国和欧洲人所熟悉,但华为2008年的收入超过180亿美元,即将超过诺基亚、西门子成为仅次于爱立信的全球第二大电信硬件制造商。

走向世界的中国企业面临的一个重大挑战是如何建立一个有吸引力的品牌形象,激发消费者的购买欲望。华为公司总部设在蓬勃发展的深圳,这家名字读起来有些拗口的公司进入了《商业周刊》全球十大"最有影响力"公司名单,同时进入名单的还有苹果、沃尔玛、丰田、谷歌等。这意味着华为成为一个获得国际认可的名字。

中国政府一直呼吁当地公司建立自己的品牌。这些公司将在质量、创新、服务上都拥有良好的声誉,并吸引消费者购买自己的产品。华为并不是中国第一家尝试改变经营战略的企业。2009年3月份,总部设在山东的海尔集团宣布未来将把重点放在建立公司品牌和服务网络

上,而不再是单纯的产品生产。

Technomic Asia 总经理 Kent Kedl 称,"海尔此举并不令人意外,这是非常自然的。我并不认为这算得上一个惊喜,这是所有品牌的必经之路。他们从一开始的产品制造商逐渐向产品开发商和市场营销专家转变。"

一般情况下,企业很难区分他们的产品和价值创造。中国企业难以创立世界品牌的一个关键的原因是激烈的国内竞争。在大多数产品类别中,数百名企业竞争国内市场份额,剩下的利润微乎其微。比如,中国拥有超过500家的自行车制造商。

创立一个品牌需要大量时间和金钱,也意味着一个企业战略重点的改变。在波士顿咨询集团(Boston Consulting Group)最新的"全球前100挑战者"名单中,有36家中国公司,远多于来自其他国家的公司,其中海尔和华为在质量控制方面已经显示了"明显的成功"。

虽然大部分人仅以"便宜"来形容"中国制造",但很多中国公司一直为产品质量而奋斗,并取得了进展。比如富士康公司作为苹果 iPod 中国地区的供应商,其产品质量达到高标准。其产品的包装上明显标注着"加州设计,中国组装"。

海尔和华为品牌的成功还有赖于投资市场研究及公司结构的改进,只有这样才能使企业更具竞争力。不过智威汤逊(JWT)大中华区 CEO TomDoctoroff 表示,文化上的转变还需要很长时间。

(资料来源:美国中文网)

四、出口市场多元化战略

(一)我国出口市场格局的演变

我国改革开放后,对外贸易获得了巨大的发展,但对外贸易市场也呈现出集中的趋势。由于改革开放以后,我国出口结构与劳动力比较优势吻合度提高,出口结构中劳动密集型产品比重迅速提高,而发达国家由于劳动力成本高,正是劳动密集型产品的主要消费市场。因此,与改革开放前相比,我国出口市场主要集中于发达国家和港澳台地区。

我国出口市场高度集中的分布态势对出口贸易的强劲增长形成了约束,而且也将出口贸易置于更加不稳定的市场环境中。我国从"七五"计划提出实施出口市场多元化战略,并于"八五"计划正式启动出口市场多元化战略。出口市场多元化战略是根据国际政治经济条件的变化,有重点、有计划地调整出口市场结构,在巩固传统市场的基础上努力开拓新市场,改变出口市场过于集中的状况,逐步建立起出口市场多元化的总体格局。

出口市场多元化并不是一个新话题,中国早在提出"七五"计划之时就倡导实施出口市场多元化战略,并于"八五"计划正式启动出口市场多元化战略。出口市场多元化战略是根据国际政治经济条件的变化,有重点、有计划地调整出口市场结构,在巩固传统市场的基础上努力开拓新市场,改变出口市场过于集中的状况,逐步建立起出口市场多元化的总体格局。

(二)实施出口市场多元化战略的对策措施

根据我国出口市场分布的现状,结合各个市场需求的特点,总体上看,我国对发达国家市场的开拓要以商品结构的优化为重点,对新兴市场的开拓要适应不同的消费层次,针对不同国家和地区制定相应的出口政策,逐步实现以新兴市场为重点、以周边国家贸易为支撑,发达国家和发展中国家市场合理分布的市场结构。具体来讲,市场多元化的重点是,向纵深拓展欧洲、北美市场,恢复和稳定东南亚市场,积极开发非洲、拉丁美洲市场,稳步扩大俄罗斯和东欧市场。

1. 深度开发并平衡发达国家市场

发达国家市场是我国传统出口市场,这类市场具有较高的经济发展水平和消费水平,市场容量大,购买力强,因而是我国产品的主销市场。我国必须继续巩固和发展传统市场,对其进行深度开发。

首先,深度开拓要以商品结构的优化为重点,在维持传统商品出口的同时,要提高出口产品的技术含量,逐步扩大参与水平分工的比重,获取更多的比较利益;其次,要进一步了解和研究发达国家和地区的贸易法规和惯例,要进入这些国家市场上深层次的销售系统;最后,要改善售后服务,稳定和提高我国出口商品的市场占有率。

我国还要根据市场的不同特点,制定相应的开拓策略。我国对美国出口的商品种类只占美国进口种类的一小部分,大部分仍是空白,应重点突破美国轻工业品、机电产品市场;日本经济与中国经济互补性很强,我国在保持传统出口商品稳定增长的同时,积极扩大工业制成品,特别是机电产品对日本的出口;欧盟国家工业发达,经济实力雄厚,具有极强的购买力。欧盟对内自由、对外保护趋势加剧,我国应通过调整提高出口商品质量,增加花色品种,增强商品的适销性,来巩固和发展欧盟市场。

2. 稳定和扩大东南亚市场

亚洲尤其是东南亚市场在我国出口贸易中占据举足轻重的地位,中国香港地区、东盟、韩国、中国台湾地区等是我国重要的贸易伙伴,中国香港地区还是我国最重要的转口市场。中国对东盟、中国台湾地区、韩国的贸易都呈逆差,应一方面调整商品结构,适应对方市场需求,另一方面加强双边磋商,要求对方消除贸易壁垒,增加我国产品进入市场的机会。

3. 开拓非洲、拉美等发展中国家市场

发展中国家和地区,整体上是一个很有潜力的大市场。我国实施出口市场多元化战略,必须加强同发展中国家和地区的经济贸易关系,推动我国产品更多地进入这一市场。我国扩大对发展中国家市场出口具有一定优势,因为我国出口商品结构、档次很适合发展中国家的消费水平。我国开拓这一市场也存在一些障碍和问题,如许多国家经济发展水平低、贸易规模不大、外汇短缺,有些市场交通运输不便、气候不利等,都会制约我国对这一市场出口的扩大。因此,我国应做好市场调研,针对市场需要,组织适销对路的产品出口。此外,我国还应在政策上对发展中国家出口有所倾斜,如提供优惠贷款、出口风险担保和运输担保等。

4. 积极扩大独联体、东欧国家市场

独联体、东欧国家市场是一个拥有4亿多人口的大市场。开拓独联体、东欧国家市场是我国实施市场多元化战略的重要组成部分。我国开拓这一市场的有利条件是：一方面独联体不少国家与我国相邻，发展双边经贸往来有着地理、交通上的便利。另一方面，我国与独联体国家经济结构、产业结构的差异，使双方在经济贸易上有着广泛的互补性。但这一地区，尤其是俄罗斯经济受亚洲金融危机的影响再度出现巨大动荡，目前形势虽有好转，但要根本扭转这一局面尚需要一定时间；其次，西方及周边国家的商品大量涌入该市场，竞争十分激烈；第三，双方贸易方式不规范、银行结算系统不畅、信誉差、履约率低，符合国际贸易规范的机制尚未建立等影响我国对这一地区出口的扩大。

根据这一市场的特点，应采取以下措施积极开拓独联体、东欧国家市场。

（1）要加强市场调研。及时掌握一些新的外贸公司的资信与经营能力，了解熟悉独联体、东欧各国的新政策、新法规，抓住时机占领市场。

（2）要努力扩大优质产品出口。今后我国应加强有实力、信誉好的外贸企业和有外贸经营权的生产企业同独联体、东欧相关企业的联系，努力扩大优质产品出口，提高中国出口商品的信誉。

（3）国家应进一步完善鼓励扶持政策。为鼓励我国有实力、信誉好的公司、企业开拓独联体、东欧市场，国家在政策上，如贷款、配额等方面应予以扶持，使其与独联体、东欧信誉好的大企业建立长期合作关系，开展有一定规模的高层次的经贸活动，以促进对独联体、东欧国家出口贸易的发展。

目前世界正向多极化发展，实施市场多元化，有助于中国外贸分散风险，减少贸易摩擦，提高整体经济效益。只有多元化市场，才能扩大中国传统商品的出口规模，因为将产品出口到不同的国家，可以摆脱传统出口市场的限制，扩大中国出口商品规模。此外，市场多元化有利于中国在国际分工和国际竞争中争取有利地位，有利于中国加强同发展中国家的经贸往来与合作。

五、科技兴贸战略

（一）科技兴贸战略的含义

科技兴贸战略的核心就是大力促进高新技术产品出口和利用高新技术改造传统产业，优化出口商品结构，提高出口商品的质量、档次和附加值，增强国际竞争力。以建设创新型国家为目标，加快转变贸易增长方式，进一步优化出口商品结构，大力支持具有自主品牌和自主知识产权的高新技术产品出口，加强技术引进消化吸收再创新，增强企业自主创新能力，加快实现从"贸易大国"向"贸易强国"的历史性跨越。

（二）科技兴贸战略的提出及发展

1999年初，当时的外经贸部提出实施科技兴贸战略，外经贸部与科技部、国家经贸委、信

息产业部共同采取了一系列政策措施。从科技兴贸战略提出到科技兴贸体系的形成主要经历了三个阶段,其主要标志是1999年制定的《科技兴贸行动计划》、2001年制定的《科技兴贸"十五"计划纲要》和2003年国务院转发商务部等部门联合制定的《关于进一步实施科技兴贸战略若干意见》(简称《若干意见》)。《若干意见》的颁布,标志着我国科技兴贸战略体系框架正式形成,是我国实施科技兴贸战略的第一个纲领性文件。

科技兴贸战略是科教兴国战略在外经贸领域的具体体现,是继"以质取胜"、"市场多元化"、"大经贸"之后,我国外经贸工作的又一重要战略。有力地促进了我国出口商品结构的优化和升级,带动了对外贸易的快速发展,对我国外经贸发展产生了深远影响。

(三)实施科技兴贸战略的意义

1. 确立了高新技术产品出口在我国对外贸易发展中的重要地位

世界高新技术产业和知识经济的发展使传统的比较优势、国际分工格局和国际贸易结构发生了重大变化,高新技术产品出口已成为国际贸易最富生命力的带动力量和各国必争的制高点。实施科技兴贸战略,适应了世界经济与国际贸易结构的发展趋势,将有力地推动我国对外贸易的发展。

2. 提升我国在国际分工中的地位

我国已成功地迈入了世界贸易大国的行列。但目前我国出口仍以劳动和资源密集型产品为主,高新技术产品出口还处于起步阶段。我国加入WTO后,将在更大的范围、更宽的领域、更高的层次上融入世界经济,劳动力成本低廉的比较优势将会相对减弱。从长远看,能否顺利融入国际贸易体系,最大限度分享参与国际分工所带来的利益,从根本上取决于我国能否尽快提高对外贸易的技术含量和附加值以实现出口商品结构的升级。实施科技兴贸战略,依靠技术创新建立我国出口产业和产品新的动态比较优势,从而在未来的国际分工和国际贸易中争取较为有利的位置,增强抵御各种外部风险与冲击的能力。

3. 提升我国产业结构和经济结构

国际高新技术产业正呈现跨越式发展态势,这为我国进行经济结构战略性调整提供了重大机遇。传统产业是我国国民经济的主体,传统产业结构性矛盾突出,用高新技术和先进适用技术改造传统产业是实现工业化的紧迫任务。实施科技兴贸战略,可在扩展国际市场、提升国际竞争力的过程中,有利推动国民经济进行产业结构调整和产业升级。

(四)科技兴贸战略的成效

科技兴贸战略的实施效果是较为积极的,有力地拉动了高新技术产品出口规模的增长,提升了我国出口商品的技术水平,主要体现在以下几个方面:

(1)科技兴贸战略促进产业结构升级,优化我国外贸出口结构。实施科技兴贸战略以来,我国引进技术的速度明显加快,推动了传统产业升级换代,国民经济增长质量显著增强,同时以国内高科技产业发展为依托,提高我国出口产品的技术含量,实现外贸出口结构的优化。

(2)科技兴贸战略对外贸出口增长的拉动效应日益突出,提高了我国出口商品的技术含量和附加值。从而使企业可以利用高科技开发出新产品并形成规模生产,就会在较高价格层次带来经济回报,并迅速占领国际市场。

(3)科技兴贸战略有利于缩小我国高科技领域贸易与发达国家间的差距。当前,随着我国工资水平的不断提高,我国的劳动密集型产品成本逐年上升,而我国的这些劳动密集型产品在发达国家中有相当一部分属于技术密集型产品,他们的成本随着科技含量的提高而逐步下降。这就使我国的技术密集型产品丧失了比较优势,在国际竞争中没有价格优势,渐渐失去部分已有的国际市场。而科技兴贸战略使一批有自主知识产权的著名企业迅速崛起,并逐渐形成了科技兴贸战略的组织、政策、出口和服务体系。

由此可见,科技兴贸战略已成为推动中国外贸发展的重要方式,在"十二五"期间我国应该进一步推进"科技兴贸"战略的发展。首先,充分发挥科技兴贸对产业结构升级的带动作用,努力改变产业结构落后状况。通过调整出口产品结构,有计划地建立高新技术产业群,加速改变经济结构,实现以技术含量及附加值较高的出口商品带动产品出口总体增长的发展战略。其次,以提高国内技术水平为重点,积极扩大机电产品和高新技术产品进口。拟定重点领域装备进口鼓励政策,鼓励高新技术设备、关键部件及在国外合作研发、拥有核心技术和自主知识产权的高新设备进口。再次,加大市场开拓力度,加快实施"走出去"战略,培育跨国经营的高新技术产品出口企业。我们要加强对重点市场、重点产品需求变动情况的研究,指导企业有针对性地进行市场开拓活动,巩固和扩大我国高新技术产品占出口重点国家的市场份额。最后,加快标准国际化进程。我国本土高新技术产业出口能力不足的一个重要原因在于标准国际化程度不高。相关部门应进一步加强高新技术出口产品的标准国际化程度。在积极引进和消化吸收先进国际标准体系的同时,积极鼓励高新技术企业制定自主知识产权核心技术的技术标准,推行自主知识产权核心技术标准的实施。

【小案例3.7】

法国将加大捍卫商业机密的力度

据法国费加罗报2010年12月9日报道:法国将加强其经济情报政策。近些年来,法国企业逐渐意识到保护自身商业机密的重要性,但在这方面国家仍发挥着重要作用。政府打算立法加大对欺诈行为的惩罚。同时,为了将技术信息传播部(ADIT)打造为欧洲经济情报领域的领头羊,法国政府近期将开放这家国家控股公司最高66%的资本,增强它在金砖四国等地区的影响。

(资料来源:法国费加罗报)

【小案例 3.8】

中国商标注册量世界第一

截至 2010 年 12 月 9 日,中国商标注册累计申请 821.3 万件,累计注册商标 554.5 万件,有效注册商标 448.1 万件,均居世界第一。同时,中国的国际商标申请排名在世界前 10 位,中国也是国外商标申请人指定最多的国家。

(资料来源:根据网络资料整理)

本 章 小 结

1. 对外贸易战略是一国经济总体发展战略指导下的对外贸易部门的发展战略,具有全局性、整体性和稳定性的特点,并可以划分为进口替代战略、出口导向战略和混合发展战略。

2. 中国对外贸易战略是根据不同时期而有所不同。制定中国对外贸易战略要根据国内外政治经济环境的变化,提出带有全局性的战略,包括进口商品战略、出口商品战略、以质取胜战略、科技兴贸战略和出口市场多元化战略。

3. "十一五"期间,中国对外贸易整体上保持着高速的增长,出口流向和进口来源比较稳定,特别是出口市场十分集中。中国从东亚经济体进口中间品,利用国内廉价劳动力组装成最终产品,然后向欧美出口,这种独特的生产、销售网络导致了中国对欧美保持巨额顺差,同时对东亚保持高额逆差。加工贸易和外商投资企业是推动中国对外贸易发展的两个重要因素,国有企业在参与对外贸易方面能力较弱,而集体和私营企业正在迅速成长。尽管中国对外贸易实现了持续、高速的增长,国内经济也蓬勃发展,但国内消费能力较弱,不足以担当起拉动世界需求的重任,而中国对外贸易发展对重构东亚生产体系、加快东亚经济一体化进程具有重要作用。

思 考 题

1. 什么是对外贸易战略?对外贸易战略有哪些特点?
2. 怎样选择中国对外贸易的发展战略?
3. 结合中国发展现状,对中国对外贸易战略进行评述。
4. 结果中国国情,试述中国应该选择何种贸易战略,为什么?

【阅读资料】

高新技术产业撬动我国经济增长方式转变

高新技术的概念是一个动态的概念,目前,国际上公认的并列入 21 世纪重点研究开发的高新技术领域,包括信息技术、生物技术、新材料技术、新能源技术、空间技术和海洋技术等。在现代经济社会,经济增长的主要来源是技术进步和知识进步,而高新技术产业能够使高新技术成果转化为经济效益,推动经济增长和发展。

"十五"期间,国家组织实施了"863"、科技攻关、基础研究和研究开发条件建设、科技产业化环境建设等科技计划,为社会经济发展提供了有力支撑。大力实施"人才、专利和技术标准"三大战略,启动了"超大规模集成电路和软件"、"电动汽车"等12个重大科技专项,为迅速抢占一批世界科技制高点奠定了基础。

"十一五"时期,国家将加大力度推进生物产业发展,生物医药和生物农业将呈加速发展之势;二是以纳米为主的新材料产业也将作为国家重点发展的新兴高新技术产业,并将快速发展;三是可再生能源和新能源产业的发展成为我国经济社会发展的紧迫需求。

我国高新技术产业正从小到大、由弱变强,开始步入发展的快车道。高新技术产业规模迅速扩大,产值迅速增加,年均增长达20%以上,超过同期全部工业年均增长速度10%以上,已经成为我国经济发展中最有活力的部分。

(资料来源:邵昌平.中国高新技术产业导报.2007-09-20)

第四章
Chapter 4

中国对外贸易体制

【本章学习要求】

通过本章的学习,了解我国在市场经济体制下对对外贸易进行宏观管理的必要性,熟悉我国对外贸易宏观管理机构及其职能;掌握我国如何管理对外贸易微观经营者的经营资格;掌握什么是国营贸易和指定贸易。

【本章主要概念】

对外贸易体制　对外贸易经营资格　国营贸易　指定经营

【本章导读】

2012年3月,商务部会议审议通过了《对外贸易发展"十二五"规划》,指出"十二五"期间的外贸发展应以协调均衡、循序渐进、互利共赢为基本原则,继续完善外贸管理体制和政策、涉外财政税收和金融政策、外贸法律法规体系,加强贸易摩擦应对工作和多边双边经贸合作,提高对外贸易便利化水平,坚持在稳定增长的同时,优化外贸结构,促进贸易平衡,实现外贸可持续发展。会议强调了"十二五"期间应进一步统筹国内发展与对外开放,统筹国家利益与企业利益,坚持"走出去"和"引进来"相结合,健全完善相关政策促进体系、服务保障体系、风险防控体系等政策措施,优化对外投资合作产业布局,优化对外投资合作的市场布局,促进区域经济开放和发展,在未来五年内进一步扩大对外投资合作规模,形成更加全方位、多领域的对外投资合作格局。

从政府的"十二五"规划可以看出金融危机过后对外贸易仍然是促进经济发展的重要手段,只不过是重心从出口转为进出口兼顾。所以在新形势下如何规范对外贸易活动显得尤为重要,这也是建立我国对外贸易管理体制的意义之所在。我国对外贸易体制经过50多年的演变,既反映了我国经济发展的时代特征,又通过宏观和微观层面的改革形成了适应开放经济条件的对外贸易体制框架,在"十二五"期间也必将发挥其应有的作用。

(资料来源:中国新闻网 http://www.chinanews.com)

第一节 中国对外贸易宏观管理体制

对外贸易管理体制是指一国在发展对外贸易时,为了维护本国的经济利益和政治利益,适应国际贸易关系的发展变化,逐渐形成的一套政府管理对外贸易的措施和制度。从广义上看,这种管理体制包括与对外贸易有关的各个环节,如货物、技术进出境的海关管理体制,进出口信贷、保险、国际结算、外汇平衡的外汇管理体制,进出口商品质量和卫生检疫管理体制等。从狭义上看,这种管理体制主要是指政府主管对外贸易的部门通过行政手段来管理和协调进出口贸易的措施和制度。实行对外贸易管理,是当代国际贸易中的普遍现象。各国为了维护自己在国际贸易中的权益和地位,不论是发达国家还是发展中国家、社会主义国家还是资本主义国家,都采取了一系列措施管理和干预对外贸易。一般都是以国家法律、法令和政策规定为依据,从国家对内、对外政策需要出发,从国家政治经济利益考虑,对进出口贸易进行控制、监督和管理。各国通过国家立法机构制定与修改对外贸易政策,通过海关对进出口贸易进行管理监督,还广泛设立各种机构,负责促进出口和管理进口,并由政府出面参与各种与国际贸易、关税有关的国际机构与组织,进行国际贸易、关税与非关税方面的协调与谈判。随着国内外经济形式的发展变化,我国对外贸易管理也是发展变化的。我国正在建立社会主义市场经济,在充分发挥市场在资源配置中的基础性作用的同时,也必须看到市场存在的自发性、盲目性、滞后性的一面,因此必须加强国家对市场活动的宏观指导和调控,建立一套既符合市场经济运行机制,又符合国际贸易规范的对外贸易管理体制。同时,我国是一个发展中社会主义国家,生产力相对落后,经济发展不均衡,也要求重视加强和改善国家宏观调控。

一、对外贸易宏观管理的必要性

(一)保证国家对外贸易方针政策的贯彻

对外贸易管理是保证我国对外贸易方针政策顺利实施的重要手段。通过各项具体的管理法规和采取的管理措施,引导对外贸易企业进行有效的经营,合理安排进出口商品结构,发展我国同世界各国的经贸关系,从而保证国家发展对外贸易的任务、目的、方向的实现。

(二)维护国家的经济利益

世界各国对外贸易管理的根本目的,就是要维护本国的经济利益。我国实行对外贸易管理同样是为了保证国民经济的顺利发展,使对外贸易在国民经济中更好地发挥作用。例如,我国对有关国计民生的、大宗的资源性商品,或者在国际贸易中竞争激烈的敏感性商品实行有效地管理,对我国国民经济的顺利发展是至关重要的。我国的某些进出口商品配额许可证管理以及海关管理、进出口商品检验管理等,都有效地维护了我国的经济利益。

(三)合理调节进出口商品结构

合理安排进出口商品结构是在实物形态上实现国民经济综合平衡的关键问题,也是不断调整我国的产业结构、产品结构的重要手段,而合理安排进出口商品结构是要通过各种对外贸易管理措施实现的。

【资料卡4.1】

中国出口结构不断变化

从中国出口的产品结构来看,2005年以来资本和技术密集型产品比重保持在47%左右,没有进一步提升。而从2009年开始,资本密集型产品的出口比重再次出现了上升的势头,2009年上升至49%,2010年为49.5%,这一趋势或将得到延续。

中国出口的地域结构也在产生巨大的转变,2008年金融危机发生时,中国对欧盟、美国和日本的出口约占中国出口总量的60%,而至2010年年底中国对美国、欧盟以及日本的出口份额已由2006年的50%下降至43%。但2011年1~10月,中国对这三个国家和地区的出口只占到中国出口总额的45%。也就是说,中国的出口市场结构正在迅速发生变化,稳定增长的发展中国家和新兴市场经济体将为中国的出口增长提供新的市场和动力,从而使中国的出口增长不至于出现大幅回落。

(资料来源:陈德铭.中国出口结构迅速发生变化 新兴市场规模不断扩大.人民网.2011-12-19)

(四)保证在激烈竞争的国际市场上处于有利地位

我国建立社会主义市场经济,必须要依靠国内外两个市场、两种资源,吸取人类共同创造的一切文明成果。而目前我国所面临的是风云变幻的国际政治经济形势、世界经济区域集团化趋势的发展、贸易保护主义的日趋加剧、排他性倾向的加强和激烈的国际竞争。为了在严峻的国际政治经济形势下维护国家的政治独立和经济利益,有效地对付国际垄断势力,冲破贸易保护主义和区域集团化排他性的限制,获得对等和公平的竞争条件,保证对外贸易的迅速发展,必须加强对外贸易的宏观管理和调控。

【资料卡4.2】

中国钢企需要的不是长协,而是铁矿石价格话语权

铁矿石是钢铁生产企业的重要原材料,我国铁矿资源有两个特点:一是贫矿多;二是多元素共生的复合矿石较多。由于中国钢铁产能快速增加,而国内铁矿石在质和量上无法满足需求,故中国每年需大量进口铁矿石。

在过去长达三四十年的时间里,三大矿山(世界上三大铁矿石生产和出口商,巴西的淡水河谷、力拓和必和必拓。)每年固定供给欧洲和日本各1亿吨左右的铁矿石,其中绝大部分都是长协矿,长协矿价也风平浪静。但在历年的长协谈判中,中国钢企一次又一次地接受了铁矿石价格上涨的结果,连续六年的铁矿石谈判之殇,成了中国钢企脖子上一道沉重的枷锁,铁矿

石连续六年的累计涨幅达到了惊人的400%。而铁矿石在谈判中每上涨1美元,中国钢厂每年就会增加5亿美元的进口成本。而2010年4月份,三大矿商打破长协机制,正式推出指数季度定价。而目前的指数定价,是依据新加坡普氏指数,以青岛港62%含铁量的铁矿石到岸价格来确定的。这种机制下产生的长协价格贴近现货,此举在增加钢企成本的同时,矿商的利润比以前年度定价更高了。相反,高昂的矿价,吞噬着中国钢企的利润,2010年中国钢铁行业平均利润率为3.5%,是所有行业中最低的。而2011年77家大中型钢铁企业实现利润875亿元,比2010年减少42亿元,同比下降4.51%。亏损企业扩大到8家,共计亏损32.8亿元,亏损面达10.4%。

中钢协此前提出要建立符合中国国情的铁矿石指数,要将铁矿石指数与钢价挂钩,而铁矿石三巨头,建立的铁矿石指数,要与现货矿价格挂钩,不管与什么挂钩,涉及的都是价格是否能给自己带来最大利益。在商言商,商业最根本的精神就是相信交易可以给双方都带来好处,长协矿之所以存在了40多年,就是因为该模式给交易的双方都带来了好处,现在这种模式已经不能满足一方的需要,未来可能也确实不能满足双方共同的需要,所以中国钢企需要的不是长协,而是铁矿石价格话语权。

(资料来源:中国钢板加工网.http://www.gb87.com)

(五)配合对外贸易体制改革的深化

随着我国对外贸易体制改革的不断深化,要逐步建立起与社会主义市场经济相适应的、符合国际贸易规范的新体制,必须相应地改善对外贸易管理,以保证外贸体制改革各项措施的顺利实施和总目标的实现。

(六)提高对外贸易的经济效益

实行对外贸易管理,有利于进出口贸易正常运行,减少对外贸易经营渠道混乱、经营管理不善等现象,从而提高对外贸易经济效益。

(七)协调和发展国际贸易关系

在国际贸易关系中,对外贸易管理可以保证双边或多边贸易协议的履行,有利于争取对等和公平的贸易条件,也有利于我国在国际贸易中开展必要的斗争,从而协调和发展国际贸易关系。加强对外贸易的管理,是世界各国为维护本国的政治和经济利益而采取的政府干预行为。我国在建立社会主义市场经济和同国际经济接轨的过程中,也必须加强和改善宏观管理,以维护我国的政治和经济利益,加强国际竞争力,更快更广泛地参与国际竞争,促进我国社会主义市场经济体系的建立,加速我国经济贸易长期稳定地发展,使中国经济真正成为世界经济中富有活力的一个组成部分。

二、对外贸易宏观管理的机构及其职能

新中国成立后,我国根据发展对外贸易的需要,先后建立了对外贸易的行政管理机构和全

国性的外贸行业自律管理机构,形成了领导我国对外贸易的宏观管理体系。

(一)对外贸易直接宏观管理的机构及职能

1. 发展和改革委员会

发展和改革委员会是国家发展和改革委员会的前身,是国务院的组成部门,是综合研究拟订经济和社会发展政策,进行总量平衡,指导总体经济体制改革的宏观调控部门。其在对外贸易方面的主要职能包括:

(1)研究全国对外开放的重大问题,提出对外开放及利用外资和境外投资的发展战略和政策;编制利用外资和境外投资规划,组织实施重大外资和境外投资项目;负责全省借用国外贷款的总量控制、结构优化和使用方向,监督债务安全情况。

(2)研究分析国内外市场状况,负责全国重要商品的总量平衡和调节;编制重要农产品、重要工业品和原材料进出口计划,监督计划执行并根据运行情况对进出口计划进行调整;负责粮食、棉花、食糖、化肥等重要物资和商品的省级储备管理;研究提出现代物流业发展战略和规划,协调流通体制改革中的重大问题。

(3)研究拟订全国国民经济和社会发展以及经济体制改革、对外开放的有关法规和规章,参与有关法规、规章的起草和实施。

2. 商务部

2003年以前,主管全国经济贸易事务的组织是国家经济贸易委员会(简称国家经贸委)和对外贸易经济合作部(简称外经贸部)。2003年3月10日,第十届全国人民代表大会第一次会议通过了国务院机构改革方案,决定撤销外经贸部和国家经贸委,设立商务部,主管国内外贸易和国际经济合作。其在对外贸易方面的主要职能包括:

(1)拟定国内外贸易和国际经济合作的发展战略、政策,起草国内外贸易、外商投资、对外援助、对外投资和对外经济合作的法律法规草案及制定部门规章,提出我国经济贸易法规之间及其与国际经贸条约、协定之间的衔接意见,研究经济全球化、区域经济合作、现代流通方式的发展趋势和流通体制改革并提出建议。

(2)负责制定进出口商品、加工贸易管理办法和进出口管理商品、技术目录,拟订促进外贸增长方式转变的政策措施,组织实施重要工业品、原材料和重要农产品进出口总量计划,会同有关部门协调大宗进出口商品,指导贸易促进活动和外贸促进体系建设。

(3)拟定并执行对外技术贸易、出口管制以及鼓励技术和成套设备进出口的贸易政策,推进进出口贸易标准化工作,依法监督技术引进、设备进口、国家限制出口技术的工作,依法颁发防扩散等与国家安全相关的进出口许可证件。

(4)牵头拟定服务贸易发展规划并开展相关工作,会同有关部门制定促进服务出口和服务外包发展的规划、政策并组织实施,推动服务外包平台建设。

(5)拟定我国多双边(含区域、自由贸易区)经贸合作战略和政策,牵头负责多双边经贸对外谈判,协调谈判意见并签署和监督执行有关文件,建立多双边政府间经济和贸易联系机制并组织相关工作,处理国别(地区)经贸关系中的重要事务,管理同未建交国家的经贸活动,根据授权代表我国政府处理与世界贸易组织的关系,牵头承担我国在世界贸易组织框架下的谈判和贸易政策审议、争端解决、通报咨询等工作,负责对外经济贸易协调工作。

(6)承担组织协调反倾销、反补贴、保障措施及其他与进出口公平贸易相关工作的责任,建立进出口公平贸易预警机制,依法实施对外贸易调查和产业损害调查,指导协调产业安全应对工作及国外对我国出口商品的反倾销、反补贴、保障措施的应诉工作。

(7)宏观指导全国外商投资工作,拟定外商投资政策和改革方案并组织实施,依法核准外商投资企业的设立及变更事项,依法核准重大外商投资项目的合同章程及法律特别规定的重大变更事项,依法监督检查外商投资企业执行有关法律法规规章、合同章程的情况并协调解决有关问题,指导投资促进及外商投资企业审批工作,规范对外招商引资活动,指导国家级经济技术开发区、苏州工业园区、边境经济合作区的有关工作。

(8)负责对外经济合作工作,拟定并执行对外经济合作政策,依法管理和监督对外承包工程、对外劳务合作等,制定中国公民出境就业管理政策,负责牵头外派劳务和境外就业人员的权益保护工作,拟定境外投资的管理办法和具体政策,依法核准境内企业对外投资开办企业(金融企业除外)。

(9)牵头拟定并执行对中国香港、澳门特别行政区和台湾地区的经贸规划、政策,与中国香港、澳门特别行政区有关部门和台湾地区授权机构进行经贸磋商并签署有关文件,负责内地与中国香港、澳门特别行政区商贸联络机制工作,组织实施对台直接通商工作,处理多、双边经贸领域的涉台问题。

(10)依法对经营者集中行为进行反垄断审查,指导企业在国外的反垄断应诉工作,开展多双边竞争政策交流与合作。

(11)指导我国驻世界贸易组织代表团、常驻联合国和有关国际组织经贸代表机构以及驻外经济商务机构的有关工作,负责经贸业务指导、队伍建设、人员选派;联系国际多边经贸组织驻中国机构和外国驻中国官方商务机构。

3. 海关总署

海关总署是国家行政机关之一,隶属于国务院,其前身是对外贸易部海关管理局,1980年分立后成为国务院的正部级直属机关,统一管理全国海关。中国海关的主要职能是:根据《海关法》、《海关进出口税则》等法规履行通关监管、税收征管、加工贸易和保税监管、海关统计、海关稽查、打击走私、口岸管理和知识产权保护。

4. 国家质量监督检验检疫总局

国家质量监督检验检疫总局是由国家质量技术监督局与国家出入境检验检疫局合并而来,简称国家质检总局,是国务院主管全国质量、计量、出入境商品检验、出入境卫生检疫、出入境动植物检疫、进出口食品安全和认证认可、标准化等工作,并行使行政执法职能的正部级国务院直属机构。国家质检总局及其下属的分支机构根据《中华人民共和国进出口商品检验法》和《中华人民共和国标准法》等法律,负责对列入受检范围的进出境商品(包括投资设备)的品质、数量、规格、包装、安全、卫生标准以及价值进行法定的强制性检验;通过组织管理和现场检查实施监督管理;根据对外贸易关系人的申请进行公证鉴定。政府对进出口商品检验的宏观管理对保障我国人民的生活和生产安全、防止外经贸欺诈、打击国内外不法分子和维护我国外经贸企业的合法利益和正常的外经贸秩序提供了制度保证。

(二)对外贸易的间接宏观管理机构及其职能

1. 国家工商行政管理部门

国家工商行政管理部门是国务院主管市场监督管理和行政执法工作的直属机构,实行垂直行政管理体系,负责监督中资和外资外贸企业的注册、资本金的到位、经营业务范围的确认及名称的变更等,并为其提供服务。其在对外贸易方面的主要职能是对外商投资企业的注册与管理、商标的注册和保护以及进口商品的国内流通等。

2. 国家税务管理部门

国家税务管理部门的涉外税收管理机构是落实国家出口政策的重要环节。我国自1985年起开始实施出口货物退(免)税措施,以后又根据具体情况对这一涉外税收管理政策进行了不断完善。国家税务管理部门针对出口企业出口出境的货物、对外投资货物和境内销售给外轮、远洋货轮的货物以及向有国外贷款支持的国际招标项目销售的货物,经审核其真实性后批准退还或免征增值税和消费税,并根据财政资金的丰缺、国际市场的行情制定和调整出口退税的比例,以此经济杠杆来调节我国进出口增长和进出口的平衡。

3. 国家外汇管理部门和国家指定的外汇经营银行

国家外汇管理部门是我国外汇收支管理的政府机构,而外贸企业经营进出口业务收付的外汇也必须按有关外汇管理条例纳入到外汇的宏观管理中。随着我国外汇管理体制的改革,外贸企业的外汇收支管理正在逐步放开,但目前仍保留着对外贸企业的外汇账户和资本项目的监督和严格管理。国家指定的外汇经营银行则根据我国外汇管理的规范据实开展与外贸企业的外汇业务,并与国家外汇交易中心形成银行间的外汇交易市场,给外贸企业提供及时的交易服务。

4. 国家知识产权局

国家知识产权局是国务院主管专利工作和统筹协调涉外知识产权事宜的直属机构。其在外贸方面的主要职责为:负责组织协调全国保护知识产权工作;会同有关部门建立知识产权执法协作机制,开展相关的行政执法工作;拟定专利知识产权法律法规草案,拟定和实施专利管理工作的政策和制度,拟定规范专利技术交易的政策措施;拟定知识产权涉外工作的政策;研究国外知识产权发展动态;统筹协调涉外知识产权事宜,按分工开展对外知识产权谈判;开展专利工作的国际联络、合作与交流活动。

第二节　中国对外贸易微观经营体制

培育和发展社会主义市场经济,除了要运用经济、法律和政策等宏观调控手段之外,也要实行必要的微观行政管理手段,并在管理上要制度化、规范化、科学化,符合国际贸易惯例。

根据《中华人民共和国对外贸易法》(以下简称《对外贸易法》)及《对外贸易经营者备案登记办法》等法律法规,国家鼓励发挥各个方面的积极性,发展对外贸易,保障对外贸易经营者的自主权,同时,对对外贸易经营者的资格和经营范围进行规范,实行对外贸易微观经营体制。

中国承诺在加入世贸组织后的 3 年内取消外贸经营权的审批制,实行登记制,在中国的所有企业经登记后都有权经营除国营贸易产品外的所有产品。同时还承诺,在同样的期限内,已享有部分进出口权的外资企业将逐步享有完全的贸易权。因此,在 2004 年 7 月 1 日实施的新《对外贸易法》在对外贸易经营者的资格管理方面进行了调整,不再划分外贸流通经营资格和生产企业自营进出口资格,只要依法获得从业手续,并在商务部及其委托机构进行了办理货物进出口或技术进出口的备案登记,任何企业、组织和个人都可从事对外贸易经营活动。

一、对外贸易微观经营者的经营资格的管理

(一)对外贸易经营资格

对外贸易活动的主体是对外贸易经营者,根据 2004 年新修订的《对外贸易法》第 8 条规定:"对外贸易经营者,是指依法办理工商登记或者其他执业手续,依照本法和其他有关法律、行政法规的规定从事对外贸易经营活动的法人、其他组织或者个人。"由此可见,符合条件的法人、其他组织以及自然人都可以从事外贸活动。但是符合条件的对外贸易经营者在从事对外贸易活动前必须要向商务部或者其委托机构办理备案登记,即获得对外贸易经营资格。备案登记的具体内容要按照 2004 年 6 月 19 日经商务部第九次部务会议讨论通过并于 7 月 1 日起施行的《对外贸易经营者备案登记办法》进行。

1. **主管部门及备案登记机关**

全国对外贸易经营者备案登记工作的主管部门是商务部。从事货物进出口或者技术进出口的对外贸易经营者,应当向商务部或其委托的机构办理备案登记;但是,法律、行政法规和商务部规定不需要备案登记的除外。对外贸易经营者备案登记工作实行全国联网和属地化管理。商务部委托符合条件的地方对外贸易主管部门(以下简称备案登记机关)负责办理本地区对外贸易经营者备案登记手续;受委托的备案登记机关不得自行委托其他机构进行备案登记。备案登记机关必须具备办理备案登记所必需的固定的办公场所,管理、录入、技术支持、维护的专职人员以及连接商务部对外贸易经营者备案登记网络系统(以下简称"备案登记网络")的相关设备等条件。对于符合条件的备案登记机关,商务部可出具书面委托函,发放由

商务部统一监制的备案登记印章,并对外公布。备案登记机关凭商务部的书面委托函和备案登记印章,通过商务部备案登记网络办理备案登记手续。对于情况发生变化、不符合备案条件的以及未按规定办理备案登记的备案登记机关,商务部可收回对其的委托。

对外贸易经营者未按照规定办理备案登记的,海关不予办理进出口的报关验放手续。

2. 备案登记程序

对外贸易经营者在本地区备案登记机关办理备案登记。具体备案登记程序如下:

(1)领取《对外贸易经营者备案登记表》(以下简称《登记表》)。对外贸易经营者可以通过商务部政府网站(http://www.mofcom.gov.cn)下载,或到所在地备案登记机关领取《登记表》。

(2)填写《登记表》。对外贸易经营者应按《登记表》要求认真填写所有事项的信息,并确保所填写内容是完整的、准确的和真实的;同时认真阅读《登记表》背面的条款,并由企业法定代表人或个体工商负责人签字、盖章。

(3)向备案登记机关提交如下备案登记材料:《登记表》;营业执照复印件;组织机构代码证书复印件;对外贸易经营者为外商投资企业的,还应提交外商投资企业批准证书复印件;依法办理工商登记的个体工商户(独资经营者),须提交合法公证机构出具的财产公证证明;依法办理工商登记的外国(地区)企业,须提交经合法公证机构出具的资金信用证明文件。

备案登记机关应自收到对外贸易经营者提交的上述材料之日起5日内办理备案登记手续,在《登记表》上加盖备案登记印章。同时完整准确地记录和保存对外贸易经营者的备案登记信息和登记材料,依法建立备案登记档案。

3. 《登记表》失效的情形

(1)对外贸易经营者应凭加盖备案登记印章的《登记表》在30日内到当地海关、检验检疫、外汇、税务等部门办理开展对外贸易业务所需的有关手续。逾期未办理的,《登记表》自动失效。

(2)《登记表》上的任何登记事项发生变更时,对外贸易经营者应当在30日内办理《登记表》的变更手续,逾期未办理变更手续的,其《登记表》自动失效。

(3)对外贸易经营者已在工商部门办理注销手续或被吊销营业执照的,自营业执照注销或被吊销之日起,《登记表》自动失效。

4. 《登记表》的撤销

根据《对外贸易法》的相关规定,商务部决定禁止有关对外贸易经营者在一年以上三年以下的期限内从事有关货物或者技术的进出口经营活动的,备案登记机关应当撤销其《登记表》;处罚期满后,对外贸易经营者可依据本办法重新办理备案登记。备案登记机关应当在对外贸易经营者撤销备案登记后将有关情况及时通报海关、检验检疫、外汇、税务等部门。对外贸易经营者不得伪造、变造、涂改、出租、出借、转让和出卖《登记表》。备案登记机关在办理备案登记或变更备案登记时,也不得变相收取费用。对外贸易经营者备案登记表见表4.1。

表 4.1 对外贸易经营者备案登记表

备案登记表编号：		进出口企业代码：	
经营者中文名称			
经营者英文名称			
组织机构代码		经营者类型 (由备案登记机关填写)	
住　　所			
经营场所(中文)			
经营场所(英文)			
联系电话		联系传真	
邮政编码		电子邮箱	
工商登记 注册日期		工商登记 注册号	
依法办理工商登记的企业还须填写以下内容			
企业法定代表人姓名		有效证件号	
注册资金			(折美元)
依法办理工商登记的外国(地区)企业或个体工商户(独资经营者)还须填写以下内容			
企业法定代表人/ 个体工商负责人姓名		有效证件号	
企业资产/个人财产			(折美元)
备注：			

填表前请认真阅读背面的条款,并由企业法定代表人或个体工商负责人签字、盖章。

备案登记机关
签　章
年　月　日

(二)对外贸易经营范围

对外贸易经营者的经营范围,是国家允许对外贸易经营者从事进出口经营活动的商品类别和经营方式,也是获得对外贸易经营许可的重要条件。因此,对外贸易经营资格与其经营范围是分不开的。按照新《对外贸易法》的规定,对经营资格不再划分外贸流通经营资格和生产企业自营进出口,只要依法获得从业手续,并在商务部或者其委托机构办理了货物进出口或技术进出口的备案登记,任何企业、组织和个人都可从事对外贸易经营活动。至此,外贸经营权完全变为登记制度。按照新《对外贸易法》的规定,对经营范围的限制主要限于国营贸易货物,实行国营贸易货物的进出口业务只能由经授权的企业经营,但国家也允许部分数量的国营贸易货物的进出口业务由非授权企业经营。

二、进出口货物的国营贸易与指定经营

（一）国营贸易

国营贸易是指国家通过管理进出口经营范围,对关系国计民生的重要进出口商品实行有效的宏观管理。国营贸易企业是指经国家特许、获得从事某类国营贸易管理货物进出口经营权的企业或机构。实行国营贸易管理的货物目录和经授权经营企业名单由商务部会同国务院其他有关部门确定、负责调整并公布。未列入国营贸易企业名录的企业或者其他组织,不得从事实行国营贸易管理货物的进出口贸易。

出口国营贸易管理货物有:原油、成品油、煤炭、大米、玉米、棉花、钨砂、锑砂、氧化锑、仲、偏钨酸铵、三氧化钨、蓝色氧化钨、钨酸及其盐类、钨粉及其制品、锑(锑合金)及锑制品、蚕丝类、白银。

进口国营贸易管理货物有:粮食、植物油、糖、烟草、原油、成品油、化肥、棉花。

【小案例4.1】
是不是国营贸易商品名录内的商品都不允许非国营贸易的存在呢？

针对实行国营贸易管理的货物,国家允许非国营贸易企业从事部分数量的进出口。例如商务部规定2010年原油非国营贸易进口允许量为2 530万吨。原油非国营贸易进口允许量的分配依据主要为上年进口实绩。如符合条件企业的申请总量不大于2 530万吨,则按企业申请数量分配；如符合条件企业的申请总量大于2 530万吨,以各企业进口实绩为基数增加分配数量同时考虑申请企业生产、经营、销售情况和其他需要考虑的因素。

（资料来源:根据网络资料整理）

（二）指定经营

指定经营是指国家通过授权特定的外贸经营者从事某些货物的进出口的方式,对特定产品的进出口实施的管理。与国营贸易管理的区别在于:未经指定的外贸经营者不得从事指定经营货物的进出口。

2001年12月外经贸部颁布《货物进口指定经营管理办法》,自2002年1月1日起实施。中国对天然橡胶、木材、胶合板、羊毛、腈纶、钢材实行指定公司经营。对于指定经营的产品,在3年的"入世"过渡期内,每年调整和扩大指定经营制度下的企业清单,并最后取消指定经营制度。在3年期末,所有在中国的企业及所有外国企业和个人将被允许在中国关境内进口和出口此类货物。虽然2004年7月1日实施的新《对外贸易法》没有提到指定经营,但商务部专门发布公告(2004年第88号)取消了钢材、天然橡胶、羊毛、腈纶及胶合板的进口指定经营。该

文件规定:根据《中国加入世界贸易组织议定书》有关加入后3年内放开指定经营的规定,自2004年12月11日起,取消钢材、天然橡胶、羊毛、腈纶及胶合板的进口指定经营,此前发布的《货物进口指定经营管理办法》、《进口指定经营管理货物目录》和《进口指定经营企业名录》以及2001年以后核准的进口指定经营企业名单同时废止。同时,也取消了绿茶、乌龙茶、定尺碳素钢板(对美国)等产品的出口指定经营。

本 章 小 结

1. 关键词:宏观管理体制;微观经营体制;管理机构和职能;经营者资格;国营贸易;指定经营。
2. 中国对外贸易体制可以从宏观和微观两个角度考虑,宏观角度是指政府通过商务部、海关总署、国家质检总局、工商行政管理部门等管理机构对对外贸易活动进行宏观管理,充分发挥各部门的职能,使对外贸易和经济得到发展;微观角度是指政府相关部门通过对对外贸易活动经营者的资格和经营活动进行管理,来规范对外贸易的微观环境,从而使对外贸易健康有序地发展。

思 考 题

1. 对对外贸易进行宏观管理的必要性有哪些?
2. 我国管理对外贸易的直接和间接机构有哪些?有什么职能?
3. 我国对对外贸易微观经营者的经营资格有什么样的规定?
4. 什么是国有贸易和指定贸易?

【阅读资料】

2010年国营贸易出口、进口企业名录

根据《货物进出口管理条例》、《出口商品配额管理办法》及商务部2009年的相关规定,2010年国营贸易进出口企业名录如下:

表4.2 2010年国营贸易出口企业名录

商品目录	企业名录
原油、成品油	中国国际石油化工联合公司;中国联合石油有限责任公司;中国化工进出口总公司
煤炭	中国煤炭工业进出口集团公司;山西煤炭进出口集团公司;神华集团;中国五金矿产进出口总公司
大米、玉米	中国粮油食品进出口(集团)有限公司;吉林粮食集团进出口公司(自营及代理辽宁、吉林、黑龙江、内蒙古四省区出口)
棉花	中纺棉花进出口公司;新疆维吾尔自治区棉麻公司;新疆农垦进出口股份有限公司

续表 4.2

商品目录	企业名录
钨及钨制品	五矿有色金属股份有限公司;厦门钨业股份有限公司;株洲硬质合金进出口有限责任公司;潮州翔鹭钨业有限公司;福建金鑫钨业股份有限公司;湖南省中南锑钨工业贸易有限公司;江西稀有稀土金属钨业集团有限公司;南昌硬质合金有限责任公司;崇义章源钨业股份有限公司;自贡硬质合金进出口贸易有限责任公司;四川省五金矿产进出口公司;中国中化集团公司(仅限钨酸)
锑及锑制品	五矿有色金属股份有限公司;湖南锡矿山闪星锑业进出口有限公司;湖南省中南锑钨工业贸易有限公司;广西华锡集团股份有限公司;广西日星金属化工有限公司;贵州省五金矿产进出口有限公司;云南联合锑业股份有限公司;广东省五金矿产进出口集团公司;四川鑫炬矿业资源开发股份有限公司
白银	五矿有色金属股份有限公司;中国中信集团公司;中工美进出口有限责任公司;中艺珠宝首饰国际贸易(北京)有限公司;中国印钞造币总公司;中国金域黄金物资总公司;保利科技有限公司;中国诚通金属(集团)公司;湖南株冶火炬金属进出口有限公司;水口山有色金属有限责任公司;湖南省兴光冶炼有限公司;郴州市金贵银业股份有限公司;永兴县西河铅业有限责任公司;永兴县富兴贵金属有限公司;湖南鑫达银业股份有限公司;永兴县意水铅业有限公司;云南铜业(集团)有限公司;云南冶金集团进出口物流股份有限公司;云南锡业股份有限公司;贵研铂业股份有限公司;云南乘风有色金属股份有限公司;个旧市联兴贵金属有限责任公司;河南豫光金铅股份有限公司;安阳市豫北金铅有限责任公司;铜陵有色金属集团股份有限公司;安徽铜冠有色金属集团(池州)有限责任公司;山东招金集团有限公司;广东明发贵金属有限公司;广东风华高新科技股份有限公司;深圳市中金岭南有色金属股份有限公司;大冶有色金属有限公司;上海市五金矿产进出口公司;白银有色集团有限公司;宁夏天马冶化(集团)股份有限公司;江苏弘业股份有限公司;重庆五矿机械进出口有限公司;广西华锡集团股份有限公司;河池市南方有色冶炼有限责任公司;广西成源矿冶有限公司;爱华控股集团有限公司;内蒙古乾坤金银精炼股份有限公司;郴州市宇腾化工有限公司;福建汇鑫资源再生利用有限公司;阳谷祥光铜业有限公司
蚕丝类	出口国营贸易企业名录另行发布

表 4.3 2010 年国营贸易进口企业名录

商品名称	企业名录
粮食	中国粮油食品进出口(集团)有限公司
植物油	中国粮油食品进出口(集团)有限公司;中国土产畜产进出口总公司;中国南光进出口总公司;中谷粮油(集团)公司;华垦物资有限公司;侨建工贸投资发展有限公司
食糖	中国粮油食品进出口(集团)有限公司;中国出口商品基地建设总公司;中国糖业酒类集团公司;中国商业对外贸易总公司

续表4.3

商品名称	企业名录
烟草	中国烟草进出口(集团)公司
原油	中国化工进出口总公司;中国国际石油化工联合公司;中国联合石油有限责任公司;珠海振戎公司
成品油	其中:汽油、柴油、煤油、石脑油、蜡油 中国化工进出口总公司;中国国际石油化工联合公司;中国联合石油有限责任公司;珠海振戎公司 其中:燃料油 中国化工进出口总公司;中国国际石油化工联合公司;中国联合石油有限责任公司;珠海振戎公司;中国石化国际事业公司;中艺华海进出口有限公司;中国船舶燃料供应总公司;中国水利电力物资有限公司;光大石油天然气开发投资有限公司;中国华能国际经济贸易公司;中国北京国际经济合作公司;天津机电国际贸易集团有限公司;河北省五金矿产进出口公司;山西省天利实业有限公司;辽宁省对外贸易总公司;大连金阳进出口有限公司;吉林省对外贸易进出口公司;中化黑龙江进出口公司;东方国际集团上海对外贸易有限公司;上海物资集团进出口有限公司;江苏省燃料总公司;苏州工业园区股份有限公司;浙江省金属材料公司;浙江省迪达进出口有限公司;宁波宁兴集团公司;安徽省化工进出口股份有限公司;福建省化工进出口公司;中国(福建)对外贸易中心集团;厦门建发股份有限公司;厦门国贸集团股份有限公司;江西省化工进出口公司;山东胜利股份有限公司;山东省对外贸易集团有限公司;青岛华青进出口有限公司;青岛益佳经贸实业进出口有限公司;河南粮油食品进出口集团有限责任公司;湖北省化工进出口公司;湖南省化工进出口公司;广东省物资进出口公司;广东省华广轻工实业有限公司;珠海经济特区物资总公司;广东中人企业(集团)有限公司;广州市华泰兴石油化工有限公司;深圳市永骏实业有限公司;深圳市石油公司;深圳市中油通达石油有限公司;深圳市东尔科技电讯有限公司;深圳市石化油品保税贸易有限公司;广西化工进出口公司;海南中通化工进出口有限公司;重庆对外贸易进出口公司;贵州省外贸进出口公司;云南省土产进出口公司;甘肃省进出口贸易集团公司;新疆国际实业股份有限公司;中化国际石油公司;中化广东进出口公司;中化上海进出口公司;中化浦东贸易有限公司;中化宁波公司;中化(深圳)实业有限公司;中化江苏进出口公司;中化广州进出口公司;中化山东进出口公司;中化辽宁进出口公司
化肥	中国化工进出口总公司;中国农业生产资料集团公司
棉花	中国纺织品进出口总公司;北京九达纺织集团公司;天津纺织工业供销公司上海纺织原料公司

(资料来源:http://www.mofcom.gov.cn)

第五章
Chapter 5

中国对外贸易管理(一)

【本章学习要求】

通过本章的学习,使学生了解我国对外贸易管理的主要经济手段有哪些,理解我国的海关税则制度以及海关估价方法,理解我国开展的出口信贷业务、福费庭业务、出口信用保险业务等如何促进我国对外贸易发展,了解我国的出口退税制度和银行结售付汇制度。

【本章主要概念】

关税　海关税则　出口退税　汇率　出口信贷　出口信用保险　海关估价　原产地规则

【本章导读】

中国信保与摩托罗拉签署短期出口信用保险保单

中国出口信用保险公司与摩托罗拉(中国)电子有限公司在北京签署了短期出口信用保险保单。副市长任学锋出席签字仪式并会见了摩托罗拉公司全球联席首席执行官桑杰·贾一行。

中国出口信用保险公司是我国唯一一家承办出口信用保险业务的政策性保险公司,其开展的业务立足于帮助出口企业规避收汇风险、甄别买家风险、获取信贷支持,对保障外贸出口具有十分重要的作用。此次与摩托罗拉公司的合作将为摩托罗拉在中国生产的产品提供海外风险保障和金融支持。

任学锋对双方签署短期出口信用保险保单表示祝贺,他说,多年来,中国信保公司对天津企业开拓国际市场给予了大力支持,促进了天津对外贸易的发展。摩托罗拉作为全国最大的外商投资企业之一和天津的重点出口企业之一,为天津的经济发展做出了积极贡献。中国信保公司与摩托罗拉的合作,对摩托罗拉公司有效克服金融危机不利影响,对天津对外贸易的发展必将起到积极的促进作用。希望双方进一步加强合作,实现双赢。天津政府部门也将为双方在天津发展创造良好的环境。

中国信保公司副总经理梁志东说,中国信保公司与摩托罗拉的合作,是首次为大型跨国公司提供信用保险服务,开创了新的业务领域,也是我国加入 WTO 后,外资企业享受国民待遇的具体体现。

桑杰·贾感谢天津市委、市政府对摩托罗拉发展的一贯支持,表示要借助中国信保公司提供的信用保险支持,进一步拓展国际市场,为天津的发展贡献力量。

(资料来源:人民网)

第一节 中国关税制度

关税是世界各国公认的一种传统贸易保护手段,是各国保护国内市场的重要工具。一个国家采取什么样的关税政策直接关系国与国之间的主权和经济利益。关税是国家的重要经济杠杆,通过调整税率,可以调节国民经济活动,有意识引导进出口商品结构和市场结构。在我国,采取何种关税政策,由该国的经济发展水平、产业结构状况、国际贸易收支状况以及参与国际竞争的能力等多种因素决定的。我国的关税制度随着我国经济发展水平的提高,产业结构的调整等也在不断地变化,尤其是我国加入世界贸易组织以后,根据加入世界贸易组织的关税减让义务,继续逐步降低关税,我国入世时关税总水平为 15.3%,其中农产品平均税率为 18.8%,工业品平均税率为 14.7%。入世 10 年后,我国公布了《2011 年关税实施方案》,2011 年我国关税总水平为 9.8%,农产品平均税率为 15.2%,工业品平均税率为 8.9%,税目总数增至 7 977 个,对最不发达国家 97% 的税目实行零关税。关税是国家经济调控的手段,通过调整关税水平和关税结构,可以调节国际经贸关系,调节进出口贸易结构,改善本国贸易条件,促进贸易发展。同时通过调节进出口量也调节国内生产、市场商品供求关系和外汇收支。

关税是由海关代表国家按照国家制定的关税政策和公布实施的税法及进出口税则,对进出关境的货物和物品征收的一种流转税。关税是海关代表国家征收的,是一种国家税收,税款全部纳入中央国库。关税是国家财政收入的主要来源之一,是国家保护国内产业,调节进出口商品结构,国家管理对外贸易的主要经济手段之一。关税具有较强的涉外性,受国际外生因素的制约较强,即受国际组织、各国政府间的协定、公约和政策的制约,关税也是各国处理国际经济关系和外交事务等的一种手段。

关税征收主体是国家,由海关代表国家征税;关税的课税对象是进出关境的货物和物品;纳税主体或纳税人是承担纳税义务的企业或个人,在我国主要是进口货物的收货人、出口货物的发货人或进出关境物品的所有人。

【资料卡 5.1】

根据海关总署 2010 年第 85 号公告,经国务院批准,《2011 年关税实施方案》自 2011 年 1 月 1 日起实施。《2011 年关税实施方案》包括进口关税调整、出口关税调整、税则税目调整三个方面。调整后,2011年的关税总水平为9.8%,其中农产品平均税率为15.2%,工业品平均税率为8.9%。税目总数由2010年的7 923个增至7 977个,实施暂定税率的商品共计637项。

一、税则税目调整情况

为适应社会经济发展、科学技术进步、产业结构调整、贸易结构优化、加强进出口管理及应对国际贸易争端的需要,在符合《协调制度》所列条目原则的前提下,2011年对税目作如下调整:①增列本国子目57个;②因调整货品名称和更正中文翻译,修改税目名称9个;③因技术发展、税目结构调整、不适应进出口管理等原因,删除红小豆、CTP版、红外或氦氖激光胶片等4个本国税目。

二、进口暂定税率调整情况

根据国内经济、产业和技术发展情况以及宏观调控需要,将继续对586项商品实施进口暂定税率。同时考虑到国内需求及技术、价格等变化,对部分暂定税率商品范围进行了调整,以及取消了部分暂定税率商品。

经过上述调整,2011年提实施暂定税率的商品共计637项,平均税率约为4.5%,优惠幅度为56%。

三、出口关税调整情况

2011年出口关税以保持稳定为原则。为应对国际金融危机,保持经济平稳较快发展,主要对煤炭、原油、化肥、有色金属等"两高一资"产品征收出口暂定关税。为加强稀土管理,将金属钕和新增税目稀土铁合金的出口关税分别由15%和20%提高至25%。为保障国内农业生产用肥的需要,继续对尿素、磷酸铵等化肥征收季节性出口关税,但对化肥出口关税的淡旺季使用时段和淡季关税基准价格作适当调整。

(资料来源:海关律师网 http://www.customslawyer.cn/)

一、中国的海关税则与海关估价

(一)海关税则

我国现行的海关税则制度是自主-协定的复式税则,进出口税合一,进出口税率分列。

中华人民共和国海关进出口税则(customs tariff)也称关税税则。它是一国海关据以对进出口商品计征关税的规章和对进出口的应税与免税商品加以系统分类的关税税率表,包括关税税率表和海关征收关税的规章条例及说明。关税税率表主要包含商品分类目录和税率栏目两部分。

1. 商品分类目录

由于进出口商品种类繁多,变化日新月异,为便于进出口货物的收发货人及其代理人正确确定进出口货物的商品归类,减少商品归类争议,保证海关商品归类的统一,联合国海关合作理事会编写了《商品名称及编码协调制度》(简称《协调制度》),我国海关自1992年1月1日开始采用《协调制度》，我国在《协调制度》的基础上增设本国子目，形成了我国海关进出口商品分类目录，然后，分别编制出《中华人民共和国进出口税则》和《中华人民共和国海关统计商品目录》，把商品共分为二十一大类九十七章。《中华人民共和国进出口税则》中的商品号列称为税则号列，为征税需要，每项税则号列后列出了该商品的税率。为了规范我国进出口货物的商品归类，保证商品归类结果的准确性和统一性，海关总署发布了《中华人民共和国海关进出口货物商品归类管理规定》，把每一种进出口商品准确地归入税则中适合的税目。报关企业向海关申报进出口货物时，应当做到：

(1)清楚进出口货物的名称，按税则类、章注的要求，正确填制。

(2)填明货物的规格、用途和性能。

(3)对由多种材料制成的物品，要报明组成该物品的具体材料及其成分比例。

(4)进口货物的散装件，要填明是否是整套散装，如是关键零部件，要写明零部件的具体名称。

【资料卡5.2】

《协调制度》中所规定的最为基本的商品归类规则：

规则一：类、章及分章的标题，仅为查找方便而设；具有法律效力的归类，应按税目条文和有关类注或章注确定，如税目、类注和章注无其他规定，则按以下规则确定。

规则二：

(1)税目所列货品，应包括该项货品的不完整品或未制成品，只要在进口或出口时该不完整品或未制成品具有完整品或制成品的基本特征；还应包括该项货品的完整品或制成品(或按本款可作为完整品或制成品归类的货品)在进口或出口时的未组装件或拆散件。

(2)税目中所列材料或物质，应视为包括该种材料或物质与其他材料或物质混合或组合的货品。税目所列某种材料或物质构成的货品，应视为包括全部或部分由该种材料或物质构成的货品。由一种以上材料或物质构成的货品，应按规则三归类。

规则三：当货品按规则二(2)或由于其他原因看起来可归入两个或两个以上税目时，应按以下规则归类：

(1)列名比较具体的税目，优先于列名一般的税目。但是，如果两个或两个以上税目都仅述及混合或组合货品所含的某部分材料或物质，或零售的成套货品中的某些货品，即使其中某个税目对该货品描述得更为全面、详细，这些货品在有关税目的列名应视为同样具体。

(2)混合物、不同材料构成或不同部件组成的组合物以及零售的成套货品，如果不能按照规则三(1)归类时，在可适用本条款条件下，应按构成货品基本特征的材料或部件归类。

(3)货品不能按照规则三(1)或(2)归类时，应按号列顺序归入其可归入的最末一个税目。

规则四：根据上述规则无法归类的货品，应归入与其最相类似的货品的税目。

规则五：除上述规则外，本规则适用于下列货品的归类：

(1)制成特殊形状仅适用于盛装某个或某套物品并适合长期使用的照相机套、乐器套、枪套、绘图仪器盒、项链盒及类似容器,如果与所装物品同时进口或出口,并通常与所装物品一同出售的,应与所装物品一并归类。但本款不适用于本身构成货品基本特征的容器。

(2)除规则五(1)规定的以外,与所装货品同时进口或出口的包装容器,如果通常是用来包装这类货品的,应与所装货品一并归入。但明显可重复使用的包装材料和包装容器可不受本款限制。

规则六:货品在某一税目下多子目的法定归类,应按子目条文或有关的子目注释以及以上各条规来确定,但子目的比较只能在同一数级上进行。除本税则目录另有规定的以外,有关的类注、章注也适用于本规则。

(资料来源:中国海关)

2.税率栏目

税率栏目是根据商品分类目录逐项制定的相应关税税率。税率栏目可以是一栏也可以是多栏,税则可自主决定也可与别国协商决定。税率栏目是一栏的,即一个税目只有一个税率称为单式税则,也叫一栏税则,适用于来自任何国家的商品,没有差别待遇;税率栏目是两栏及两栏以上的,即在一个税目下订有两个或两个以上的税率,称为复式税则,也叫多栏税则,对来自不同国家或地区的进口商品,给予不同的关税税率待遇。制定税则的权限由本国立法机构自主决定的,称为自主税则,也称国定税则,税率的确定不受对外签订的贸易条约或协定的约束;如果税率是通过与别国进行贸易与关税谈判,以贸易条约或协定的方式确定的,称为协定税则,是在本国自主原有税则之外另行规定的税率。

我国现行税则制度是自主-协定的复式税则,进出口税合一,进出口税率分列,进口税则实行复式税则,出口税则实行单式税则,列在进口税则之后。选择税率时要根据商品归类和原产地归类在关税税率表中查找对应的税率。

按照《关税条例》,进口关税设置最惠国税率、协定税率、特惠税率、关税配额税率、普通税率和暂定税率等。关税税率的基本适用原则是"从低适用",原产于某一国家的某一种货物其适用税率有两种或两种以上,则取低者计征关税。税率适用具体原则如下:

(1)原产于共同适用最惠国待遇条款的世界贸易组织成员的进口货物,原产于与中华人民共和国签订含有相互给予最惠国待遇条款的双边贸易协定的国家或者地区的进口货物,以及原产于中华人民共和国境内的进口货物,适用最惠国税率。

原产于与中华人民共和国签订含有关税优惠条款的区域性贸易协定的国家或者地区的进口货物,适用协定税率。

原产于与中华人民共和国签订含有特殊关税优惠条款的贸易协定的国家或者地区的进口货物,适用特惠税率。

(2)适用最惠国税率的进口货物有暂定税率的,应当适用暂定税率;适用协定税率、特惠税率的进口货物有暂定税率的,应当从低适用税率;适用普通税率的进口货物,不适用暂定税率。

(3)对于按规定应按普通税率计征关税的进口货物如经国务院关税税则委员会特别批准,可以按照最惠国税率计征关税。

(4)按规定在进口配额内进口的货物可适用低的配额税率,超出配额范围进口的货物按照原税则规定的非配额税率征收。

(5)经查验无法确定原产地的进口货物,按照普通税率计征关税,除非申报时能提供原产地证明。

(6)任何国家或地区违反与我国签订或共同参与的贸易协定的规定,对中国在贸易方面采取加征关税等影响贸易的措施,国务院关税税则委员会可以决定对原产于该国的进口货物征收报复性关税,此时,该进口货物适用于报复性关税税率,税率水平由关税税则委员会决定。

(7)从2002年起我国对部分非全税目信息技术产品的进口按照ITA税率征税。

对于同时有两种及两种以上税率可适用的进口货物,最终适用何种税率用来计算关税,详见表5.1。

表5.1 同时有两种及两种以上税率可适用的进口货物最终适用的税率汇总表

进口货物可选用的税率	税率适用的规定
同时适用最惠国税率、进口暂定税率	应当适用暂定税率
同时适用协定税率、特惠税率、暂定税率	应当从低适用
同时适用国家优惠政策、进口暂定税率	以优惠政策计算的税率与暂定税率取低计征关税,但是不得在暂定税率基础上再进行减免
适用普通税率的进口货物,存在暂定税率	适用普通税率的进口货物,不适用暂定税率
关税配额税率、其他税率	关税配额内的适用关税配额税率;关税配额外的适用其他税率
ITA税率、其他税率	适用ITA税率
反倾销税、反补贴税、保障措施关税、报复性关税	适用反倾销税率、反补贴税率、保障措施关税率、报复性关税率

在关税税率表中,出口税率列在进口税率之后,只列一栏,出口税率是单式税则,且大部分出口货物未定有出口税率。

(1)凡是不定有出口税率的货物出口时不征出口关税。

(2)订有出口税率的货物出口时按照税率表中列明的税率计征。

(3)出口货物中,属于国家公布《出口商品暂定税率目录》中的货物出口时优先适用出口暂定税率。

(二)海关估价

海关为征收关税,确定进口货物完税价格的程序称为海关估价。对于以从价计征关税的进出口货物,海关在征收关税时必须要确定一个计征关税的价格,也就是经海关审定作为计征关税依据的完税价格。国际贸易中的货物价格形式多种多样,海关估价以何种价格为依据,各国都有不同的规定。最通常使用的进口货物估价依据是到岸价格。有些国家则使用离岸价格、产地价格或出口价格,也有些国家使用进口地市场价格、进口国官定价格……,或同时使用几种价格。作为估价依据的价格不等于是完税价格。需要根据国家的估价规定进行审查和调整后才能确定为完税价格。由于各国海关估价规定的内容不一,有些国家可以利用估价提高进口关税,形成税率以外的一种进口限制的非关税壁垒。因此,国际上要求有一个统一的估价规定,并为此做了很大努力。目前,国际上比较认可的是世界贸易组织的《海关估价协议》,它为世界各国海关估价提供了一套公平、公正和公开的估价方法。

审定关税的完税价格是贯彻关税政策的重要环节。海关估价对征收关税很重要,并且它还是缴纳各种捐税的基础,比如,要在海关估价的基础上代征进口消费税和增值税。当许可证管理和进口配额依商品价值确定时,它也是很重要的基础。更为重要的是海关估价可构成重要的贸易壁垒,某一商品因海关完税价格不明确而对其贸易的影响远比关税本身严重得多。进出口货物的价格经货主(或申报人)向海关申报后,海关需按本国关税法令规定的内容进行审查,确定或估定其完税价格。

在我国进出口商品中,多数按照价格计征关税,也就是以税率和实际进口货物完税价格相乘计算应征税额。世界贸易组织的《海关估价协议》是我国海关估价制度的立法基础;《中华人民共和国海关法》规定了进出口货物的完税价格,由海关以该货物的成交价格为基础审查确定,成交价格不能确定时,完税价格由海关依法估定;2004年1月1日起实施的《中华人民共和国关税条例》规定了海关在什么情况下承认进口货物的成交价格,哪些费用应当计入成交价格,不承认成交价格时如何估定完税价格,以及如何确定出口货物的完税价格;海关总署颁布的《中华人民共和国海关审定进出口货物完税价格办法》和《中华人民共和国海关进出口货物征税管理办法》对于进口货物完税价格审定方法做了具体的规定。

1. 进口货物完税价格的审定

依据《审价办法》和《关税条例》,我国海关对于进口货物的完税价格的审定主要分为一般进口货物完税价格的审定和特殊货物完税价格的审定两个方面。

(1)一般进口货物完税价格的审定。一般进口货物的完税价格由海关以该货物的成交价格为基础进行审定,如果成交价格不符合估价规定的,或者成交价格不能确定的,由海关进行估价。海关可以依次采用成交价格以外的其他审价方法来估定完税价格,进口货物完税价格的确定方法可以归纳为以下几种:

①成交价格法。依据《中华人民共和国进出口关税条例》的规定,海关应在最大限度内以进口货物的成交价格为货物的完税价格,在实际业务中成交价格法是海关确定完税价格使用频率最高的一种方法,但是进口货物的成交价格不等于完税价格。成交价格是进口货物中,买方向卖方及相关第三方实付、应付的全部货款,包括直接及间接支付的货款。成交价格也包括已经支付和将要支付的货款的总和。依据《2010通则》的规定,成交价格的表示方法有11种,

比较符合海关确定完税价格的是 CIF 价,在实际业务中,海关一般也以买卖双方成交的 CIF 价作为完税价格。

【资料卡 5.3】

《中华人民共和国海关审定进出口货物完税价格办法》

第四十八条 海关对申报价格的真实性、准确性有疑问时,或者认为买卖双方之间的特殊关系影响成交价格时,应当制发《中华人民共和国海关价格质疑通知书》,将质疑的理由书面告知纳税义务人或者其代理人,纳税义务人或者其代理人应当自收到《价格质疑通知书》之日起 5 个工作日内,以书面形式提供相关资料或者其他证据,证明其申报价格真实、准确或者双方之间的特殊关系未影响成交价格。

纳税义务人或者其代理人确有正当理由无法在规定时间内提供前款资料的,可以在规定期限届满前以书面形式向海关申请延期。

除特殊情况外,延期不得超过 10 个工作日。

(资料来源:中国海关律师网)

②相同或类似货物成交价格法。成交价格法是海关最常用的确定货物完税价格的方法,但成交价格不能确定或不符合条件时,就要采用相同或类似货物成交价格法,这两种方法除了货物本身有区别外,在其他方面的适用条件、价格构成等均相同。

相同货物是指在所有方面都相同的货物,包括物理或化学性质、质量和信誉,但是表面上的微小差别或包装的差别允许存在。类似货物是指具有类似原理或结构,类似特性或组成材料,并有同样的使用价值,而且在功能上与商业上可以互换的货物。按照相同或者类似货物成交价格估价方法审查确定进口货物的完税价格时,应当首先使用同一生产商生产的相同或者类似货物的成交价格。没有同一生产商生产的相同或者类似货物的成交价格的,可以使用同一生产国或者地区其他生产商生产的相同或者类似货物的成交价格。

除了货物本身相同或类似以外,该相同或类似货物的进口时间也要与进口货物的进口时间相同或类似,以进口货物接受申报之日的前后 45 天之内为宜。

采用相同或类似货物的成交价确定完税价格的前提是该相同或类似货物的成交价格已被海关估价确认。如果相同或类似货物有一个以上成交价格者,则应选取最低一个作为海关完税价格。

③倒扣价格法。倒扣价格法是以进口货物、相同或类似进口货物在境内第一环节的销售价格为基础,扣除境内发生的有关费用来估定完税价格。上述第一环节是指有关货物进口后进行的第一次转售,且转售者与境内买方之间不能有特殊关系。

④计算价格法。计算价格法既不是以成交价格为基础,也不是以境内转售价格为基础,而是以发生在生产国或地区的生产成本作为基础的估价方法。因此,采用这种方法需要依据境外的生产商提供的成本方面的资料。按照有关规定采用这种方法确定的进口货物完税价格应包括:生产该货物所使用的料件成本和加工费用,向境内销售同等级或者同种类货物通常的利

润和一般费用(包括直接和间接费用),货物运抵中华人民共和国境内输入地点起卸前的运输及其相关费用、保险费。

⑤合理方法。合理方法是指当海关不能根据成交价格估价方法、相同或类似货物成交价格估价方法、倒扣价格法和计算价格法确定完税价格时,要进行合理估价,所谓"合理"是要根据公平、统一、客观的估价原则,以客观量化的数据资料为基础审查确定进口货物的完税价格。

以上五种估价方法必须按照顺序依次使用,只有在前一种估价方法不能使用时,才可以顺延使用下一估价方法。在特殊情况下,如果进口货物收货人提出申请及相关资料经海关批准,才可以对调倒扣价格法和计算价格法的使用顺序。

(2)特殊进口货物完税价格的审定。

①以租赁方式进口的货物,以海关审查确定的该货物的租金作为完税价格。

②运往境外加工的货物,出境时已向海关报明并在海关规定的期限内复运出境的,应当以境外加工费和材料费以及复运出境的运输及其相关费用和保险费,审查确定完税价格。

③运往境外修理的机械器具、运输工具或其他货物,出境时已向海关报明并在海关规定的期限内复运进境的,应当以境外修理费和料件费,审查确定完税价格。

2. 出口货物完税价格的审定

出口货物完税价格的审定方法与进口货物完税价格的审定方法基本上是一致的,《关税条例》规定:"出口货物的完税价格由海关以该货物向境外销售的成交价格为基础审查确定,并应包括货物运至中华人民共和国境内输出地点装载前的运输及其相关费用、保险费,但其中包含的出口关税税额,应当扣除。纳税人向海关申报的出口货物成交价格明显偏低或经查明成交双方具有特殊经济关系,海关也同样对成交价格不予承认并另行估价征税。"在我国只有少数商品征收出口关税,其完税价格审定主要有以下几种方法。

(1)成交价格法。出口货物应以海关审定的货物售予境外的离岸价格(FOB),扣除关税佣金后作为完税价格,如口岸有多个,以最后一个口岸的离岸价格为准,但从内地口岸至最后出境口岸所支付的国内运输费应扣除。

(2)其他方法。当成交价格不能确定时,顺序使用以下方法确定完税价格:

①相同货物成交价格法。

②类似货物成交价格法。

③倒扣价格法。

④合理方法。

3. 禁止使用的估价方法

禁止使用的估价方法有:

(1)进口国生产的商品在本国的销售价格。

(2)可供海关从两种可选择的估价中选用较高的估价。

(3)出口国国内市场的商品价格。

(4)除已确定的进口商品的估算价值以外的其他生产成本。
(5)出口到除进口国以外其他国家的商品价格。
(6)最低海关估价。
(7)武断地或虚假地估价。

二、中国进出口税费的征收

税费征收是海关的基本职能之一,关税征收主体是国家,由海关代表国家征税;关税的课税对象是进出关境的货物和物品;纳税主体或纳税人是承担纳税义务的企业或个人,在我国主要是进口货物的收货人、出口货物的发货人或进出关境物品的所有人。进口货物和物品在办理海关手续放行后,进入国内流通领域,与国内货物同等对待,所以应缴纳应征的国内税。为了简化征税手续,进口货物和物品的一些国内税由海关在进口环节代为征收。目前,由海关代征的国内税主要有增值税和消费税。

(一)进出口税费征收的相关规定

1. 纳税货币的规定

海关征收的关税、进口环节税等一律以人民币计征,进出口货物以外币计价成交的,要转换成人民币计算税费。海关每月使用的计征汇率为上一个月第三个星期三(第三个星期三为法定节假日的,顺延采用第四个星期三)中国人民银行公布的外币对人民币的基准汇率;以基准汇率币种以外的外币计价的,采用同一时间中国银行公布的现汇买入价和现汇卖出价的中间值(人民币元后保留四位小数)。如果上述汇率发生重大波动,海关总署认为必要时,可以另行规定计征汇率,并对外公布。

2. 纳税金额的规定

完税价格、税额均采用四舍五入法计算到分,各种税费的起征点为人民币50元,50元以下免征。

3. 纳税时间、地点的规定

纳税义务人在向海关申报后,除特殊情况外,海关一般在完成对纳税义务人递交的书面单证审核工作之日起2个工作日内填发税款缴款书,并以口头或书面形式告知纳税义务人。纳税义务人应当自海关填发税款缴款书之日起15日内缴纳税款。纳税义务人未按期缴纳税款的,从滞纳税款之日起,按日加收滞纳税款万分之五的滞纳金。纳税义务人、担保人超过3个月仍未缴纳的,经直属海关关长或者其授权的隶属海关关长批准,海关可以采取强制措施。

纳税义务人应当在货物的进出境地海关缴纳税款,经海关批准也可以在纳税义务人所在地向其主管海关缴纳税款,即属地纳税。

4. 纳税方式的规定

纳税义务人缴纳税款的方式主要有两种:一种是柜台支付纳税,即纳税义务人持缴款书到海关指定银行营业场所的柜台办理税费支付手续;一种是网上支付纳税,即纳税义务人可以通过中国电子口岸网在网上纳税。

(二)进出口税费的计算

1. 进口关税计算

进口关税的计征方法主要有从价税、从量税和复合税三种。

(1)从价税。计算步骤:首先,按照税则归类原则确定税则归类,把应税货物归入恰当的税目税号;其次,根据原产地规则和税率使用原则,确定应税货物应当适用的税率;第三,根据完税价格审定办法和规定,确定应税货物的 CIF 价格,并根据汇率使用原则将外币转化成人民币;最后,按照相应公式计算税款。计算公式为

$$进口关税税额=进口货物完税价格\times进口关税税率$$

(2)从量税。计算步骤:首先,按照税则归类原则确定税则归类,把应税货物归入恰当的税目税号;其次,根据原产地规则和税率使用原则,确定应税货物应当适用的税率;第三,确定实际进口数量;最后,按照相应公式计算税款。如需缴纳增值税则根据完税价格审定办法和规定,确定应税货物的 CIF 价格,并根据汇率使用原则将外币转化成人民币。计算公式为

$$进口关税税额=进口货物数量\times单位税额$$

(3)复合税。计算步骤:首先,按照税则归类原则确定税则归类,把应税货物归入恰当的税目税号;其次,根据原产地规则和税率使用原则,确定应税货物应当适用的税率;第三,根据完税价格审定办法和规定,确定应税货物的 CIF 价格,并根据汇率使用原则将外币转化成人民币;第四,确定实际进口数量;最后,按照相应公式计算税款。计算公式为

$$进口关税税额=从价税+从量税=$$
$$进口货物完税价格\times进口关税税率+进口货物数量\times单位税额$$

2. 出口关税计算

目前,我国只对一小部分关系国计民生的出口商品征收出口关税,出口关税的计征方法主要有从价税和从量税两种。

(1)从价税。计算步骤:首先,按照税则归类原则确定税则归类,把应税货物归入恰当的税目税号;其次,根据完税价格审定办法和规定,确定应税货物的完税价格,并根据汇率使用原则将外币转化成人民币;最后,按照相应公式计算税款。计算公式为

$$出口关税税额=出口货物完税价格\times出口关税税率$$
$$出口货物完税价格=FOB 价/(1+出口关税税率)$$

(2)从量税。计算步骤:首先,按照税则归类原则确定税则归类,把应税货物归入恰当的税目税号;其次,确定实际进口数量;最后,按照相应公式计算税款。计算公式为

$$出口关税税额=出口货物数量\times单位税额$$

3. 消费税

(1)消费税征收范围。根据《中华人民共和国消费税暂行条例》的规定,征收消费税的主要目的是调节我国消费结构,引导消费方向,确保国家财政收入,所以不是对所有商品征收消

费税,而是仅限于少数消费品,目前,我国征收消费税的商品主要有以下几类:

第一类:过度消费会对身体健康、社会秩序、生态环境等方面造成危害的特殊消费品,如酒精、鞭炮、焰火、烟等。

第二类:奢侈品等生活必需品,如贵重首饰、珠宝、玉石、化妆品、护肤护发品等。

第三类:高能耗的高档消费品,如小汽车、摩托车、汽车轮胎等。

第四类:不可再生和替代的石油类消费品,如汽油、柴油等。

消费税由税务机关征收,进口应税消费品的消费税由海关代为征收,由纳税人(进口人或其代理人)向报关地海关申报纳税。

(2)消费税计算。我国消费税实行从价定律,从量定额的方法计算应纳税额。

从价计征消费税:消费税一般是在征收关税后才征收,按从价计征消费税关键是确定计税价格,我国消费税采用价内税的计税方法。计算公式为

$$消费税税额 = 组成计税价格 \times 消费税税率$$
$$组成计税价格 = (关税完税价格 + 关税税额)/(1 - 消费税税率)$$

从量计征消费税:从量计征消费税的应税货物比较少,主要有啤酒、黄酒、汽油、柴油四种。计算公式为

$$消费税税额 = 单位税额 \times 进口数量$$

从价定税、从量定额计征消费税:在我国,香烟的进口消费税按此方法计征。计算公式为

$$消费税税额 = 从价税 + 从量税 = 组成计税价格 \times 消费税税率 + 单位税额 \times 进口数量$$

4. 增值税

(1)增值税征收范。根据《中华人民共和国增值税暂行条例》,在中华人民共和国境内销售货物或者提供加工、修理修配劳务以及进口货物,均应照章缴纳增值税,从事以上行为的单位和个人,为增值税的纳税义务人。增值税的税率主要有两档,绝大部分商品的增值税税率为17%,少数关系到国计民生的重要物资的税率为13%,适用13%税率的进口货物为:粮食,食用植物油;自来水,暖气,冷气,热水,煤气,石油液化气,天然气,沼气,居民用煤炭制品;报纸,图书,杂志;饲料,化肥,农药,农机,农膜;国务院规定的其他货物。另外,出口货物增值税税率为零,个人携带或者邮寄进境自用物品的增值税连同关税一并计征。

(2)增值税计算。计算公式为

$$增值税税额 = 组成计税价格 \times 增值税税率$$
$$组成计税价格 = 关税完税价格 + 关税税额 + 消费税税额$$

三、关税的退补与减免

(一)关税的退补

关税的退补包括三种情况:退税、补征和追征。

1. 退税

退税是指海关多征的税款,发现后应当立即退还;纳税义务人自缴纳税款之日起一年内,可以要求海关退还多缴纳的税款并加算银行同期活期存款利息,海关应当自受理退税申请之日起30日内查实并通知纳税义务人办理退还手续。纳税义务人应当自收到通知之日起3个月内办理有关退税手续,并应当以书面形式向海关说明理由,提供原缴款凭证及相关资料,单位退税,一律转账退付,不退现金。除海关原因退税外,由纳税单位向海关交纳50元人民币手续费。

2. 补征

进出口货物、进出境物品放行后,海关发现少征或者漏征税款,应当自缴纳税款或者货物、物品放行之日起一年内,向纳税义务人补征。

3. 追征

因纳税义务人违反规定而造成的少征或者漏征,海关在三年以内可以追征,并从缴纳税款或者货物放行之日起按日加收少征或者漏征税款万分之五的滞纳金。

(二)关税的减免

根据《海关法》的规定,税费的减免分为三大类,即法定减免、特定减免和临时减免。

1. 法定减免

法定减免是指进出口货物按照《海关法》和《关税条例》以及其他相关法律法规等的规定,可以给予的减免优惠。这类货物或物品进出口时减免不必进行事先申请批准手续,只要条件符合规定,即可由海关工作人员依法直接办理相关手续,对放行后的货物和物品海关一般不进行后续管理。根据我国有关法律规定,下列货物或物品进出口时属于法定减免税范围:

(1)应征关税税额在人民币50元以下的一票货物。
(2)无商业价值的广告样品和货样。
(3)外国政府和国际组织无偿赠送的物资。
(4)在海关放行前被损坏或损失的货物。
(5)进出境运输工具装载途中必需的物资、燃料和饮食用品。
(6)我国缔结或参加的国际条约中规定减征、免征关税的货物或物品。
(7)法律规定减征、免征关税的其他货物或物品。

2. 特定减免

特定减免是指海关根据国家规定,对特定地区、特定用途和特定企业给予的减免关税和进口环节税的优惠,也称政策性减免。申请特定减免税的企业或单位应在货物进口前向海关提出申请,主管海关按照程序进行审批,对符合规定的进口货物,主管海关出具减免税证明,在办理进口报关时,报关单位或个人凭借减免税证明及有关报关单证向海关办理减免税货物的手续。根据我国有关法律规定,进出口时属于特定减免税范围的货物或物品见表5.2。

表 5.2　进出口时属于特定减免税范围的货物或物品

减免税费	特定减免税项目
免征关税、进口环节增值税、消费税	①科教用品 ②科技开发用品 ③救灾捐赠物资 ④残疾人专用品
免征关税、进口环节增值税	①重大技术装备(10年新增) ②扶贫慈善捐赠物资 ③海上石油、陆上石油项目进口物资 ④远洋渔业项目进口自捕水产品
免征关税	①外商投资项目投资额度内进口自用设备 ②外商投资企业自有资金项目 ③国内投资项目进口自用设备 ④贷款项目进口物资 ⑤贷款中标项目进口零部件 ⑥集成电路项目进口物资

3. 临时减免

临时减免是指某个纳税人因特殊情况和需要而进出境的货物,是由海关总署或由海关总署会同财务部根据国务院有关规定给出相应的税费减免。临时性减免一般是一案一批。根据我国有关法律规定,下列货物或物品进出口时属于临时减免税范围:

(1)内销远洋船用设备及关键部件。

(2)国内航空公司进口维修用航空器材。

(3)国有公益性收藏单位进口藏品。

(4)专项税收政策。

四、中国原产地规则

(一)原产地规则的含义

原产地规则也称货物原产国规则。指一国根据国家法令或国际协定确定的原则制定并实施的,以确定生产或制造货物的国家或地区的具体规定。为了实施关税的优惠或差别待遇、数量限制或与贸易有关的其他措施,海关必须根据原产地规则的标准来确定进口货物的原产国,给以相应的海关待遇,因此,货物的原产地被形象地称为商品的"经济国籍"。

(二)原产地规则的作用

世界大多数国家根据进口产品的不同来源,分别给予不同的待遇。在实行差别关税的国家,进口货物的原产地是决定其是否享受一定的关税优惠待遇的重要依据之一。在采取禁运、反倾销、进出口数量限额、贸易制裁、联合抵制、卫生防疫管制、外汇管制等贸易措施中,只有在能够对进口货物的原产地做出准确的判定时,其贸易措施才能真正发挥作用。因此,在许多情况下,原产地规则都是国家贸易政策的重要组成部分,具有广泛的多方面的作用。

1. 关税方面

在采用多种进口税率的情况下,如果从不同国家(或地区)进口的货物在关税规定中享受不同的待遇,则进口国(或地区)首先必须确定进口货物的原产地,从而进一步对来自不同国家(或地区)的货物给予不同的关税待遇。

2. 海关统计方面

在实施配额和许可证管理等贸易政策时,往往以产品原产地为根据统计某特定国家(或地区)年度内货物进口量,以此为政府提供贸易统计数据。政府则根据海关统计的数据检查许可证和配额等制度的执行情况,并制定和修改地区贸易政策,掌握国别(或地区)政策,实现外贸平衡。

3. 在非关税方面

进口国根据某些限制规定,对来自不同国家(或地区)的货物给予不同待遇,则必须首先确定进口货物的原产地。这些限制包括的范围非常广泛,如在提起反倾销诉讼时,一国(或地区)常以原产地为依据统计某项进口商品在国家(或地区)内市场上的占有量,以此判断该项产品给国内(或地区)的工业是否造成了"重大损害或产生重大威胁或者对某一国(或地区)内工业的重建产生严重阻碍"。此外,国家间实行贸易报复或其他原因排斥某国家(或地区)货物的进口也是以产品的原产地为依据的。

中国的原产地规则按照适用范围分为优惠性原产地规则和非优惠性原产地规则。一般来讲,非优惠性原产地规则是在最惠国待遇下普遍适用的确定进出口货物原产地的规则,优惠性原产地规则用于判定进口货物是否原产于属于享受优惠的国家或地区,确定其是否可以享受优惠关税待遇。享受关税优惠的原产地规则一般要比非优惠原产地规则严格得多。简单地说,非优惠原产地规则适用于所有贸易对象国或地区,优惠原产地规则只适用于签订协定或由协定规定的贸易对象国或地区。

中国的原产地规则按照适用范围分为优惠性原产地规则和非优惠性原产地规则。一般来讲,非优惠性原产地规则是在最惠国待遇下普遍适用的确定进出口货物原产地的规则,优惠性原产地规则用于判定进口货物是否原产于属于享受优惠的国家或地区,确定其是否可以享受优惠关税待遇。享受关税优惠的原产地规则一般要比非优惠原产地规则严格得多。简单地说,非优惠原产地规则适用于所有贸易对象国或地区,优惠原产地规则只适用于签订协定或由协定规定的贸易对象国或地区。

(三)中国非优惠原产地规则

依据 2005 年 1 月 1 日开始实施的《中华人民共和国进出口货物原产地条例》和海关总署

令第122号《关于非优惠原产地规则中实质性改变标准的规定》判定货物原产地的具体标准主要采用完全获得标准和实质性改变标准。

1. 完全获得标准

完全在一个国家(地区)获得的货物,以该国(地区)为原产地,以下产品视为在一国(地区)"完全获得":

(1)在该国(地区)出生并饲养的活的动物。

(2)在该国(地区)野外捕捉、捕捞、搜集的动物。

(3)从该国(地区)的活的动物获得的未经加工的物品。

(4)在该国(地区)收获的植物或植物产品。

(5)在该国(地区)采掘的矿物。

(6)在该国(地区)获得的除上述(1)~(5)项范围之外的其他天然生成的物品。

(7)在该国(地区)生产过程中产生的只能弃置或者回收用做材料的废碎料。

(8)在该国(地区)收集的不能修复或修理的物品,或者从该物品中回收的零件或者材料。

(9)由合法悬挂该国旗帜的船舶从其领海以外海域获得的海洋捕捞物和其他物品。

(10)在合法悬挂该国国旗的加工船上加工上述第(9)项所列物品获得的产品。

(11)从该国领海以外享有专有开采权的海床或者海床底上获得的物品。

(12)在该国(地区)完全从上述(1)~(11)项所列物品中生产的产品。

在确定货物是否在一个该国(地区)完全获得时,为运输、贮存期间保存货物而作的加工或者处理,为货物便于装卸而作的加工或处理,为货物销售而作的包装等加工或处理等不予考虑。

2. 实质性改变标准

两个及两个以上国家(地区)参与生产或制造的货物,以最后完成实质性改变的国家或者地区为其原产地。以税则归类改变为基本标准,税则归类改变不能反映实质性改变的,以从价百分比、制造或者加工工序等为补充标准。

(1)税则归类改变标准。在某一国家或者地区对非该国或地区原产材料进行制造、加工后,所得货物在《进出口税则》中四位数税号一级的税则归类发生了改变。

(2)制造、加工工序标准。在某一国家或地区进行的赋予制造、加工后所得货物基本特征的主要工序发生了改变。

(3)从价百分比标准。在某一国家或地区对非该国家或地区原材料进行制造、加工后的增值部分超过了所得货物价值的30%,用公式表示为

$$(工厂交货价-非该国原材料价值)/工厂交货价 \times 100\% \geqslant 30\%$$

(非该国原材料价值一般用进口的CIF价)

以制造加工工序标准和从价百分比标准判定实质性改变的货物在《适用制造或者加工工序及从价百分比标准的货物清单》中具体列明,并按照列明的标准判定是否发生实质性改变。

未列入《适用制造或者加工工序及从价百分比标准的货物清单》的货物的实质性改变,应当适用税则归类改变标准。

（四）中国优惠性原产地规则

依据海关总署令第181号《中华人民共和国海关进出口货物优惠原产地管理规定》,优惠性原产地规则适用于签订协定或由协定规定的贸易对象国家或地区。优惠原产地的认定标准主要为完全获得标准、税则归类改变标准、区域价值成分标准、制造加工工序标准、直接运输标准或双方一致同意的其他标准。

1. 完全获得标准

完全获得标准是指从优惠贸易协定国（地区）直接运输进口的货物完全在该成员国（地区）获得或者生产。但是仅仅是为了便于装运、存储,便于销售而进行的加工、包装、展示等对货物进行的处理不影响货物的原产地。

2. 区域价值成分标准

区域价值成分标准是指出口货物离岸价扣除货物生产过程中非原产于该成员国材料价格后,所余价款占出口货物离岸价的百分比,但是不同贸易协定下的优惠原产地规则中的区域价值成分标准各不相同。

《亚太贸易协定》项下的原产地规则要求,在生产过程中所使用的非成员国原产地或不明原产地的材料、零件或产物的总价值不超过该货物 FOB 价的 55%,即

（出口货物 FOB 价-非原产于该成员国的材料价格）/出口货物 FOB 价≥45%

原产于孟加拉的产品以上比例不超过 65%,即

（出口货物 FOB 价-非原产于该成员国的材料价格）/出口货物 FOB 价≥35%

（成员国包括6个：孟加拉国、印度、老挝、韩国、斯里兰卡、中国）

《中国-东盟自由贸易区原产地规则》规定,中国和东盟区域价值成分不低于该出口货物 FOB 价的 40%,且最后生产工序在成员方境内完成,即

（出口货物 FOB 价-非原产于该成员国的材料价格）/出口货物 FOB 价≥40%

（成员国包括10个：印度尼西亚、马来西亚、菲律宾、新加坡、泰国、文莱、越南、老挝、缅甸、柬埔寨）

CEPA 协议原产地规则规定,在港澳地区获得的原料、组合零件、劳工价值和产品开发支出价值的合计,与在港澳地区生产或获得产品 FOB 价的比例不低于 30%,即

（出口货物 FOB 价-非原产于该成员国的材料价格）/出口货物 FOB 价≥30%

3. 直接运输标准

各协议协定中对直接运输标准的规定各不相同,归纳起来直接运输是指优惠贸易协定项下进口货物从该协定成员国或者地区直接运输至中国境内,途中未经过该协定成员国或者地区以外的其他国家或地区。在我国符合直接运输的条件是：该货物在经过其他国家或地区时,未做出使货物保持良好状态所必须处理以外的其他处理;该货物在其他国家或地区停留的时

间未超过相应优惠贸易协定规定的期限;该货物在其他国家或地区作临时存储时,处于该国家或地区海关监管之下。

（五）原产地证书

原产地证书是国际贸易中用来证明货物产地来源的证明文书,它是货物的来源地"护照"和"国籍"凭证。它往往被进口国用来实行差别关税待遇和实施国别贸易政策管理的重要依据,因此,它就具有特定的法律效力和经济效用。

常见原产地证书主要有：

（1）一般原产地证书。出口国根据一定的原产地规则签发的证明货物原产地的证明文书。

（2）普惠制原产地证书。受惠国根据给惠国方案中的原产地规则签发的证明货物原产地为受惠国的,可享受关税优惠待遇的证明文件。

（3）纺织品配额原产地证书。纺织品设置数量限制的国家为进行配额管理而要求出口匡出具的产地证书。

（4）区域性经济集团成员国之间的产地证书。区域范围内（关税同盟、自由贸易区等）的国家为享受互惠减免关税而出具的产地证明书。

（5）手工制品原产地证书。证明货物的加工和制造是全人工的而非机械生产的一种加工证书。

（6）濒危动植物原产地证书。证明加工成的货物的动物或植物来自饲养的而非野生的濒危动植物（或在数量限制以内）的证明书。

第二节　中国贸易促进制度

一、进出口信贷制度

（一）含义

进出口信贷是指一国政府通过银行向进出口商提供贷款,以鼓励出口、确保进口的重要指施。在国际贸易中,船舶、飞机、大型的成套设备等商品的交易金额巨大,从订货到收回交易结束收回货款时间比较长。对进口商来说一时难以筹措巨额货款,对于出口商来说,以延期付款或赊销方式虽可促成交易,但是不利于其资金周转。为促成交易,支持本国商品出口,提高出口商品在国际市场上的竞争力,出口国银行在本国政府的支持下为其提供贷款,资助他们进行进出口交易。

（二）特征

进出口信贷不同于一般银行的信贷业务,进出口信贷的特征如下。

在经营对象方面：进出口信贷是专门为对外贸易提供信用融资的，因此其经营对象一般仅限于从事对外经济贸易的进出口商，包括外贸企业、参与国际贸易的生产企业、三资企业、科研院所等。

在经营范围方面：机电产品和成套设备出口贸易的贷款，先进技术和关键设备、固定资产进口贸易的贷款，境外加工贸易和境外投资的贷款，对外承包工程和劳务输出的贷款，引进外资和先进技术企业的贷款。

在存贷款利率方面：无论是人民币的存贷还是外币的存贷业务，其利率一般低于相同条件下资金贷放的市场利率，利差由国家补贴。

（三）分类

进出口信贷方式主要包括出口信贷和进口买方信贷，出口信贷又分为出口卖方信贷和出口买方信贷。

1. 出口信贷

出口信贷是一种国际信贷方式，它是一国政府为支持和扩大本国大型设备等产品的出口，增强其国际竞争力，由本国的银行或非银行金融机构对本国的出口商或外国的进口商（或其银行）提供利率较低的贷款，以解决本国出口商资金周转的困难，或满足国外进口商对本国出口商支付货款需要的一种国际信贷方式。出口信贷名称的由来就是因为这种贷款由出口方提供，并且以推动出口为目的。故出口信贷不仅是进出口商进行融资的方式，而且也是各国争夺世界市场、削弱竞争对手、扩大本国资本品和技术出口的强有力手段。出口信贷具有的特点如下。

（1）利率较低。对外贸易中长期信贷的利率一般低于相同条件资金贷放的市场利率，由国家补贴利差。大型机械设备制造业在西方国家的经济中占有重要地位，其产品价值和交易金额都十分巨大。为了加强本国设备的竞争力，削弱竞争对手，许多国家的银行竞相以低于市场的利率对外国进口商或本国出口商提供中长期贷款，即给予信贷支持，以扩大本国资本货物的国外销路，银行提供的低利率贷款与市场利率的差额由国家补贴。

（2）与信贷保险相结合。由于中长期对外贸易信贷偿还期限长、金额大，发放贷款的银行存在着较大的风险，为了减少出口国家银行的后顾之忧，保证其贷款资金的安全发放，国家一般设有信贷保险机构，对银行发放的中长期贷款给予担保。

（3）由专门机构进行管理。发达国家提供的对外贸易中长期信贷，一般直接由商业银行发放，若因为金额巨大，商业银行资金不足，则由国家专设的出口信贷机构给予支持。不少国家还对一定类型的对外贸易中长期贷款，直接由出口信贷机构承担发放的责任。它的好处是利用国家资金支持对外贸易中长期信贷，可弥补私人商业银行资金的不足，改善本国的出口信贷条件，加强本国出口商夺取国外销售市场的力量。

出口信贷按借贷对象可以分为出口卖方信贷和出口买方信贷两种。

（1）出口卖方信贷。

定义：出口卖方信贷是出口方银行向本国出口商提供的商业贷款。出口商（卖方）以此贷款为垫付资金，允许进口商（买方）赊购自己的产品和设备。出口商（卖方）一般将利息等资金成本费用计入出口货价中，将贷款成本转移给进口商（买方）。

方式：由出口商向国外进口商提供的一种延期付款的信贷方式。一般做法是在签订出口合同后，进口方支付 5%～10% 的定金，在分批交货、验收和保证期满时再分期付给 10%～15% 的货款，其余的 75%～85% 的货款，则由出口厂商在设备制造或交货期间向出口方银行取得中、长期贷款，以便周转。在进口商按合同规定的延期付款时间付讫余款和利息时，出口厂商再向出口方银行偿还所借款项和应付的利息。所以，卖方信贷实际上是出口厂商由出口方银行取得中、长期贷款后，再向进口方提供的一种商业信用。

（2）出口买方信贷。

定义：出口买方信贷是出口国政府支持出口方银行直接向进口商或进口商银行提供信贷支持，以供进口商购买技术和设备，并支付有关费用。

方式：出口买方信贷主要有两种形式：一是出口商银行将贷款发放给进口商银行，再由进口商银行转贷给进口商；二是由出口商银行直接贷款给进口商，由进口商银行出具担保。贷款币种为美元或经银行同意的其他货币。贷款金额不超过贸易合同金额的 80%～85%。贷款期限根据实际情况而定，一般不超过 10 年。贷款利率参照"经济合作与发展组织"（OECD）确定的利率水平而定。

2. 进口买方信贷

进口买方信贷是指一国银行用以支持企业从国外引进技术设备所提供的贷款，一般是由外国出口信贷机构或其他金融机构提供的出口信贷，由中国银行转贷给中国境内的进口企业，用以支持其从国外引进技术、设备等。进口买方信贷业务包括两种形式：一是签订总的信贷协议，由出口国银行预先向中国银行提供关于买方信贷贷款额度，买卖双方签订总的信贷协议；二是签订具体的信贷协议，在办理进口手续签订进口贸易合同时，由出口国银行和中国银行签订相应的信贷协议。

（四）进出口信贷机构

中国进出口银行和中国银行是国家设立的经营进出口信贷业务的指定银行，是提供进出口信贷的主渠道。

1. 中国进出口银行

中国进出口银行成立于 1994 年，是直属国务院领导的、政府全资拥有的国家银行，其国际信用评级与国家主权评级一致。中国进出口银行总部设在北京。截至 2011 年末，在国内设有 21 家营业性分支机构；在境外设有东南非代表处、巴黎代表处和圣彼得堡代表处；与境内外 1 250 多家银行的总分支机构建立了代理行关系。中国进出口银行的主要职责是为扩大我国机电产品、成套设备和高新技术产品进出口，推动有比较优势的企业开展对外承包工程和境外投资，促进对外关系发展和国际经贸合作，提供金融服务。

图 5.1 中国进出口银行业务范围

2. 中国银行

中国银行是中国国际化和多元化程度最高的银行,在中国内地,中国香港、澳门、台湾地区,及 32 个国家为客户提供全面的金融服务。主要经营商业银行业务,包括公司金融业务、个人金融业务和金融市场业务,并通过全资附属机构中银国际控股集团开展投资银行业务,通过全资子公司中银集团保险有限公司及其附属和联营公司经营保险业务,通过控股中银基金管理有限公司从事基金管理业务,通过全资子公司中银集团投资有限公司从事直接投资和投资管理业务,通过中银航空租赁私人有限公司经营飞机租赁业务。按核心资本计算,2009 年中国银行在英国《银行家》杂志"世界 1 000 家大银行"排名中列第十一位。2011 年,中国银行入选全球系统重要性银行,这是中国及新兴市场国家唯一入选的金融机构。1988 年,中国银行做了国内第一笔出口买方信贷,在 1994 年进出口银行成立以前,中国银行是唯一一家经国家批准开办此业务的银行,先后为亚、非、拉、东欧等 15 个发展中国家的 28 个项目提供过出口买方信贷。出口买方信贷业务一直是中国银行的特色优势产品,在有力地支持客户"走出去"的同时,也为中国银行带来了可观的经济收入,赢得了良好的国际声誉。某公司是国内著名电信设备制造商,海外市场是其重要战略市场。2009 年 4 月,中国银行为该客户的境外买方——某电信运营商提供出口买方信贷,得到客户好评。在全球金融市场流动性趋紧的情况下,出口买方信贷扩大了进口商的融资渠道,同时由于出口买方信贷有中国信保的保险,风险对价低,使得融资成本远低于海外市场商业贷款的成本,中国银行向该电信运营商提供出口买方信贷融资成为国内电信设备制造商成功获得海外订单的重要原因。中国银行把支持中国企业"走出去"作为落实科学发展观的重要工作内容,并将出口买方信贷业务作为支持中国企业"走出去"的重要金融产品。

中国银行特色贷款融资种类如图 5.2 所示。

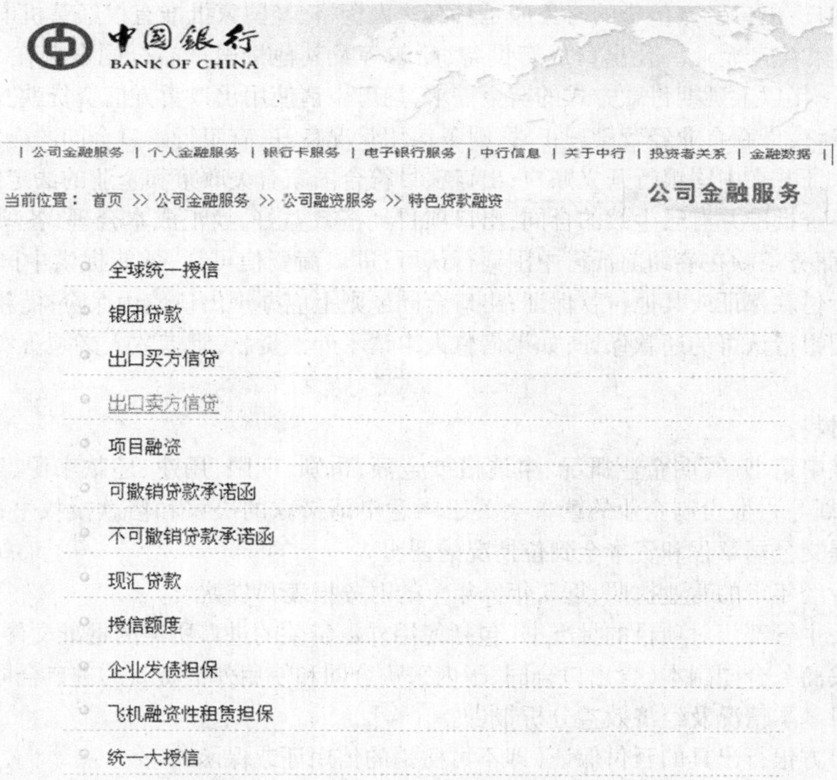

图 5.2 中国银行特色融资种类

(1) 出口卖方信贷(Export Seller's Credit)。

产品说明:出口卖方信贷是指出口国为支持本国机电产品、成套设备、对外工程承包等资本性货物和服务的出口,由出口国银行给予出口商的中长期融资便利。贷款金额最高不超过出口成本的总值减去定金和企业自筹资金。

产品特点:对进口商,一方面扩大了进口商的融资渠道,另一方面由于出口国 ECAs 的主要经营目标是实现国家政策,不以盈利为主要目的,其保险费率(或担保费率)和贷款利率往往低于市场平均水平,从而致使 ECA 项下(保险、担保或直接融资)的出口买方信贷融资成本较一般商业贷款的融资成本低。较出口买方信贷而言,贷款人与出口商都在同一国度,操作比较方便。

币种:出口卖方信贷的币种可以为人民币或美元。

期限:自签订借款合同之日起,至还清贷款本息日止,最长不超过 10 年(含宽限期)。

利率:根据中国人民银行和中国银行相关规定执行。

适用客户:出口卖方信贷的对象应是具有法人资格、经国家批准有权经营机电产品出口的进出口企业和生产企业。凡出口成套设备、船舶等及其他机电产品合同金额在 50 万美元以上,并采用一年以上延期付款方式的资金需求,均可申请使用出口卖方信贷贷款。

申请条件:借款企业经营管理正常,财务信用状况良好,有履行出口合同的能力,能落实可靠的还款保证并在中国银行开立账户;出口项目符合国家有关政策和企业的法定经营范围,经有关部门审查批准并有已生效的合同;出口项目经济效益好,换汇成本合理,各项配套条件落实;合同的商务条款在签约前征得中国银行认可;进口商资信可靠,并能提供中国银行可接受的国外银行付款保证或其他付款保证;出口合同原则上应办理出口信用保险;借款企业原则上应提供中国银行认可的还款保证;如果借款人申请了外汇贷款,则借款人必须落实相应的外汇还款来源。

提交材料:

①借款申请书(写明企业概况、申请借款金额、币别、期限、用途、还款来源、还款保证、用款/还款计划等);股份制企业的董事会关于同意申请借款的决议和借款授权书;初次借款的企业需要提交公司章程和资本金到位情况的证明。

②企业经年审的营业执照,近 3 年经年审的财务报表和贷款卡。

③有关主管部门对项目的批准书(包括使用外汇贷款的进口所需的批准文件)。

④有关商务合同副本(含出口合同、国内采购合同和使用外汇贷款的进口合同)。

⑤项目基本情况及经济效益分析报告。

⑥进口方银行出具的延付保证(即不可撤销的信用证或保函)。

⑦保险机构承诺办理出口信用保险的意向书及借款人同意将出口信用险项下赔付款优先用于还贷的证明。

⑧担保的有关资料(包括抵/质押物权属证明文件、评估报告等,以及保证人的营业执照、

财务报表复印件及担保意向书等)。

⑨中国银行需要的其他有关材料。

(2)出口买方信贷(Export Buyer's Credit)。

产品说明：出口买方信贷是出口国为了支持本国机电产品、成套设备、对外工程承包等资本性货物和服务的出口，由出口国银行在本国政府的支持下给予进口商或进口商银行的中长期融资便利。

产品功能：

①出口国政府支持。出口国政府为支持本国资本性货物的出口，加强本国产品在国际市场上的竞争力，采取优惠政策鼓励本国金融机构为出口产品提供信贷，所以出口信贷又被称为"官方支持的出口信贷"。作为政策执行者，由各国出口信贷机构(Export CreditAgencies，简称ECAs)，为出口信贷提供保险、担保或直接优惠贷款。

②优化出口商资产负债结构。由于出口买方信贷是对进口方(进口商或进口商银行)的融资，出口商无需融资负债，并且有利于出口商的收汇安全，加快资金周转。

③节约进口商融资成本。一方面，扩大了进口商的融资渠道；另一方面，由于出口国 ECAs 的主要经营目标是实现国家政策，不以盈利为主要目的，其保险费率(或担保费率)和贷款利率往往低于市场平均水平，从而致使 ECA 项下(保险、担保或直接融资)的出口买方信贷融资成本较一般商业贷款的融资成本低。

期限：一般不超过 10 年(自借款合同生效之日起至贷款本息全部清偿之日)。

利率：受借款人资信、借款金额、期限、担保形式等因素影响，一般以浮动利率表示，并按照外部监管部门有关贷款利率政策、银行贷款利率管理规定执行，在贷款协议中约定确认。

相关费用：根据国际惯例，出口买方信贷需按照一定的费率征收管理费、承担费等相关费用。

适用客户：出口商为我国机电产品、成套设备、对外工程承包等资本性货物和服务的出口商；借款人为银行认可的进口商、进口方银行(转贷行)或进口国法定主权级借款部门(财政部、中央银行等)。

申请条件：

①商务合同总金额不低于 100 万美元。

②出口商品在中国制造部分的价值，在成套设备商务合同中一般应占 70% 以上，在船舶、飞机商务合同中一般应占 50% 以上，否则要适当降低贷款额占商务合同总价的比例。

③进口商以现汇即期支付的比例，船舶不低于商务合同总价的 20%，成套设备不低于商务合同总价的 15%。

④本贷款项下签订的商务合同必须符合贸易双方政府的有关法律规定。

⑤本贷款项下的出口企业应根据中国银行要求，在出口信用保险机构办理出口信用保险。

⑥满足中国银行要求的其他条件。

办理流程:

①融资意向阶段。出口商在进出口双方初步洽谈业务时,或出口商参加境外投标时,与公司业务部门取得联系,向银行申请买方信贷意向函或兴趣函。同时,出口商与中国信保相关部门取得联系,填写《询保单》,申请出口买方信贷保险兴趣函或意向函。中国银行根据有关资料,通过相关机构或者资信系统,对有关情况进行核实,认可或修改出口商提出的融资方案。向出口商出具不具法律约束力融资兴趣函或意向函。

②项目谈判及评审阶段。中国银行业务人员跟踪项目进展情况,协助出口商和借款人进行商务合同的谈判,明确出口买方信贷融资比例、结算方式,争取在支付贷款、结算方式等与贷款的提款期、支款等条件相匹配。

③贷款和保险协议谈判及签署阶段。

④用款阶段。出口商发送货物,按照协议规定的结算方式,委托国际结算部办理托收或信用证业务,向借款人提交单据,要求借款人审核单据,并发送付款指令。所有前提条件满足后提用银行贷款。出口商定期提供出口合同进展报告,明确交货或工程进度,以及货款结算情况。

【资料卡 5.4】

中国银行

1912年2月,经孙中山先生批准,中国银行正式成立。从1912~1949年,中国银行先后行使中央银行、国际汇兑银行和外贸专业银行职能,坚持以服务大众、振兴民族金融业为己任,稳健经营,锐意进取,各项业务取得了长足发展。新中国成立后,中国银行成为国家外汇外贸专业银行,为国家对外经贸发展和国内经济建设做出了重大贡献。1994年,中国银行改为国有独资商业银行。2003年,中国银行开始股份制改造。2004年8月,中国银行股份有限公司挂牌成立。2006年6月、7月,先后在香港联交所和上海证券交易所成功挂牌上市,成为首家在内地和香港发行上市的中国商业银行。

(资料来源:中国银行官方网站)

【小案例 5.1】

中国进出口银行 100 亿授信支持奇瑞汽车走出国门

2008年12月7日,中国进出口银行与奇瑞汽车股份有限公司《战略合作协议》在北京签署。协议金额为100亿元人民币,主要支持奇瑞公司在更高层次和更广范围地实施"走出去"战略,涉及出口卖方信贷、技术装备进口、国际结算及贸易融资业务等多个合作领域。

奇瑞汽车股份有限公司是拥有自主知识产权的轿车生产企业,是我国民族汽车工业的代表。奇瑞公司董事长、总经理尹同跃告诉记者,2004年,受国家宏观调控和诸多不利因素影响,公司发展受到严峻的考验。在这关键时期,进出口银行及时为其提供了50亿元人民币的信贷资金,为奇瑞从自主品牌向国际品牌的转变"关键一跳"提供了关键支撑。此举不仅为奇瑞的发展输送了新鲜血液,更为国内汽车业发出了积极的政策导向信号。自此,奇瑞公司进入了一轮快速发展时期,连续3年奇瑞公司汽车销量年均增长近30%,2007年达38万辆,出口更是连年以翻番的速度递增,始终占据国内乘用车出口半壁江山,连续五年位居全国第一,今年1~10月,该公司出口已达8.13亿美元,国际综合竞争力正在不断增强。

作为国家政策性银行,中国进出口银行在贯彻落实国家宏观调控政策,积极推动我国出口商品结构优化、实施出口市场多元化战略和"走出去"战略等方面,发挥着重要的独特作用,为扩大中国机电产品、成套设备和高新技术产品进出口,推动有比较优势的中国企业开展对外承包工程和境外投资,促进对外关系发展和国际经贸合作,提供了强有力的金融支持,华为、中兴、中石油、中石化、中海油、中集、海尔、中钢、中建、振华港机等一大批有实力的中国企业在开拓海外市场的过程中,都得到了进出口银行的金融支持。同时,该行也积累了许多有益的经验,形成了一整套适合中国企业特点的融资模式,开发出了一系列适应中国企业"走出去"需要的融资产品,支持领域涉及铁路、公路、桥梁、机场、港口、住房、电信等境外基础设施建设项目,覆盖100多个国家和地区。

当前,受全球金融危机影响,汽车行业整体步入"寒冬"之际,进出口银行再次加大了对奇瑞公司的信贷支持力度,对该公司正在实施第二阶段打造自主国际名牌战略有着重要的现实意义,也为包括上、下游整个产业链的协调发展提供了坚强的保障,充分显示了进出口银行大力贯彻党中央、国务院"加大投入、拉动内需"相关精神,全力支持我国民族品牌长远发展的重大决心。

李若谷行长在签字仪式上指出,奇瑞作为中国自主品牌汽车的领军企业,在自主品牌国际化的道路上一直保持着快速且稳定的发展,此次将合作进一步推向战略高度,是进出口银行与奇瑞发展的需要,进出口银行将继续发挥政策性金融优势,为奇瑞提供更加优质、高效的金融服务。

(资料来源:http://business.sohu.com/20081208/n261079307.shtml)

二、福费廷业务

(一)概念

福费廷(Forfaiting)是指在延期付款的大型设备贸易中,出口商把经进口商承兑的、期限在半年以上到五六年的远期汇票、无追索权地售予出口商所在地的银行,提前取得现款的一种资金融通形式,它是出口信贷的一个类型。

(二)福费廷业务的主要内容

(1)出口商与进口商在洽谈设备、资本货物的贸易时,若要使用福费廷,应该先行与其所在地银行约定。

(2)进出口商签订贸易合同言明使用福费廷,进口商提供担保。

(3)进出口商签订合同。

(4)出口商发运货物后,将全套货运单据通过银行的正常途径寄给进口商以换取进口商银行承兑的附有银行担保的汇票。

(5)进口商将经承兑的汇票寄交出口商。

(6)出口商取得经进口商银行的附有银行担保的汇票后,按照事先的约定,出售给出口地银行,办理贴现手续。

(三)福费廷业务与一般贴现业务的区别

贴现的定义:贴现(Discount)是指远期汇票承兑后,尚未到期,由银行或贴现公司从票面金额中扣减一定贴现率计算的贴现息后,将余款付给持票人的行为。

(1)贴现业务中的票据有追索权,而福费廷业务中贴现的票据无追索权。

(2)贴现业务中的票据一般为国内贸易和国际贸易往来中的票据,而福费廷票据则多是与出口大型设备相联系的有关票据,可包括数张等值的汇票(或期票),每张票据的间隔时间一般为6个月。

(3)有的国家规定贴现业务中的票据要具备三个人的背书,但一般不需银行担保,而办理福费廷业务的票据,必须有第一流的银行担保。

(4)贴现业务的手续比较简单,而福费廷业务的手续则比较复杂。贴现的费用负担一般仅按当时市场利率收取贴现息,而办理福费廷业务的费用负担则较高,除按市场利率收取利息外,一般还要收取管理费、承担费、罚款等费用。

(四)福费廷业务对进出口商的作用

对出口商的作用:能提前融通资金,改善资产负债表,有利于其证券的发行和上市;可以加速资金周转;不受汇率变化与债务人情况变化的影响;减少信贷管理和票据托收费用,风险转嫁给了银行。

对进口商来说,办理福费廷业务手续比较简单,但也有不利之处:福费廷业务的利息和所发生的费用要计算在货价之中,因此,货价比较高;另外要有一流银行的担保,保费高。

【小案例5.2】

中国银行福费廷业务

我国机械设备制造企业A公司拟向中东某国B公司出口机械设备。该种设备的市场为买方市场,市场竞争激烈,A公司面临以下情况:

(1)B公司资金紧张,但在其国内融资成本很高,希望A公司给予远期付款便利,期限一年。A公司正处于业务快速发展期,对资金需求较大,在各银行的授信额度已基本用满。

(2)B公司规模不大,信用状况一般。虽然B公司同意采用信用证方式结算,但开证银行C银行规模较小,A公司对该银行了解甚少。

(3)A公司预计人民币在一年内升值,如等一年后再收回货款,有可能面临较大汇率风险。

A公司与中国银行联系,希望提供解决方案。

为满足A公司融资、规避风险、减少应收账款等多方面需求,中行设计了福费廷融资方案,A公司最终采用了中行方案,并在商业谈判中成功将融资成本计入商品价格。业务过程如下:

(1)C银行开来见票360天远期承兑信用证。
(2)A公司备货发运后,缮制单据交往中行。
(3)中行审单无误后寄单至C银行。
(4)C银行发来承兑电,确任到期付款责任。
(5)中行占用C银行授信额度,为A公司进行无追索权贴现融资,并结汇入账。
(6)中行为A公司出具出口收汇核销专用联,A公司凭以办理出口收汇核销和退税手续。

通过福费廷业务,A公司不但用远期付款的条件赢得了客户,而且在无需占用其授信额度的情况下,获得无追索权融资,解决了资金紧张的难题,有效规避了买方信用风险、国家风险、汇率风险等各项远期收汇项下风险,同时获得提前退税,成功将应收账款转化为现金,优化了公司财务报表。

(资料来源:中国银行官方网站)

【资料卡5.5】 中国银行福费廷业务

中国银行拥有高素质的福费廷产品专业人才队伍,丰富的福费廷作业经验,集中化的管理和运作模式。中国银行代表目前担任国际福费廷协会(IFA)非执行委员会董事及东北亚地区委员会主席。

中国银行福费廷产品种类齐全,不受结算方式限制,可融资的债权工具灵活多样,不仅包括信用证,而且包括汇票/本票、付款保函/备用信用证担保债权、出口信用保险承保债权等多种形式,还可以根据项目的具体情况,提供个性化解决方案。

依托广泛的分支机构和代理行网络,中国银行具有卓越的风险承担能力。在国内率先以保兑行身份加入IFC、EBRD、ADB、IDB四家国际组织贸易融资项目,通过与这些组织紧密合作,中国银行将风险承担范围进一步拓展到亚、非、拉等新兴市场国家。融资期限灵活,不仅可以提供一年以下的短期融资,而且可以提供3~5年,甚至更长期限的中长期融资。

(资料来源:中国银行官方网站)

三、出口信用保险

(一)含义

出口信用保险是指出口信用保险机构对企业投保的出口或银行投保的资本输出的应收账款提供安全保障的机制。它以出口贸易或出口信贷中国外的商业信用或政治信用风险为保险标的,承保国内出口商在经营出口业务或国内外银行在经营出口信贷业务(此处的出口是指广义的出口,包括货物、技术、服务等的出口)的过程中因国外的商业风险或政治风险而遭受的损失。在该保险项下,保险人将赔偿出口商或银行因国外买方或借款人不能按贸易合同或贷款协议的规定支付到期的部分或全部债务而遭受的经济损失。

(二)出口信用保险的特点

(1)出口信用保险承保的是被保险人在国际贸易中,因境外原因不能出口或者货物发运后不能收回货款的风险,包括政治风险和商业风险。

(2)出口信用保险是政府鼓励发展出口贸易的重要措施,其目的在于通过承担国际贸易中的收汇风险,鼓励企业开拓国际市场,积极扩大出口,保障收汇安全。

(3)绝大部分中长期和少部分短期出口信用保险承保的均是一般商业性保险机构不愿或无力承保的业务,在性质上属政策性保险,不以盈利为目的,力求在长期经营中维持收支平衡。由于具有很强的政策导向性,出口信用保险的开展往往与国家的外交和外经贸政策密切结合。

(4)出口信用保险往往与出口贸易融资结合在一起,是出口信贷的重要组成部分,是出口商获得信贷资金的先决条件之一。

(5)一般来说,出口信用保险机构均由政府出资设立,大多以政府的财政为后盾,政府既为其提供多种税收优惠政策,同时也是风险的最终承担者。

(6)出口信用保险的发展与一国的经济发展水平和国际地位相关。它既是一个国家经济实力,尤其是经济的国际竞争力的晴雨表,又是一个国家经济发展和国际地位提高的必然要求。出口信用保险是对外经济贸易发展到一定阶段的产物,又反过来推动对外经济贸易的更大发展。

(三)出口信用保险承担的风险

出口信用保险主要承担被保险人在经营出口业务过程中可能遭受的各种政治风险和商业风险。

1. 政治风险(亦称国家风险或非商业风险)

(1)买方所在国家或地区实行汇兑限制。

(2)买方所在国家或地区实行贸易禁运或吊销有关进口许可证。

(3)买方所在国家或地区政府颁布延迟对外付款。

(4)买方所在国家或地区发生战争、动乱等。

(5)其他导致合同无法履行的政治风险。

2. 商业风险(亦称买家风险)

(1)买方被宣告破产或实际丧失偿付能力。

(2)买方拖欠货款超过一定时间(通常规定4个月或6个月)。

(3)买方在发货前无理中止合同或在发货后不按合同规定赎单提货等。

(四)我国出口信用保险的政策性特征

我国的出口信用保险是一种政策性保险,是以国家财政为后盾,支持中国企业出口商品、

开展服务贸易和海外投资等经济活动的一项特殊的政策性措施,其政策性主要体现在以下五个方面:

(1)承保商业性保险公司不愿承保的风险。
(2)服务于国家外交、外贸、产业、财政和金融政策目标。
(3)政策性公司、商业化运作和保本经营三者相结合。
(4)国家财政支持和税收减免。
(5)其他优惠扶持措施。

【资料卡5.6】

中国出口信用保险公司简介

中国出口信用保险公司(简称"中国信保")是我国唯一承办政策性出口信用保险业务的金融机构,2001年12月18日成立。目前已形成覆盖全国的服务网络。

中国信保的主要任务是积极配合国家外交、外贸、产业、财政和金融等政策,通过政策性出口信用保险手段,支持货物、技术和服务等出口,特别是高科技、附加值大的机电产品等资本性货物出口,支持中国企业向海外投资,为企业开拓海外市场提供收汇风险保障。

中国信保的主要产品包括:短期出口信用保险、中长期出口信用保险、投资保险、国内贸易信用保险、担保业务;主要服务有融资便利、应收账款管理及商账追收、资信评估服务以及国家风险、买家风险和行业风险评估分析等。中国信保还向市场推出了具有多重服务功能的电子商务平台——"信保通",使广大客户享受到更加快捷高效的网上服务。

公司成立以来,出口信用保险对我国外经贸的支持作用日益显现。尤其在国际金融危机期间,出口信用保险充分发挥了稳定外需、促进出口成交的杠杆作用,帮助数千家企业破解了"有单不敢接"、"有单无力接"的难题,在"抢订单、保市场"方面发挥了重要作用。目前,中国信保累计支持的国内外贸易和投资的规模约3 274亿美元,为上万家出口企业提供了出口信用保险服务,为数百个中长期项目提供了保险支持,包括高科技出口项目、大型机电产品和成套设备出口项目、大型对外工程承包项目等。同时,中国信保还带动117家银行为出口企业融资超过6 000亿元人民币。

(资料来源:中国出口信用保险公司主页)

【小案例5.3】

重庆力帆获千万保单赔款

力帆集团董事长尹明善今天从中国出口信用保险公司重庆营业管理部总经理王华手中接过1 367万元人民币的保单赔款支票,笑言如果这笔钱换成钞票,会装满一大卡车。

受金融危机影响,重庆出口额1~8月同比下滑33%的同时,外向型企业出口信用保险赔偿案件也大幅增长,发生赔案30件,损失1 000多万美元,涉及汽车、摩托车、金属材料等行业,涉案包括美国、法国、意大利等欧美国家和亚洲、非洲、美洲、大洋洲等国家和地区。

据了解,国际金融危机造成出口企业的客户所在国货币贬值,商品需求下降,要求产品降价等。这次中国信保向力帆集团赔付是基于外币汇率贬值、外国关税政策变化造成力帆损失而履行的赔付。目前中国信保已向重庆12家外向型企业支付赔款4 000多万元人民币。

力帆集团是一家大型民营企业,也是重庆汽车摩托车骨干企业,去年出口达5.69亿美元,位列重庆出口额第一名,系中国信保的核心客户。中国信保隶属于财政部,是我国唯一承办出口信用保险业务的政策性保险公司。在今天的赔付现场,双方还签订了针对所有出口及任何收汇方式下进行全部投保的全面合作协议。

(资料来源:中华工商时报.2009-09-18)

四、出口退税

(一)出口货物退税含义

出口货物退(免)税,简称出口退税,是指在国际贸易中一个国家或地区对已报关离境的出口货物,由税务机关根据本国税法规定,将其在出口前生产和流通各环节已经缴纳的国内增值税或消费税等间接税税款,退还给出口企业的一项税收制度。出口退税主要是通过退还出口货物的国内已纳税款来平衡国内产品的税收负担,使本国产品以不含税成本进入国际市场,与国外产品在同等条件下进行竞争,从而增强竞争能力,扩大出口创汇。

(二)获得出口退税具备的条件

(1)必须是增值税、消费税征收范围内的货物。增值税、消费税的征收范围,包括除直接向农业生产者收购的免税农产品以外的所有增值税应税货物,以及烟、酒、化妆品等11类列举征收消费税的消费品。

之所以必须具备这一条件,是因为出口货物退(免)税只能对已经征收过增值税、消费税的货物退还或免征其已纳税额和应纳税额。未征收增值税、消费税的货物(包括国家规定免税的货物)不能退税,以充分体现"未征不退"的原则。

(2)必须是报关离境出口的货物。所谓出口,即输出关口,它包括自营出口和委托代理出口两种形式。区别货物是否报关离境出口,是确定货物是否属于退(免)税范围的主要标准之一。凡在国内销售、不报关离境的货物,除另有规定者外,不论出口企业是以外汇还是以人民币结算,也不论出口企业在财务上如何处理,均不得视为出口货物予以退税。对在境内销售收取外汇的货物,如宾馆、饭店等收取外汇的货物等,因其不符合离境出口条件,均不能给予退(免)税。

(3)必须是在财务上做出口销售处理的货物。出口货物只有在财务上做出销售处理后,才能办理退(免)税。也就是说,出口退(免)税的规定只适用于贸易性的出口货物,而对非贸易性的出口货物,如捐赠的礼品、在国内个人购买并自带出境的货物(另有规定者除外)、样品、展品、邮寄品等,因其一般在财务上不作销售处理,故按照现行规定不能退(免)税。

(4)必须是已收汇并经核销的货物。按照现行规定,出口企业申请办理退(免)税的出口货物,必须是已收外汇并经外汇管理部门核销的货物。

一般情况下,出口企业向税务机关申请办理退(免)税的货物,必须同时具备以上4个条件。但是,生产企业(包括有进出口经营权的生产企业、委托外贸企业代理出口的生产企业、外商投资企业,下同)申请办理出口货物退(免)税时必须增加一个条件,即申请退(免)税的货物必须是生产企业的自产货物(外商投资企业经省级外经贸主管部门批准收购出口的货物除外)。

（三）出口退税流程

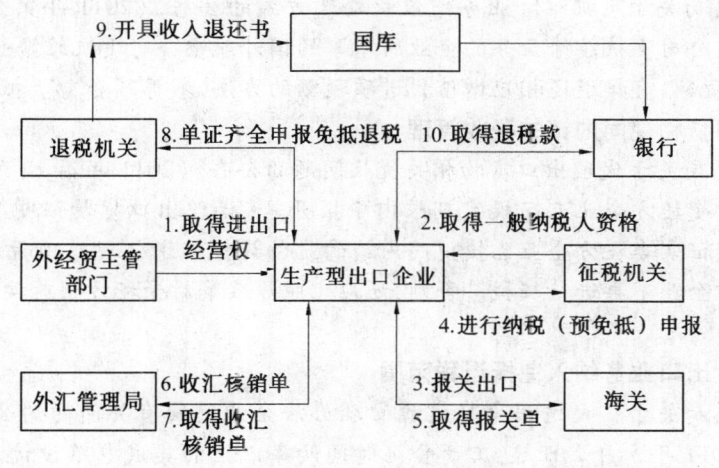

图5.4　出口退税流程图

【资料卡5.7】

2011年税收政策盘点之出口退税

2011年是"十二五"国民经济规划的初始之年。受国际金融危机及各种因素影响,世界经济增长速度相对减缓,贸易摩擦和人民币升值的压力仍然是制约我国经济稳步发展的关键因素。对此,积极发挥出口退税政策经济杠杆作用,适时进行动态和结构性调整,成为国家实施宏观调控的主要手段之一。

一、放宽边境贸易出口退税政策

《财政部、国家税务总局关于边境地区一般贸易和边境小额贸易出口货物以人民币结算准予退(免)税试点的补充通知》(财税[2011]8号)明确,自2010年3月1日起,出口企业以一般贸易或边境小额贸易方式从海关实施监管的边境进出口口岸出口至接壤毗邻国家的货物,采取银行转账人民币结算方式的,可享受应退税额全额出口退税政策。同时,新政策还规定对确有困难不能提供结算银行转账人民币入账单的边境贸易企业,可凭签注"人民币核销"字样的收汇核销单向主管税务机关办理退税,放宽了企业限定范围。

二、跨境贸易人民币结算扩大至全国

中国人民银行、财政部等六部委联合发布《关于扩大跨境贸易人民币结算地区的通知》（银发[2011]203号）明确，增加河北、山西等11个省（自治区）试点企业实行进口货物、跨境服务和其他经常性项目的跨境贸易人民币结算。同时，还明确吉林、黑龙江、西藏自治区、新疆维吾尔自治区四个省（自治区）的试点企业可开展出口贸易人民币结算业务，并享受出口退（免）税政策。目前，跨境贸易人民币结算地区已扩大至全国范围。

三、飞机维修企业不再享受"免、抵、退"税

《国家税务总局关于飞机维修业务增值税处理方式的公告》（2011年第5号）明确，对承揽国内、国外航空公司飞机维修业务的企业所从事的国外航空公司飞机维修业务，实行免征本环节增值税应纳税额、直接退还相应增值税进项税额的办法，不再享受"免、抵、退"税政策。

四、代理出口货物视同内销的税收管理

《国家税务总局关于代理出口货物相关税收问题的公告》（2011年第12号）明确，自2011年3月1日起，对受托方企业未在规定期限内申报开具《代理出口货物证明》的，如果主管税务机关通过函调，证实委托方企业已按视同内销的货物计提了增值税销项税额或申报缴纳增值税的，对受托方企业不再进行征税。否则，还应比照原政策对受托方企业按视同内销货物进行征税。

五、软件设计出口业务纳入免抵退税范围

《国家税务总局关于扩大适用免抵退税管理办法企业范围有关问题的公告》（2011年第18号）明确，自2011年5月1日起，工商登记时间两年以上的集成电路设计、软件设计、动漫设计企业及其他高新技术企业从事部分出口业务，可实行"免、抵、退"税管理办法（不包括小规模纳税人）。主要内容包括：

(1) 自主研发、设计由其他企业生产加工后进行收购或委托国内其他企业生产加工后收回的货物出口。例如，一些没有实际生产能力的科研机构或企业，在技术自主研发、设计的前提下，如果是通过外加工后收购或委托加工收回的出口货物，可比照生产企业视同自产的出口货物执行"免、抵、退"税。

(2) 委托境外企业加工后进口再使用本企业品牌的货物出口。

(3) 自主研发、设计软件，加载到外购的硬件设备中的货物出口。四是国家税务总局规定的其他情形。

（资料来源：世贸人才网）

五、出口促进组织

（一）出口促进组织的形式

出口促进组织是指对外贸易行业内企业为维护同行业共同利益，谋求行业利益最大化而自发建立的一种民间团体组织。出口促进组织是外贸非直接生产性组织的一种类型，它介于

外贸生产、进出口、服务贸易实体和政府宏观调控部门之间,属于公众组织(public organization)的范畴。20世纪80年代以来,世界各国的外贸中介、行业促进组织及其活动机构与项目不断增多。据粗略统计,目前国内外常见的外贸中介和行业促进组织包括如下:

1. 协会

协会的主要活动方式是同行业经营活动的协商协调、研究、咨询和顾问、小型座谈会、讲座和讨论会、贸易促进和沟通服务等。有些国家赋予协会很重要的功能,如美国规定,协会可以与外贸生产企业、进口厂商一样作为反倾销、反补贴的申请人。我国政府在相关条例和规则中则规定,代表国内生产者的产量不低于同类产品总产量的25%的"有关组织",即可作为代表成为反倾销、反补贴动议的申请人。

2. 商会

商会是指经营同类产品或服务进出口活动者之间的合作协调机构,其主要活动方式为协商、监督、仲裁等。现阶段我国的商会组织已有相当的基础,在全国范围内已经建立了一批行业商会组织,并形成了完整的管理体系,如纺织总商会、进出口总商会等,不仅拥有了各地方的基层商会,而且还设立了各种行业内专业产品的商会组织如机电、土畜、茶叶、粮油等商会。当然,目前我国商会组织尚存在较重的"官办"色彩,真正意义上的商会功能很不健全,因此其应有的作用得不到发挥,与国际商会组织的运作规则也无从对接。可以说,我国商会组织的改革还有很长的道路要走。

【资料卡5.8】

中国纺织品进出口商会

中国纺织品进出口商会成立于1988年10月,是中国纺织服装进出口行业最大的全国性中介组织。截至2009年3月,共有会员企业11 000余家,遍及全国31个省、市和自治区,从事各种纺织纤维、纱线、面料、服装、家用纺织品、产业纺织品及辅料的生产和进出口业务。纺织商会会员涵盖全国大多数纺织服装进出口企业、生产企业和三资企业,进出口额占中国纺织服装进出口总额的70%左右。

纺织商会的宗旨是:维护行业和会员企业的利益,促进中国纺织服装进出口贸易的可持续发展。其职能可归纳为"协调、指导、咨询、服务"。

(资料来源:中国纺织品进出口商会网)

3. 国际贸易促进委员会

在我国,国际贸易促进委员会是一个半官方的民间协调组织,其主要职能是对外联系、收集信息,组团考察、联合办展,具体发起和承办各种产业和商品交易会、展销会和洽谈会等。

【资料卡5.9】

中国国际贸易促进委员会简介

中国国际贸易促进委员会是由中国经济贸易界有代表性的人士、企业和团体组成的全国民间对外经贸组织,成立于1952年5月。

中国国际贸易促进委员会简称中国贸促会;英文名称为:China Council for the Promotion of International Trade,英文缩写为 CCPIT。

中国贸促会的宗旨是:遵循中华人民共和国的法律和政府的政策,开展促进对外贸易、利用外资、引进外国先进技术及各种形式的中外经济技术合作等活动,促进中国同世界各国、各地区之间的贸易和经济关系的发展,增进中国同世界各国人民以及经贸界之间的了解与友谊。

经中国政府批准,中国贸促会 1988 年 6 月组建了中国国际商会(China Chamber of International Commerce,英文缩写为 CCOIC)。

目前,中国贸促会、中国国际商会已同世界上 200 多个国家和地区的工商企业界建立了广泛的经贸联系,与 300 多个对口组织签订了合作协议,并同一些国家的商会建立了联合商会;同时,中国贸促会还在 16 个国家和地区设有驻外代表处。在国内,中国贸促会、中国国际商会在各省、自治区、直辖市建立了 50 个地方分会、600 多个支会和县级国际商会,还在机械、电子、轻工、纺织、农业、汽车、石化、商业、冶金、航空、航天、化工、建材、通用产业、供销合作、建设、粮食、矿业、煤炭、物流等部门建立了 20 个行业分会,并对中国对外服务工作行业协会予以指导,全国会员企业近 7 万家。

中国贸促会、中国国际商会及其所属业务部门已经加入了许多国际组织,其中包括世界知识产权组织、国际保护工业产权协会、国际许可证贸易工作者协会、国际海事委员会、国际博览会联盟、国际商事仲裁机构联合会、太平洋盆地经济理事会、国际商会等。

(资料来源:中国国际贸易促进委员会网站)

4. 交易会、展销会、博览会、洽谈会、投资贸易论坛等

这些名目繁多的活动既是一国或国际性、世界性的商品交易场所,也是对外贸易或国际贸易促进的组织形态,如世界上一些著名的博览会和我国的"广交会"、厦门投资贸易洽谈会等。

各国其他的对外贸易促进组织和方式还有贸易代表团、商务旅行团、项目考察团等;大学、驻外机构合作单位,外聘"荣誉专员"、"项目大使"制度等;"语言银行"、出版物、目录赠阅品和各类对外贸易相关的专业事务所、咨询公司等。

(二)出口促进组织的作用

出口促进组织的建设及其作用的发挥,对于发展我国对外贸易与国际经济联系十分重要。

从国际惯例和国际经验考察,出口促进组织对外贸发展促进作用是其他官方组织难以替代的。换言之,由于出口促进组织的特殊性质,它往往能够扮演其他机构难以扮演的角色。

(1)出口促进组织的自发性,使之能够最广泛地联系国内同行业厂商或经营者,代表同行的共同利益,行业内部的协调能力更强。

(2)出口促进组织与行业与生俱来的开放性,使之能够较便利地联系国际市场和国外同类组织,获得及时快捷的信息。

(3)出口促进组织的民间性质,使之具有天然的公信力,能够真实、客观地反映行业立场,增强行业与企业对内、对外的谈判能力。

(4)从各国的情况观察,出口促进组织往往还是一个有效的对外宣传渠道,能够起到传递政策信息和扩大招商引资的作用。

(5)出口促进组织是一个政策"游说组织",能够从侧面影响政府的政策制定和完善。因此,在诸如反倾销反补贴调查、听证、应诉等综合性的对外经贸关系活动中,出口促进组织作用收效尤其显著。

我国法律法规和对外贸易发展赋予出口促进组织的职能日益显著。如同前述,我国政府在相关条例和法规中明确规定,代表国内生产者的产量不低于同类产品总产量的25%的"有关组织",即可作为代表成为反倾销、反补贴动议的申请人。近年来,在我国外贸和生产出口企业应对欧洲、美日等国家对华反倾销诉讼案例中,各类出口促进组织也发挥了重要的作用。

(三)我国出口促进组织的改革与完善

由于长期以来,我国对外贸易实行国家垄断经营,传统体制下缺乏自发性对外贸易行业促进组织生成、发展的土壤,致使我国对外经济贸易联系的这一基础环节建设严重滞后。随着我国入世和新时期对外贸易的迅速发展,随着我国外经贸体制与国际惯例、规则间的日益接轨,出口促进组织的改革与发展也提上了议事日程。对于出口促进组织的改革与发展,我们认为应当着重强调:

1. 确立出口促进组织的自发性质和民间性质

我国现有的行业协会、商会等组织多由政府出面或牵头组建,带有浓厚的官方性质。这就难免产生一些严重的弊病,例如,覆盖范围狭窄,以国有企业为主;性质不清,成为变相的政府行政部门,甚至成为政府官员退休养老和人员分流的主要渠道;政府定额拨付经费,工作人员不思作为,作风涣散;职能模糊或畸形化,脱离行业服务本色。在某些地方和部门,行业组织甚至蜕化为官僚机构的"寻租"工具和非法收入来源,形成行业内企业的巨大负担。要解决这些弊病,必须首先还行业组织以本来的面目,即解散或重组行业促进组织,恢复其自发性、民间性组织的基本性质,在此基础上科学地形成具有最广泛代表性的,行业内企业自觉、自愿、自养、自理和为集体利益服务的联盟机构。

2. 确定出口促进组织的职能、角色和发展方向

我国以往对行业组织职能的要求偏于行业自律、协调和"双向服务",即倾向于协助政府部门约束本行业企业,协调行业企业关系和完成"上传下达"的服务功能。这种职能定位否定了行业组织作为经济利益最大化功能性组织的性质,抑制了行业组织形成行业合力谋求行业利益最大化这一最基础、最本质的职能作用,因而是不科学的。对行业组织职能重新定位应当突出其行业服务职能,即一切从本行业利益的最大化出发,履行对内协调、对外联系,调查研究、组团办展,经贸谈判、联合应诉,宣传政策、游说政府等主要职责。

鉴于我国当前对外经贸发展的客观情势,行业促进组织尤其要尽快地适应国际对华反倾销案件增加趋势,协助和协调本行业统一对外谈判的立场,帮助企业应诉;同时,对于外国同类产品对华倾销问题,行业组织也要加强调查研究,积极参与起诉和听证,尽可能地维护行业利益。随着我国入世和对外贸易的加快发展,行业促进组织具有职能进一步多样化的趋势,例如,有些国家的行业组织参与或协助政府对进出口配额的分配、建立行业出口商品价格监督机制等,都值得我国行业组织参照借鉴。

3. 行业促进组织要依法发挥职能作用,并加强行业内的制度建设

在法制经济条件下,行业促进组织要严格按照法律程序申请成立、履行登记,要依法发挥职能作用;行业组织应自觉接受法律、行业内企业和社会公众的多元监督,杜绝封建家长制度或少数企业或个人欺行霸市,损害全行业的共同利益的行为;行业促进组织还应当加强自身的制度建设,订立共同遵守的章程和规章制度,奖惩有据、褒贬分明;此外,在当前工作中要特别倡导行业的诚信建设,树立行业风范和道德典型,维护"契约经济",规范商业行为。

总而言之,出口促进组织是我国对外贸易宏观调控的重要环节,或基础性的组成部分。鉴于我国市场经济和对外经济贸易发展的迫切需要,我们必须加快行业促进组织的改革与完善。

第三节 中国外汇制度

一、汇率的概念

汇率是指两国货币之间的交换比率或比价,也就是用一国的货币单位来表示另一国货币单位的价格。如果把外国货币当做商品的话,那么汇率就是买卖外汇的价格,是以一种货币表示另一种货币的价格,因此也称为汇价。汇率是调控一国对外贸易的主要经济杠杆,世界上许多国家都把汇率作为调节对外贸易的重要手段。随着改革开放的深化和社会主义市场经济体制的建立,我国也将汇率作为调节对外贸易的主要经济杠杆之一。

目前,国际上汇率的标价方法一般有以下三种。

(一)直接标价法

直接标价法又称为应付标价法,是以一定单位的外国货币(如1个单位或100个单位)作为标准,折算为一定数额的本国货币来表示其汇率。在直接标价法下,外国货币数额固定不变,汇率的涨跌都以相对的本国货币数额的变化来表示。一定单位外币折算的本国货币减少,说明外币汇率下跌,即外币贬值或本币升值。目前,除英国和美国外,世界上绝大多数国家都采取直接标价法。我国也采取直接标价法,如100美元兑换665.5元人民币。

(二)间接标价法

间接标价法又称为应收标价法,是以一定单位的本国货币(如1个单位或100个单位)为标准,折算为一定数额的外国货币来表示其汇率。在间接标价法下,本国货币的数额固定不变,汇率的涨跌都以相对应的外国货币数额的变化来表示。一定单位的本国货币折算的外币数量增多,说明本国货币汇率上涨,即本币升值或外币贬值。反之,一定单位本国货币折算的外币数量减少,说明本国货币汇率下跌,即本币贬值或外币升值。

(三)美元标价法

美元标价法又称纽约标价法,是指在纽约国际金融市场上,除对英镑用直接标价法外,对其他外国货币用间接标价法的标价方法。美元标价法由美国在1978年9月1日制定,目前是国际金融市场上通行的标价法。

二、汇率对进出口贸易的效应分析

(一)汇率升值的效应

本币汇率上升,表明一定数额的外国货币只能兑换较少的本国货币,必然会使以本国货币表示的进口商品价格降低,有利于扩大进口。同时,本币汇率上升会使以本币表示的出口商品成本价格上升,因而不利于出口。

(二)汇率贬值的效应

本币汇率下降,表明一定数额的外国货币能够兑换更多的本国货币,必然会使以外币表示的出口商品价格降低,增强本国商品在国外市场的竞争力,从而有利于扩大出口。同时,本币汇率下降会使以本币表示的进口商品成本价格上升,相对降低了进口商品的竞争力,因而不利于进口贸易。

因此,许多国家在国际收支出现逆差时,利用汇率变动对进出口贸易的作用机制,通过本国货币贬值来促进本国商品出口,减少进口,从而缓解国际收支平衡压力。而当一国出口增长快、国际收支出现大量顺差时,其贸易伙伴往往会对其施加压力,促使其货币升值,从而增加该国出口商品的成本,抑制出口扩张,同时增加该国进口。一国的货币升值相对于其贸易伙伴来说,就是货币贬值,贸易伙伴的出口因此可望增加,进口得到抑制。

但是要注意,实际经济中存在的时滞可能使汇率对进出口贸易的影响效应,有时不一定能实现。同时汇率下跌,货币贬值能否最终改善一国的贸易收支,还要考虑进出口需求弹性。另外汇率贬值政策能否奏效,还取决于贸易伙伴是否要用同样的贬值措施。

三、中国汇率制度的改革与完善

经过1994年以来的汇率制度改革,中国已基本形成了符合世贸组织规则和国际惯例的汇率制度,但仍有许多不足之处,还应不断加以改革与完善。

(一)实行真正的有管理的浮动汇率制

1. 现行人民币汇率制度的缺陷

目前,我国人民币汇率的形成采取盯住美元的做法。这种汇率制度安排,虽然与中国经济发展阶段、企业承受能力和金融监管水平相适应,但汇率浮动区间狭窄,使得中国的汇率制度成了名义上的有管理的浮动汇率制,而实际上是固定汇率制,政府调控的意志超过市场调节的力量。汇率作为一种价格信号,人为刚性控制,有悖于市场经济的原则,对资源配置可能会发出错误信号,弱化汇率对国际经济交易的调节作用。

2. 进一步完善人民币汇率形成机制

目前乃至今后一段时间,中国虽然仍实行有管理的浮动汇率制,但要明确币值稳定是在市场正常波动基础上的相对稳定,应尽量减少政府对对外经济交往及相关外汇收付的干预,让外汇供求关系在市场中得到更充分的反映,真正体现人民币汇率是以市场供求为基础,有管理地浮动。

(二)实行意愿结汇制

1. 强制性结售汇制的弊端

(1)中央银行被动干预外汇市场。在结售汇制下,绝大多数国内企业的外汇收入必须结售给外汇指定银行,同时中央银行又对外汇指定银行的结售周转外汇余额实行比例幅度管理。也就是说,当银行持有的结售周转外汇超过最高限比例时,就必须通过银行间外汇市场出售,当不够时,必须从市场购进。上述管理办法,使中央银行干预成为必需行为,造成人民币汇率不完全由市场供求来决定,而在很大程度上受国家宏观经济政策所制约。

(2)汇率形成机制不健全。人民币汇率形成的市场要素不足,汇率形成机制不健全,其关键也在于现行的强制性的结售汇制。强制性的银行结售汇制,使得市场参与者,特别是中资企业和商业银行,持有的外汇必须在市场上结汇,不能根据自己未来的需求和对未来汇率走势的预测,自主选择出售外汇的时机和数量,这种制度上的"强卖"形成的汇率,并不是真正意义上的市场价格。

2. 逐步实行意愿结汇制

要允许企业保留一定的外汇,并逐步提高其比例,最终实现完全的意愿结汇制。这可以使中央银行摆脱其在外汇供求市场的被动地位,将外汇储备和汇率政策作为宏观调控的手段;可以提高企业的出口积极性,与外资企业享有同样的国民待遇;使企业、商业银行、中央银行各持有一定数量的外汇,可以加快外汇资金周转,提高外汇风险管理能力。

(三)培育健全的外汇市场

1. 中国外汇市场存在的问题

中国外汇市场的基础是中国外汇交易中心,这是一个全国统一的银行间外汇市场,但该市场存在着严重的缺陷,如外汇市场交易主体较为单一、交易品种和交易工具也不丰富等。

2. 进一步完善外汇市场

要允许更多的主体进入国家外汇交易中心进行外汇交易,让更多的企业和金融机构直接参与外汇买卖,同时要增加外汇交易品种和扩大交易范围,试行远期交易和风险低的衍生金融工具交易。

(四)逐步实现人民币的完全自由兑换

应在有序、积极、稳妥的开放原则下,实现资本项目有条件的可兑换,在此基础上再实现资本项目的完全可兑换。

2005年7月21日起,我国开始实行以市场供求为基础,参考一揽子货币进行调节、有管理的浮动汇率制度。人民币不再盯住单一美元,形成更富弹性的人民币汇率机制。中国人民银行于每个工作日闭市后公布当日银行间外汇市场美元等交易货币对人民币汇率的收盘价,作为下一个工作日该货币对人民币交易的中间价格。每日间美元对人民币的交易价仍在人民银行公布的美元交易中间价上下3‰的幅度内浮动,并根据市场适时调整浮动区间。

此轮人民币汇率改革的核心是放弃单盯美元,改为参考一揽子货币,以建立调节自如、管理自主的、以市场供求为基础的、更富有弹性的人民币汇率机制。适当升值,有利于缓解国际收支失衡的巨大压力,同时,释放人民币潜在的升值压力,淡化人民币兑美元的国际矛盾。推进市场化改革进程,最终为人民币在资本项目下实现可兑换创造条件。

四、外汇管理制度

外汇管理是指一国政府授权国家的货币管理当局或其他机构,对外汇的收支、买卖、借贷、转移以及国际间结算、外汇汇率和外汇市场等实行的控制和管制行为。

外汇管理内容具体可分为:经常项目管理、资本项目管理、储备项目管理、汇率管理、外汇市场管理等。

(一)外汇管理原则

中国对经常项目管理的原则是,放松对经常项目的管制,实行人民币在经常项目下可自由兑换。因此,具体到贸易外汇管理主要遵循以下原则:

(1)境内机构的经常项目外汇收入必须调回境内,不得违反国家有关规定将外汇擅自存放在境外。

(2)对贸易项下外汇支付不予限制,境内机构贸易项下用汇可以按照市场汇率凭相应的有效凭证和商业单据,用人民币向外汇指定银行购汇或从其外汇账户上对外支付。

(3)实行以事后监管为主的真实性审核,通过对银行付汇数据和进口报关到货数据的核对审核进口付汇的贸易真实性;以出口收汇核销单为依据对出口外汇收入的真实性进行事后核查。

(二)银行结售付汇制

1. 银行结汇制度

中国对境内机构经常项目下的贸易外汇收入实施银行结汇制度,即境内机构贸易项下的外汇收入,除国家规定准许保留的外汇可以在外汇指定银行开立外汇账户外,都必须及时调回境内,按市场汇率卖给外汇指定银行。

中国对境内机构经常项目下的贸易外汇支出实施银行售付汇制度。

(1)售汇制度。售汇是指外汇指定银行将外汇卖给外汇使用者,并根据交易行为发生之日的人民币汇率收取等值人民币的行为。

(2) 付汇制度。付汇是指经批准经营外汇业务的金融机构,根据有关售汇以及付汇的管理规定,审核用汇单位提供的规定的有效凭证和商业单据后,从其外汇账户中或将其购买的外汇向境外支付的行为。

2. 出口收汇核销制度

出口收汇核销制度是指货物出口后,由外汇管理部门对相应的收汇进行核销。这是一种以出口货物价值为标准核对是否有相应的外汇收回国内的事后管理措施,可以监督企业在货物出口后及时、足额地收回货款。

3. 进口付汇核销制度

进口付汇核销制度是指进口货款付出后,由外汇管理部门对相应的到货进行核销。

(三) 外汇账户管理制度

根据《结汇、售汇及付汇管理规定》,对暂不结汇和无需结汇的经常项目外汇收入,可以开立外汇账户,实行账户管理,以达到对不结汇外汇收入的监管。

本 章 小 结

1. 经济调控手段是对外贸易管理的主要手段,主要通过汇率调节、税收调节、信贷调节、价格调节等经济杠杆,间接影响和约束企业对外经济贸易行为。

2. 我国对出口贸易采取鼓励政策,我国的对外贸易征税主要是通过征收进口关税和进口商品税完成的,而对出口则实行出口关税的减免和退还出口商品税的措施。

3. 出口退税是我国促进对外贸易发展的一项重要措施,它是指在国际贸易中一个国家或地区对已报关离境的出口货物,由税务机关根据本国税法规定,将其在出口前生产和流通各环节已经缴纳的国内增值税或消费税等间接税税款,退还给出口企业的一项税收制度。

4. 汇率的调整会对进出口贸易产生影响,建立健全以市场供求为基础的、有管理的浮动汇率体制,保持人民币汇率在合理、均衡水平上的基本稳定是我们进行汇率制度改革的目标。

5. 出口信贷、出口信用保险都是促进我国对外贸易发展的有效手段。

思 考 题

1. 确定进出口货物的完税价格。
2. 你如何理解"中国现行的浮动汇率制度只是名义上的,实质是固定汇率制"这句话?
3. 举一个成功运用出口信用保险规避政治风险的实例,并总结其经验。
4. 试述人民币升值的利与弊。
5. 出口企业如何获得出口退税。

【阅读资料】

奥巴马挥起大棒想让人民币升值

据香港文汇报消息,美国总统奥巴马4日发表最新讲话表示,中国和亚洲将会继续是美国出口的庞大市场,但必须处理汇率问题,以确保美国产品不会面对"庞大的竞争不利因素"。

中国外交部发言人马朝旭4日在例行记者会上表示,2005年以来,人民币对美元的汇率累计升值已经超过20%。目前,从国际收支、外汇市场供求等方面来看,人民币汇率趋近于合理、均衡的水平。

当地时间2月3日,美国总统奥巴马表示美国将在汇率上对中国采取更为强硬的立场,并且要求中国更大地开放市场从而扩大美国出口,在国内创造就业机会。尽管奥巴马表态称不会修改甚至废除与中国已经签订的贸易条约,但美国最高层再次拿出汇率问题来做文章显然会加剧两国之间的贸易摩擦。

奥巴马向民主党参议员表示,"我们必须处理的其中一个国际挑战,是汇率问题,以确保我们的货品价格不会人为地被推高,而他们的货品价格被人为地压低。"

奥巴马还说,会对中国采取较强硬措施,确保对方遵守贸易法则;不过,他同时强调,中止双方已经签订的商业协议,美国将蒙受损失。

针对美国总统奥巴马表示将以强硬姿态敦促人民币升值的言论,马朝旭指出,人民币汇率并不是中美贸易逆差的主要原因,中国也从未刻意追求贸易顺差,而是始终把促进国际收支平衡作为保持中国宏观经济稳定的重要任务。

马朝旭表示,自从2005年7月人民币汇率形成机制改革以来,中方一直按照主动性、可控性、渐进性的原则稳步实施有管理的浮动汇率制度。

马朝旭说,中美经贸合作是互利、互惠的,为两国人民带来了实实在在的好处。中方希望美方客观、理性地看待中美经贸合作中存在的诸多问题,坚持通过平等协商妥善处理,指责和施压显然无助于问题的解决。

奥巴马表示,将对中国施加更大的压力促使其开放市场。奥巴马之前曾经表示未来5年美国的对外出口应该翻倍,要达到这一点中国市场非常重要。

奥巴马说:"我相信美国的未来维系于向全世界出口美国制造的商品,而中国正在成为美国商品的最大市场之一,亚洲也是,因此美国自己封闭市场也是不正确的。如果我们对亚洲的出口哪怕仅仅是增加一个百分点,那也意味着能够创造出数十万甚至上百万的工作岗位,这是容易做到的。"

尽管奥巴马政府去年两度拒绝将中国列为汇率操纵国,但目前美国国内对人民币汇率的批评越来越强烈,美国共和党参议员格拉斯利要求奥巴马将中国正式列为汇率操纵国。

另外,美国彼得森国际经济研究所在日前发布的一份报告中称人民币汇率对世界主要货币低估30%,而对美元的低估幅度甚至达到40%。对此奥巴马回应时并没有单点人民币汇率,而是泛称国际货币的汇率,他表示要扩大美国的海外出口汇率问题,这也是美国的一大挑战。"如何让我们的产品不会因为汇率操纵而出现价格高估是一大难题,如果有些国家操纵汇率那将使其商品获得竞争优势,而我们的商品将处于竞争劣势。这一问题必须得到关注。"奥巴马说。

中国社科院国际金融研究中心日前发布最新报告。报告作者张明表示,人民币升值的压力正在加大,升值时间可能提前。报告预计今年的升值幅度在5%以内。

张明认为,目前出口反弹速度惊人,2009年12月出口同比增长高达17.7%,今年一季度出口同比增速可能超25%。一旦净出口对GDP增长的贡献转负为正,且消费与投资继续维持之前增速,这意味着今年第一季度 GDP 同比增速可能超 12%，宏观经济政策的调整势在必行。目前要显著收紧财政政策与货币政策都有较大难度，而人民币升值同样能够达到收紧总需求的效果。

同时，2010 年通货膨胀风险进一步上升。而当前 CPI 增速依然比较缓慢，近期加息的可能性不大，可通过人民币升值来削弱国际大宗商品价格上升而导致的输入型通胀压力，控制 PPI 快速上升。此外，为应对外部压力以及防止热钱套利，可选择提前升值。

商务部国际贸易经济合作研究院中国外贸研究部副主任李健表示，中国不大可能出于美国政府的压力而改变其汇率政策。"即使中国希望调整人民币汇率，要想使汇率达到美国的要求也几乎是不可能的。这是中国自己的事情，无需外人干预。"李健说。

李健称，人民币的汇率今年将保持相对稳定。"人民币将不会出现任何突然或大幅升值，"他说，"在汇率方面，中国主要考虑的是自身经济稳定增长和经济结构调整，来自外国的压力只是次要的因素。"

国家发改委宏观经济研究院研究员左传长表示，奥巴马的强劲言论本意是吸引美国国内的视线，而非是向中国政府施加压力。

左传长说："这是一场政治秀，并没有什么实际意义。"但他表示这只是其个人观点。

左传长还表示，人民币汇率政策是一个"主权问题"，中国任何时候都不会在外国压力下低头。

（资料来源：信息时报.2010-02-05）

第六章
Chapter 6

中国对外贸易管理（二）

【本章学习要求】

通过本章的学习，了解我国规范对外贸易的主要法律、法规及相关规定；熟悉立法的宗旨、内容、适用范围及作用；掌握中国海关的报关和通关管理制度；掌握政府对进出口货物的管理手段和措施；了解国家质检总局对进出口货物的检验检疫。

【本章主要概念】

对外贸易法律制度

【本章导读】

2011年1月10日，经济之声《央广财经观察》报道了这样一则消息：德国媒体称德方要求中国改变稀土出口政策遭到李克强副总理的拒绝，中国减少稀土出口量的话题再度升温。中国稀土储量只占世界的1/3，为什么供应量却占世界的90%，中国为什么减少稀土出口，有没有可能找到替代稀土的技术和产品？

作为稀有金属，稀土像金、银、铜铁一样，和我们的日常生活非常亲近。稀土是工业的味精，就是说在很多方面都需要稀土，虽然要的量不大，但是这一点点量会改变整个物理性质。比如冶金方，我们加稀土，炼出来的钢就会完全不一样；比如做轻铝合金，现在很多眼镜就是轻铝合金，心脏支架等方面也有应用；比如在做永磁发电机的时候也需要稀土，用稀土做永磁发电机，面积又小效率又高；另外在石油方面可以添加稀土来得到更好的催化；又如在利用玻璃制造感光材料方面，加一点稀土以后，灯就既亮又省电。如此宝贵的稀土多年来被我们卖成了土的价格，非常令人痛心。

稀土是航天、新能源汽车等产品必须的微量成分，是重要的战略资源和高科技产品的必需品，现在各国对于它的反应越来越强烈。美国政府2010年12月中旬就公布了重要资源战略，提出和日本及欧洲各国紧密合作,以确保必不可少的稀土资源供应稳定,希望中国放开稀土出口。针对这一问题,中国商务部长陈德铭当时就说,我们没有限制任何国家的出口,只是减少了出口量,我们供应了全球90%以上的稀土需求。

目前中国对稀土的出口实行配额制,并逐渐减少出口的数量。商务部外贸司负责人接受采访时表示,截至2011年11月,中国累计出口稀土14 750吨,仅占全年出口配额总量的49%,大量出口配额没有使用。尽管如此,虽然面临巨大的资源、环境和国内需求的压力,为了保障国际市场需求,保持稀土供应的基本稳定,2012年的出口配额总量仍与2011年基本持平。而商务部公布的2012年第一批稀土出口配额仅有11家公司获批。2012年初中方已暂停向美、日出口稀土。何时能恢复还没有定论。

另外最近日本很担心稀土荒,随后他们和蒙古签订了《开发稀土资源的协定》,部分原因就是因为要减少对中国稀土依赖。日本目前从中国进口约90%的稀土。

通过这些消息我们可以看出,中国减少稀土出口量可以说是牵一发而动世界,但是这是大势所趋。而欧美等国家不放松对中国的施压源于我们国家稀土的无序出口。邓小平曾经指出,中国有稀土,中东有石油,但是我们始终将我们的稀土像土一样在卖,而且卖的就是土的价钱。到现在中国如果不按照土的价格卖稀土,所有的国家都会觉得这样是不对的。因此,中国现在非常尴尬,必须让稀土反映它的真实成本,因为我们按土的价格卖,造成了很多的环境污染,而且造成了很多问题。稀土只能再用20年,如果把我们的稀土用完了,以后我们要一样要去买别人的稀土,那个时候对我们的子孙后代就非常不负责任了。

对于如此重要的资源,政府应该充分发挥其管理对外贸易的职能,使稀土有序出口,资源有效利用,造福社会和子孙后代。那么对外贸易管理都包括哪些内容?从什么角度去管理?如何管理进出口?这些问题在本章中会详细介绍。

(资料来源:根据中国经济网和中国广播网新闻整理)

第一节 中国对外贸易法律制度

社会主义市场经济是以法制为保障的经济,代表国际贸易规范的世贸组织规则,其基础是市场经济和法制经济。这就要求中国必须建立完善的外贸法律调控机制,使法律手段作为中国进行外贸管理的基础手段。

一、对外贸易法律制度概述

（一）中国对外贸易立法体系

对外贸易法律制度是指一国对其外贸活动进行行政管理和服务的所有法律规范的总称。其特点是具有权威性、统一性、严肃性和规范性。市场经济是法治的经济,需要相应的法律体系来规范,保障其有序地运行、持续地发展。具体到对外贸易领域,其立法体系由国内法渊源和国际法渊源两部分组成。

1. **国内法渊源**

对外贸易的国内法渊源是指国家权力机关和国家行政机关颁布的调整对外贸易关系的各类规范性法律文件。主要包括以下内容：

（1）宪法。宪法是国家最高权力机关依据特定立法程序制定的国家根本大法，在中国法律体系中具有最高的法律效力。宪法是中国对外贸易法中的一个重要渊源，其中明确规定了对外贸易立法的基本原则、立法根据，对外贸立法具有根本的指导意义。宪法本身的权威性决定了中国外贸法制建设首先以宪法为依据。

（2）法律。这里所说的法律是全国人民代表大会及其常务委员会制定颁布的基本法律。在对外贸易法的渊源中，除宪法外，法律居主导地位。

（3）行政法规。行政法规指国家最高行政机关，即国务院及其所属部委根据宪法、法律制定颁布的有关对外贸易活动的条例、规定、实施细则、办法等。如《国务院组织法》、《国家赔偿法》、《行政诉讼法》、《行政复议法》、《行政许可法》、《政府采购法》和《认证认可条例》等。行政法规的规定不得与宪法或法律相抵触。由于中国的改革开放处于不断深化的发展过程中，对外贸易法律往往比较简单，订立大量的配套行政法规以增强法律的可操作性便成为一大特点。

（4）地方性规章。地方性规章指各省、自治区、直辖市和经国务院批准的较大的市的人民代表大会及其常务委员会或人民政府制定的调整本地区对外贸易关系的区域性法规，只要不与宪法、法律、行政法规相抵触，在所辖区域内具有规范性效力。如《北京市外贸企业所得税返还实施办法》、《铜川市人民政府办公室关于促进地产品出口扩大外贸规模的实施意见》、《浙江省人民政府办公厅关于促进全省外贸稳定健康发展的意见》、《上海市促进纺织行业转变外贸增长方式支持纺织企业"走出去"专项资金管理办法》等，在具体应用中具有很强的针对性和灵活性。

2. **国际法渊源**

对外贸易的国际法渊源，包括国际条约和国际惯例。市场经济是开放型经济，要全面与世界经济融合。既然要融入世界经济当中，就必然要遵循国际贸易的公约、惯例等，以利于与其他国家进行交往，同时也使得本国企业在对外贸易中的权利得到保障。因此，中国对外贸易法制建设，除了进行大量的国内立法外，还应认真研究和积极参加国际条约，承认所能接受的国际惯例。因此，国际条约和国际惯例，也是中国外贸法律体系的重要组成部分。

（1）缔结和参加国际条约。国际条约指各国之间缔结的规定它们在政治、经济、文化等方面相互之间的权利和义务的书面协议。一般来说，条约分为两国之间缔结的双边条约和多国之间缔结的多边条约。如果缔结条约的国比较多，且又规定一般性的国际行为规范，便称为国际公约。

我国实行改革开放政策后，对外贸易获得了广泛的发展，已同世界上220多个国家或地区建立了贸易关系。同其中130多个国家或地区签订了贸易双边条约、协定,与60多个国家或地区签订了避免双重征税和防止偷漏税协定,与近70多个国家或地区签订了促进和保护投资协定。

中国从1971年恢复在联合国的合法席位后,参加了大约100多个国际条约,其中大部分是国际经济贸易方面的,主要包括:各种国际商品协定、联合国国际货物销售合同公约、巴黎公约、金融组织及条约、海关组织及条约、保护知识产权组织和公约、国际运输公约、国际商事仲裁和司法协助公约等。此外,中国政府还积极发展同一些国际经济组织的关系,积极参加各项有关活动。如中国政府签署了《世界贸易组织协定》和《中国加入世界贸易组织议定书》,成为世贸组织的合法成员并全面参与多边贸易谈判;还参加了亚太经济合作组织的各项活动和联合国贸易法委员会起草有关公约、法律指南,以及国际统一私法协会的各种关于贸易法统一的活动。

(2)承认国际贸易惯例。国际贸易惯例是在国家之间相互贸易交往中,当事人经常引用、用以确定当事人之间权利义务关系的规则。中国适用国际贸易惯例的原则是:具有经济内容并为中国所承认的国际惯例,在有关国际条约和中国经济法律没有规定或允许适用的情况下,可以被适用。

长期以来,中国在对外贸易活动以及处理对外贸易纠纷方面,对国际贸易中被广泛承认的国际贸易惯例是尊重的。中国承认的国际贸易惯例有《国际贸易术语解释通则》(2010),《联合运输单证统一规则》、《跟单信用证统一惯例》(UCP600)、《托收统一规则》、《联合国国际货物销售合同公约》以及《仲裁示范法》等。中国许多外贸公司在它们的合同、信用证或有关单据中都直接引用了上述有关国际贸易惯例,以明确权利与义务。

(二)中国对外贸易主要法律

1. 基本法

《对外贸易法》(2004)是中国对外贸易法律制度的基本法,是对外贸易制度的核心。包括外贸经营许可制度、海关管理制度、关税制度、检验检疫制度、贸易救济制度、货物进出口制度以及收付汇核销制度等。

2. 货物贸易主要法律法规

货物贸易是进出口贸易中最重要的贸易,所以货物贸易立法直接影响到整个对外贸易的发展。货物贸易法律主要包括《货物进出口管理条例》(2009)、《货物进出口管理条例配套规章》(2009)、《进出口商品检验法》(2002)、《海关法》(2001)、《国家外汇管理条例》(2008)、《反倾销条例》(2004)、《反补贴条例》(2004)、《保障措施条例》(2004)及其配套法规。

3. 服务贸易主要法律法规

《对外贸易法》是服务贸易法律的基本支柱,也是最高层次的法律;其次是各服务行业的基本法律,如《商业银行法》(2003)、《保险法》(2009)、《证券法》(2006)、《海商法》(1993)、《律师法》(2007)、《广告法》(1995)、《建筑法》(2011)等;再者是补充行业基本法律的行政法规、规章和地方性法规,如《外资金融机构管理条例》(2002)、《外资保险公司管理条例》(2001)、《保险代理机构管理规定》(2004)、《外商投资电信企业管理规定》(2008)、《国际海运条例》(2002)、《旅行社管理条例》(2009)、《音像制品管理条列》(2011)等;最后是其他相关的法律、法规,如《公司法》(2006)、《合伙企业法》(2006)、《合同法》(1999)、《反不正当竞争法》(2008)、《价格法》(1998)、《消费者权益保护法》(2009)等。

4. 技术贸易法律法规

技术贸易法律法规主要包括两部分:一部分是技术进出口管理立法,包括《技术进出口管理条例》(2002)和三个部门规章:《禁止进口、限制进口技术管理办法》(2009)、《禁止出口、限制出口技术管理办法》(2009)、《技术进出口合同登记管理办法》(2009);另一部分是知识产权保护立法,包括《商标法》(2001)、《专利法》(2001)、《著作权法》(2001)以及行政法规和部门规章等。

二、《中华人民共和国对外贸易法》

1994年颁布的第一部《对外贸易法》,对维护中国对外贸易秩序、促进对外贸易发展发挥了重要的作用。但是10年后,对外贸易的实际情况发生了很大变化,而1994年《对外贸易法》带有浓重的计划管制痕迹和过渡色彩,存在着"外贸代理制度规定不合理、主管部门职责规定不清、在有关货物与技术进出口规定方面数量限制倾向过于明显、涉及服务贸易部分规则定得简单、没有针对外贸的特点对争端解决程序做出规定、法律用语总体模糊缺乏透明度"等问题。因此,2004年4月6日第十届全国人大常委会第八次会议,根据对外贸易发展中出现的新情况和新变化,以及中国加入世界贸易组织承诺和世贸组织规则,对该法的内容进行了修订。修订后的《对外贸易法》于2004年7月1日起实施。新法既总结了我国10年来持续发展的经验,又适应世贸组织规则的要求,同时还注重借鉴各国外贸立法的先进经验,体现了现阶段我国外贸管理的基本理念,也反映出下一步外贸改革发展的方向和制度保障。

(一)修订《对外贸易法》的必要性

在全球经济飞速发展的当下修订《对外贸易法》是我国经济发展的必然需求,主要表现在以下几方面:

1. 进一步完善建设社会主义市场经济的客观需要

按照建设统一、开放、竞争、有序的社会主义市场经济的要求,为国内各类外贸经营者创造平等竞争条件,加快国内外贸易一体化进程,进一步提高贸易自由、便利程度,实现国内外两种资源、两个市场的融合。修订外贸法是健全完善公开公平透明的外贸环境,建立健全对外贸易促进机制,实现外贸的良性健康发展与合理有序竞争,以及促进经济的全面、协调、可持续发展的有力法律保障。

2. 我国外贸持续高速发展和对外开放进一步深化的内在需求

2004年4月5日,WTO公布了世界各国排名情况,确认中国2003年外贸进出口总额为8

512亿美元,排名世界第4位。通过这些数据我们可以看出1994年外贸法制定10年后,我国对外贸易在国民经济中的地位和作用发生了根本性转变,成为国民经济持续发展的重要推动力。与此同时1994年外贸法在对外贸易管理、对外贸易促进、对外贸易救济等诸多方面已不能完全适应对外贸易发展的新情况、新变化、新要求,需要根据实际情况进行修改、补充和完善,更好地促进对外贸易发展。

3. 履行入世承诺的外在要求

加入世界贸易组织,为我国运用WTO规则,保护和发展自己提供了有利条件。为最大限度、充分地用足用好WTO赋予我国的权利,需要通过相应的国内立法,建立健全具体的实施机制和程序。修订外贸法是将我国入世承诺和世界贸易组织规定的我国作为成员国应当享有的权利、承担的义务转化为国内法,是履行入世承诺的外在要求。

总之,新《对外贸易法》的颁布是我国从外贸大国走向外贸强国的重要保障。

(二)《对外贸易法》的主要框架和内容

1994年《对外贸易法》有8章44条,而修订后的《对外贸易法》共有11章70条,比1994年《对外贸易法》增加了3章26条,大大突破了旧法的内容框架,在诸多方面做了大幅度的修改和补充。下面我们详细介绍一下该法的框架和内容。

第一章:总则。主要介绍了制定该法的目的、适用对象以及主管机构。

第二章:对外贸易经营者。主要对从事外贸活动的经营者的资格和要求做了规定。

第三章:货物进出口与技术进出口。在该章中规定了国家对货物与技术贸易的管理规范。

第四章:国际服务贸易。主要说明国务院对外贸易主管部门和国务院其他有关部门依法管理国际服务贸易,我国可以依法参与国际服务贸易。

第五章:与对外贸易有关的知识产权保护。该章对防止侵犯知识产权的货物进出口、知识产权权利人滥用权利、促进我国知识产权在国外的保护等内容做了规定。

第六章:对外贸易秩序。主要讲述对外贸易经营者在经营活动中的行为规范。重点介绍了外贸经营者在对外贸易活动中不能从事什么行为。

第七章:对外贸易调查。贸易调查已成为各主要贸易国家保护本国产业和市场秩序的重要法律手段。修订后的《对外贸易法》明确规定了对外贸易调查的启动程序以及调查事项。

第八章:对外贸易救济。规定了采取对外贸易救济措施的原则、进行对外贸易救济的主管部门、建立对外贸易预警机制的原则以及采取反规避措施的授权。

第九章:对外贸易促进。该章在第51~59条,分别对相关的贸易促进制度进行了方向性规定。

第十章:法律责任。新修订的法规对法律责任的严格规制做了新规定。新法通过刑事处罚、行政处罚和从业禁止等多种手段,加大了对违反外贸法的处罚力度,必然会有助于《对外贸易法》的有效实施。

第十一章:附则。主要说明特殊商品的管理,不适用本法的情形,以及具体实施日期。

(三)修订《对外贸易法》的重要意义

就当代中国法的社会作用来说,法律的总体作用就是为建设有中国特色的社会主义服务。作为中国法律体系的一个部门法,修订后的《对外贸易法》多方位地保护和促进了中国对外贸易活动,充分体现了它的实践意义。

1. 更具可操作性的法律规范,为对外贸易活动提供了现实指导

1994年《对外贸易法》在制定时,对货物和技术的进出口做了较好的规范,还将国际服务贸易纳入其中,并对国际贸易秩序、国际贸易促进等做了规定,但该外贸法在制定时难免具有阶段性和实效性,执行的过程中部分规定的制定略显仓促,过于原则,操作性也差。

2004年的《对外贸易法》在修订时,首先对旧法与中国入世承诺和世贸组织规则不相符的内容进行了修改。例如,新法第8条对个人可以从事对外贸易活动的明确规定和第9条对"对外贸易的备案登记制"所做出的规定就是出于这种需要。其次,根据中国的入世承诺和WTO规则,对中国作为WTO成员国所享有的权利的实施机制和程序做了规定。这些新的规定几乎涵盖了新的外贸法所有章节,例如,国营贸易、对外贸易秩序、原产地管理、与贸易有关的知识产权保护、保障措施、对外贸易调查等。最后,针对中国在对外贸易实践中出现的新情况和促进对外贸易健康发展的要求做了修改,这主要体现在第49条所规定的预警机制、第54条中所规定的国家建立对外贸易公共信息服务体系等方面。

2. 充分利用WTO的例外规定,构建起中国对外贸易的"安全阀"

WTO体制所倡导的是贸易自由化,但同时又在各多边协定中包含了大量的例外条款,以至于有外国学者将GATT的多边贸易体制比作"一座例外条款的迷宫"。作为WTO的成员国,在WTO框架下的多边贸易体制中,中国更为充分地考虑了自己的经济发展水平、社会制度、政策目标和国家安全等各方面的因素,充分利用了WTO所赋予其成员国在一定条件下采取与WTO规则不相符而又能"免责"的规定,来构建中国的对外贸易"安全阀"。修订法在这方面比旧法规定得更加完整。

在一定的限度内对进出口贸易实施限制或禁止已是世界各国对外贸易管理的普遍做法。就中国外贸法而言,1994年《对外贸易法》对限制进出口和禁止进出口的范围规定得比GATT的例外条款窄,而且对军品、裂变和聚变物质或者衍生此类物质的物质的进出口管理和文化产品的进出口管理未作规定。修订的《对外贸易法》在参照GATT1994第11条"普遍取消数量限制例外"、第12条"国际收支例外"、第18条"政府对经济发展的援助例外",以及第20条"一般例外"的基础上进行了修改,并且增加了为保护国家安全做出的进出口管理条款。

总体来看修订的《对外贸易法》,有关货物、技术自由进出口一般例外的原则规定共有4条,分别为:第16条规定了11种情况下限制、禁止进出口的货物和技术范围;第17条规定了为维护国家安全可以采取任何必要措施的例外规定;第23条规定了依照有关法律、行政法规的规定可以对文物和野生动物、植物及其产品等采取禁止进出口或者限制进出口的措施;第67条规定了与军品、裂变和聚变物质或者衍生此类物质的物质有关的进出口管理,以及文化

产品的进出口管理。与 1994 年《对外贸易法》的例外条款相比,修订法的规定有所拓宽。

3. 法律功能内敛外向,构筑起中国外贸体系的有效保护屏障

在国际贸易发展中,各国管理对外贸易的法律早已被广泛地用做一把"双刃剑",一种可攻可守的工具。中国修订的《对外贸易法》也不例外,为中国对外贸易活动构筑了一道严密的法律屏障。

然而,从中国的对外贸易实践来看,在与他国的贸易过程中,中国被指控的倾销诉讼接连不断,尤其是来自美、日等国和欧共体的倾销指控。无法否认,这与 1994 年《对外贸易法》的保障功能不足有关。修订前的《对外贸易法》注重的是法的内在功能,强调的是自我约束的政府管理职能,忽略了作为一部涉外法律应有的对外职能,在对抗外贸保护主义时总是略显苍白,更不用说法的攻击性了。就此问题,修改的《对外贸易法》除了对前面提到的国营贸易、限制和禁止进出口、与外贸有关的知识产权保护、外贸秩序等活动进行了有力的保护外,它对贸易壁垒的调查,反倾销、反补贴或保障措施的调查和规避对外贸易救济措施的调查,以及包含反倾销、反补贴、保障措施和贸易转移等的外贸救济规定更显现出强大的外向职能,以防御外来贸易侵略。

4. 严格的法律责任为外贸法的有效实施提供了法律保障

一部法律,如果制定后没有严格的法律责任进行约束,那它执行起来就会打折扣。修订后的《对外贸易法》对法律责任的严格规制做了新规定。1994 年《对外贸易法》对法律责任的规定较弱,处罚手段少,处罚种类较单一,力度小,只是集中在撤销外贸经营许可证上。新法通过刑事处罚、行政处罚和从业禁止等多种手段,加大了对违反外贸法的处罚力度。例如,修订后的《对外贸易法》第 61 条规定:"违反禁止或限制货物进出口规定的,除了没收非法所得和罚款的行政责任,严重的还要追究刑事责任外,在 3 年内不受理违法行为人的进出口配额或者许可证的申请,或者禁止违法行为人在 1 到 3 年内从事有关货物或者技术的进出口经营活动。"可以肯定地说,处罚力度的加大,必然会有助于外贸法的有效实施。

5. 充分考虑到对外贸易发展的新情况、新变化、新要求

修订的《对外贸易法》从客观事实出发,充分考虑到中国对外贸易近 10 年迅速发展的现实,并且密切结合国际贸易的新形势、新情况、新变化、新要求,从对外贸易活动的实践中总结经验,更具体地完善新外贸法的立法内容。因此修订的外贸法对保障措施、外贸救济措施、对外贸易调查等防御性的和进攻性的新规定,除了利用了世贸组织的例外规则,借鉴了先进国家的立法经验之外,还确实考虑到了中国的外贸频频遭受来自美欧日等国家和地区的反倾销的贸易保护主义措施和歧视待遇的客观现实。另外,修订后的外贸法所增设的预警应急机制、公共信息服务体系等规定都是出于对外贸易的实践需要。

第二节　中国对外贸易海关管理制度

海关作为国家行政管理机关在中国对外贸易中发挥着极其重要的作用。中国的海关管理制度随着中国社会主义市场经济的逐步建立和完善而发展,并逐渐与国际通行规则接轨。

一、海关概述

《中华人民共和国海关法》(简称《海关法》)以立法的形式明确表述了中国海关的性质与任务。《海关法》规定:中华人民共和国海关是国家的进出关境监督管理机关。海关依照本法和其他有关法律、行政法规,监管进出境的运输工具、货物、行李物品、邮递物品和其他物品,征收关税和其他税、费,查缉走私,并编制海关统计和办理其他海关业务。

(一)海关的性质

1. 海关是国家行政机关

我国海关是国家行政机关之一,从属于国家行政管理体制,是我国最高国家行政机关——国务院的直属机构。海关对内、对外代表国家依法独立行使行政管理权。

2. 海关是国家进出境监督管理机关

海关履行国家行政制度的监督职能,是国家宏观管理的一个重要组成部分。海关依照有关法律、行政法规并通过法律赋予的权力,制定具体的行政规章和行政措施,对特定领域的活动开展监督管理,以保证其按国家的法律规范进行。海关实施监督管理的对象和范围是运输工具、货物、物品的进出关境及与之有关的活动。

3. 海关的监督管理是国家行政执法活动

海关执法的依据是《海关法》和其他有关法律、行政法规。《海关法》是管理海关事务的基本法律规范。其他有关法律是指由全国人民代表大会或常务委员会制定的与海关监督管理相关的法律规范,如《宪法》、《刑法》、《刑事诉讼法》、《行政诉讼法》、《对外贸易法》、《进出口商品检验法》等。行政法规是指由国务院制定的法律规范,包括专门适用于海关执法活动的行政法规和其他与海关管理相关的行政法规。

海关依据法律赋予的权力,对特定范围内的社会经济活动进行监督管理,并对违法行为依法实施行政处罚,以保证这些社会经济活动按照国家的法律规范进行。因此,海关的监督管理是保证国家有关法律、法规实施的行政执法活动。

(二)海关的任务

《海关法》明确规定海关的基本任务是:监管进出境的运输工具、货物、行李物品、邮递物品和其他物品,征收关税和其他税、费,查缉走私,并编制海关统计、保护知识产权和办理其他海关业务。

1. 监管

海关监管进出境的运输工具、货物、行李物品、邮递物品和其他物品。对进出国境货物、物品和运输工具的监督管理,是基于国家对外经济贸易活动实行统一的管理。他们通过接受申报、审核单证、查验放行、后续管理、查处违法行为等环节,对进出关境的各类运输工具、货物、物品实施有效的监督管理。

2. 征税

征收关税和其他税、费。正确贯彻关税政策,对一切应税货物和物品征收关税,是一种必要的手段,也是对外贸易管理的重要手段和海关的基本任务之一。根据《海关法》的规定,海关征收关税的对象是准许进出口的货物和进出境物品。进口货物的收货人、出口货物的发货人、进出境物品的所有人,对于应当缴纳关税的货物、物品应当按照规定进行申报,并缴纳关税,不得逃避海关监管,偷逃关税。海关在征收关税时,应当严格按照规定的程序、要求,做到依法计征、依法减免,在单证审核、货物查验、价格审定、税则归类、税款计征等环节上做到准确无误,不漏征、不少征、不多征。

3. 缉私

查缉走私是海关监督管理和征税工作的延续。走私是指逃避海关监管,进行非法的进出境活动,查缉走私的目的是制止、打击一切非法进出口货物、物品的行为和偷税、漏税的非法行为,以维护国家主权和经济利益,保障国家社会主义建设,维护对外贸易秩序。为了严厉打击走私犯罪活动,加强海关的监督管理,更有力地维护国家的主权和利益,《海关法》对中国查缉走私体制做出了明确的规定,即设立专门侦查走私犯罪的公安机构,实行联合缉私、统一处理、综合治理的缉私体制。

4. 统计

编制海关统计和办理其他海关业务也是海关的基本职能之一。海关统计是指海关运用各种科学方法,对进出境的货物进行统计调查、统计分析活动。海关统计包括对对外贸易货物的统计和对通过关境的进出口货物的统计。海关统计具有三项职能:

(1)要及时地从不同方面反映进出口规模、走向以及中长期发展趋势的预测,以体现其信息职能。

(2)适时地反映存在的问题,为国家宏观调控和监督提出建议,以体现其咨询职能。

(3)根据国家某些政策的调整,进行跟踪分析,反映进出口情况是否符合国家政策的调整,以体现其监督职能。国家海关统计资料由海关总署统计机构管理,地方海关统计资料由各地海关统计机构管理。

5. 知识产权海关保护

随着中国对外贸易的发展,知识产权国际纠纷日益严重,为了保护我国知识产权,海关总署根据《海关法》制定了《中华人民共和国知识产权海关保护条例》,将知识产权海关保护作为海关的一项新任务。知识产权权利人可以请求海关采取知识产权保护措施或者向海关总署办理知识产权海关保护备案,境内知识产权权利人可以直接或者委托境内代理人提出申请,境外知识产权权利人应当由其在境内设立的办事机构或者委托境内代理人提出申请,并提交相应的材料。备案通过后即可获得海关的保护。海关对进出口货物实施监管,发现进出口货物涉及在海关总署备案的知识产权且进出口商或者制造商使用有关知识产权的情况未在海关总署备案的,可以要求收发货人在规定期限内申报货物的知识产权状况和提交相关证明文件。收发货人未按照前款规定申报货物知识产权状况、提交相关证明文件或者海关有理由认为货物涉嫌侵犯在海关总署备案的知识产权的,海关应当中止放行货物并书面通知知识产权权利人。

海关通过这些职能的履行,达到实施国家法律、维护进出关境秩序、保证国家税收、打击违法犯罪行为、保障国家利益的目的。因此,海关管理也是中国货物进出口管理环节中的重要组成部分。

【资料卡6.1】

海关关徽

中国海关标志也叫海关关徽,由商神手杖(双蛇杖)与金色钥匙交叉组成,如图6.1所示。

商神手杖是商神——古希腊神话中赫尔墨斯的手持之物。赫尔墨斯是诸神中的传信使者,兼商业、贸易、利润和发财之神,及管理商旅、畜牧、交通之神。传说赫尔墨斯拿着这支金手杖做买卖很发财。人们便称赫尔墨斯为商神,金手杖也便成了商神手杖了。

商神手杖因此被人们视为商业及国际贸易的象征。

图6.1 海关关徽

钥匙则是祖国交给海关部门的用来把守通关大门的权力,象征海关为祖国把关。

关徽寓意着中国海关依法实施进出境监督管理,维护国家的主权和利益,促进对外经济贸易发展和科技文化交往,保障社会主义现代化建设。

(资料来源:中国海关网. http://www.customs.gov.cn)

(三)海关的管理体制与机构

海关机构是国务院根据国家改革开放的形式以及经济发展战略的需要,依照海关法律而设立的。改革开放以来,随着我国对外经济贸易和科技文化交流与合作的发展,海关机构不断扩大,机构的设立从沿海沿边口岸扩大到内陆河沿江、沿边海关业务集中的地点,并形成了集中统一管理的垂直领导体制。这种领导体制对海关从全局出发,坚决贯彻执行党的路线、方针、政策和国家的法律、法规以及贯彻海关"依法行政,为国把关,服务经济,促进发展"的工作方针提供了保证。

1. 海关的领导体制

新中国成立以后,海关的领导体制经历了几次变更。在1980年以前的30年中,除了在新中国成立初期,海关总署作为国务院的一个职能部门和组成部分,在海关系统实行集中统一的垂直领导体制外,其余大部分时间海关总署都是划归对外贸易部领导,各地方海关受对外贸易部和所在省(自治区、直辖市)人民政府的双重领导。1980年2月,国务院根据改革开放形式的需要做出了《国务院关于改革海关管理体制的决定》。该决定指出:"全国海关建制归中央统一管理,成立中华人民共和国海关总署作为国务院直属机构,统一管理全国海关机构和人员编制、财务及其业务。"从而恢复了海关集中统一的垂直领导体制。

1987年1月,第六届人大第十九次会议审议通过的《海关法》规定:"国务院设立海关总署,统一管理全国海关","海关依法独立行使职权,向海关总署负责","海关的隶属关系,不受行政区划的限制",明确了海关总署作为国务院直属部门的地位,进一步明确了海关机构的隶属关系,把海关集中统一的垂直领导体制以法律的形式确立下来。海关集中统一的垂直领导体制既适应了国家改革开放、社会主义现代化建设的需要,也适应了海关自身建设与发展的需要,有力地保证了海关各项监督管理职能的实施。

2. 海关的设关原则

《海关法》以法律形式明确了海关的设关原则:"国家在对外开放的口岸和海关监管业务集中的地点设立海关。海关的隶属关系不受行政区划的限制。"对外开放的口岸是指由国务院批准,允许运输工具及所载人员、货物、物品直接进出入国(关)境的港口、机场、车站以及允许运输工具、人员、货物、物品进出入国(关)境的边境通道。国家规定,在对外开放的口岸必须设置海关、出入境检验检疫机构。海关监管业务集中的地点是指虽非国务院批准对外开放的口岸,但是海关某类或者某几类监管业务比较集中的地方,如转关运输监管、保税加工监管等。这一设关原则为海关管理从口岸向内地,从而向全关境的转化奠定了基础,同时也为海关业务制定的发展预留了空间。"海关的隶属关系不受行政区划的限制",表明了海关管理体制与一般性的行政管理体制的区域划分无必然联系,如果海关监督管理需要,国家可以在现有的行政区划之外考虑和安排海关的上下级关系和海关的相互关系。

【资料卡6.2】

海关是设在海边吗?

国家在对外开放的口岸和海关监管业务集中的地点设立海关。对外开放的口岸可以是港口、机场、车站以及边境通道。所以海关不一定设在海边。

(资料来源:根据海关性质和设关原则整理)

3. 海关的组织机构

海关的组织机构可以分为三个层次:海关总署、直属海关和隶属海关。隶属海关由直属海关领导,向直属海关负责;直属海关由海关总署领导,向海关总署负责。

(1)海关总署。海关总署是国务院的直属机构,在国务院领导下统一管理全国海关机构、人员编制、经费物资和各项海关业务,是海关系统的最高领导部门。海关总署下设广东分署,在上海和天津设立特派员办事处,作为其派出机构。海关总署是中华人民共和国国务院下属的正部级直属机构,统一管理全国海关。海关总署现有17个内设部门、6个直属事业单位,管理4个社会团体(海关学会、报关协会、口岸协会、保税区出口加工区协会),并在欧盟、俄罗斯、美国等派驻海关机构。中央纪委、监察部在海关总署派驻纪检组、监察局。海关总署的基本任务是在国务院领导下,领导和组织全国海关正确贯彻实施《海关法》和国家的有关政策、行政法规,积极发挥依法行政、为国把关的职能,服务、促进和保护社会主义现代化建设。

(2)直属海关。直属海关是指直接由海关总署领导,负责管理一定区域范围内海关业务的海关。全国海关目前共有46个直属海关单位(广东分署,天津、上海特派办,41个直属海关,2所海关院校(上海海关学院和秦皇岛海关学校)),除香港、澳门、台湾地区外,分布在全国30个省、自治区和直辖市。直属海关就本关区内的海关事务独立行使职责,向海关总署负责。直属海关承担着在关区内组织开展海关各项业务和关区集中审单作业,全面有效地贯彻执行海关各项政策、法律、法规、管理制度和作业规范的重要职责,在海关三级业务职能管理中发挥着承上启下的作用。

【资料卡6.3】

我国直属海关有哪些?

我国目前设立的直属海关有:北京海关;天津海关;石家庄海关;太原海关;呼和浩特海关;满洲里海关;大连海关;沈阳海关;长春海关;哈尔滨海关;上海海关;南京海关;杭州海关;宁波海关;合肥海关;福州海关;厦门海关;南昌海关;青岛海关;郑州海关;武汉海关;长沙海关;广州海关;深圳海关;拱北海关;汕头海关;黄埔海关;江门海关;湛江海关;南宁海关;海口海关;重庆海关;成都海关;贵阳海关;昆明海关;拉萨海关;西安海关;兰州海关;乌鲁木齐海关;西宁海关;银川海关。

(资料来源:中国海关网.http://www.customs.gov.cn)

(3)隶属海关。隶属海关是指由直属海关领导,负责办理具体海关业务的海关,是海关进出境监督管理职能的基本执行单位,一般都设在口岸和海关业务集中的地点。目前,根据海关业务情况设立了600个隶属海关和办事处,通关监管点近4 000个。中国海关现有关员(含海关缉私警察)约5万人。

(4)海关缉私警察机构。海关缉私警察是专司打击走私犯罪活动的警察队伍。1998年,根据党中央、国务院的决定,由海关总署、公安部联合组建走私犯罪侦查局,设在海关总署。走私犯罪侦查局既是海关总署的一个内设局,又是公安部一个序列局,实行海关总署和公安部双重领导、以海关领导为主的体制。走私犯罪侦查局在广东分属和全国各直属海关设立走私犯罪侦查分局,在部分隶属海关设立走私犯罪侦查支局。各级走私犯罪侦察机关负责其所在海关业务管辖区域内的走私犯罪案件的侦查工作。

为了更好地适应反走私斗争新形势的要求,充分发挥海关打击走私的整体效能,从2003年起,海关对部分打私办案职能进行了调整,走私犯罪侦察机构增加了行政执法职能。从2003年1月1日开始,各级海关走私犯罪侦查部门统一更名,其中,海关总署走私犯罪侦查局更名为海关总署缉私局;海关总署走私犯罪侦查局广东分局更名为海关总署关东分属缉私局;各直属海关走私犯罪侦查分局更名为各直属海关缉私局;各隶属海关走私犯罪侦查支局更名为各隶属海关缉私分局。

【资料卡6.4】

海关的关衔制度

中国海关实行关衔制度。关衔设五等十三级。一等：海关总监、海关副总监；二等：关务监督（一级、二级、三级）；三等：关务督察（一级、二级、三级）；四等：关务督办（一级、二级、三级）；五等：关务员（一级、二级）。其中一、二等关衔如图6.2所示。

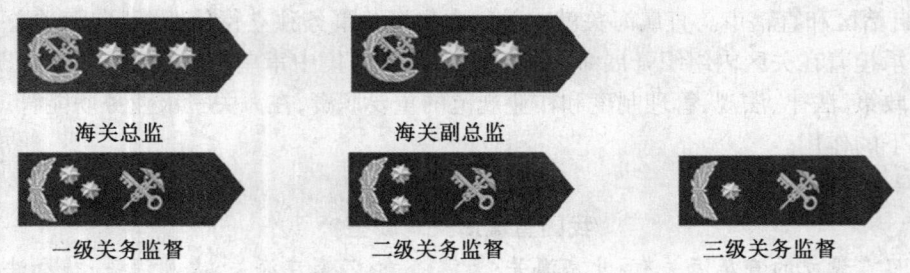

图6.2　海关的关衔（一、二等）

（资料来源：中国海关网．http：//www.customs.gov.cn）

（四）海关的权力

《海关法》在规定了海关基本任务的同时，为了保证任务的完成，赋予海关许多具体权力。海关权力是指《海关法》和其他法律、行政法规赋予海关的对进出境运输工具、货物、物品的监督管理权。海关权力属于公共行政职权，其行使受一定范围和条件的限制，并应当接受执法监督。

1．海关权力的特点

海关权力作为一种行政权力，除了具有一般行政权力的单方意志性、强制性、无偿性等基本特征外，还具有以下特点：

（1）特定性。海关对进出关境的活动进行监督管理的权力，其他任何机关和个人都不具备行使这种权力的资格。同时这种权力只适合进出关境监督管理领域，而不能在其他领域行使。

（2）独立性。海关依法独立行使职权，向海关总署负责，这是《海关法》明确规定的。海关是垂直领导体制，海关行使职权只对法律和上级海关负责，不受地方政府、其他机关、企事业单位和个人的干预。

（3）效力先定性。海关行政行为一经做出，就应推定符合法律规定，对海关本身和海关管理相对人都具有约束力。在没有被国家有关权力机关宣布为违法或无效之前，即使海关管理相对人认为海关行政行为侵犯其合法权益，也必须遵守和服从。

（4）优益性。海关在行使行政职权时，依法享有一定的行政优先权和行政受益权。行政优先权是国家为保障海关有效地行使职权而赋予海关的职务上的优先条件，如海关执行职务受到暴力抗拒时,执行有关任务的公安机关和人民武装警察部队应当予以协助。行政受益权是指海关享受国家所提供的各种物质优益条件,如中央财政经费等。

2. 海关权力的内容

根据《海关法》及有关法律、行政法规的规定,海关权力主要有 5 项 20 多种权利。

(1)行政许可权。包括对企业报关权以及从事海关监管货物的仓储、转关运输货物的境内运输、保税货物的加工、装配等业务的许可和对报关员的报关从业许可等权力。

(2)税费征收权。包括代表国家依法对进出口货物、物品征收关税和其他税费;根据法律、行政法规及有关规定,依法对特定的进出口货物物品减征或免征关税;以及对海关放行后的有关进出口货物、物品,发现少征或者漏征税款的,依法补征、追征税款的权力。

(3)行政监督检查权。行政监督检查权是海关履行其行使行政监督管理职能的基本权力。主要包括:

①检查权。海关有权检查进出境运输工具;检查有走私嫌疑的运输工具和有藏匿走私货物、物品的场所;检查走私嫌疑人的身体。

海关对进出境运输工具的检查不受海关监管区域的限制;对走私嫌疑人身体的检查,应在海关监管区和海关附近沿海沿边规定地区内进行,并应得到海关关长的批准;对于有走私嫌疑的运输工具和有藏匿走私货物、物品嫌疑的场所,在海关监管区和海关附近沿海沿边规定地区内,海关人员可直接进行检查,超过这个范围,在调查走私案件时,应经海关关长批准,才能进行检查,但不能检查公民住宅。

②查验权。是指对进出口货物、物品海关有查验权。

③施加封志权。根据《海关法》的规定,海关对所有未办结海关手续、处于海关监管状态的进出境货物、物品、运输工具,有权施加封志。

④查阅、复制权。包括查阅进出境人员的证件,查阅复制与进出境运输工具、货物、物品有关的合同、发票、账册、单据、记录、文件、业务函电、录音录像制品和其他有关资料。

⑤查问权。海关根据法律、行政法规的规定,对违反海关规定的当事人进行查问,调查其违法行为。

⑥查询权。海关在调查走私违法案件时,经海关关长批准,可以查询当事人在金融机构、邮政企业的存款、汇款。

⑦稽查权。海关根据《海关法》、《稽查条例》的有关规定,自进出口货物放行之日起 3 年内或者保税货物、特定减免税货物的海关监管年限内及海关监管年限期满的次日起 3 年内,对有关企业进行稽查。

(4)行政强制权。海关行政强制权是《海关法》及相关法律、行政法规得以贯彻实施的重要保障。具体有:

①扣留权。海关对违反《海关法》或者其他有关法律、行政法规的进出境运输工具、货物、物品以及有关的合同、发票、账册、单据、记录、文件、业务函电、录音录像制品和其他有关资料,

可以扣留。

在海关监管区和海关附近沿海沿边规定地区,对有走私嫌疑的运输工具、货物、物品和走私嫌疑人,经海关关长批准,可以扣留;对走私犯罪嫌疑人扣留时间不得超过 24 小时,在特殊情况下可以延长 48 小时。

在海关监管区和海关附近沿海沿边规定地区以外,对其中有证据证明有走私嫌疑的运输工具、货物和物品,可以扣留。

海关对查获的走私嫌疑案件,应扣留的走私犯罪嫌疑人,移送海关缉私局调查和处理。

②滞报金、滞纳金征收权。海关对超过规定时限向海关申报的货物,征收滞报金;对逾期缴纳进出口税费的纳税人,征收滞纳金。

③提取货物变卖、先行变卖权。进口货物自进境之日起超过 3 个月未向海关申报的,海关可以提取依法变卖;进口货物收货人或其所有人声明放弃的货物、物品,海关有权提取依法变卖;海关依法扣留的货物、物品不宜长期保存的,经海关关长批准,可以先行变卖等。

④强制扣缴和变卖抵缴税款权。海关对超过规定期限未缴纳税款的纳税人或其担保人,经海关关长批准,可以书面通知其开户银行或者其他金融机构在其存款内扣缴税款;或者将应税货物依法变卖,以变卖所得抵缴税款;或者扣留并依法变卖其价值相当于应纳税款的货物或其他财产,以变卖所得抵缴税款。

⑤税收保全措施。海关责令纳税义务人提供纳税担保,而纳税义务人不能提供担保的,经海关关长批准,海关可以采取下列税收保全措施;书面通知纳税义务人的开户银行或其他金融机构暂停支付纳税义务人相当于税款的存款;或者扣留纳税义务人价值相当于应纳税款的货物或其他财产。

关于税收保全措施是指海关在征税以前依法采取的保证税款依法征收和及时入库的措施。一般海关采取的税收保全措施有:责令纳税义务人向海关提供担保;海关通知纳税人开户银行冻结其相当于税款的存款;或者扣留纳税人相当于应纳税款的其他财产。

⑥抵缴、变价抵缴罚款权。根据《海关法》的规定,当事人逾期不履行海关处罚决定又不申请复议或者向人民法院提起诉讼的,海关可以将其保证金抵缴罚款,或者将其被扣留的货物、物品、运输工具依法变价抵缴罚款。

⑦其他特殊行政强制。一种是处罚担保。根据《海关法》及其有关行政法规的规定,海关依法扣留有走私嫌疑的货物、物品、运输工具,如果无法或不便扣留,或者有违法嫌疑但依法不应予以没收的货物、物品、运输工具,当事人申请先予放行或解除扣留的,海关可要求当事人或者运输工具负责人提供等值担保。未提供等值担保的,海关可以扣留当事人等值的其他财产;受海关处罚的当事人在离境前未缴纳罚款,或未缴清依法被没收的违法所得和依法被追缴的货物、物品、走私运输工具的等值价款的,应当提供相当于上述款项的担保。另一种是税收担保。根据《海关法》的规定,进出口货物的纳税义务人在规定的缴纳期限内有明显转移、藏匿其应纳税货物以及其他财产迹象的,海关可以责令纳税义务人提供担保;经海关批准的暂准进

出境货物、保税货物,收发货人须缴纳相当于税款的保证金或者提供其他形式的担保后,才可准予暂时免纳关税。

(5)行政处罚权。海关对尚未构成走私罪的走私行为以及尚未构成走私的违反海关法规的行为,有权按照《海关法》、《海关行政处罚实施条例》及有关的海关规章进行处罚。

除上述海关权力以外,海关还有佩戴和使用武器权;进出境运输工具或者个人违抗海关监管逃逸的,海关有连续追缉权、行政裁定权、行政复议权、行政命令权;对知识产权实施边境海关保护权;海关缉私局还有对走私案件的调查权、侦查权,对走私罪嫌疑人执行逮捕权和预审权等。

二、海关报关制度

(一)海关报关制度概述

1. 报关的概念

报关是履行海关进出境手续的必要环节之一。国际贸易和国际交流、交往活动往往都是通过运输工具、货物、物品的进出境来实现的。《海关法》第 8 条规定:"进出境运输工具、货物、物品,必须通过设立海关的地点进境或出境。"因此,从设关地进出境并办理规定的海关手续是运输工具、货物、物品进出境的基本原则,也是进出境运输工具负责人、进出口货物收发货人、进出境物品所有人应履行的一项基本义务。

一般而言,报关是指进出境运输工具负责人、进出口货物收发货人、进出境物品的所有人或者他们的代理人,在运输工具、货物或物品通过海关监管口岸时,依法向海关进行申报并办理运输工具、货物或物品进出境手续及相关事务的过程。

2. 报关的范围

按照法律规定,所有进出境运输工具、货物、物品都需要办理报关手续。报关的具体范围如下:

(1)进出境运输工具。进出境运输工具主要包括用以载运人员、货物、物品进出境,在国家间运营的各种境内或境外船舶、车辆、航空器和驮畜等。

(2)进出境货物。进出境货物主要包括一般进口货物,一般出口货物,保税货物,暂准进出口货物,特定减免税进出口货物,过境、转运和通运货物及其他进出境货物。另外,一些特殊货物,如通过电缆、管道输送进出境的水、电等无形的货物,如附着在货品载体上的软件等也属报关的范围。

(3)进出境物品。进出境物品主要包括进出境的行李物品、邮递物品和其他物品。以进出境人员携带、托运等方式进出境的物品为行李物品;以邮递方式进出境的物品为邮递物品;其他物品主要包括享有外交特权和豁免的外国机构或者人员的公务用品或自用物品以及通过国际速递企业进出境的软件等。

3. 报关单位

报关单位是指依法在海关注册登记的进出口货物收发货人和报关企业。

《海关法》规定:"进出口货物收发货人、报关企业办理报关手续,必须依法经海关注册登记,报关人员必须依法取得报关资格。未依法经海关注册登记的企业和未依法取得报关从业资格的人员,不得从事报关业务。"因此,依法向海关注册登记是法人、其他组织或者个人成为报关单位的法定要求。

《海关法》将报关单位划分为两种类型,即进出口货物收发货人和报关企业。

(1)进出口货物收发货人。进出口货物收发货人是指依法直接进口或者出口货物的中华人民共和国关境内的法人、其他组织或者个人。

一般而言,进出口货物收发货人指的是依法向国务院对外贸易主管部门或者其委托的机构办理备案登记的对外贸易经营者。对于一些未取得对外贸易经营者备案登记表但按照国家有关规定需要从事非贸易性进出口活动的单位,如境外企业、新闻单位、经贸机构、文化团体等依法在中国境内设立的常驻代表机构,少量货样进出境的单位,国家机关、学校、科研院所等组织机构,临时接受捐赠、礼品、国际援助的单位,国际船舶代理企业等,在进出口货物时,海关也视其为进出口货物收发货人。

进出口货物收发货人经向海关注册登记后,只能为本单位进出口货物报关。进出口货物收发货人自行办理报关手续通常称为自理报关。

【资料卡6.5】

注册登记和备案登记的区别

报关企业和进出口货物收发货人分别采取注册登记和备案登记的方式向海关办理注册。所有报关单位(包括进出口货物收发货人和报关企业)都应当到所在地海关申请注册,海关批准后发予注册登记证书,并完成将企业注册信息录入海关企业管理系统这个过程,我们称之为注册登记。注册登记不仅仅要提供规定的单证,海关还会根据具体情况进行批准或者不予批准的决定,有时候即便你有资格申请也无法获得批准。而备案登记是指只要根据海关的要求提供完整有效的申请资料即可获得海关的批准,备案存档。

(资料来源:根据《海关法》相关规定整理)

(2)报关企业。报关企业是指经海关准予注册登记,接受进出口货物收发货人的委托,以进出口货物收发货人的名义或者以自己的名义,向海关办理代理报关业务,从事报关服务的境内企业法人。报关企业接受进出口货物收发货人的委托,代理其办理报关手续的行为通常称为代理报关。

作为报关企业,必须在经营规模、管理人员素质、报关员数量、守法状况、管理制度等几个方面符合海关规定的设立条件,并经海关注册登记行政许可,依法向海关办理注册登记。目前,我国从事报关服务的报关企业主要有两类:一类是经营国际货物运输代理、国际运输工具代理等业务,兼营进出口货物代理报关业务的国际货物运输代理公司等;另一类是主营代理报关业务的报关公司或报关行。

根据代理报关法律行为责任的承担不同,代理报关又分为直接代理报关和间接代理报关。直接代理报关是指报关企业接受委托人(即进出口货物收发货人)的委托,以委托人的名义办理报关手续的行为。间接代理报关是指报关企业接受委托人的委托以报关企业自身的名义向海关办理报关纳税手续的行为。在直接代理中,代理人代理行为的法律后果直接作用于被代理人。而在间接代理中,报关企业应当承担进出口货物收发货人自己报关时所应当承担的相同的法律责任。

【资料卡6.6】

报关注册登记制度

报关注册登记制度是指进出口货物收发货人、报关企业向海关提供规定的法律文书,申请报关资格,经海关审查核实,准予其办理报关业务的管理制度。

根据我国《海关法》的规定,可以向海关办理报关注册登记的单位有两类:一是进出口货物收发货人,即有进出口权的自理报关企业;二是报关企业,主要包括专业报关企业、代理报关企业。其他企业和单位,海关一般不接受申请办理报关注册登记。

对于报关企业,海关要求企业必须拥有固定的服务场所和提供服务的必要设备;拥有一定数额的注册资金;拥有一定数量的报关从业人员;对于进出口货物的收发货人,其注册登记的条件比报关企业简单。凡是依照《对外贸易法》经对外贸易主管部门批准,有权从事对外贸易经营活动的境内法人或者其他组织均可直接向海关办理注册登记。

根据海关规定,非外商投资企业(指除外商投资企业以外所有已在海关办理报关注册登记的进出口货物收发货人、报关企业)作为报关单位申报年审的时间为每年的1月1日至4月30日。每年的1月1日至5月31日为海关年审工作时间。对于外商投资企业,海关与相关部门对其实行联合年检,每年1月1日至5月31日为联合年检的工作时间。

(资料来源:根据《海关法》相关规定整理)

4. 报关的基本内容

(1)进出境运输工具报关的基本内容。国际贸易的交货、国际人员往来及其携带物品的进出境通常都要通过各种运输工具的国际运输来实现。根据我国《海关法》的规定,所有进出我国关境的运输工具必须经由设有海关的港口、车站、机场、国界孔道、国际邮件互换局(交换站)及其他可办理海关业务的场所申报进出境。根据海关监管的要求,进出境运输工具负责人或其代理人在运输工具进入或驶离我国关境时均应如实向海关申报运输工具所载旅客人数、进出口货物数量、装饰时间等基本情况。

根据海关监管的不同要求,不同种类的运输工具报关时所需递交的单证及所要申明的具体内容也不尽相同。总地来说,运输工具进出境报关时须向海关申明的主要内容有:运输工具进出境的时间、航次;运输工具进出境时所载运货物的情况,包括过境货物、转运货物、通运货物、溢短装货物的基本情况;运输工具服务人员名单及其自用物品、货币、金银情况;运输工所载旅客情况;运输工具所载邮递物品、行李物品的情况;其他需要向海关申报清楚的情况,如果由于不可抗力原因,运输工具被迫在未设关地点停泊、降落或者抛掷、起卸货物、物品等情况。除此之外,运输工具报关时还需要提交运输工具从事国际合法性运输必备的相关证明文件,如船舶国籍证书、吨税证书、海关监管簿、签证簿等,必要时还需出具保证书或缴纳保证金。进出境运输工具负责人或其代理人就以上情况向海关申报后,经海关审核确认符合海关监管要求的,可以上下旅客、装卸货物。

（2）进出境货物报关的基本内容。与进出境运输工具的申报不同,进出境货物的申报是以货物为中心的,进出境货物的报关比较复杂。根据海关规定,进出境货物的报关业务应由报关员办理。

海关对不同性质的进出境货物规定了不同的报关程序和要求。一般来说,进出境货物报关时,报关人员要做好以下几方面的工作:

①报关前的准备。进出口货物收发货人接到提货通知单,或备齐出口货物后,应当做好自行向海关办理货物报关的准备工作,或者签署委托代理协议,委托报关企业向海关报关。

②准备报关单证和向海关递交报关单证。进出口货物报关单或海关规定的其他报关单证是报关单位向海关申报货物情况的法律文书,报关员必须认真、规范、如实填写,并对其所填制内容的真实性和合法性负责,承担相应的法律责任。除此之外,还应准备与进出口货物直接相关的商业和货运单证,如发票、装箱单、提单等;属于国家限制性的进出口货物,应准备好其他海关可能需要查阅或收取的资料、证件,如贸易合同等。报关单证准备完毕后,报关人员要把报关单上的数据经电子方式传送给海关,并在海关规定时间、地点向海关递交书面报关单证。

③陪同查验。经海关对报关电子数据和书面报关单证进行审核后,在海关认为必须时,报关人员要配合海关进行货物的查验。

④缴纳税费。属于应纳税、应缴费范围的进出口货物,报关单位应在海关规定的期限内缴纳进出口税费。

⑤提取或装运货物。货物经海关放行后,报关单位可以凭签盖海关"放行章"的运输单据安排提取或装运货物,也可以向海关申领进出口付收汇核销和出口退税等相关海关证明。

除了以上工作外,对于保税加工货物、减免税货物等,在进出境前还需办理备案申请等手续,进出境后还需在规定时间、以规定的方式向海关办理核销、结案等手续。

（3）进出境物品报关的基本内容。根据《海关法》的规定,个人携带进出境的行李物品、邮寄进出境的物品,应当以自用合理数量为限。自用合理数量是区分进出境货物与物品的主要依据。对于行李物品而言,"自用"指的是进出境旅客本人自用、馈赠亲友而非为出售或出租,即不以盈利为目的,"合理数量"是指海关根据进出境旅客旅行目的和居留时间所规定的正常数量。对于邮递物品,则指的是海关对进出境邮递物品规定的征、免税限制。自用合理数量原则是海关对进出境物品监管的基本原则,也是对进出境物品报关的基本要求。

需要注意的是,对于通过随身携带或邮政渠道进出境的货物要按货物办理进出境报关手续。

①进出境行李物品的报关。世界上大多数国家的海关法都规定对旅客进出境采用"红绿通道"制度。我国海关也采用了此制度。

我国海关规定,进出境旅客在向海关申报时,可以在以红色和绿色作为标记的两种通道中自行选择。带有绿色标志的通道适用于携运物品的数量和价值上均不超过免税限额,且无国家限制或禁止进出境物品的旅客;带有红色标志的通道则适用于携运有上述绿色通道适用物品以外的其他物品的旅客。对于选择红色通道的旅客,必须填写《中华人民共和国海关进(出)境旅客行李物品申报单》(简称《申报单》)或海关规定的其他申报单证,在进出境地向海关做出书面申报。

②进出境邮递物品的报关。进出境邮递物品的申报方式由其特殊的邮递运输方式决定。我国是《万国邮政公约》的签约国,根据《万国邮政公约》的规定,进出口邮包必须由寄件人填写"报税单"(小包邮件填写绿色验关标签),列明所寄物品的名称、价值、数量,向邮包寄达国家的海关申报。进出境邮递物品的"报税单"和"绿色标签"随同物品通过邮政企业或快递公司呈递给海关。

三、中国海关通关制度

海关通关制度是主权国家维护本国政治、经济、文化利益,对进出口货物和物品在进出境口岸进行监督管理的基本制度。

(一)通关的定义

所谓通关,是指进出境运输工具的负责人、货物的收发货人及其代理人、物品的所有人向海关申请办理进出口货物的进出口手续,海关对其呈交的单证和申请进出口的货物依法进行审核、查验、征缴税费,批准进口或者出口的全过程。因此,通关一方面包括海关管理相对人(包括进出境运输工具负责人,进出口货物收发货人,进出境物品的所有人或者他们的代理人)向海关办理运输工具,货物或物品的进出境手续;另一方面也包括海关根据管理相对人的申报,对进出境运输工具、货物、物品依法进行查验,征缴税费,直至核准其进出境的监督管理全过程。

【资料卡6.7】

通关与报关的区别

通关与报关既有联系又有区别。两者都是对运输工具、货物、物品的进出境而言的,但报关是从海关管理相对人的角度,仅指向海关办理进出境手续及相关手续,而通关不仅包括海关管理相对人向海关办理有关手续,还包括海关对进出境运输工具、货物、物品依法行使监督管理,核准其进出境的管理过程。

(资料来源:根据通关与报关的定义和性质整理)

根据《海关法》第8条的规定,进出境运输工具、货物、物品必须通过设立海关的地点过境或出境。在特殊情况下,将要经过未设立海关的地点进境或者出境的,必须经国务院或者国务院授权的机关批准。

(二)通关的基本程序

进出口货物的通关,一般来说,可分为四个基本环节:申报、查验、征税、放行。

加工贸易进出口货物、经海关批准的减免税或缓期交纳进出口税费的进出口货物,以及其他在放行后一定期限内仍须接受海关监管的货物的通关,可以划分为五个基本环节:申报、查验、征税、放行、结关。

1. 申报

进口货物的收货人、出口货物的发货人应当如实向海关申报,即进出口货物的收发货人在办理货物出口通关手续时,应当向海关递交规定的单证并申请办理查验、征税和放行手续。

进口商接到进口提货通知或出口商备齐出口货物后,就可以着手安排进出口通关手续。首先进出口商应注意进出口货物的申报时间和地点,如果进出口商没有能够在规定时间内向海关申报货物,海关要对其征收滞报金。如果货物抵港后3个月内没有申报,海关有权变卖货物,并将货款上缴国库。

进出口商可以自行向海关申报,也可以委托专业报关行代为申报。委托专业报关行申报时要注意办理委托手续。根据贸易方式和货物性质的不同,海关对申报人提交的单证有不同的要求,因此进出口商一定要备齐报关时应提交的单证。海关对进出口报关单的使用和填写都有特定的要求,同时进出口商还应注意填写报关单应注意的事项。

目前,很多口岸海关都建立了电子报关系统,因此要求申报人使用经计算机预录入后打印的报关单进行申报,申报人必须在报关指定的提供服务的公司(一般是外运公司和外轮代理公司)进行报关单预录入。

进出口商向海关提交报关单据后,海关接受报关进行审单。如果申报内容无误,则可以进入进口报关的下一个环节。

2. 查验

进出口货物在通过申报环节后,即进入查验环节。进出口货物除按照国家规定、国际惯例以及经海关总署批准的可予免验以外,根据《海关法》第19条规定,均应当接受海关查验。查验是海关对进出口货物实施监管的一种具体行为,即通过对进出口货物进行实际的核查,确定单货、证货是否相符,有无瞒报、伪报和申报不实等走私违规行为,并为今后的征税、统计和后续管理提供可靠的监管依据。

海关查验的主要目的是:

(1)通过核对实际货物与报关单证来验证申报环节所申报的内容与查证的单、货是否一致,通过实际的查验发现申报审单环节所不能发现的有无瞒报、伪报和申报不实等问题。

(2)通过查验可以验证申报审单环节提出的疑点,为征税、统计和后续管理提供可靠的监管依据。海关查验货物后,均要填写一份验货记录。验货记录一般包括查验时间、地点、进出口货物的收发货人或其代理人名称、申报的货物情况,查验货物的运输包装情况(如运输工具名称、集装箱号、尺码和封号)、货物的名称、规格、型号等。需要查验的货物自接受申报起一日内开出查验通知单,自具备海关交验条件起一日内完成查验。除需缴税外,自查验完毕4小时内办结通关手续。

3. 征税

征税是指海关根据国家的有关政策、法规对进出口货物征收关税及进口环节税费。

根据《海关法》和《进出口关税条例》的有关规定,进出口的货物除国家另有规定的以外,均应征收关税,关税由海关依照《海关进出口税则》征收。我国对进出口货物除征收关税外,还要征收增值税,少数商品要征收消费税。根据国家法律规定,上述两种税款由税务机关征收。为简化征税手续,方便货物进出口,同时又可有效地避免货物进出口后另行征收可能造成的漏征,国家规定进口货物的增值税和消费税由海关在进口环节代税务机关征收。因此,在实际工作中又常常称为海关代征税。

4. 放行

放行是海关监管现场作业的最后一个环节。海关在接受进出口货物的申报后,经审核报关单据、查验实际货物,并依法办理进出口税费计征手续并缴纳税款后,在有关单据上签盖放行章,海关的监管行为结束,在这种情况下,放行即为结关。进口货物可由收货人凭相应单据提取、发运,出口货物可以由发货人装船、启运。

在进出口货物放行前,海关人员还需对前期进行的申报、查验、征税等环节的工作进行核对,在核查无失误和遗漏的条件下,海关方予签章。报关员要配合海关做好上述工作。对于保税加工贸易进口货物,经海关批准减免税或缓纳税款的进口货物、暂时进出口货物、转关运输货物以及其他在口岸海关未缴纳税款的进口货物,口岸海关接受申报以后,经审核单证,符合规定的,即可放行转为后续管理。

5. 结关

结关是指对经口岸放行后仍需继续实施后续管理的货物,海关在规定的期限内进行核查,对需要补证、补税货物做出处理直至完全结束海关监管的行为。

加工贸易进口货物的结关是指海关在加工贸易合同规定的期限内对其进口、复出口及余料情况进行核对,并经经营单位申请办理了经批准内销部分的货物的补证、补税手续,对备案的加工贸易合同予以销案。

暂时进出口货物的结关是指在海关规定的期限内(含经批准延期)暂时进口货物复运出口或者暂时出口货物复运进口,并办理了有关纳税销案手续,完全结束海关监管的工作程序。

特定减免税货物的结关是指有关进口货物到达海关监管年限并向海关提出解除监管申请,领取了经主管海关核发的《海关对减免税进口货物解除监管证明》,完全结束海关监管的工作程序。

现行中国海关对享受特定减免税收优惠的进口货物的监管年限为:船舶、飞机及建筑材料

（包括钢材、木材、胶合板、人造板、玻璃等）为8年；机动车辆和家用电器为6年；机器设备和其他设备、材料为5年。

第三节 中国货物进出口管理制度

随着中国外贸体制改革的不断深入，中国对进出口货物的管理也逐步由以往的行政手段直接干预为主转变为以经济手段、法律手段和必要的行政手段间接调控为主，逐渐形成了有中国特色的进出口货物管理制度。

一、进出口货物分类

（一）禁止进出口货物

1. 禁止进口的货物

（1）危害国家安全或社会公共利益的进口货物。
（2）为保护人的生命或者健康，必须禁止进口的货物。
（3）破坏生态环境的进口货物。
（4）根据我国所缔结或参加的国际条约、协定的规定，需要禁止进口的货物。

第一批列入《禁止进口货物目录》的货物：已脱胶的虎骨（指未经加工或经脱脂等加工的）、未脱胶的虎骨（指未经加工或经脱脂等加工的）、犀牛角、鸦片液汁及浸膏（也称阿片）、四氯化碳（用于清洗剂）等。

第二批列入《禁止进口货物目录》的货物：装压缩或液化气的钢铁容器、其他装压缩或液化气的钢铁容器、B型超声波诊断仪、彩色超声波诊断仪、输血设备、麻醉设备、电视电子游戏机、投币式电子游戏机等。

第三批列入《禁止进口货物目录》的货物：含铅汽油淤渣（包括含铅抗震化合物的淤渣），含砷、汞、铊及其混合物矿灰与残渣（用于提取或生产砷、汞、铊及其化合物）等。

第四批列入《禁止进口货物目录》的货物：未经加工的人发（不论是否洗涤，包括废人发）、猪鬃和猪毛的废料、獾毛及其他制刷用兽毛的废料、废马毛、矿渣（或浮渣）及类似的工业残渣、沥青碎石，其他主要含铅、含铜的矿灰及残渣等。

第五批列入《禁止进口货物目录》的货物：空调、放射性废物焚烧炉、电冰箱、计算机类设备、显示器、打印机等。

禁止进口的货物目录由商务部会同国务院有关经济管理部门制定、调整并公布。

2. 禁止出口的货物

（1）危害国家安全或社会公共利益的出口货物。
（2）为保护人的生命或者健康，必须禁止出口的货物。
（3）破坏生态环境的出口货物。
（4）根据我国所缔结或参加的国际条约、协定的规定，需要禁止出口的货物。

第一批列入《禁止出口货物目录》的货物：已脱胶的虎骨（指未经加工或经脱脂等加工

的)、未脱胶的虎骨(指未经加工或经脱脂等加工的)、犀牛角、牛黄、麝香、药料用麻黄草、经特殊处理的原木等。

第二批列入《禁止出口货物目录》的货物:截面直径大于 4 cm、长度大于 10 cm 棒状木炭,非圆型截面的棒状木炭。

禁止出口的货物目录由商务部会同国务院有关部经济管理门制定、调整并公布。

(二)限制进出口货物

1. 限制进口的货物

(1)为维护国家安全或社会公共利益,需要限制进口的货物。

(2)为建立或加快建立国内特定产业,需要限制进口的货物。

(3)对任何形式的农、牧、渔业产品有必要限制进口的。

(4)为保障国家国际金融地位和国际收支平衡,需要限制进口的货物。

(5)根据我国所缔结或参加的国际条约、协定的规定,需要限制进口的货物。

限制进口的货物目录由商务部会同国务院有关经济管理部门制定、调整并公布。

2. 限制出口的货物

(1)为维护国家安全或社会公共利益,需要限制出口的货物。

(2)国内供应短缺或为有效保护可能枯竭的国内资源,需要限制出口的货物。

(3)输往国家或地区的市场容量有限,需要限制出口的货物。

(4)根据我国所缔结或参加的国际条约、协定的规定,需要限制出口的货物。

限制出口的货物目录由商务部会同国务院有关经济管理部门制定、调整并公布。国家规定有数量限制的限制出口货物,实行配额管理;其他限制出口货物,实行许可证管理。配额的划分和许可证的发放由商务部或有关经济部门统一制定并实施。①

(三)自由进出口货物

除上述禁止或限制进口的货物外,其他进出口货物属于自由进出口的货物,在进出口时不受限制。基于监测货物进口情况的需要,商务部和国务院有关经济管理部门可以按照国务院规定的职责划分,对部分属于自由进口的货物实行自动进口许可管理。

(四)特殊进出口货物

国家为维护国际和平与国家安全,可以对与裂变、聚变物质或者衍生此类物质有关的货物进出口,与武器、弹药或者其他军用物资有关的进出口,以及对文物和野生动物、植物及其产品等货物的进出口采取必要的措施。

我国对货物进出口实行的管理,符合世贸组织基本原则。因为世贸组织的基本原则之一是对货物进出口取消数量限制,实现自由贸易,但允许成员国在某些情况下对某些商品实施进出口限制。

---

① 商务部对限制进出口的货物实行许可和配额管理,限制进出口货物目录可见表 6.1 和资料阅读。

二、进出口货物管理的手段

世贸组织尽管规定了贸易自由化的原则和消除非关税贸易壁垒的措施,但是仍然允许各国对少数商品实行配额制度和许可证管理。进出口配额和许可证是包括发达国家和发展中国家在内的世贸组织成员对进出口货物实行管理的最主要手段。配额和许可证可以单独使用,也可以结合使用。我国是把二者结合起来使用,即需要配额管理的货物必须申领许可证。

(一)进出口许可证管理

进出口许可证管理是国家对外经济贸易管理的重要举措,也是海关对进出口货物实施监管的重要依据。它是根据国家的法律、政策和国内外市场的需要,对进出口经营权,经营范围,贸易国别,进出口货物品种、数量、技术等实行宏观管理、有效检测,其目的是维护货物进出口秩序,促进对外贸易健康发展。

1. 进口许可证管理

进口许可证管理是指凡属于进口许可证管理的货物,除国家另有规定外,对外贸易经营者应当在进口前按规定向指定的发证机构申领进口许可证,海关凭进口许可证接受申报和验放的制度。进口许可证是国家管理货物进口的法律凭证,适用于《进口许可证管理货物目录》内货物的进口,见表6.1。

表6.1　2012年许可管理货物目录

许可种类	许可管理货物目录(主要类别)
进口许可管理	主要有两类:一类是重点旧机电产品(包括)化工设备,金属冶炼设备,工程机械类,起重运输设备,造纸设备,电力、电气设备,食品加工及包装设备,农业机械类,印刷机械类,纺织机械类,船舶类,硒鼓;另一类是消耗臭氧层物质
出口许可管理	活牛(对港澳以外市场),活猪(对港澳以外市场),活鸡(对港澳以外市场),冰鲜牛肉、冻牛肉,冰鲜猪肉、冻猪肉,冰鲜鸡肉、冻鸡肉,消耗臭氧层物质,石蜡,锌及锌基合金,部分金属及制品,铂金(以加工贸易方式出口),汽车(包括成套散件)及其底盘,摩托车(含全地形车)及其发动机和车架,天然砂(含标准砂),钼制品,柠檬酸,维生素C,青霉素工业盐,硫酸二钠
自动进口许可管理	非机电类商品:牛肉、猪肉及副产品,羊肉,肉鸡,鲜奶,奶粉,乳清,大豆,油菜子,植物油,玉米酒糟,豆粕,烟草,二醋酸纤维丝束,铜精矿,煤,废纸,废钢,废铝,铜,铁矿石,铝土矿,原油,成品油,天然气,氧化铝,化肥,钢材;机电类产品:光盘生产设备,烟草机械,移动通信产品,卫星广播、电视设备及关键部件,汽车产品,飞机,船舶,游戏机,锅炉,汽轮机,食品机械,发动机(非87章车辆用)及关键部件,水轮机及其他动力装置,化工装置,工程机械,造纸及印刷机械,纺织机械,金属冶炼及加工设备,金属加工机床,电气设备,铁路机车,医疗设备,旧胶印机

(资料来源:商务部网站 http://www.mofcom.gov.cn)

2004年12月9日商务部通过了新的《货物进口许可证管理办法》(简称《办法》),该《办法》对进口许可证管理体制、申请进口许可证应当提交的文件、进口许可证的签发、进口许可证的有效期、检查和处罚等做了明确的规定。

(1)管理体制。根据《办法》的规定,商务部是全国进口许可证的主管部门,负责制定进口许可证管理办法及规章制度,监督、检查该办法的执行情况及处罚违规行为。

商务部授权配额许可证事务局统一管理、指导全国各发证机构的进口许可证签发工作,并对商务部负责。

许可证事务局及商务部驻各地特派员办事处和各省、自治区、直辖市、计划单列市以及商务部授权的其他各地方发证机构,为进口许可证发证机构,在许可证事务局统一管理下,负责授权范围内的发证工作。

(2)申请进口许可证应提交的文件。经营者申请进口许可证时,应当认真如实填写进口许可证申请表,并加盖印章,同时提交许可证发证依据所规定的进口批准文件及相关材料。

(3)进口许可证的签发。各发证机构按照商务部制定的《进口许可证管理货物目录》和《进口许可证管理货物分级发证目录》范围,根据不同货物的相应规定签发进口许可证。例如,对监控化学品,发证机构凭国家履行禁止化学武器公约工作领导小组办公室批准的《监控化学品进口核准单》和进口合同签发进口许可证。对符合要求的申请,发证机构应该自收到申请之日起3个工作日内签发,可延长到10个工作日。

一般情况下进口许可证的管理有"一证一关"管理、"一批一证"管理和"非一批一证"管理。"一证一关"是指进口许可证只允许在一个海关报关;"一批一证"是指进口许可证在有效期内一次报关使用;"非一批一证"是指进口许可证在有效期内可多次报关使用,但最多不超过12次,由海关在许可证背面"海关验放签注栏"内逐批签注核减进口数量。同时还要在备注栏内打印"非一批一证"字样。

(4)有效期。进口许可证应当在进口管理部门批准文件规定的有效期内签发,有效期为一年。进口许可证原则上当年有效,特殊情况需要跨年使用的,有效期最长不超过次年3月31日。进口许可证只能延长1次,延期最长不超过3个月。

(5)检查和处罚。商务部授权许可证事务局对各发证机构进行定期检查,对违反规定的机构和个人依据违规情节程度,给予不同的行政处分或司法处罚。例如,对违反规定的发证机构,商务部将视情节轻重给予警告、暂停或取消发证权等处分。

2. 自动进口许可证管理

基于监测货物进口情况的需要,商务部和国务院有关经济管理部门可以按照国务院规定的职责划分,对部分属于自由进口的货物实行自动进口许可管理。

(1)管理体制。商务部根据《对外贸易法》和《货物进出口管理条例》制定了《货物自动进口许可管理办法》,来规范货物自动进口。商务部会在办法实施前至少21天以公告的形式发布自动进口许可管理的货物目录,见表6.1。

商务部授权配额许可证事务局,商务部驻各地特派员办事处,各省、自治区、直辖市、计划单列市商务主管部门以及部门和地方机电产品进出口机构负责自动进口许可货物管理和《自动进口许可证》的签发工作。

(2)申请自动进口许可证应提交的文件。进口该类货物的经营者应当在办理海关报关手续前,向商务部或有关经济管理部门提交自动进口许可申请,并加盖印章,同时提交许可证发证依据所规定的文件及相关材料。

(3)自动进口许可证的签发。商务部或有关经济管理部门在收到申请后,应当立即发放自动进口许可证,特殊情况下,发放最长不得超过10天。进口经营者拿到进口许可证后即可向海关办理报关验放手续。商务部对该证项下的货物原则上实行"一批一证"管理,即同一份《自动进口许可证》不得分批次累计报关使用;对部分货物也可实行"非一批一证"管理,即同一份《自动进口许可证》在有效期内可以分批次累计报关使用,但累计使用不得超过6次。

(4)有效期。《自动进口许可证》的有效期为6个月。

3. 出口许可证管理

出口许可证管理是出口管理的重要手段。为了合理配置资源,规范出口经营秩序,营造公平透明的贸易环境,履行中国加入的国际公约和条约,维护国家经济利益和安全,商务部于2004年颁布了《货物出口许可证管理办法》,并于2005年1月1日开始实施。根据该办法的规定,我国实行出口许可证管理的商品,除有特殊规定外,出口均应领取出口许可证。

(1)管理体制。商务部会同海关总署制定、调整和发布年度《出口许可证管理货物目录》(表6.1)。商务部负责制定、调整和发布年度《出口许可证管理货物分级发证目录》。商务部授权许可证事务局统一管理、指导全国各发证机构的出口许可证签发工作,并对商务部负责。许可证事务局及各地方发证机构为出口许可证发证机构,在许可证事务局的统一管理下,负责授权范围内的发证工作。

(2)申请出口许可证应当提交的文件。出口许可证申请表1份(正本并加盖印章)、有关出口货物配额或其他有关批准文件、加盖对外贸易经营者备案登记专用章的对外贸易经营者备案登记表或中国进出口企业资格证书或外商投资企业批准证书(复印件)等。

(3)出口许可证的签发。各发证机构应当严格按照商务部发布的年度《出口许可证管理货物目录》和《出口许可证管理货物分级发证目录》的要求,自收到符合规定的申请之日起3个工作日内签发出口许可证。出口许可证的管理也实行"一证一关"、"一批一证"和"非一批一证"管理。具体内容与进口许可证的管理相同。

(4)有效期。出口许可证的有效期不得超过6个月。需要跨年度使用的,有效期的截止日不得超过次年2月底。如果出口许可证在有效期内未使用或未使用完,经营者应当在其有效期内向原发证机构申请延期,发证机构收回原证,在发证系统中对原证进行核销,重新签发出口许可证。

(二)进出口配额管理

进出口配额管理是指国家在一定时期内对某些货物的进出口数量或金额直接加以限制的管理措施。根据《对外贸易法》第19条规定,中国可对一部分进出口货物实行配额管理,而我国《货物进出口管理条例》明确规定国家对有数量限制的进出口货物实行配额管理。

1. 进口货物配额管理

根据国家产业政策和行业发展规划,参照国际惯例,国家对尚需适量进口以调节市场供应,但过量进口会严重损害国内相关工业发展的商品和直接影响进口结构的、产业调整的商品,以及危及国家外汇收支地位的进口商品,实行配额管理。

(1)管理体制。商务部和国务院有关经济管理部门按照国务院规定的职责划分,对实行配额管理的限制进出口货物进行管理。进口配额管理部门应当在每年7月31日前公布下一年度进口配额总量。进口配额管理部门可以根据需要对年度配额总量进行调整,并在实施前21天予以公布。配额申请人应当在每年8月1~31日向进口配额管理部门提出下一年度进口配额的申请。进口配额管理部门应当在每年10月31日前将下一年度的配额分配给配额申请人。按照对所有申请统一办理的方式分配配额的原则,进口配额管理部门应当自规定的申请期限截止之日起60天内做出是否发放配额的决定。

(2)分配原则。进口配额管理部门在分配配额时,应当综合考虑配额申请人的情况,决定是否给其分配配额。考虑的因素主要包括:申请人的进口实绩;以往分配的配额是否得到充分利用;申请人的生产能力、经营规模、销售状况;新的进口经营者的申请状况;申请配额的数量情况等。

2. 出口货物配额管理

为规范出口商品配额管理,保证出口商品配额管理工作符合效益、公正、公开和透明的原则,维护配额管理商品的正常出口,根据《对外贸易法》和《货物进出口管理条例》的有关规定,原外经贸部(现为商务部)颁布了《出口商品配额管理办法》(简称《办法》)。该《办法》就出口商品配额管理体制,出口配额商品目录,出口配额总量,出口配额的申请,出口配额的分配、调整和管理,法律责任等进行了详细规定。

当国际市场发生重大变化、国内资源状况发生重大变化、各地方或中央管理企业配额使用进度明显不均衡时,商务部可以对已分配给各地方主管部门或中央管理企业的配额进行增加或减少的调整。

各地方外经贸主管部门应当本着提高配额使用率的原则,定期对本地区出口商品配额执行情况进行核查,对配额使用率达不到规定要求的,应当及时收回已分配的配额并重新分配。地方企业应当及时将其无法使用的年度配额交还地方外经贸主管部门,地方外经贸主管部门可以将其在本地区内重新分配或于当年10月31日前上交商务部。

对违反该《办法》的机构和个人,视违规情节轻重,商务部可以给予相应的处罚。例如,出口经营者以伪报商品名称、少报出口数量等方式超出批准、许可的范围或未经批准出口实行配额管理的出口商品,依照《货物进出口管理条例》第16条规定处罚,并可以取消其已获得的出口商品配额。

同时,对商务部做出的配额分配决定或处罚有异议的,可以提起行政复议,或向人民法院提起诉讼。

【资料卡6.8】
2012年商务部、海关总署公布的实施配额管理货物目录
（节选自《2012年出口许可证管理货物目录》）

根据《中华人民共和国对外贸易法》和《中华人民共和国货物进出口管理条例》发布如下货物目录:

一、实行出口配额许可证管理的货物是:小麦、玉米、大米、小麦粉、玉米粉、大米粉、棉花、锯材、活牛(对港澳)、活猪(对港澳)、活鸡(对港澳)、煤炭、焦炭、原油、成品油、稀土、锑及锑制品、钨及钨制品、锌矿砂、锡及锡制品、白银、铟及铟制品、钼、磷矿石。

二、实行出口配额招标的货物是:蔺草及蔺草制品、碳化硅、滑石块(粉)、镁砂、矾土、甘草及甘草制品。

三、对港澳出口的活牛、活猪、活鸡实行全球许可证下的国别(地区)配额许可证管理;对港、澳、台出口天然砂实行出口许可证管理,对标准砂实行全球出口许可证管理。

四、对玉米、大米、煤炭、原油、成品油、棉花、锑及锑制品、钨及钨制品、白银实行国营贸易管理。

五、实行出口配额招标的货物,无论何种贸易方式,各授权发证机构均凭商务部下发的中标企业名单及其中标数量和招标办公室出具的《申领配额招标货物出口许可证证明书》签发出口许可证。

(资料来源:商务部网站http://www.mofcom.gov.cn)

第四节 中国商品进出口检验制度

进出口商品检验是中国实现进出口商品品质管理的一个重要环节,它对保证进出口商品的质量,维护对外贸易有关各方的合法利益,促进对外贸易关系的顺利发展起着极为重要的作用。国家通过制定商品检验的法律、法规和设立进出口商品检验机构,对进出口商品的质量、重量、数量、包装、安全、卫生、残损、装运条件等进行检验、检疫、鉴定和监督管理,规范进出口商品的检验行为,依据世贸组织规则和《中华人民共和国进出口商品检验法》(简称《商检法》)等法律、法规,对进出口商品检验活动进行管理。

一、进出口商品检验体制

进出口商品检验体制是指国家管理进出口商品检验工作的组织形式和基本制度,包括商

检机构的设置、职责范围的确定和管理职权的划分,是国家进出口商品检验法律法规、方针政策得以贯彻落实的组织保障和制度保障。根据《商检法》的规定,中国进出口商品检验机构有以下三种。

(一)国家商检部门

国家商检部门是国务院设立的主管全国进出口商品检验工作的职能部门,即中华人民共和国国家质量监督检验检疫总局,简称国家质检总局。其主要职责是:组织起草与商检相关的法律和规章,拟定商检工作的方针和政策,组织实施进出口商品法定检验和监督管理,审批法定检验商品免验,组织办理进出口商品复验,组织进出口商品认证管理,监督管理进出口商品鉴定和外商投资财产价值鉴定,垂直管理出入境检验检疫机构,审批并监督管理从事进出口商品检验鉴定业务的机构,管理国家认证认可监督管理委员会和国家标准化管理委员会。

(二)商检机构

商检机构是指国家商检部门在省、自治区、直辖市以及进出口商品口岸、集散地设立的管理所负责地区进出口商品检验工作的行政执法机构,即各地出入境检验检疫局及其分支机构。目前,全国设立了585个商检机构,其主要职责是:贯彻执行进出口商品检验方面的法律、法规及政策规定,实施进出口商品的法定检验和监督管理,负责进出口商品鉴定管理工作,实施外商投资财产价值鉴定,办理进出口商品复验,实施进出口商品认证工作,实施对进出口食品及其生产企业的卫生注册登记,实施民用商品入境检验工作,管理进出口商品检验证单、标志及签证、标识、封识等。

(三)检验鉴定机构

检验鉴定机构是指经国家商检部门许可的从事委托进出口商品检验鉴定业务的社会中介服务机构。检验鉴定机构可以接受对外贸易关系人或外国检验机构的委托,办理进出口商品检验鉴定业务。检验鉴定机构是社会中介服务机构,经国家商检部门许可才具备从事委托的检验鉴定业务的资格。所以,检验鉴定机构从事进出口商品检验鉴定业务属于商业性委托检验。

【资料卡6.9】

国际商检机构

国际上一些重要的商检机构有官方的也有民间的,官方的商检机构有:美国的FDA(美国食品药物管理局)、法国的AFNOR、德国的DIN、意大利的VNI、英国的BSI等。民间比较著名的商检机构有瑞士通用公证行(SGS)、英国英之杰检验集团(IITS)、日本海事检定协会(NKKK)、美国材料与试验协会(ASTM)、中国的中国检验认证集团等。

（资料来源：中国检验认证集团网. http://www.ccic.com/web）

二、进出口商品检验工作

我国的进出口商品检验工作主要有四项：法定检验、监督管理、公证鉴定以及认证管理。

（一）法定检验

法定检验是指商检机构依据国家法律、行政法规的规定，对进出口商品实施强制性的检验。它不同于其他检验鉴定活动，是一种行政执法行为，是强制实施的，是国家管理权在进出口商品检验活动中的体现。实施法定检验的商品由《商检机构实施检验的进出口商品种类表》和其他法律、法规加以规定。按照规定，列入目录的进出口商品，商检机构必须按照国家技术规范的强制性要求进行检验，检验的内容包括涉及安全、卫生、健康、环境保护的要求，以及相应的数量、重量、包装等。属于法定检验的出口商品，未经检验或检验不合格，不准出口；属于法定检验的进口商品，未经检验，不准销售或使用。

法定检验的内容如下：

（1）对列入《商检机构实施检验的进出口商品种类表》内应实施法定检验的进出口商品的检验。

(2)对出口食品的卫生检验。
(3)对出口危险货物包装容器的性能鉴定和使用鉴定。
(4)对装运出口易腐烂变质食品、冷冻品的船舱、集装箱等运载工具的适载检验。
(5)对有关国际条约规定需经商检机构检验的进出口商品的检验。
(6)对其他法律、行政法规规定需经商检机构检验的进出口商品的检验。

（二）监督管理

监督管理是指商检机构通过行政管理手段，对进出口商品有关企业的检验部门和检验人员进行监督管理、对生产企业的质量体系进行评价、对进出口商品进行抽查检验等，是中国商检机构对进出口商品执行检验把关的重要手段。

监督管理的范围主要包括：国家质检总局对涉及安全、卫生等重要的进出口商品及生产企业实施进口安全质量许可制度和出口质量许可制度；国家质检总局对出口食品及其生产企业实施卫生注册登记制度；商检机构对出口商品生产企业的质量体系进行评价；商检机构根据国家质检总局同外国有关机构签订的进口商品质量认证协议或者接受外国有关机构的委托进行进出口商品质量认证工作；商检机构对检验合格的进出口商品加施商品标志；商检机构可以向法定检验的出口商品生产企业派出检验人员，参与产品质量检验、监督和检查工作；国家质检总局和商检机构可以认可符合条件的国内外检验机构承担委托的进出口商检或者指定的质量许可和认证商品的检测以及企业的评审工作；商检机构可以认可有关单位的检验人员承担指定的检验、评审任务；外国在中国境内设立进出口商品检验鉴定机构，需经国家质检总局审核同意，并接受国家质检总局和商检机构的监督管理。

（三）公证鉴定

公证鉴定是应国际贸易关系人的申请，外国检验机构的委托，或仲裁、司法机关的指定，商检机构以公证人的身份，办理规定范围内的进出口商品的检验鉴定业务，出具证明，作为当事人办理有关事务的有效凭证。例如，品质、数量证明，残损鉴定和海损鉴定，车、船、飞机和集装箱的运载鉴定等。中国的进出口商品鉴定工作由国家质检总局授权中国进出口商品检验总公司及其所辖部分省、自治区、直辖市和经济特区的分公司负责办理。

（四）认证管理

在《中国加入世界贸易组织议定书》中，中国政府承诺，对以往的进口产品质量许可制度和产品安全认证制度实行四个统一，即统一目录，统一标准、规范和合格评定程序，统一标志，统一收费标准。据此，我国《商检法》第24条规定："国家质检总局根据国家统一的认证制度，对有关进出口商品实施认证管理。"而国家统一的认证制度是指按照统一规划、强化监督、规范市场、提高效能和符合国际通行规则的原则，在国家认证认可监督管理委员会的统一管理、监督和综合协调下建立的全国统一的国家认可制度和强制性认可与自愿性认证相结合的认证制度。

对进出口商品实施认证管理,主要通过强制性产品认证制度来实施。强制性产品认证制度,是各国政府为保护广大消费者人身和动植物生命安全,保护环境,保护国家安全,依照法律、法规实施的一种产品合格评审制度,它要求产品必须符合国家标准和技术法规。中国的强制性产品认证,是通过制定强制性产品认证的产品目录和实施强制性产品认证程序,对列入目录中的产品实施强制性的监测和审核。强制性产品认证制度规定,凡列入强制性产品认证目录内的产品,必须经国家许可的认证机构认证合格,取得认证证书,并加施认证标志,即"CCC"标志后,方可出厂销售、进口和在经营性活动中使用。

根据国家统一的认证制度,各地商检机构负责对进出口商品实施认证管理,其主要内容有:考核、认可国内外进出口商品检验、评审机构和认可检验员、评审员注册等管理工作;组织和监督管理有关部门涉及认可检验机构的进出口商品检验和认证工作;根据需要同外国有关机构签订进出口商品质量认证协议;根据协议或接受外国有关机构的委托进行进出口商品质量认证工作;对认证合格的进出口商品及生产企业颁发认证证书,准许使用进出口商品质量认证标志;根据出口生产企业的申请或外国的要求,对出口商品生产企业的质量体系进行评审;组织签订并执行进出口商品检验方面的国际合作协议,参加有关国际组织和会议。

本 章 小 结

1. 关键词:法律制度;对外贸易法;海关制度;报关制度;通关制度;配额管理;许可证管理;检验检疫。

2. 中国运用法律制度规范对外贸易,法律来源于国内法和国际法两大法律体系,中国对外贸易领域的第一部基本法是《对外贸易法》。之后对该法进行了多次修订,最终通过并实施了2004年《对外贸易法》。

3. 海关作为国家行政管理机关在中国对外贸易中发挥着极其重要的作用。中国海关总署通过报关和通关两种制度对进出口货物及其经营者进行管理,使对外贸易健康有序地发展。

4. 在商品进出关境过程中最重要的一个环节就是检验检疫,国家质检总局负责进出口商品的检验检疫工作。

思 考 题

1. 我国对外贸易的法律渊源有哪些?
2. 《对外贸易法》的基本内容有哪些?
3. 海关报关和通关制度是什么?有何区别?
4. 进出口商品检验机构有哪些?具体工作是什么?

【阅读资料】

中检集团为全球最大 ODM 专业代工公司提供代理报检服务

近日,中检集团四川公司接受纬创资通(成都)有限公司申请,对一批产自中国台湾的验证类货物控制器进行报检。报检完成后,四川公司积极协调四川检验检疫局成都出口加工区办事处,办事处对货物及其包装进行查验并确认合格后予以放行。通过四川公司报检,不仅极大缩短了报检时间,加快了通关速度,还为企业节约了成本。

此次报检的顺利完成,不仅预示着四川公司与纬创资通有限公司合作关系的正式确立,也标志着四川公司代理报检业务在四川检验检疫局成都出口加工区办事处的顺利展开,更为四川检验检疫局服务重大产业转移、促进快速通关提供了有力支持。

纬创资通有限公司是全球最大的 ODM(原始设计制造)专业代工公司,公司总部设在中国台湾,其分部和运营网点遍及亚洲、欧洲及北美等国家和地区,公司始终致力于生产信息通信技术产品,现为世界前三大笔记本电脑制造商之一,客户多数为戴尔、惠普、索尼、宏基和新联想等全球知名企业。

(资料来源:中国检验认证集团官方网站.http://www.ccic.com.2012-04-28)

第七章
Chapter 7

服务贸易

【本章学习要求】

通过本章学习,要求学生了解什么是服务贸易,以及服务贸易的特征;掌握当前国际上服务贸易壁垒有哪些,以及对我国外贸的影响;了解我国服务贸易发展情况,掌握我国发展服务贸易的对策。

【本章主要概念】

跨境交付　境外消费　服务贸易壁垒　服务贸易自由化

【本章导读】

2011年1月14日上海证券报报道,商务部2011年将积极争取出台《服务贸易促进条例》,推进服务贸易领域财税、金融扶持政策的完善与落实;研究开拓服务贸易出口新领域,推动软件和服务外包、技术、文化、中医药、会计、医疗等重点领域服务出口。

商务部办公厅近日印发的《2011年服务贸易工作要点》(简称《工作要点》)明确了今年服务贸易工作的总体思路,提出将更加突出服务贸易在转变经济发展方式中的地位与作用,突出重点服务贸易领域的培育与扶持,实现服务贸易较快发展,逆差明显缩减,为我国"十二五"期间进一步优化对外贸易结构、加快转变经济发展方式开好局、打好基础。

在政策方面,商务部将积极争取出台《服务贸易促进条例》,为服务贸易的管理和促进工作提供法制保障。据悉,条例的重头戏在于制定和完善支持服务贸易发展的财政税收、金融扶持政策,制定研究设立服务贸易专项基金,加强对服务贸易出口的资金支持。

商务部要求,要完善与服务贸易特点相适应的口岸通关管理模式,促进服务贸易便利化。各地要结合当地实际,研究出台服务贸易发展扶持政策和配套措施。

《工作要点》还提出,要研究开拓服务贸易出口新领域,推动软件和服务外包、技术、文化、中医药、会计、医疗等重点领域服务出口,在一些有增长潜力和比较优势的领域取得突破性进展,带动我国服务贸易整体发展。在文化出口方面,要落实相关扶持政策和资金,修订并发布《文化产品和服务出口指导目录》;组织开展2011~2012年度文化出口重点企业和重点项目的评选工作,积极拓展文化创意等领域的服务贸易发展空间;要围绕全国软件出口(创新)基地工作评价指标体系,加强对软件出口基地能力建设的扶持和指导;还提出组织落实《关于鼓励技术出口的若干意见》,积极促进成熟的产业化技术出口。

中国服务贸易协会副会长赵中屹说,为推动服务贸易发展,协会还将参与调整完善服务贸易对外投资合作产业指导意见和国别产业导向目录,鼓励有条件的企业对外投资,开展技术研发等合作,及时总结完善境外经贸合作区的相关政策。

(资料来源:上海证券报.2011-01-14)

第一节　服务贸易的含义

一、服务贸易的概念

服务贸易的概念正式产生于20世纪70年代,与国际货物贸易相比具有许多不同的特点,其方式与分类均具有自己的独特性。近年来,由于新科技革命的发展,世界产业结构的调整,以及国际货物贸易量的增加,促使国际服务贸易迅速发展,不仅规模迅速扩大,而且领域不断拓宽。

(一)服务业

至今,对于服务还没有一个大家公认的定义,但就服务的内涵或其所包含的内容来说,人们并没有太大分歧。服务业是生产或提供各种服务的经济部门或企业的集合,正如工业和农业是生产各种工农业产品的经济组织或企业的集合一样。

服务业经常会被等同于第三产业,它们两者是有区别的。第三产业的概念最初是在20世纪30年代,由英国经济学家、新西兰奥塔哥大学教授A.费希尔在其所著的《安全与进步的冲突》一书中提出的。费希尔把第一产业与第二产业以外的所有经济活动统称为第三产业。第三产业概念的经济结构含义主要是对于国内经济的,而服务业概念的经济结构含义则是面向国内和国际两个市场的。

(二)服务贸易

服务是相对于产品的一个经济学概念,是指以提供活劳动形式满足他人某种需要并取得报酬的活动。服务和普通商品一样具有使用价值,但服务这种使用价值的特点不是表现为物,而是表现为活动。因此,服务贸易与商品贸易的区别是商品贸易交换的是物化为产品的劳动,而服务贸易所交换的是服务者所提供的劳动本身。

服务贸易同样可分为国内服务贸易和国际服务贸易。根据《服务贸易总协定》的定义,国际服务贸易是服务提供者从一国境内,通过商业现场或自然人现场向消费者提供服务并获得外汇收入的交易过程,也可以说是国家间服务输入和服务输出的一种贸易形式。

【资料卡7.1】

《服务贸易总协定》(General Agreement on Trade in Service, GATS)是世界贸易组织管辖的一项多边贸易协议。《服务贸易总协定》由三大部分组成:一是协定条款本身,又称为框架协定,二是部门协议,三是各成员的市场准入承诺单。《服务贸易总协定》本身条款由序言和6部分29条组成。前28条为框架协议,规定了服务贸易自由化的原则和规则,第29条为附件(共有8个附件)。主要内容包括:范围和定义、一般义务和纪律、具体承诺、逐步自由化、机构条款、最后条款等,其核心是最惠国待遇、国民待遇、市场准入、透明度及支付的款项和转拨的资金的自由流动。《服务贸易总协定》适用于各成员采取的影响服务贸易的各项政策措施,包括中央政府、地区或地方政府和当局及其授权行使权力的非政府机构所采取的政策措施。

《服务贸易总协定》的宗旨是在透明度和逐步自由化的条件下,扩大全球服务贸易,并促进各成员的经济增长和发展中国家成员服务业的发展。协定考虑到各成员服务贸易发展的不平衡,允许各成员对服务贸易进行必要的管理,鼓励发展中国家成员通过提高其国内服务能力、效率和竞争力,更多地参与世界服务贸易。

根据协定的规定,WTO成立了服务贸易理事会,负责协定的执行。

(资料来源:中国服务贸易指南网)

二、服务贸易的特征

服务贸易与一般商品贸易相比,具有其独特之处:

(1)服务贸易标的一般具有无形性。服务贸易提供的服务大多是无形的,如金融、保险、运输、广告等服务。同时,服务贸易的对象越来越偏重于智力产品,如专利、版权、法律等知识性服务。

(2)服务贸易所提供的服务往往是生产、销售与消费同时进行,因此具有同时性、非储存性、非转移性和国际性等特征。服务的生产和出口过程往往是服务的进口和消费过程。有些项目下出口的服务,进口国消费者不能在本国国内消费而只能到服务出口国去消费。

(3)服务贸易与生产要素的跨国界移动密切相关。服务是一个过程,一般说服务贸易是不含所有权转移的特殊交易方式,因此,服务贸易更多地依赖于生产要素的国际移动和服务机构的跨国设置,国际中的服务交换无论采取什么形式,它都与资本、劳动力和信息等生产要素的跨国界移动密切相关。

(4)服务贸易不是通过边境措施,而是通过国内相关立法和规定来进行监管。服务是一种无形的产品,因此服务的进出口或者跨国界流动,不像货物那样都要经过海关,征收关税后放行进入进口国,而有相当一部分服务是在提供方境内或者在消费者境内进行的,有的甚至是在第三国境内提供的。这个特征决定了服务贸易的壁垒不同于货物贸易,服务贸易自由化的关键,是要逐步取消各国管理模式和法令上的限制。

(5)服务贸易的统计数据在各国国际收支表中显示,而在各国海关进出口统计上没有显示。从国际收支结构的角度看,服务贸易与货物贸易不同的是货物贸易被列入贸易收支项下,而服务贸易被列入非贸易收支项下。但需要说明的是世贸组织定义的服务贸易不仅包括国际收支表中的部分,还包括一国对外投资形成的经济实体在当地的经营活动,这是国际收支表所不能统计的。

当然,上述的特殊性是就服务贸易的一般情况而论的,由于服务门类众多,形式差异很大所以上述特性都有例外现象的存在。例如,有些服务是有形的,如书籍、视听服务中的磁带和影片,建筑师的设计图纸等;有些服务的生产与消费可以间隔相当一段时间;有些服务还涉及所有权的转移。

三、服务贸易分类

《服务贸易总协定》界定了服务贸易主要分为跨境交付、境外消费、商业存在和自然人流动四种方式。

1. **跨境交付**(cross-border supply)

跨境交付(cross-border supply),即服务提供者自成员领土向任何其他成员领土提供服务。如金融、电信、邮递服务等。

2. **境外消费**(consumption abroad)

境外消费(consumption abroad),即服务提供者在一成员领土内向来自任何其他成员的服务消费者提供服务。如旅游、教育服务等。

3. **商业存在**(commercial presence)

商业存在(commercial presence),即一成员的服务提供者通过在任何其他成员领土内设立商业机构或专业机构,为后者领土内的消费者提供服务。如通过设立分支机构或代理机构提供银行、保险、证券承销、法律咨询等服务。

4. **自然人流动**(movement of natural persons)

自然人流动(movement of natural persons),即一成员的服务提供者在任何其他成员领土内以自然人的存在提供服务。如医生、教师、教练、运动员、艺术家在境外提供服务。

虽然《服务贸易总协定》将国际服务贸易界定为四种形式,但是现实生活中服务门类却非常庞杂。根据不同的标准,可以做出不同的划分。中国国家统计局将服务贸易列为"第三产业",共24门类。而世贸组织统计和信息系统局(SISD)提供的国际服务贸易分类表,则将国际服务贸易分为12大类142个服务项目。12大类是:商业性服务,通信服务,建筑和相关工程服务,销售服务,教育服务,环境服务,金融服务,与健康相关的服务和社会服务,旅游及相关服务,文化、娱乐及体育服务,交通运输服务,其他服务。由于这种方法已经被世界贸易组织服务贸易理事会评审认可,因而具有权威性,而且在分类上也比较合理,具有推广价值。

第二节　服务贸易的保护与开放

一、服务贸易壁垒

服务贸易壁垒是指一国政府对国外生产的服务销售所设置的有障碍作用的政策措施,以增加国外服务生产者的成本从而达到限制外国服务进入的目的。这是国际服务贸易政策中贸易保护主义措施的体现。与货物贸易保护的动机相同,国际服务贸易保护政策的存在部分是由于经济上的考虑,因为许多服务部门在经济上具有十分重要的地位,如金融、邮电通信、交通运输和电力等,再加上国际服务贸易许多部门具有文化和政治性质,如教育、新闻、影视、音像制品等都属于国家意识形态领域,对国家安全又有十分重要的影响,这些都是有关国家在开放这些行业时需谨慎慢行。

(一)服务贸易壁垒的主要形式

由于服务贸易基本上属于无形贸易,服务的跨国流动不需要海关登记,而且难以进行海关评估。所以无法用关税壁垒的形式对其进行限制。因此,国际服务贸易领域中广泛使用的是非关税壁垒。

在关贸总协定乌拉圭回合谈判中所采纳的方案,服务贸易壁垒分为两类:影响市场准入的措施和影响国民待遇的措施。具体来说就是对国际服务贸易实行市场进入限制和经营限制:市场进入限制指政府对外国服务的进入设置的障碍;经营限制指对外国服务提供者在该国境内从事服务活动的阻碍。

1. 服务产品移动的壁垒

服务进口国规定服务进口的最高限度,当外国供应者提供的服务超过此限度时,进口国完全阻止外国服务进入本国市场。例如,有的国家规定刊登的广告必须在本国境内制作和拍摄;还有的国家规定禁止在本国应用国外处理的数据,限制外国数据通信的进口等。这些都会影响服务产品的移动和消费者的购买。

2. 资本流动壁垒

服务进口国通过外汇和投资管制等措施对外国服务提供者进行限制。通过外汇管制,限制外国服务提供者在本国所设企业的收入来源、外汇的兑换和汇出;通过汇率管理,增加经营者的经营成本,或者削弱消费者的购买力,使外国服务成本不再具有竞争性。汇率以及汇出投资收益的限制都影响了国际服务贸易的发展。

3. 人员流动壁垒

主要是通过各种措施对外国劳动力进入本国工作或就业进行限制。例如,严格控制给予国外劳务人员和移民的签证;对国内企业雇佣外籍人员规定苛刻的条件和标准;对国外颁发的教育证书、技术资格证书、执业许可证等不予承认;对外国服务提供者在本国工作的期限、报酬等都有限制。

4. 服务提供者开业权的壁垒

这方面的壁垒同服务业的市场准入原则有联系,即是否允许外国服务提供者以商业存在的形式进入本国服务市场。目前开业权壁垒的形式主要有:不允许外国服务提供者在特定服务领域设立经营机构;限制外国服务提供者在本国设立的企业形态;限制外国服务提供者在企业中的股份、权益和投票权;对外国公司的活动进行限制等。开业权方面的壁垒是开展国际服务贸易的最大阻碍。

5. 与服务贸易相关的货物流转壁垒

服务及其成果往往要借助一定的有形物体来完成和体现,很多国家通过对这些货物流转的限制,达到对外国服务销售设置障碍的目的。例如,一国可以通过限制外国服务载体在本国的流通,增加外国服务在本国的经营成本及本国货物和服务在外国服务中的含量,以起到阻碍外国服务在本国的销售,保护本国服务业的作用。

(二) 服务贸易壁垒的特点

服务贸易壁垒与货物贸易壁垒相比,有如下基本特点:

(1) 服务贸易是以国内法律法规和规章制度为主而不是以关税为主,难以量化,缺乏透明度。

(2) 服务贸易不仅对服务本身进行管理,而且对服务提供者和服务消费者(自然人、法人及其他经济组织)的管理为主,而不是以商品的数量、质量等为主。

(3) 不仅以商业利益为目标,还直接关系输入国的国家安全、政治稳定、文化与价值观念等敏感问题。

从当前的国际服务贸易壁垒看,无论形式上,还是内容上,都远比货物贸易壁垒复杂得多。据不完全统计,世界上现行的服务贸易壁垒措施达2 000多种,主要用于保护本国的金融、电信、运输、旅游、劳务输出等服务部门。

二、服务贸易自由化

国际服务贸易自由化,是指在减少以至消除各国妨碍服务贸易自由、公平进行的法律法规,扩大本国服务市场的准入程度,最终使服务业在各国或各地区间无障碍地自由流动。

如前所述,随着服务业在世界范围内的迅速发展和作用的日益提高,服务贸易壁垒越来越普遍。这些壁垒在维护一国国家主权、安全和社会利益的同时,也不可避免地分割了国际服务市场,限制了外国服务的进入和国际服务贸易的发展,背离了世界经济一体化和服务贸易国际化的发展趋势。因此,包括发展中国家在内的许多国家,都要求增强各国服务贸易管理制度的透明度,确立起有关的国际服务贸易的法律框架,将国际服务贸易纳入多边贸易体制,促进服务贸易的自由化。在 1986 年 9 月开始的关贸总协定乌拉圭回合多边贸易谈判中,服务贸易终于被列入了谈判议题,经过长达 7 年多的谈判,于 1993 年 12 月 15 日达成了《服务贸易总协定》(简称《总协定》)。随着世界贸易体制由关贸总协定向世贸组织的转变,服务贸易自由化随即被纳入世贸组织的管辖和监督。1997 年世贸组织又通过了三项重要的服务贸易方面的协议,即《基础电信协议》、《金融服务协议》和《信息技术协议》。上述协议文件规定了各国在国际服务贸易中应遵循的原则与规则,旨在解决服务业的开放和服务贸易自由化的问题。

(一)服务贸易自由化对中国的积极影响

1. 对国民经济发展具有重要意义

(1)促进国民经济的迅速发展。发展服务贸易并逐步开放服务贸易市场,从长远利益看,引进国外先进技术与知识,促进技术和知识密集型服务业的建立和发展,并且通过竞争机制,形成竞争的环境,可促使中国相应的服务业在良性刺激的竞争环境中提高服务水平和推动服务设施的改造,对中国经济的发展将带来巨大的促进作用。

(2)带动相关产业的发展。服务业的加快发展将为农业和工业提供优质高效的金融、市场、交通、信息等方面的服务,有利于提高中国所有物质生产部门的劳动生产率及其经济效益。服务部门和制造部门间复杂的相互作用决定了服务业的开放所带来的服务质量的提高,必然有利于制造业的进一步发展。当然服务业竞争的加剧也将加剧与服务高度相关的制造业的竞争,因而服务业开放的作用与影响绝不仅限于服务业本身。例如,在金融、电信等行业通过对外开放,引入适度的竞争,一方面可以促进这些行业本身的发展,另一方面有助于降低金融、电信等服务的价格,从而提高制造业和整个社会的竞争能力。

(3)优化国民经济结构。开放服务业,有利于中国在更深的层次上参与世界性经济结构的调整,促进改善本国的经济结构。服务业在经过半个世纪的大发展后,在经济全球化趋势的推动下,也在酝酿着世界范围的结构调整。通过服务业的开放,引进国外服务业的现代化理念、先进的经营管理经验、服务技术标准和技术手段,以及现代化的市场运作方式,以促进和培育服务业比较优势的形成,提高服务业的水平,从而带动整个经济结构的优化。

(4)改善外商投资环境。投资环境已不仅仅体现于厂房、公路、通信、电力供应等硬件的好坏,而越来越多地体现于金融、分销、专业服务等生产性服务的完备与质量。中国服务业总体上落后,而生产性服务更为落后。服务业的对外开放,会吸引更多的外资进入国内服务业,这将有力地促进中国服务业,特别是生产性服务业的快速发展,改善投资的软环境,加强对外资的吸引力,扩大引进外资的规模,进而带动整个经济的发展。如引进外资银行,有利于形成竞争性银行体系,引进先进的银行技术和新金融产品,从而降低融资成本,这本身会进一步改善中国的投资环境。

2. 为服务业和服务贸易的发展带来新的机遇

(1)服务贸易自由化有利于中国服务业企业公平地参与国际服务市场竞争。《总协定》依据权利与义务平等的原则,要求各缔约方承担服务贸易自由化的义务。因此,中国在承诺国内服务贸易市场准入的前提下,可以依协定享受他国的无条件最惠国待遇和国民待遇,使中国服务贸易进入国际市场的机会不低于别国,在未来的竞争中就有可能公平地参与国际市场竞争,还可利用多边规则解决双边贸易摩擦,促进服务贸易的发展。

(2)中国具有比较优势的服务业出口将得到更多的机会。中国服务贸易在劳动密集型、资源密集型的行业存在着比较优势,如对外工程承包及劳务输出、远洋运输服务、人造卫星发射服务和旅游服务等。服务贸易自由化将会带动上述服务业的进一步发展,因为通过开放国内服务市场可以换取其他国家对中国占优势的服务市场的进一步开放,这些行业凭借已有的优势和今后的发展潜力,可以在进一步减少外国市场准入限制的条件下争取到更多的市场份额。

(3)服务贸易自由化有利于打破国内部分行业的垄断局面,增强国内服务市场的竞争性,提高服务质量和水平。放宽限制、开放市场是服务业发展的关键。中国入世后,服务业部分行业的市场准入将不再受国内有关部门的控制,而是要执行政府对世贸组织的承诺,这将有利于打破国内部分行业的垄断局面,增强国内服务市场的竞争性,有利于国内行业学习国外先进经验,促使国内服务业提高服务质量和水平,从而进一步推动国内服务业的发展和国际竞争力的提高。

(4)服务贸易自由化有利于引入新的服务种类。中国服务业的落后,在很大程度上表现为服务种类、品种的缺乏。在世贸组织划分的142个行业中,中国商业化的税务服务、民意测验服务、安全调查服务、信用查询与分析服务等行业,基本上处于空白状态。在许多行业具体的服务领域、服务品种也存在大量空白。服务市场的开放和外资的进入,将在相当程度上弥补国内服务业发展中的各种空白,使服务业得到全面的发展,满足国内经济发展和人民生活的各种需要。

(二)服务贸易自由化对中国的消极影响

中国作为服务业相对落后的发展中国家,在服务贸易自由化的进程中,将有可能付出较大的成本。服务贸易自由化进程中一个最为敏感的问题就是国家安全问题。国家安全涉及五种基本的国家利益:政治利益、经济利益、军事利益、外交利益和文化利益。服务贸易比商品贸易更多地涉及国家安全问题。概括起来,服务自由化主要从以下几方面影响发展中国家的国家安全。

(1)服务贸易自由化可能对其幼稚服务业,特别是国有或国家控制的企业,造成毁灭性打击,不利于保护本国民族服务业,从而影响本国就业,动摇国家经济独立性的基础。服务贸易自由化乃大势所趋,中国将不得不逐步开放国内服务市场。服务业是中国加入世贸组织面临压力最大的行业,尤其是技术知识密集型服务业的国际竞争力较低,基础落后,与发达国家有较大差距。这些部门的迅速开放不仅有可能导致服务贸易的大量逆差,且有可能导致中国在未来的国际分工中处于不利地位,甚至影响到国家的经济安全。

(2)由于要取消对外国投资的某些限制,从而对本国金融服务市场的稳定和安全构成潜在威胁,进而可能影响国家政权的稳定。例如,中国对于外资金融机构的市场准入、经营地域、经营对象和经营业务一直有较多的限制,入世后开放金融市场可能带来的潜在风险和弊端尚未充分显现,但可以肯定,金融业开放的潜在风险至少包括以下三个方面:债务风险、对本币的稳定产生影响、引入国际金融市场的波动。

(3)作为服务进口国家短期内可能以两种方式影响其国际收支:首先,可能导致在国内市场上国内服务供应商被国外服务供应商所取代;其次,可能形成以进口服务替代国内服务使进口需求增加的局面。由于服务大量进口会使外汇外流,不利于本国实现国际收支平衡目标,从而可能弱化国家的总体经济目标。

(4)服务贸易自由化可能影响本国电信服务市场的正常发展,这不仅可能弱化对国家政治、军事和经济机密的保护,而且可能危及国家主权。西方发达国家呼吁开放电信服务市场,要求加快世界电信服务贸易自由化进程,这对于尚处于起步阶段、总体竞争力还很弱的中国电信服务业和电信服务贸易的发展形成了巨大的压力。开放电信市场有可能将中国的电信企业推向破产的边缘,同时国家也面临对电信市场和国家公用电信网络管理失控的危险。而且由于电信成本下降,许多公司将会发现,通过海外服务业进行设计、计算和加工数据库将更为经济且方便,这种信息的大量外流造成国家信息资源严重损失,那些对国家经济发展意义重大的核心信息资料,可能由于政治、经济或其他原因而受到外国政府的控制。

(5)服务贸易自由化可能威胁本国文化市场的安全,威胁本国民族文化的独特性和创造性,从而影响本国精神文化的正常发展。

(6)服务贸易自由化对服务管理体制及国家宏观调控能力也是一种挑战。《总协定》所要求的服务贸易自由化并不直接针对私人的商业行为,而是针对各国政府的。它不仅对政府管理对外经济贸易的方式有严格约束,为政府与企业的关系提供某种规范,而且在贸易和投资市场准入的扩大方面,要求政府其他相关的管理权限和管理方式也要相应变化。《总协定》所带来的制度传递效应,必将促进政府职能转变。政府必须改革原有管理体制,建立符合国际通行规则的新型的管理模式和措施。但任何改革都不是一蹴而就的,转变政府职能、实现行政体制创新,是一项长期而艰巨的改革。从实践看,处在经济转型期的中国对外服务贸易管理体制仍存在许多缺陷,例如,中央与地方在服务业对外贸易政策和规章方面还存在着一定的差别,服务业多头管理、政出多门,甚至相互掣肘的问题还没有完全解决;某些职能政府虽在履行,但力度不够,监管不到位;服务业的统计也不规范,在行业划分标准、服务标准等方面有许多不符合国际惯例,未形成健全的法制体系等。在新的管理体制尚未完全建立起来的条件下,势必会影响政府的管理水平与管理效率,从而进一步影响到服务业的整体竞争力。

第三节 我国的服务贸易

一、我国服务贸易发展现状

中国在申请恢复关贸总协定缔约国地位和加入世贸组织的过程中,服务业市场开放问题始终是谈判的焦点之一。1991年7月,中国第一次向关贸总办定秘书处提交了初步承诺开价单,对银行、航运、旅游、深海石油勘探、专业服务、广告6个部门的市场开放做出了初步承诺。1992年10月,中国继续参加服务贸易市场准入的承诺谈判,又将保险、陆上石油服务、商业零售、建筑工程以及计算机服务等8个部门列入了初步承诺开价单。两次承诺中,共涉及14个国内服务行业的市场开放和国民待遇的条件与资格。此后,中国又于1993年4月和9月先后两次调整和修改开价单,进一步加大服务业对外开放的程度,并于同年11月提交了服务减让表草案,规定对绝大多数行业部门以商业存在(主要是设立中外合资、合作企业)的方式提供市场准入机会,个别的专业服务项目允许具有一定资格的自然人进入。1994年9月13日,中国提出了正式的服务贸易开放具体承诺表,1995年10月和1996年12月对该表进行了两次修改。1999年11月和2000年5月,中国与美国、中国与欧盟之间达成了关于中国加入世贸组织的双边协议,2001年11月在多哈签署了《中国加入世界贸易组织议定书》,就中国服务业的对外开放做出了广泛的承诺,包括跨境交付、境外消费、商业存在到自然人流动等各个方面,并拟定了开放时间表。

(一)中国对服务业开放的承诺

根据《中国加入世界贸易组织议定书》,中国对服务业的开放主要做了如下承诺:

1. 金融业

(1)银行服务。

①外汇业务。中国加入世贸组织后,允许外资金融机构在华提供外汇服务,取消地域和服务对象限制。

②人民币业务。取消外资银行在中国经营人民币业务的地域限制;在加入世贸组织后,立即取消在上海、深圳、天津、大连的限制;加入1年内,取消在广州、青岛、南京、武汉的限制;加入2年内,取消在济南、福州、成都、重庆的限制;加入3年内,取消在北京、珠海、厦门、昆明的限制;加入4年内,取消在西安、沈阳、宁波、汕头的限制;加入5年内,取消全部的地域限制;取消外资银行在中国经营人民币业务的客户限制;加入世贸组织2年内,允许外资银行对中国企业提供人民币业务服务;加入世贸组织5年内,允许外资银行对中国居民提供人民币业务服务。

(2)保险服务。在跨境服务方面,除国际海运、航空、货运险和再保险,以及大型商业险和再保险经纪外,对其他不做承诺。

在境外消费方面,除保险经纪不做承诺外,其他未做限制。

在自然人流动方面,除跨行业的水平承诺(即包括保险行业普遍承诺)外,对其他没有承诺。

在商业存在方面,对企业形式、地域范围及业务范围的承诺如下:中国加入世贸组织后,寿险允许在上海、广州、大连、深圳和佛山设立合资公司,外资比例不超过50%。允许向外国人和中国公民提供个人(非团体)寿险服务。非寿险允许外国非寿险公司在上海、广州、大连、深圳和佛山设立分公司或合资公司,外资比例可以达到51%。加入后2年内,寿险开放地域扩大到北京、成都、重庆、福州、苏州、厦门、宁波、沈阳、武汉和天津。非寿险允许设立外资独资子公司,地域扩大到北京、成都、重庆、福州、苏州、厦门、宁波、沈阳、武汉和天津,允许向外国和国内客户提供全面的非寿险服务。加入3年内,寿险取消地域限制,允许合资寿险公司向外国人和中国公民提供健康险、团体险和养老险服务。非寿险取消地域限制。

(3)证券服务。中国加入世贸组织后,外国证券机构可以直接从事B股交易;外国证券机构驻华代表处可以成为所有中国证券交易所的特别会员;允许设立合资公司,从事国内证券投资基金管理业务,外资比例可以达到33%。

加入后3年内,从事国内证券投资基金管理业务的中外合资公司中,外资比例可以达到49%;允许外国证券公司设立合资公司,外资比例不超过1/3。合资公司可以直接从事B股和H股、政府债券和公司债券的承销和交易,以及基金的发起。

2. 批发零售业

(1)批发(包括佣金代理)服务。在经营范围方面,加入后1年内,允许设立合资企业,从事除盐和烟草外的批发及佣金代理业务;加入后3年内,外资批发企业可从事图书、报纸、杂志、药品、农药和农膜的分销业务;加入后5年内,可从事化肥、成品油、原油分销业务。

在股权控制方面,加入后2年内,允许外资拥有合资批发企业的多数股权,取消所有数量限制;加入后3年内取消对外资股权的限制,外资可以成立独资批发企业,但经营化肥、成品油和原油的除外;加入后5年内取消限制后,外资才能成立经营这三类产品的独资企业。

(2)零售服务。在地域限制方面,加入世贸组织第1年,外国服务提供者仅限于以合资企业形式在5个经济特区和北京、上海、天津、广州、大连、青岛6个城市提供服务,在北京和上海,允许的合资零售企业的总数各不超过4家;第二年,开放所有省会城市、宁波和重庆;第3年,取消所有地域限制、数量限制、股权限制。

在经营范围方面,加入后1年内允许从事图书、报纸和杂志的零售;加入后3年内,允许从事药品、农药、农膜和成品油的零售;加入后5年内,允许合资企业从事化肥的零售。

3. 旅游业

(1)旅行社服务。中国加入世贸组织后,符合条件的外国服务提供者可以在中国政府制定的旅游度假区和北京、上海、广州和西安开办中外合资旅行社;加入后3年内,允许外资在合资旅行社中控股;加入后6年内,允许设立外资独资旅行社并取消地域限制。

（2）饭店服务。中国入世后，外资可以占有合资饭店的多数股权；加入后4年内取消准入限制，且可由外资独资。

4. 电信业

（1）增值电信服务。自中国入世之日起，允许外国服务提供者在北京、上海、广州设立增值电信企业，无数量限制，合资企业中的外资比例不得超过30%，并在这些城市内提供服务；加入后1年内，开放地域将扩大到成都、重庆、大连、福州、杭州、南京、宁波、青岛、沈阳、深圳、厦门、西安、太原和武汉等14个城市，外资比例不得超过49%；加入后2年内，取消地域限制，外资比例不得超过50%。

（2）寻呼服务。自中国入世之日起，允许在上海、广州和北京设立中外合资企业，无数量限制，外资比例不得超过30%，并在3个城市内及城市间提供服务；加入后1年内，开放地域将扩大到上述成都等14个城市，外资比例不得超过49%；加入后2年内，取消地域限制，外资比例不得超过50%。

（3）移动语音和数据服务。自中国入世之日起，允许外国服务提供者在上海、广州和北京设立中外合营企业，无数量限制，合资企业中的外资比例不得超过25%，并在这些城市内及其之间提供服务；加入后1年内，地域将扩大至上述成都等14个城市，并在这些城市内及其之间提供服务，外资比例不得超过35%；加入后3年内，外资不得超过49%；加入后5年内，取消地域限制。

（4）基础电信服务。中国入世后3年内，允许外国服务提供者在上海、广州和北京设立中外合营企业，无数量限制，外资比例不得超过25%，并在这些城市内及其之间提供服务；加入后5年内，地域将扩大至上述成都等14个城市，外资比例不得超过35%；加入后6年内，取消地域限制，外资比例不得超过49%。

5. 运输业

（1）铁路、公路运输服务。中国入世后，只允许设立合资企业，外资比例不得超过49%。对于铁路输，加入后3年内，允许外资控股；加入后6年内，允许设立外资独资子公司。对于公路运输，加入后1年内，将允许外资拥有多数股权；加入后3年内，允许设立外资独资子公司。

（2）国际运输服务（货运和客运，不包括沿海和内水运输）。中国加入后，允许设立注册公司，经营悬挂中华人民共和国国旗的船队；允许外国服务提供者在华设立合资船运公司，外资比例不得超过49%。

（3）货运运输代理服务（不包括货检服务）。中国加入后，允许有至少连续3年经验的外国货运代理在中国设立合资货代理企业，外资比例不得超过5%；加入后1年内，允许外资拥有多数股权；加入后4年内，允许设立外资独资子公司。

6. 专业服务业

（1）法律服务。中国入世后，外国律师事务所可以在北京、上海、广州、深圳、海口、连、青岛、宁波、烟台、天津、苏州、厦门、珠海、杭州、福州、武汉、成都、沈阳、昆明设立代表处，提供法律服务。加入1年内,取消上述地域限制。

(2)会计服务。只允许获得中国主管部门颁发的中国注册会计师执业许可证的人在华设立会计师事务所或有限责任会计事务所。允许外国会计师事务所与中国会计师事务所结成联合所,并与其在其他世贸组织成员的联合所订立合作合同。将在国民待遇的基础上向那些通过中国注册会计师资格考试的外国人颁发执业许可证。

(3)广告服务。中国入世后,只允许外国服务提供者在中国设立中外合资广告企业,外资比例不得超过49%;加入后2年内,允许外资控股;加入后4年内,允许设立外资独资子公司。

(4)建筑设计、工程、集中工程、城市规划服务(不包括城市总体规划服务)。这类服务中国入世后仅限于设立合资企业,允许拥有多数控股。加入后5年内,允许设立外资独资企业。

(5)教育服务。教育服务包括初等教育、中等教育、高等教育、成人教育及其他教育服务(不包括义务教育和特殊教育服务)。中国入世后,只允许合作办学,允许外方拥有多数控制权。

(6)音像服务。在不损害中国审查音像制品内容权力的情况下,允许设立中外合作企业,从事除电影以外的音像制品的分销和录像带的出租。允许每年以分账形式进口20部外国电影;允许外商建设或改造电影院,外资比例不得超过49%。

(7)医疗和牙医服务。中国入世后,允许设立中外合资医院或诊所,允许外方控股。根据中国的实际需要,设有数量限制。允许具有其本国颁发的专业证书的外国医生,在获得中国卫生部的许可以后,在中国提供短期的医疗服务,期限为6个月,并可以延长至1年。

据世界银行专家计算,中国对142种服务活动市场准入承诺的百分比达到55%,除视听、邮政、通信、基础电信、运输服务等46个敏感部门外,中国的承诺比例可达到63%。与世贸组织25个发达经济体、77个发展中经济体和4个转轨经济体相比,从总体水平上看,中国对服务业的具体承诺与转型国家相似,明显高于发展中国家,而低于发达国家。在市场准入方面,从服务提供方式上看,中国对自然人流动和商业存在的限制最为严厉,有一多半的部门受到约束限制,另外一些部门不做承诺,特别是对商业存在的承诺,比其他成员(包括发展中国家)有明显的差距。相比而言,对跨境交付与境外消费的限制却较为宽松,对境外消费没有限制的比例高达52%,在跨境交付上除敏感部门外几乎不受任何限制,不过这两种方式不做承诺的比例也依然很高,分别达到57%和45%。在国民待遇方面,对自然人流动的限制相当严格,但在商业存在方式上比市场准入要缓和许多,包括对敏感的7个部门实现了不同程度的非歧视待遇。

(二)中国服务贸易发展的特征

中国在入世协议书中对服务贸易做出了高于发展中国家水平的具体承诺和减让,但由于服务业在经济安全、竞争力和就业上的敏感性,因此,服务贸易壁垒仍然较高。改革开放以来,中国服务业取得了长足进展。服务业产值、利税、就业人数等逐年上升,增长速度超过了农业和制造业,在国民经济中的地位迅速提高。与此同时,服务业的发展也存在许多问题,突出表现为商业、金融保险业增长乏力,新兴产业发展缓慢,以劳动密集为特征粗放式发展,行业与地区垄断现象十分明显等,在短期内难以成为经济增长的主要动力。可以说,服务贸易发展与总体贸易发展和经济增长具有很强的不对称性。具体而言,中国服务贸易发展具有以下特征。

1. 服务贸易发展速度快

目前,我国服务业年均增长率为12.4%,据统计,2010年上半年我国服务贸易出口额为769.7亿美元,进口额为886.6亿美元,较上年同期分别增长41.2%和24.5%。可以估计,随着服务贸易自由化趋势的加强以及世界经济的产业结构进一步向服务化、信息化、知识化的方向发展,服务贸易在世界经济舞台上会扮演越来越重要的角色,成为国际贸易乃至全球经济的新增长点。

2. 服务贸易总体水平低

改革开放以来,我国服务业有较大发展,但与发达国家乃至部分发展中国家相比仍然存在较大差距。据世界银行统计数据,近年来,中等收入国家服务业比重为53%,高收入国家服务业比重为72.5%,低收入国家比重为46.1%。然而我国服务业增加值占GDP比重,仅由2002年的33.7%升至2009年的42.6%,总体水平仍低于低收入国家的平均水平。由于服务业落后,服务贸易缺乏产业支柱,无论以增加值还是以就业人数衡量,中国服务贸易发展水平不仅远远落后于发达国家,而且与一些发展中国家也存在很大差距。

3. 服务贸易结构不平衡

从进出口结构看,目前主要的出口类别仍主要分布在旅游、商业服务、运输和通信服务方面,而像金融、保险等高附加值的服务出口不足;从服务的进口看,同样集中在以上几个类别中,其他服务进口也较少,部分原因是我国服务业的对外开放程度较低,未能与世界发达国家的服务进出口同步。国际旅游和国际运输是我国服务贸易的支柱,以信息技术为基础的新型服务业却是弱项。因此,服务贸易部门中以货运、旅游等劳动密集型特征的行业发展快,竞争力也较强,而金融、保险、商贸和电信等资本、技术和知识密集型行业发展相对落后,难以抵挡国外同行业的竞争。从地区结构来看,东部沿海地区服务业较发达,对外贸易发展迅速,内陆地区受经济发展水平所限,另外现有资源也没有得到很好的开发利用,因而服务贸易进展缓慢。

4. 服务贸易外来压力大

这种外来压力主要来自两方面:一方面,主要贸易伙伴在谈判中提出一些过高要求,超过了目前中国服务业发展水平所能承受的开放程度,给服务业尤其是具有广阔增长潜力的服务部门的发展形成巨大压力;另一方面,为抢占中国服务业市场,外商采用各种变通手段穿越市场准入壁垒,直接对国内服务厂商构成威胁。1995年以来,我国已不同程度地对外商开放了一批以前禁止投资的领域和行业,包括航空运输、商业、银行人民币业务、保险、证券、会计、审计、房地产等。截至2009年底,共有13个国家和地区的银行在华设立了33家外商独资银行、2家合资银行、2家外商独资财务公司;有24个国家和地区的银行在华设立了71家分行,有

46个国家和地区的194家银行在华设立了229家代表处。

到2009年末,共有15个国家和地区的52家外资保险公司在华设立了291个营业性机构,来自21个国家和地区的137家外资保险公司在华设立了183家代表处。截至2009年底,中资保险公司在海外共设立了41家保险营业机构和9个代表处。

5. 服务贸易法规不健全

20多年来,我国大力加强法制建设,制定并颁布实施了很多法律法规,但仍然满足不了我国发展服务贸易的需要,我国目前还没有形成一套完整的服务贸易法律法规体系,一些单项法规条款也存在着与GATS原则相冲突的地方。在国际服务贸易自由化的步伐日益加快的今天,如果在航空、电信、金融等涉及国家安全的领域没有完整的立法,将很难规范外国从业者的活动,这对我国将是一种莫大的威胁。

6. 服务贸易管理水平低

商务部是我国管理对外贸易的国家行政机关,在服务贸易方面,主要负责拟定服务贸易的方针政策和规章制度,并组织实施和监督执行。但它的管理原则灵活性差,与行业、部门管理相互交叉,容易引起矛盾。目前我国的服务贸易管理实际上是粗放型的管理,其管理水平低、效率低,最终导致了服务贸易效益低。由于许多服务行业长期处于国有经济单一垄断、经营机制不活、产权明晰的市场主体未真正形成的状态,这突出表现为电信、金融、保险、运输服务及会计等中介服务中的垄断与政企不分。

二、发展我国服务贸易的对策

(一)循序渐进的对外开放服务贸易

1. 逐步放松国内服务市场的管制

对于绝大多数发展中国家来说,放松对本国服务市场的管制是服务贸易自由化的第一个必不可少的步骤。在该阶段中,发展中国家面临的主要是商业政策问题,是如何在放松管制与允许外国服务厂商进入之间做出有利于提高本国信息福利的选择。

2. 逐步开放本国货物贸易市场,降低货物关税水平

开放本国货物贸易市场是开放服务市场的充要条件,或者说,只有逐步在本国货物贸易市场实现贸易自由化,才谈得上服务贸易市场自由化问题,至少服务贸易市场自由化的步伐不能快于货物贸易市场自由化的进程。其原因在于,如果本国货物贸易被关税扭曲的话,允许本国服务贸易自由化将比封闭情形下的经济损失更大。

3. 逐步开放服务产品市场,减少服务产品领域非关税壁垒

逐步开放本国运输、建筑和旅游等服务产品市场,减少服务产品非关税壁垒,是发展中国家开放本国服务市场的第一个充要条件。一国开放服务产品市场与开放服务要素市场的先后顺序将给国家带来不同的福利影响,不同顺序的政策选择带来的收益又因不同环境限制而可能不同。但是,在服务贸易领域,由于服务对于国家安全的重要性,将之放在服务产品市场的开放之后是合适的和稳妥的政策选择。

4. 逐步开放其他服务贸易要素市场,减少有形服务贸易品的关税和非关税壁垒

逐步开放技术、资本和管理等服务要素市场,减少有形服务贸易品的关税和非关税壁垒是发展中国家开放本国服务市场的第二个充要条件。一旦发展中国家开放本国服务要素市场,就离实现服务贸易自由化的目标不远了,因为开放服务要素市场意味着国内服务竞争力的加强。然而,目前即使发达国家也没有完全放开对本国服务要素市场的管制,限制服务劳动力跨国提供服务的措施依然大量存在,特别是在欧盟成员国中。逐步减少或拆除有形服务贸易领域的关税和非关税壁垒,也是发展中国家服务贸易自由化进程的一项重要内容。由于有形服务贸易品的跨国贸易一般接受海关监管,因而各国可以较好地控制外国有形服务贸易品的输入规模和频率,以保护本国文化遗产。

(二)大力发展本国服务业,优化服务产业结构

服务贸易是建立在发达的服务业基础上的。服务业是当今世界经济和贸易增长的重要动力和源泉,据有关资料统计,服务业在全球经济中的地位越来越高,西方发达国家服务业产值占各国国内生产总值的比例已达70%以上,中国服务业产值占国内生产总值的比重明显偏低。可见,中国发展服务出口的基础还相对薄弱,服务业落后使其服务出口贸易的发展受到很大的制约。因此,必须大力发展服务业,迅速提高服务业增加值占国内生产总值的比重和从业人员占全社会从业人员的比重,为进一步发展服务出口奠定雄厚的物质基础。

(1)对于投资少、收效快、就业量大、与经济发展和人们生活密切相关的行业,如商业、物资业、金融业、保险业、餐饮业、旅游业、房地产业、居民服务业和文化卫生业等,要重点扶持和发展。

(2)发展与科技进步相关的新兴行业,如咨询业、信息业和各类技术服务的行业。

(3)发展对国民经济发展具有全局性、先导性影响的基础行业,主要是交通运输业、科学研究事业、教育事业和公共事业等。

(4)为提高农民素质和生活质量,还应重视农村第三产业的发展,主要是为农业产前、产中、产后服务行业的发展。

此外,为了使我国服务业能与国际同行业竞争,并在国际服务市场上站稳脚跟,实现我国国际服务贸易自由化,当务之急应尽快组建一批国际服务贸易企业集团,其目的是通过资产重组、降低贸易成本、增加利润、扩大市场容量,增强全球服务贸易竞争力。

世界服务产业的发展趋势是由劳动密集型向技术人力密集型转变。产业性质决定贸易性质,新兴服务业在贸易中的相对份额将不断扩大。目前,中国服务业的产业内部结构以劳动密集型服务业为主,这是基于具体国情和经济发展水平的现实选择。但是,中国要想使服务出口有较大发展,必须优化出口结构,跟上世界服务产业和服务市场变化的步伐,要在充分发挥劳动密集型服务业竞争优势的同时,分阶段、有重点地发展高层次的技术人力资本密集型服务产业,优化服务业内部结构,不断提高服务贸易的技术档次,使服务业发展真正建立在提高劳动

生产率的基础之上。

(三) 在《总协定》框架下对服务业进行合理保护

为适应服务贸易自由化的大趋势,随着加入世贸组织,中国服务业的对外开放已进入了全面展开的阶段。但作为一个服务业落后和服务贸易逆差的国家,如何处理市场开放与保护的关系,将是今后服务业以及服务贸易顺利发展的关键。因此,中国十分有必要研究对服务业和服务贸易的保护,即应当尽量利用《总协定》所允许的保护,将服务贸易自由化的成本降低到最少。

针对服务贸易保护的特点,《总协定》主要通过最惠国待遇原则与国民待遇原则来推动服务贸易自由化进程,但服务贸易自由化的落实则依据各国的市场开放承诺。可见,《总协定》的渐进式自由化原则与具体承诺的方式,为包括中国在内的发展中国家实行必要的服务贸易保护提供了可能。一系列保障措施的存在,意味着中国在加入世贸组织之后,仍可对服务市场进行合理的保护。

(1) 政府应对国内一些缺乏竞争力的幼稚服务业、高新技术服务业和战略性服务业进行有效保护。防止因国外服务提供者进入太多、竞争过度给国内服务业造成巨大的冲击,避免国内服务市场的动荡,保持整个经济的增长和稳定。

(2) 要加强政府间谈判与协作。随着中国改革开放的继续深化和世界经济一体化趋势的进一步加强,继续在互惠原则基础上进行服务贸易谈判就越发显得重要。它有助于阐明中国的立场与原则,通过双边尤其是多边谈判维护国家在世界服务贸易中的地位和权益,从而使本国经济更好地融入世界经济环境中去,以谋求高质量发展,切实提升服务贸易的整体国际竞争力。

(3) 要选择合理而有效的方式进行保护。如前所述,目前发达国家的服务贸易壁垒多为间接的,往往表现为一些复杂苛刻的技术标准和质量检验与认证制度,具有隐蔽性和合法性;而发展中国家的服务贸易壁垒多是采用直接的限制性规定,如直接规定对某类服务限制外资进入,或规定外资比例等。随着服务贸易自由化的推进,这些措施的使用将受到限制和禁止。因此,中国也应考虑采用发达国家使用的手段,规避世贸组织的某些限制,进行合法而有效的保护。

(四) 建立健全服务贸易法律法规

长期以来,中国服务贸易立法严重滞后,服务贸易领域法规存在着覆盖面窄、内容不规范、法律法规相互冲突等多方面问题。中国不仅缺乏一部统帅整个服务贸易的基本法规,而且也缺乏一些基本的行业性法规,法律真空现象比较普遍。另外,一些现有法规与国际规范相差甚远。这种状况严重制约服务贸易的发展。为此,应逐步完善服务贸易基本法律,加快制定行业性基本法律和行政法规与规章,加强与服务业和服务贸易相关的经济、行政和刑事立法,构建层次不同、内容齐备的服务贸易法律体系。同时还应扩大服务业政策的透明度,及时对外公布有关服务业及对外服务贸易的法规,并设立指定专门渠道对外发布信息及提供咨询。

(五)加强政府对服务出口的支持,进一步完善服务贸易管理体制

在服务业高度发达的国家,服务业的发展得益于政府的一整套政策的支持。例如,美国的信息服务业能获得高速发展,并具有较高的国际竞争力,不仅源于美国政府制定了具有针对性的服务出口战略,还在于有相应的产业政策、人才政策等的配套。中国政府也应根据国情和国际大环境,研究制定服务出口贸易发展战略和中长期规划,明确服务出口的发展方向与目标、区域和行业重点。政府管理部门要在国家规划的框架下,加大政策引导力度,包括完善服务出口贸易的有关法律法规;有重点地选择最具潜力的服务出口贸易领域,提供融资担保、政策性保险等金融支持;通过政府间双边谈判为中国服务贸易出口扫清障碍;将对外援助与服务出口相结合,为服务出口争取有利的市场条件;建立完善的、能为服务出口企业提供充分信息资源和服务项目的信息化网络以及进一步完善服务贸易管理体制,转变政府职能等。

(1)建立服务贸易统一管理与协调机构,充分发挥政府的组织、协调和服务功能。鉴于中国服务贸易正处于成长阶段,服务贸易的发展对整个对外贸易和国民经济增长意义重大,因此,建立服务贸易的统一管理和协调机构十分必要,这利于服务贸易的健康发展。服务贸易统一管理协调和机构应当具有一定的职权和手段,如为平衡各服务业主管部门的利益,根据服务业发展状况和《总协定》的规定,统筹规划并及时修改服务贸易的发展战略;监督检查有关国际双边、多边服务贸易协议以及本国服务贸易法规、政策的实施情况,协调各行业市场准入政策等。

(2)明确各服务行业行政主管部门的职责。服务业各行政主管部门的主要职责应侧重于:按照国家有关法律法规和达成的国际协议,对开放的本行业服务贸易市场进行监督管理,并负责对进入国内服务市场的外国服务提供者进行全面和全程的管理,对违反法律、搞不法经营活动的外商给予制裁;提出有关对本行业对外开放或适度保护的方案,促进本行业的健康发展,推动有优势的企业进入他国服务市场;统计和掌握本行业服务贸易的基本数据和市场状况等。

(3)逐步淡化服务行业的行政管理色彩,建立健全服务贸易行业协会组织,充分发挥其对服务市场的协调管理作用。世界上大多数国家对服务贸易的管理大都采取行业协会的管理模式,如律师协会、会计师协会、电影协会等。这些协会在制定和完善本行业的服务规范与标准方面,具有行政管理部门所不具备的优势,这对于提高行业自律水平和服务水准具有十分重要的作用。

(六)重视人才培养

不同产业的企业,关键性的生产要素是不同的。对农业来讲,土地是关键要素,对工业来讲,资金是关键要素,对服务贸易企业来讲,人才是关键要素。世界经济发展表明,在全球经济中,知识的作用日益增强,而掌握知识的人才尤为重要。无论在人才的质量上还是人才的数量

上,服务贸易都比货物贸易的要求高,服务贸易的竞争更加体现了国际竞争是人才的竞争的本质。发展国际服务贸易尤其需要能透彻了解并娴熟运用国际商法、国际运输、国际金融、国际商务代理、国际旅游、国际展览、国际通信网络等业务的人才。由于人力资本在服务业和服务贸易发展中的巨大作用,使得各国在争相发展服务业的同时,必然会重点关注人力资本要素的提升。而作为决定国际服务贸易比较优势的人力资本状况,在中国尚不乐观,尤其是新兴服务业和知识型服务业,发展历史短,经验少,高级人才严重短缺。因此,中国应不断提高国际服务贸易从业人员的教育和技术水平,我们需要高度重视并迅速培养国际服务贸易发展所需的各层次和各部门的专业人才。通过多种渠道,培养一大批既懂外语、掌握专业技术,又具有现代管理理念、新的思维模式和开拓创新精神的高级管理人才,才能满足服务贸易快速发展的需要。在培养人才的同时,必须建立有效的激励机制,使企业培养出来的人才能够继续为企业服务。

本 章 小 结

1. 关键词:服务业;服务贸易;服务贸易壁垒;服务贸易自由化。

2. 服务业是生产或提供各种服务的经济部门或企业的集合;国际服务贸易是服务提供者从一国境内,通过商业现场或自然人现场向消费者提供服务并获得外汇收入的交易过程。

3. 《服务贸易总协定》界定了服务贸易主要分为跨境交付、境外消费、商业存在和自然人流动四种方式。

4. 服务贸易壁垒的主要形式包括服务产品移动的壁垒、资本流动壁垒、人员流动壁垒、服务提供者开业权的壁垒、与服务贸易相关的货物流转壁垒。

5. 国际服务贸易自由化,是指在减少以至消除各国妨碍服务贸易自由、公平进行的法律法规,扩大本国服务市场的准入程度,最终使服务业在各国或各地区间无障碍地自由流动。

思 考 题

1. 什么是服务?国际服务贸易的方式有哪些?
2. 国际服务贸易壁垒主要有哪几种形式?
3. 以一国或地区为例,分析国际服务贸易的发展对该国或该地区经济的影响。
4. 服务贸易自由化对我国有哪些积极影响和消极影响?
5. 查阅最新资料,谈谈中国对外技术贸易的发展现状。

【阅读资料】

2010年,为吸引全球IT巨头前去投资,重庆与成都之间曾上演过招商战。不过,距离它们几百公里远的湖南长沙,却不声不响成功地拉去许多巨头。

PC巨头戴尔的全球财税总监Mr. Al Paul在长沙宣布,戴尔将在长沙设立一座大型运营基地。这是富士康与长沙签署战略合作之后又一个重要项目。

长沙高新区招商合作局局长刘清文透露,项目全名为"戴尔中国投资有限公司佩罗系统技术咨询(上海)有限公司长沙分公司"。这显然是戴尔一年多来重点强化的业务,佩罗是它前年花39亿美元买来的服务企业。此外,它还收购了咨询企业毕博(原毕马威)。

根据双方协议,戴尔将在长沙设立戴尔服务中国运营中心,在湖南发展面向全球的软件和信息服务业务,并参与湖南医疗信息化、三网融合等省重点项目和工程。

长沙项目被定义为"戴尔新科技战略布局的核心"。它承诺,未来5年,将把长沙基地打造成中国最重要的IT服务战略基地与国际服务外包承接地。

戴尔大中华区大型企业事业部服务销售总监陆嘉碧表示,公司正加速转型,拓展中国IT服务市场已成为战略布局要点。

这事实上是全球IT巨头在中国信息化市场燃起的一场战火。之前落地的富士康长沙项目,重点也在于软件与三网融合产品的研发与制造。

而两个半月前,惠普则与海南省签署《战略合作及实施框架协议》,承诺打造"信息智能岛",参与海南信息化建设。这一合作包括四大项目:惠普两化融合与未来都市研究院、亚太能源外包服务研究院、惠普IT外包服务学院、云计算与3D动漫服务研究院。惠普表示,未来海南员工人数将达5万人,年产值500亿元。之后仅过10天,它又宣布在江苏江都设立新基地。

早在一年半以前,记者曾采访过欧洲第一、全球第三名的管理咨询、技术和外包服务供应商凯捷,它已在昆山花桥建起中国目前最大的交付与共享中心,全球金融服务中心也已迁入花桥服务外包基地。

巨头IBM的嗅觉更灵敏,速度更快。前不久它盯上广东南海,并早于惠普牵手南海前7天与当地签署战略合作协议,承诺打造金融服务外包基地。这是IBM继在武汉、上海、成都、大连、深圳之后设立的第六个服务外包基地。

全球IT巨头正处于战略转型期,甚至连前不久更换领导人的三星电子也强调,将强化软件与服务业务,拓展中国市场。

而分析人士说,这背后也是中国地方政府招商方式的变革,它们正由过去侧重制造业转变为吸引服务项目。

(资料来源:第一财经日报.2011-01-18)

第八章

Chapter 8

技术贸易

【本章学习要求】

通过本章学习,熟悉国际技术贸易的方式有哪些,理解知识产权的相关知识,了解我国技术进出口情况,掌握我国对技术进出口的管理。

【本章主要概念】

国际技术转让　知识产权　技术咨询　技术服务　合作生产　国际工程承包　版权　专利权　商标权　著作权

【本章导读】

"绝代只西子,众芳唯牡丹。"古往今来,多少文人墨客用优美的诗句诠释百花之首——牡丹的华美与高贵。如何使牡丹能在深秋时节依然傲立枝头,也是无数爱花之人的美好心愿。如今,"傲霜"的出现让人们的梦想成为现实。

1996 年,一株在深秋季节又二次开花的牡丹花,在山东菏泽被人发现,经多年培育和观察后,这种秋天开花的牡丹"傲霜"被认定为植物新品种。然而,围绕"傲霜"的植物新品种申请权、品种权归属,该花的最先发现者赵弟轩将北京林业大学、北京林业大学教授成仿云诉至法院。日前,北京市第一中级人民法院一审认定"傲霜"牡丹的植物新品种申请权、植物新品种权归赵弟轩和北京林业大学共有,确认赵弟轩和成仿云是"傲霜"牡丹的培育人。

据了解,赵弟轩是山东省菏泽市一位种植培育牡丹的农民,其祖父、父亲都是当地有名的牡丹花种植高手。1996 年 10 月,赵弟轩在山东省菏泽市发现一晚秋开花的变异单株牡丹实生苗。1997 年 4 月,植株再次正常开花,与其他无秋花的品种无异,赵弟轩即确定该株为具有二次开花特征的变异单株。同年秋天分株移植菏泽玉田牡丹花圃,经 1998 年至 2000 年共 3 年观察,发现其二次开花性状稳定。2002 年 4 月,该品种通过中国花卉协会牡丹芍药分会品种审定委员会审定,并冠名为"傲霜"。

2002年11月,由赵弟轩及其父赵孝庆、成仿云等人出资成立世纪牡丹公司。成仿云在公司中主要分管科研、新产品新品种和市场开发。2002年10月和2003年9月,两百余株"傲霜"种苗被移栽世纪牡丹公司北京小辛庄基地进行异地栽培。2003年6月20日,北京林业大学与世纪牡丹公司就"牡丹新品种选育与产业化开发"订立《关于"国家高技术研究发展计划(863)"项目的合作协议书》,该863项目课题负责人为成仿云,课题依托单位为北京林业大学。2005年10月12日,北京林业大学向国家林业局提出了名称为"傲霜"的植物新品种授权申请。2007年9月7日,国家林业局就该申请颁发了第161号《植物新品种权证书》,其中载明新品种名称为"傲霜",品种权人为北京林业大学,培育人为成仿云、赵弟轩。2007年10月16日,国家林业局就该授权进行了公告。

赵弟轩认为,"傲霜"是由他在山东菏泽发现并培育的,成仿云和北京林业大学不是"傲霜"的培育人,没有"傲霜"的品种申请权和品种权,二被告的行为侵犯了其合法权益。

2008年11月,此案正式开庭。法庭上,在举证质证时,赵弟轩拿出了当时的工作记录,证明是成仿云的学生挖走了13棵牡丹种苗,还拿出了当时运输种苗的记录。作为被告之一的成仿云多次提到与赵弟轩父亲的交流与合作,他还拿出了当时进行种苗培育的记录,证明自己对培育"傲霜"付出了许多精力,并认为决定"傲霜"是植物新品种的关键基础性工作都由他完成,赵弟轩及其父亲当年发现的不能称之为新品种,是经过他和公司的培育才形成了后来被认定的"傲霜"植物新品种。

法院经审理认为,"傲霜"牡丹新品种的育种系由赵弟轩、世纪牡丹公司和北京林业大学共同完成。故"傲霜"牡丹新品种权申请权应当由赵弟轩、世纪牡丹公司和北京林业大学共同行使。根据世纪牡丹公司和北京林业大学的约定,申请品种权的权利归属北京林业大学,故"傲霜"牡丹新品种应当由赵弟轩和北京林业大学共同提出申请并共同享有权利。由于赵弟轩是"傲霜"牡丹新品种的发现者和早期培育者,对确认该品种的特性和稳定性做出了一定的贡献,应当确认为该品种的培育者。但由于该品种在世纪牡丹公司的后期培育和观察过程中,主要工作系由成仿云完成,并且成仿云亦为863计划课题负责人,对于"傲霜"牡丹新品种的谱系确定、准确描述等亦做出了相应的贡献,故赵弟轩与成仿云应为共同培育人。据此,法院做出了上述判决,对于赵弟轩提出的该品种权由赵弟轩享有以及其为唯一培育人的诉讼请求,法院不予支持。一审结束后,赵弟轩已经提起上诉。

(资料来源:中国知识产权报资讯网.2011-01-10)

第一节 技术贸易概述

一、技术的概念

技术是指人们在生产活动中制造某种产品、应用某种生产方法或提供某种服务的系统知识。其表现形态可以是文字、语言、表格、数据、公式等有形形态,也可以是实际生产经验、个人的专门技能或头脑中的概念等无形形态,但它必须是可以传授,可以用于生产并产生一定经济效果的知识。

联合国世界知识产权组织(WIPO)在1977年出版的《发展中国家许可证指南》(*Licensing Guide for Developing Countries*)中对"技术"的定义是:"技术是指制造一种产品所采用的一种工具,或提供一项服务的系统知识,不论这种知识是否反映在一项发明、一项外形设计、一项实用新型或者一种植物新品种,或者反映在技术信息或技能中,或者反映在专家为设计、安装、开办或维修一个工厂,或为管理一个工商企业或其活动而提供的服务或协助等方面。"

技术究其来源而言,主要来自两方面,一类是根据直接生产实践中总结而得到的经验,另一类是有科学原理运用于社会生产过程而发展成的各种工艺操作方法与技能。技术从内涵来讲是一套行之有效的方法和经验的集合,是系统化的专项知识、专项技能。

【资料卡8.1】

联合国世界知识产权组织

联合国世界知识产权组织(world intellectual property organization),简称WIPO,是一个政府间的组织,于1970年4月在瑞士日内瓦成立。1974年12月成为联合国组织系统下专门机构之一。WIPO的前身是1893年成立的保护知识产权联合国际局。其宗旨是通过国与国之间的合作,并在适当的情况下,与其他国际组织进行协作,以促进在全世界范围内保护知识产权;保证各有关国际条约同盟的行政合作。WIPO的具体活动有:鼓励各国签订新的国际条约;协调各国立法;收集和传播情报;进行有关研究并发表研究成果;向发展中国家提供法律技术援助;办理国际注册或从事成员国之间的其他行政合作事宜。我国是于1980年6月3日正式成为WIPO成员国的。

(资料来源:世界知识产权组织. http://www.wipo.int)

二、国际技术转让与国际技术贸易

国际技术转让(International Technology Transfer)与国际技术贸易(International Technology Trade)不是一个同等的概念。国际技术转让或有意识的技术转移,是在不同国家的当事人之间进行的,是指拥有技术的一方通过某种形式(如学术交流、技术考察、人员往来或贸易等)把某项技术转让给另一方的使用行为。国际技术转让分为有偿转让和无偿转让,其中有偿的国际技术转让便是国际技术贸易。

国际技术贸易是指不同国家的企业、经济组织或个人之间,按一般商业条件,将其技术的使用权授予、出售或购买的一种贸易行为。国际技术贸易采用的基本交易方式主要有许可证贸易、顾问咨询、合作生产、工程承包和技术服务与协助等。国际技术贸易对象包括软件技术和作为技术载体的成套设备、关键设备和资本货物等,主要涉及四大类:一是享有工业产权的技术,如专利、商标、实用新型与外形设计;二是受版权或著作权保护的技术,如计算机软件和集成电路设计等;三是无工业产权的技术,主要指技术秘密,如通过图纸、设计方案、说明书、技术示范以及口头传授等予以表示;四是技术服务。由于高新技术产品通常是高技术含量的产品,所以高新技术产品进出口贸易也归类于国际技术贸易。

《中华人民共和国技术进口合同管理条例》第二条中,对技术贸易定义和内容做了明确的规定:"本条例所称技术进出口,是指中华人民共和国境外向中华人民共和国境内,或者从中华人民共和国境内向中华人民共和国境外,通过贸易、投资或者经济技术合作的方式转移技术的行为。本条款行为包括专利权转让、专利申请权转让、专利实施许可、技术秘密转让、技术服务和其他方式的技术转移。"

三、国际技术贸易方式

(一)许可贸易

许可贸易(licensing)是指专利权人、商标权人、专有技术所有人,按一定条件将其专利技术、注册商标、专有技术的使用权、产品制造权、销售权或进口权,有偿地许可给他人使用。这是技术实施权的许可,而不是财产权或所有权的转让。

许可贸易是国际技术贸易中最普遍采用的方式,权利人依据有关法律规定,通过与被许可方订立合同,允许被许可方在合同约定的条件范围内实施许可标的的一种贸易行为。许可合同主要有以下四种:

1. **独占许可**(exclusive license)

在一定的地域和时间内,被许可方对所进口的技术具有独立的使用权,许可方和任何第三方都不能在该地域和时间内使用该种技术制造和销售产品。

2. **排他许可**(sole license)

在一定的地域和时间内,被许可方享有独占使用所进口的技术制造和销售产品的权利,任何第三方都不能使用该种技术制造和销售产品,但是,许可方仍保留在该地域和时间内制造和销售这种产品的权利。

3. **普通许可**(simple license)

在一定的地域和时间内,被许可方享有使用所进口的技术制造和销售产品的权利,但同时许可方仍保留在该地域和时间内使用该项技术,或把该技术再出让给任何第三方的权利。

4. **可转售的许可**(sub-license)

可转售的许可又称为分许可证,即许可证的被许可方在指定地域和时间内可将该项技术的使用权转售给任何第三方。

(二)技术咨询与技术服务

技术咨询(technical consulting)是指受托方根据委托方的要求利用自己的知识、经验、能力、技术、仪器设备和掌握的信息,通过采用科学的方法,进行调查、研究、分析,提出最佳(或几套可供选择的)决策方案,或解答工程中遇到的难题。技术咨询常常在项目建成之前进行。如为某工程提供可行性研究报告,为某项方案提供情报信息,进行专题项目调查或技术项目分析等。

技术服务(technical service)是指受托方应委托方邀请,运用专门的知识为委托方解决特定的技术问题,并传授解决技术问题的知识,完成某项委托业务。技术服务常常在项目建成之后进行,如产品结构的改进、工艺流程的改良、人员的培训、污染的治理等。

【资料卡8.2】

欧洲空中客车公司对中国出售大量飞机后,为了帮助中国航空人员掌握飞机的性能,提高航空安全标准水平,1995~2003年,中欧在航空业进行了一系列合作,通过联合提供资金的做法,欧盟对中国提供技术服务、人员培训和人才培养。第一批项目到1998年取得了成果。第二阶段的合作涵盖所有相关的工业及民用航空业的伙伴,即欧洲宇航工业联合会、欧洲控制署、联合航空局、中国民航总局及各航空公司、中国航空工业总公司以及其他中国航空工业企业。合作围绕着以下优先领域的技术援助与培训活动进行:适航性、客户支持与维修保养、生产管理、空中交通管制与管理、飞行员培训(从初级资格培训到检查机长培训),以及航空公司管理及工业管理硕士的培养。

(资料来源:中国商务部网站)

(三)合作生产

在国际技术贸易中,合作生产(cooperation production)是指分属不同国家的企业通过订立合作生产合同,在合同有效期内,一方或各方提供有关生产技术,共同生产某种产品。合作生产产品的过程是技术转让的过程,因为在共同生产过程中,持有技术的一方或各方允许其他合作者共同使用该技术,从而使得其他合作者获悉并掌握此项技术,由此产生跨国境的技术转让。

与单纯的技术转让或许可贸易相比,国际合作生产的特点是时间较长,并且可能涉及多方当事人。国际合作的好处是,通过较长时间的合作,使得受方逐步地掌握和消化供方的先进技术,产生出实际的效益,实现双方或多方合作的真正目的。

(四)工程承包

国际工程承包(engineering contract for project)是指承包人承担工程的全部技术和工程实施,包括有关工程的设计、提供设备、工程建设以及投产到完工的全过程。这是一种综合性的国际经济合作方式,承包人通过承包工程,进行技术转让、劳务输出和货物买卖。值得强调的是不包括技术贸易内容的国际工程承包项目,不同于国际技术贸易。例如,单纯的国际劳务合作就不是国际技术贸易。

(五)与投资相结合的技术贸易

利用合资或合作经营进口技术,是外国投资者以工业产权和专有技术作为投资的一部分,即技术资本化。进口方可以同时利用外国资金和技术,双方利益紧密结合,更有利于促进供方系统地提供先进技术,使技术不断更新。

【资料卡 8.3】

上海大众汽车有限公司(简称上海大众)是中德合资的轿车生产企业,成立于1985年3月。中德双方的投资比例各占公司股份的50%。最初确定的合同期限为25年,后延长到45年,即截止到2030年。最初公司生产的小轿车是全盘引进的德国技术和车型,后来逐渐发展到联合开发新技术、新车型,到目前已经进入到创新研制新技术、新车型。近年来,上海大众的轿车产品已经发展到包括桑塔纳、帕萨特、保罗、高尔在内的四大平台、十几个品种,2010年产销量已双双突破百万大关。

(资料来源:http://www.csvw.com/csvw2011)

第二节 知识产权及知识产权保护

一、知识产权的定义

知识产权(intellectual property)是指法律所赋予的知识产品所有人对其创造性的知识成果所享有的专有权利。知识产权是无形财产的私有权,与技术贸易关系十分密切。它是自然人或法人在生产活动、科学研究、文学艺术等领域中从事智力的创造性劳动而获得的成果,依法享有权利。它是创造者所拥有独占的、排他性的权利,且具有严格的时间和地域性。知识产权具有财产权的特性,受到各国的国内法、相关的国际公约和条约的保护。随着现代国际贸易的发展,知识产权的保护问题已经在越来越高的程度上表现为世界性的贸易问题。

二、知识产权的内容

1. 工业产权

按照《保护工业产权巴黎公约》的规定,工业产权的保护对象有"专利、实用新型、工业品外观设计、商标、服务标记、厂商名称、货源标记或原产地名称和制止不正当竞争"。下面简单介绍几种:

(1)专利。新颖、独创和工业应用的发明。主要使用于制造生产。主要的国际合约有《巴黎公约》、《专利合作条约》和《布达佩斯条约》。

(2)实用新型。实用功能设计。主要使用于制造生产。主要的国际合约有《巴黎公约》。

(3)工业品外观设计。指装饰设计。主要使用于服装、汽车和电子产品等。主要的国际合约有《巴黎公约》、《海牙协定》、《洛迦诺协定》。

(4)商标。指区别一企业的产品和劳务不同于其他企业的标记或符号。主要使用于所有工业和服务业。主要的国际合约有《巴黎公约》、《马德里协定》、《尼斯协定》等。

（5）地域标志。表示产品质量的原产地鉴别或其他与该地相关的特征。主要使用于农业、食品工业及酒类酿造业。主要的国际合约有《马德里协定》、《里斯本协定》。

（6）育种人的权利。新颖、稳定、同类和独特的物种。主要使用于农业和食品工业。主要的国际合约有《植物新物种保护国际协定》。

2. 版权

版权，也称著作权、文学和艺术作品权，版权主要是指作者的原著及表演者的演出、音像制品生产商和广播机构所享有的权利。主要应用于印刷、文化娱乐（录像、摄影和动画）、软件和广播。有关版权方面的主要的国际合约有《伯尔尼公约》、《日内瓦公约》、《布鲁塞尔公约》、《罗马公约》和《万国版权公约》。

3. 商业秘密

秘密的商业信息，主要使用于所有工业。

三、知识产权的保护

根据1986～1994年关税与贸易总协定（GATT）乌拉圭多边贸易谈判最后达成的《与贸易有关的知识产权协议》（TRIPS）第一部分对知识产权术语的定义，该协议保护的知识产权是指该协议第二部分第一节至第七节中所包括的所有类别的知识产权。

（一）专利权

1. 专利的概念

专利（Patent）是国家当局依法授予发明人或设计人对其发明创造所享有的一种独占的法定特权的文书。当一项发明通过注册获得法律认可时，持有者便获得这项发明的专利权，持有者便被称为专利权人（Patentee）。

2. 专利的分类

专利分为三类：发明专利（1nvention Patent）、实用新型专利（Utility Model Patent）和工业品外观设计专利（Industrial Design Patent）。前两种属于技术类，后一类属于艺术装饰类。

发明是指对产品、方法或改进所提出的新的技术方案或技术思想，这种新方案或新思想必须是新颖的、具有创造性的、实用的，依据它可以解决一定领域的特定技术问题。发明可分为产品发明与方法发明。产品发明是制造各种新产品，方法发明如化学方法、物理方法、机械方法、生物方法等。实用新型是指对产品的形状、构造或者其结合所提出的适于实用的新的技术方案、新的产品设计方案。实用新型必须是具有固定形状的产品，不能确定形状的产品如液体、气体、粉末状，则不能获得实用新型专利权。

外观设计是指对产品的形状、图案、色彩或者其结合所做出的富有美感并适于工业上应用的新设计。根据《中华人民共和国专利法实施细则》对它的定义，外观设计应当具备以下特征：①它必须具有固定形状，可以整体移动的产品为载体；②它仅涉及产品的外表形状、图案、色彩，与产品内部结构无关；③它是一种美术思想而并非技术思想；④它必须具有视觉上的美感效果;⑤它必须能在工业上实用。

3. 专利权人拥有的权利范围

专利权人拥有的专利权包括:

(1)实施权。专利权人拥有专利产品的制造、使用与销售。

(2)排他权。专利权人拥有排除他人未经许可而实施专利发明的权利,或禁止专利产品进口的权利。

(3)许可权。专利权人拥有允许他人实施其专利的权利。

(4)转让权。专利权人拥有根据自己的意愿依法转让专利使用权或所有权的权利。若是专利所有权转让,原专利人享有的各种权利和义务便全部转归受让人享有。

(5)标记权。专利权人拥有在其产品包装上标明专利标记和专利号的权利。

(6)放弃权。当专利年代过久、失去其保留价值时,为了停止缴纳年费,专利权人拥有提出放弃专利权的权利。

(7)受保护权。当专利受到侵犯时,专利权人拥有向专利管理机构提出寻求法律保护的权利。

4. 专利权授予的条件

一项发明要获得专利权的授予,除了符合上述法律所规定的要求外,还需要具备以下三个最基本的条件:

(1)新颖性。即前人未曾有过,未曾用过。中国《专利法》第22条规定,新颖性是指"在申请日以前没有同样的发明或者实用新型在国内外出版物上公开发表过、在国内公开使用过或者以其他方式为公众所知,也没有同样的发明或者实用新型由他人向国务院专利行政部门提出过申请并且记载在申请日以后公布的专利申请文件中"。

(2)创造性。应比已有的技术更加先进。根据《专利法》,创造性是指"同申请日以前已有的技术相比,该发明有突出的实质性特点和显著的进步,该实用新型有实质性特点和进步"。

(3)实用性。即可以实施,可以用于实践,并产生出好的效果。根据《专利法》,实用性是指"该发明或者实用新型能够制造或者使用,并且能够产生积极效果"。

5. 专利权的保护期限

从各国的情况看,专利权的保护期限一般为 15~20 年。美国的专利权保护期限为 17 年,并且不能续展。在美国,专利权保护期限从实际授予专利权开始,在正式授予之前,竞争者可以对正在申请专利的发明自由使用、制造或销售,物品上所载"专利待授"字样不具有任何保护作用。

在中国,发明专利权的保护期限为 20 年;实用新型专利权和外观设计专利权的保护期限为 10 年。中国《专利法》规定,专利期限从申请日开始,这意味着在申请期间任何他人使用该项发明或实用新型或外观设计都可能构成侵权,当申请人获得专利时,可以依法追究其侵权行为。

(二)商标权

1. 商标的概念

商标(Trade Mark)是指区别不同企业商品的一种专用标记。各国对商标概念的表述不同。世界知识产权组织的定义是:"商标是用来区别某一工业或商业企业或这种企业集团的商品的标志。"它通常由一个或多个文字、字母、符号、名称或图案组成,或由其组合构成。

《中华人民共和国商标法》(2001年)第8条规定,可作为商标使用的标志,包括文字、图形、字母、数字、三维标志和颜色组合,以及上述要素的组合。

2. 商标的价值

商标是企业财产的一部分,在商标知名度很高的企业中,商标的价值甚至可能超过企业的有形资产。商标的价值来源于企业对自身品牌的创建,美国《商业周刊》每年都与国际名牌公司(Interbrand)联合评选全球100个最有价值的品牌。

3. 商标权

商标权是指商标所有者依据法律程序向商标主管部门提出申请,经审查符合法律规定条件,核准商标注册并授予注册人该商标的专用权。

商标权是一种无形财产,它受工业产权法的保护。商标权人依法享受的权利主要有专用权、转让权和许可使用权。

(1)专用权又称排他权,是指商标权人享有独占使用该商标的权利,他人未经许可不得擅自使用该商标,否则构成侵权,商标所有人有权请求主管部门制止其侵权行为,并追究其法律责任。

(2)转让权是指商标权人有权按自己的意志按法律程序将注册商标有偿或无偿地转让给他人,放弃对注册商标所拥有的所有权。

(3)许可使用权是指商标权人可以将注册商标有偿或无偿地许可他人使用,自己仍保留所有权。

4. 商标权的特点

商标权的特点是其专用性、地域性和时间性。

(1)专用性是指商标一旦注册,商标注册人就拥有对该商标的支配权和使用权,他人未经许可不得使用该商标,否则构成侵权。

(2)地域性是指商标权受申请注册地法律保护,除参加国际公约另有规定外,不受非申请注册地法律保护;因此,要想获得法律保护,必须按他国法律规定申请注册。

(3)时间性是指商标权具有一定的期限,期满后可以申请续期。各国商标法关于商标权期限的规定不一,一般为7~20年。比如,英国和大多数原英联邦国家及地区商标法规定,商标权保护期限为7年,法国、德国等欧洲大陆国家规定保护期限为10年,美国规定为20年。中国规定注册商标的有效期为10年,自核准注册之日起计算;期满后可以续展,每次注册有效期为10年;对于连续3年停止使用注册商标的,商标局有权责令其限期改正或撤销该注册商标。

5. 商标权的法律保护

随着国际贸易的发展,跨国性的商标侵权行为也随之增加,为了保护本国商标不被侵犯,1883年3月20日,各国在巴黎签署了《保护工业产权巴黎公约》,1891年4月14日又在马德里签订了《商标国际注册马德里协定》。中国分别于1985年3月19日和1989年10月4日正式成为这两个公约或协定的成员国,并根据国际公约修订本国商标法,对商标实行保护。

所谓商标侵权,是指未经商标权人许可,擅自使用其商标,或者违反法律规定,以近似知名商品特有的名称、包装、装潢,造成与他人的知名商标相混淆,使购买者误认为是知名商标,从而构成对他人商标专用权的侵犯。

为了保护商标权人的利益,各国通过商标法和反不正当竞争法对上述行为进行禁止与制裁。中国新修改的《商标法》中商标保护的内容涉及两个方面:保护商标主体,即注册商标所有人;保护商标客体,即注册商标。未注册商标不享有商标专用权。

6. 商标确认的原则

在各国商标管理法律制度中,在商标的确认上,有以下几种原则:

(1)使用在先原则。以商标先使用确定商标权的归属,即使该商标被他人抢先注册,也可以对已经注册的商标提出异议,要求撤销。

(2)注册在先原则。以商标注册确定商标权的归属,对于未注册商标不加保护。

(3)无异议注册原则。原则上承认商标注册在先者拥有商标权,但允许商标先使用者在规定期限提出异议请求超过规定期限无人提出异议,则商标权属于先注册人。

(4)优先权注册原则。根据《保护工业产权巴黎公约》第4条规定,签约国商标申请人可以在第一次提出商标注册申请后6个月内又在其他国家提出同样的商标注册申请时,将第一次申请日期作为第二次申请日期的优先权。

中国参加了《保护工业产权巴黎公约》,享有商标注册申请的优先权。中国现行商标注册申请实行使用在先原则。新的《商标法》第31条规定:"申请商标注册不得损害他人现有的在先权利,也不得以不正当手段抢先注册他人已经使用并有一定影响的商标。"

(三)著作权

1. 著作权的基本概念

著作权(Copyright)又称版权,是基于文学艺术作品而产生的法律赋予公民、法人和其他组织等民事主体的一种特殊的民事权利。著作权分为人身权与财产权两个方面。

著作权的人身权,是指精神权利,包括:

①发表权,即决定作品是否公之于众的权利。

②署名权,即表明作者身份,在作品上署名的权利。

③修改权,即修改或授权他人修改作品的权利。

④保护作品完整权,即保护作品不受歪曲、篡改的权利。

(2)著作权的财产权,是指经济权利,即著作权人可以依靠其作品的使用获得经济利益,可以允许他人使用或依法利用其作品,并给予自己一定经济利益的权利。他人在著作权人未经许可的情况下利用其作品,则构成侵权。具体来说,财产权包括:

①复制权,即以印刷、复印、拓印、录音、录像、翻录、翻拍等方式将作品制作一份或多份的权利。

②发行权,即以出售或赠与方式向公众提供作品的原件或复印件的权利。

③出租权,即有偿许可他人临时使用电影作品和以类似摄制电影的方法创作的作品、计算机软件的权利,计算机软件不是出租的主要标的的除外。

④展览权,即公开陈列美术作品、摄影作品的原件或复制件的权利。

⑤表演权,即公开表演作品,以及采用各种手段公开播送表演作品的权利。

⑥放映权,即通过放映机、幻灯机等技术设备公开再现美术、摄影、电影和以类似摄制电影的方法创作的作品等的权利。

⑦广播权,即以无线方式公开广播或传播作品,以有线传播或转播的方式向公众传播广播的作品,以及通过扩音器或其他传送符号、声音、图像的类似工具向公众传播广播的作品的权利。

⑧信息网络传播权,即以有线或无线方式向公众提供作品,使公众可以在其个人选定的时间和地点获得作品的权利。

⑨摄影权,即以摄制电影或以类似摄制电影的方法将作品固定在载体上的权利。

⑩改编权,即改变作品,创做出具有独创性的新作品的权利。

⑪翻译权,即将作品从一种语言文字转换成另一种语言文字的权利。

2. 著作权保护的适用法律

著作权法是调整公民、法人和非法人单位在文学、艺术和科学作品的创作、使用和传播过程中所产生的各种社会关系的法律规范。在中国,适用著作权保护的法律和法规主要有:

(1)《中华人民共和国著作权法》(简称《著作权法》),1990年9月7日于第七届全国人民代表大会常务委员会第十五次会议通过,1991年6月1日施行;2001年10月27日第九届全国人民代表大会常务委员会第二十四次会议《关于修改〈中华人民共和国著作权法〉的决定》修订并施行。

(2)《中华人民共和国著作权法实施条例》,1991年5月24日通过,1991年5月30日颁布,2002年9月15日被废止,新的《中华人民共和国著作权法实施条例》同时生效。

(3)《计算机软件保护条例》,1991年6月4日颁布,1991年10月1日施行;2001年12月20日修订,2002年1月1日施行。

(4)《中华人民共和国民法通则》,1986年4月12日通过,1987年1月1日施行。

(5)《中华人民共和国民事诉讼法》,1991年4月9日通过并施行。

(6)《中华人民共和国刑法》,1979年7月1日通过,1997年3月14日修正,1997年10月

1日施行。

(7)《中华人民共和国刑事诉讼法》,1979年7月1日通过,1996年3月17日修正,1997年1月1日实施。《中华人民共和国逮捕拘留条例》、《全国人民代表大会常务委员会关于迅速审判严重危害社会治安的犯罪分子的程序的决定》、《全国人民代表大会常务委员会关于刑事案件办案期限的补充规定》同时废止。

(8)《中华人民共和国知识产权海关保护条例》,1995年9月28日发布,1995年10月1日施行。

(9)《使用音乐作品进行表演著作权许可使用费标准》,2000年9月1日颁布。

(10)《著作权行政处罚实施办法》,1997年1月28日发布,2月1日实行,2003年9月1日废止;新的《著作权行政处罚实施办法》2003年7月16日通过,9月1日施行。新办法对著作权的保护范围涉及众多领域,包括新闻出版、广播影视、文化娱乐、教育科研以及网络服务、计算机软件在内的信息产业等。

(11)《实施国际著作权条约的规定》,1992年9月25日颁布,1992年9月30日施行。

(12)《世界版权公约》,1952年9月6日签订,1971年7月24日修订;1992年10月30日,中国加入。

(13)《保护文学艺术作品伯尔尼公约》,1886年9月9日缔结,1887年12月1日生效;1992年10月15日,中国加入。

(14)《保护录音制品制作者防止未经许可复制其录音制品公约》,1971年10月29日签订,1973年4月18日生效;1993年4月30日,中国加入。

(15)《出版管理条例》,1997年1月2日公布,2月1日实施,2002年2月1日废止,新的《出版管理条例》即日实施。

(16)《印刷业管理条例》,1997年3月8日国务院发布实施,2001年8月2日废止,新的《印刷业管理条例》即日实施。

根据后两个法律规定,未经新闻出版行政部门批准,任何单位和个人不得从事出版物的出版、印刷和发行活动。利用境外刊号在中国境内出版、印刷和发行期刊,并在境内开展广告经营活动,属违法行为;境外出版单位未经中国新闻出版行政管理部门批准,在内地擅自进行任何出版活动,属非法出版活动。

3. 著作权的侵权表现及法律责任

根据新《著作权法》第46条,以下行为均构成侵权:

(1)未经著作权人许可,发表其作品的。

(2)未经合作者许可,将与他人合作创作的作品当做自己单独创作的作品予以发表的。

(3)没有参加创作,为牟取个人名利,在他人作品上署名的。

(4)歪曲、篡改他人作品的。

(5)剽窃他人作品的。

(6)未经著作权人许可,以展览、摄制电影或以类似摄制电影的方式使用做品,或者以改编、翻译、注释等方式使用做品的,本法另有规定的除外。

(7)使用他人作品,应当支付报酬而未支付的。

(8)未经电影作品和以类似摄制电影的方法创作的作品、计算机软件、录音录像制品的著作权人或者与著作权有关的权利人许可,出租其作品或录音录像制品的,本法另有规定的除外。

(9)未经出版者许可,使用其出版的图书、期刊的版式设计的。

(10)未经表演者许可,从现场直播或者公开传送其现场表现,或者录制其表演的。

(11)其他侵犯著作权以及与著作权有关的权益的行为。

构成以上侵权行为的,根据情况,承担停止侵害、消除影响、赔礼道歉、赔偿损失等民事责任。

《著作权法》第47条规定,以下行为除了承担上述民事责任外,还可以由著作权行政管理部门责令其停止侵权行为,没收违法所得,没收、销毁侵权复制品,并处以罚款;情节严重的,还可以没收主要用于制作侵权复制品的材料、工具、设备等;构成犯罪的,依法追究其刑事责任:

(1)未经著作权人许可,复制、发行、表演、放映、广播、汇编、通过信息网络向公众传播其作品的,本法另有规定的除外。

(2)出版他人享有专有出版权的图书的。

(3)未经表演者许可,复制、发行录有其表演的录音录像制品,或者通过信息网络向公众传播其表演的,本法另有规定的除外。

(4)未经录音录像制作者许可,复制、发行、通过信息网络向公众传播其制作的录音录像制品的,本法另有规定的除外。

(5)未经许可,播放或复制广播、电视的,本法另有规定的除外。

(6)未经著作权人或与著作权有关的权利人许可,故意避开或破坏权利人为其作品、录音录像制品等采取的保护著作权或与著作权有关的权利的技术措施的,法律、行政法规另有规定的除外。

(7)未经著作权人或与著作权有关的权利人许可,故意删除或改变作品、录音录像制品等的权利管理电子信息的,法律、行政法规另有规定的除外。

(8)制作、出售假冒他人署名的作品的。

《著作权法》第48条规定,侵犯著作权或与著作权有关的权利的,侵权人应当按照权利人的实际损失给予赔偿;实际损失难以计算的,可以按照侵权人的违法所得给予赔偿。赔偿数额还应当包括权利人为制止侵权行为所支付的合理开支。权利人的实际损失或者侵权人的违法所得不能确定的,由人民法院根据侵权行为的情节,判决给予50万元以下赔偿。

4. 合理使用著作权

《著作权法》第22条规定,下列情况使用做品可以不经著作权人许可,不向其支付报酬,

但应当指出作者姓名、作品名称,并且不得侵犯著作权人依法享有的其他权利:

(1)为个人学习、研究或欣赏,使用他人已经发表的作品。

(2)为介绍、评论某一作品或说明某一问题,在作品中适当引用他人已经发表的作品。

(3)为报道时事新闻,在报纸、期刊、广播电台、电视台等媒体中不可避免地再现或引用已经发表的作品。

(4)报纸、期刊、广播电台、电视台等媒体刊登或播放其他报纸、期刊、广播电台、电视台等媒体已经发表的关于政治、经济、宗教问题的时事性文章,但作者声明不许刊登、播放的除外。

(5)报纸、期刊、广播电台、电视台等媒体刊登或播放在公众集会上发表的讲话,但作者声明不许刊登、播放的除外。

(6)为了学校课堂教学或科学研究,翻译或少量复制已经发表的作品,供教学或科研人员使用,但不得出版发行。

(7)国家机关为执行公务,在合理范围内使用已经发表的作品。

(8)图书馆、档案馆、纪念馆、博物馆、美术馆等为陈列或保存版本的需要,复制本馆收藏的作品。

(9)免费表演已经发表的作品,该表演未向公众收取费用,也未向表演者支付报酬。

(10)对设置或陈列在室外公共场所的艺术作品进行临摹、绘画、摄影、录像。

(11)将中国公民、法人或其他组织已经发表的以汉语言文字创作的作品翻译成少数民族语言文字作品在国内出版发行。

(12)将已经发表的作品改成盲文出版。

《著作权法》第23条规定,为实施九年制义务教育和国家教育规划而编写出版教科书,除作者事先声明不许使用的外,可以不经著作权人许可,在教科书中汇编已经发表的作品片段或者短小的文字作品、音乐作品或者单幅的美术作品、摄影作品,但应当按照规定支付报酬,指明作者姓名、作品名称,并且不得侵犯著作权人依照本法享有的其他权利。

5. 著作权的保护期限

《保护文学艺术作品伯尔尼公约》第七条第一款规定,著作权保护期限为作者终身及其死亡后50年。第二款规定,电影作品的保护期限是自作品在作者同意下公映后50年届满,如自作品摄制完成后50年内尚未公映,则自作品摄制完成后50年届满。第四款规定,成员方有权立法规定摄影作品及作为艺术品加以保护的实用美术作品的保护期限,但公约要求保护期限不应少于自该作品完成时算起25年。

中国《著作权法》第21条规定,公民作品的保护期限为作者终身加上死亡后50年,截止于作者死亡后第50年的12月31日。法人或其他组织的作品、著作权(署名权除外)由法人或其他组织享有的职务作品,其发表权等权利的保护期限为50年,截止于作品首次发表后第50年的12月31日,但作品自创作完成后50年内未发表的,《著作权法》不予保护。电影作品和以类似摄制电影的方法创作的作品、摄影作品,其发表权等权利的保护期限为50年,截止于作者首次发表后第50年的12月31日,但作品自创作完成后50年内未发表的,《著作权法》不再保护。

(四)商业秘密

1. 商业秘密的概念

商业秘密(trade secret)是指任何商业上有价值的信息。它可以是一项发明,如机器设备或工业过程;也可以是一个抽象的工业或商业的设想,如新产品名称或广告计划;还可以是资料汇编,如客户清单或供应资源。根据美国《统一商业秘密法》的定义,商业秘密包括公式、模型、汇编、程序、设计、方法、技术或过程的信息。这些信息:第一,具有独立的实际或潜在的经济价值,不是通过正当手段可以知道或获得的;第二,其秘密性可以通过合理努力而维持。

根据1993年通过的《中华人民共和国反不正当竞争法》第10条的定义,"商业秘密,是指不为公众所知悉、能为权利人带来经济利益、具有实用性并经权利人采取保密措施的技术信息和经营信息。"

2. 商业秘密的特点

与一般未披露的信息相比,商业秘密的信息具有以下特点:

(1)秘密性。该信息是通过采取保密措施而维持其秘密性的。不加保护,任其公开,让公众所知晓,就不是什么商业秘密了。所以,判定该信息是否是商业秘密,一个重要的依据是权利人是否采取了严格的保密措施。

(2)实用性。该信息能为权利人带来经济利益。不能带来经济利益的秘密,不是商业秘密。

(3)非常识性。受保护的信息必须是非常识性的,否则,无论采取任何预防措施,均无济于事。美国许多法院在裁定有关商业秘密的案件中指出,从专利的角度来看,尽管商业秘密不一定构成发明,但它必须至少具有新颖成分。比如,商业设想必须是新的、奇特的或独享的,这实际上是指信息或设想应该是非常识性的。

(4)不为公众所知悉。比如,一项发明或设计在申请专利或公开出售前是秘密的,具有实用性、非常识性,但当专利被公布或产品设计被公开出售时,该专利或产品设计中完全公开的信息就不是一种秘密了。

3. 专有技术

商业秘密最常见的形式为专有技术。专有技术(Know-how)又称技术秘密,是指不享有专门法律保护的从事生产、商业、管理、财务等活动的一切秘密知识、经验和技能,其中包括工艺流程、公式、配方、技术规范、管理和销售技巧与经验等。它具有财产价值和商业价值。对于不适于申请专利的发明创造,一般也纳入企业技术秘密的保护范围。

中国的法律未明确定义专有技术,但却将技术秘密和商业秘密做了区别。根据2004年11月30日颁布的《最高人民法院关于审理技术合同纠纷案件适用法律若干问题的解释》第一条:"技术秘密是指不为公众所知悉、具有商业价值并经权利人采取保密措施的技术信息。"而商业秘密,根据《中华人民共和国反不正当竞争法》第 10 条的定义,技术秘密是商业秘密中的一个组成部分。商业秘密既包括具有商业价值经保密的技术信息,也包括经营信息。

从技术秘密的角度看,广义上专有技术的内容涉及三个方面:工业技术秘密、管理技术秘密和商业技术秘密。

(1)工业技术秘密。指不享有一般知识产权保护的,尤其是不享有专利权保护的实验、生产、装配、维修、操作等方面的技术秘密。比如产品设计、制造工艺、质量控制、程序编制、维修技能、操作诀窍等,其常常以资料、图纸、试验记录、公式和配方、试验结果、报告等形式为载体。

(2)管理技术秘密。指组织生产和经营管理的秘密,比如经营方式、组织机构、财务管理等秘密。

(3)商业技术秘密。指市场及与市场密切相关的信息或情报,比如原材料价格、供销渠道、贸易记录、广告宣传、竞争对手情报等。

狭义上,专有技术的内容主要集中在生产领域,指工业技术秘密。

专有技术与专利技术一样,它也是一种知识,具有非物质的属性。不过,专有技术与专利技术的不同是:

(1)非公开性。专有技术具有秘密性质,它不公开,不受专门法律保护。一旦它被泄密或被公布,便成为公开技术,任何人都可使用。因此,保持专有技术的秘密状态对于专有技术所有人来说十分重要。

(2)内容更广泛。一切可用于生产或有助于生产的技术知识和经验都可以划入专有技术。

(3)诉讼程序不同。由此,专有技术被视为一种特殊的知识产权。虽然各国法律原则上承认专有技术受法律保护,但是,各国在专有技术的保护上未有专门立法。专有技术的保护主要采用民法、刑法和反不正当竞争法等法规中的适用条款加以保护,因此,保护的程度十分有限。一些专有技术可以通过申请注册专利的方式获得专利法的保护,如可口可乐的配方。促使专有技术所有人不申请专利的主要原因在于,专利技术保护是有期限的。因此,不少跨国公司在某些工业技术上,更喜欢通过公司内部严格的规章制度和保密措施实行自我保密,而不是让这些技术秘密公开,去申请有时间限制的专利权,谋求专利法进行保护。

4. 侵犯商业秘密的行为和法律救济

常见的侵犯商业秘密的不正当手段有:

(1)以盗窃、利诱、胁迫或者其他不正当手段获取权利人的商业秘密。

(2)披露、使用或者允许他人使用不正当手段获取的权利人的商业秘密。

(3)违反约定或者违反权利人有关保守商业秘密的要求,披露、使用或者允许他人使用其所掌握的商业秘密。

(4)第三人明知或者应知上述所列违法行为,但仍获取、使用或者披露他人的商业秘密。

当商业秘密遭到侵犯时,权利人可向法院起诉侵权人,要求其停止侵权行为,并追究其法律责任,寻求补偿。除了寻求司法救济外,商业秘密持有者还可请求有关部门采取相关救济措施。比如,《中华人民共和国反不正当竞争法》第 20 条和第 25 条规定,权利人的商业秘密被侵犯后,可以按照民事诉讼法规定的程序向人民法院起诉,人民法院根据民法的有关规定判定;可以提请监督检查部门查处,若情况属实,监督检查部门应责令其停止违法行为,并可根据情节处以 1 万元以上 20 万元以下的罚款。

第三节　我国的技术进出口贸易

一、技术引进

科学技术的进步始终是推动世界经济发展的最主要的源泉之一,它给世界各国经济发展带来的影响是极其深刻的。江泽民总书记在党的"十五大"报告中明确指出:"科学技术是生产力,科技进步是经济发展的决定性因素。"要"把加速科技进步放在经济社会发展的关键地位,使经济建设真正转移到依靠科技进步和提高劳动者素质的轨道上来"。在经济全球化和世界科技革命迅速发展的新时期,中国的技术贸易也实现了快速的增长,成为加快中国技术升级和经济发展的重要途径。

（一）我国技术引进概况

中国的技术引进开始于第一个五年计划时期,发展到现今大致分为以下几个阶段。

第一阶段是 1950～1959 年。由于受到西方国家的经济封锁和禁运的限制,中国在这一阶段主要是从前苏联和东欧国家引进技术和成套设备,共计引进 450 个项目,总金额约 37 亿美元。其中包括 156 项大型项目,成为"一五"时期的重点建设项目,填补了机械、电力、汽车、能源、电讯等部门的技术空白,提高了技术工艺水平和设备制造能力,还为中国的工业发展奠定了人才基础。后来由于前苏联单方面撕毁了与中国签订的各项技术协议和合同,使技术引进工作一度中断,给中国工业建设造成重大损失。

第二阶段为 1960～1969 年。这一时期,中国转向从日本和英、法、西德、意、瑞、奥、荷等西欧国家引进技术设备,共签订技术和设备进口合同 84 项,合同总金额 14.5 亿美元。主要是石油、化工、冶金、矿山、电子、精密机械、纺织机械等行业的关键性技术和设备,但 1966 年"文化大革命"开始后,技术引进一度被迫中断。

第三阶段为 1970～1978 年。1972 年,中国恢复了在联合国的合法席位,并相继与美、日两国就关系正常化问题开始谈判,这为恢复和进一步扩大引进西方技术创造了良好条件。在此期间,我国先后与日、西德、英、法、荷、美等国厂商签订了 310 项新技术和成套设备项目合同,成交金额 58 亿美元。主要包括大型化肥设备、大型化纤设备、石油化工装置、数据处理器、轧钢设备、发电设备、采煤机组等。

第四阶段为 1979～1996 年。这是我国技术进口发展最为迅速的阶段。改革开放以来,我国通过各种方式大量引进国外先进技术和设备,改造落后的技术装备,弥补技术空白,还先后设立了经济特区、沿海经济开放地区作为引进国外先进技术、设备、科学知识和先进管理方法的窗口。这一阶段共引进技术 15 591 项,合同金额 731.83 亿美元,分别是改革开放前 30 年总和的 18.45 倍和 6.11 倍。

第五阶段为 1997 年以后。从 1997 年起我国的技术引进工作呈现出了不同于过去任一阶段的新特点,国家产业结构升级,技术引进的比例更加合理,使得技术引进工作继续向深层次发展。这一时期,我国技术引进工作主要有以下特点:

(1)按国家产业结构升级的需要,加大引进基础工业和高新技术项目的比重。国家产业结构调整中优先发展和升级的领域如能源、通信、交通、化工、原材料等已成为引进中的主体行业。高新技术如计算机软件、新能源、先进医疗技术、现代环保技术、空间技术、复合材料等的引进得到了进一步扩大。

(2)软件、硬件技术引进的比例结构得到进一步优化,平均软件费用占合同总额的比例已由"八五"计划末期的 10% 提高到 25%,引进已从过去基本依靠引进设备转向了包括专利和专有技术在内的无形资产。

(3)技术引进的主体更加多元化。引进技术的主体已不仅局限于计划经济下的国有大中型企业,三资企业和民营企业的比例大幅度增加,某些省市的技术引进中三资企业所占比例已经超过了国有企业。1999 年,三资企业高新技术产品进出口额所占比重达到 65%,尤其是外商独资企业进出口额比重由上年的 30.6% 上升到 34.1%,取代国有企业居于首位;国有企业由上年的 34% 下降到 33%,居于第二位。集体企业和私营企业等其他企业的进出口额仅占 1.9%。从进口额看,国有企业的技术引进份额仍最高,为 39.9%,中外合资企业和外商独资企业分别为 28.7% 和 27.3%。

(4)自主确定、自筹资金的技术引进项目在不断增加。随着现代企业制度的逐步实行,越来越多的企业已逐步走向市场,技术引进已越来越体现为企业的自主行为。

(5)东西部地区高新技术产品进出口存在较大的差距。从地域分布看,我国的高新技术产品进出口贸易主要集中在东南部沿海地区。广东省一直在全国高新技术产品进出口中占有十分重要的地位。

(二)引进技术对中国经济发展的作用

1. 引进技术促进了中国产业结构优化

伴随着科学技术的迅猛发展和全球经济一体化,人类社会正开始走进由传统工业向知识经济转折的新时代。目前,以微电子、信息、航天、生物、海洋、新能源、新材料和环保为代表的高新技术,日益发展成为发达国家的主导产业,成为他们保持竞争力的主要手段。知识经济相对一般工业经济而言,具有高集约性、高增值性、高技术性和可持续发展的特点,对全球生产和贸易产生重大影响。为了适应当今全球化经济的发展,我国在现有的基础上,仍需不断地调整经济结构以适应经济发展及市场的需求,优化各种资源如自然资源、人力资源、物力资源、科技资源以及资金等的配置,科学合理地安排好各个产业的发展,这对于中国的现代化建设是非常有必要的。而经济结构的调整、产业结构的优化,需要大力引进国外先进技术,引进先进技术改造传统产业,引进新技术发展高新技术产业。高新技术产业研制投资多,经营风险大,但利润也高,是未来产业调整的方向。我们可以通过自身的力量研制、创新与国外合资、合作相结合,争取高起点嫁接国外的先进技术。

2. 引进技术缩短了我国科技水平与世界水平的差距

据估计,一项较大的基础技术的发明,从研究、设计、试验到技术生产,一般需要10～15年左右,而引进国外先进技术,是直接使用现成的科研成果,一般从引进到投产,只需2～3年时间,可大大节省自己探索的时间。同时,由于引进的技术是先进的,可以提高科技发展水平的起跑点。例如,我国引进高新技术较密集的领域,如计算机软件、新能源、先进医疗技术、现代环保技术、空间技术、复合材料等,中国科技水平同世界先进水平的差距已显著缩小。

3. 技术引进促进了企业的技术改造和行业的技术进步

技术进步是支撑企业发展的最重要因素,技术引进是企业实现技术进步的有效方式之一。企业通过直接购买国外的技术专刊、技术诀窍以及成套设备、生产线等,可以节省研究开发时间,在短期内提高企业技术装备及加工水平,加快企业发展,改变企业技术落后面貌,增强企业的竞争能力。

4. 引进技术提高了企业的经济效益

提高企业质量和效益的根本途径是技术的发展和技术在生产中的应用。我国的企业正处于一个提高质量和效益的关键时期。用高新技术改造传统产业,实现工艺升级、产品换代,根本途径在于推进科技进步,在于技术创新。就钢铁工业而言,20世纪世界钢铁工业的变革,使一些先进生产国完成了从产量型到质量效益型的战略转变。而我国的钢铁工业,虽然钢产量已突破1亿吨大关,居世界第一位,但无论从产品结构、技术结构、企业组织结构来看,还远远不是一个钢铁强国。因此,对钢铁业进行总量控制、优化工艺和产品结构,必须用高新技术对传统钢铁业进行技术改造,不再依靠数量增长,而要依靠科技进步提高钢材生产的技术含量和附加值,提高钢材的经济效益。例如北京首钢公司一贯重视技术引进,与世界上大规模集成电路研制开发水平最高的日本NEC结成合作伙伴,共同创办了首钢NEC,产品和技术始终保持世界一流和国内先进水平;与国际著名的机器人生产企业日本安川电机联合创办了首钢莫托曼公司,采用世界先进技术建成前景非常广阔的、国内第一条工业用机器人生产线等,初步实现了向高新技术产业的战略转移。每年投入几亿元的资金进行技术改造,达到了科技起点高、投入少、产出快的效果,使传统产业的发展建立在以技术创新为主的基础上。

5. 引进技术提高了我国产品的国际竞争力,改善了出口商品结构

改革开放20多年的实践证明,依靠技术引进,促进产业升级、科技水平提高和产品的更新换代,能尽快提高我国在国际市场上的竞争力,高效率地扩大出口,并能促进现成的高新技术产品和技术出口能力,使调整出口产品结构的目标能在高水平上实现。商务部提供的信息表明，随着改革开放的不断深入，中国出口商品结构发生了根本的变化，技术密集型产品比例迅速提高，这突出表现在机电产品出口的快速增长上。2002年中国出口的3 255.7亿美元中，机电产品出口近1 600亿美元，5年中增长2.65倍，年均增长21.5%，拉动外贸出口年均增长7.7%，机电产品出口增量占全国外贸出口增量的比重累计达到68%。据统计，我国轻工家电行业通过技术引进在短时间内缩短了与发达国家的差距，不仅满足了国内市场的需要，而且已有大批品种齐全、质优物美的产品打入国际市场，成为我国机电产品出口的主力军，还形成了全方位的技术开发能力。我国的成套设备出口，境外投资建厂和带料加工都已成为现实。我国的计算机行业和汽车制造业也都是通过技术引进形成了研发能力，使我们的产品不仅能适应国内市场的需要，而且还有了一定数量的出口。此外，我国现在已经拥有了较成熟的工业技术出口能力，不论是万吨级的船舶、32万千瓦大型火电站、年产130万吨水泥生产线，还是大规模电脑软件、航空器材、高功能计算机、程控交换机、制药技术等在国际上有竞争力的技术产品都是在引进的基础上通过消化吸收而形成的。总而言之，我国之所以能初步形成一个门类齐全、水平相当的工农业生产体系和科研体系，是由于有了大量成熟的工业化技术，甚至已有不少接近或达到世界先进水平的技术，形成了发展我国技术出口的良好基础。这说明，近60年来的技术引进、消化吸收和技术创新的贡献是不可磨灭的。

（三）中国引进技术的优先领域

我国的技术引进政策应服从于产业政策，而产业技术政策是产业政策的核心组成部分，因此，技术引进政策是以产业技术政策为主要依据的。要重点推进高新技术与产业化发展，用先进适用技术改造提升传统产业。要重点发展主导经济发展和把握国际竞争走向、关系国家实力以及国家经济和社会安全的战略性技术，关联性强、制约我国产业总体技术水平提高的关键技术，通用性强、应用领域广泛，在经济发展中发挥基础作用的共性技术。产业技术进步的优先领域和战略重点同时也是引进先进技术的优先领域和战略重点，主要包括以下几个方面：

（1）高新技术及产业化。抓住世界科技革命迅猛发展的机遇，重点地发展高新技术及产业化，实现局部领域的突破和跨越式发展，逐步形成我国高新技术产业群体优势。重点发展信息技术、生物工程技术、先进制造技术、新材料技术、航空航天技术、新能源技术、海洋技术等。

（2）提升传统产业技术水平，用高新技术改造传统产业。用先进适用技术改造和提升农业、能源与环保、交通运输业、原材料、加工制造业、建筑业等传统产业。

二、技术出口

在知识经济时代，国际贸易产品的技术含量不断提高。通过扩大技术出口可以增加出口创汇能力，改善贸易条件，扩大贸易规模，提高外贸对经济增长的推动作用，促进国民经济的高效益增长，从而在世界经济发展和国际分工中处于有利地位。

我国技术出口始于20世纪80年代初。进入20世纪90年代以后发展加快，出口项目和金额逐年增加。尤其是 21 世纪初,高新技术产品出口增长较快,已成为带动我国对外贸易发展的重要力量。

(一) 我国技术出口概况

在技术出口方面,我国虽然起步较晚,但经过多年努力,已有了很大发展。我国技术出口历程可划分为以下四个发展阶段。

第一阶段是 1981~1985 年,是探索阶段。其主要特点是:无计划、自发地进行;出口主要以新技术、新工艺等软件技术为主;以工业发达国家为主要出口地区;国家没有明确的出口管理部门、管理法规及相应的鼓励、扶植政策;技术出口额很小,成交金额每年约 1 000 万美元。

第二阶段是 1986~1988 年,为起步阶段。这一阶段的主要特点是:确定了归口管理部门、技术出口政策、审批权限和程序,审批了一大批有技术出口经营权的公司;省、市、自治区及中央有关部委配备了专职人员和机构;经贸部和国家科委制定了鼓励技术出口的优惠政策。这一阶段开始了有组织、有管理的技术出口工作,出口金额逐年增加,1987 年金额达 1 亿美元,1988 年增至 2 亿美元;出口品种增加;国别地区也扩大到发展中国家。

第三阶段是 1989~1995 年,为初级阶段。主要特点是:成交金额迅速上升。1989 年成交额达 8.9 亿美元,1994 年增至 16 亿美元;以技术出口带动成套设备出口的项目迅速上升;向发展中国家出口明显增加;向发达国家出口仍呈上升趋势;技术出口的国别和地区增加至 50 多个。

第四阶段是 1996 年以来,这一阶段是迅速发展的新时期。其特点是:高新技术产品成为我国出口增长的重要力量。1996 年高新技术产品出口额为 126.63 亿美元。进入新世纪,2001 年我国高新技术产品出口 464 亿美元,是实施科技兴贸战略前的 1998 年的 2.3 倍,占我国出口额的比重达到 17.5%,比 1998 年提高了 6.5%。到 2010 年高新技术产品出口增至 4 924.14 亿美元,这充分反映了我国实施科技兴贸战略的成效。

表 8.1 我国高新技术产品出口列表

我国高新技术产品出口									
	2002 年	2003 年	2004 年	2005 年	2006 年	2007 年	2008 年	2009 年	2010 年
出口总额/亿美元	678.6	1 103.2	1 655.4	2 182.5	2 814.8	3 478.2	4 156.06	3 769.1	4 924.14
出口增长率/%	46.1	62.6	50.1	31.8	29	23.6	13.1	-9.3	30.7
占外贸出口比重/%	20.8	25.1	27.9	28.6	29	28.6	29.1	31.1	31.2
贡献率/%	36	37.6	35.6	31.8	30.5	26.6	32.3		30.7

(二) 技术出口与科技兴贸战略

改革开放以来,我国顺应经济全球化和世界科技革命迅猛发展的潮流,坚持对外开放,积极利用外资和引进技术,加速了我国产业结构的调整和技术进步,提升了我国的国际竞争力。

与发达国家相比,我国无论在高新技术产品的出口比例,还是在产品的技术高度上,尚有很大差距。当今的贸易强国大多是制造业强国,也是机电产品、高新技术产品的出口贸易强国。我国在由贸易大国向贸易强国迈进的过程中,必须继续强化制造业、高新技术产业在出口贸易中的作用。实施科技兴贸战略,正是提高我国国际竞争力,从贸易大国迈向贸易强国的重要举措之一。

科技兴贸战略的内涵之一是要采取切实有效的措施,推动高新技术产品的出口。根据我国高新技术产品出口的现状以及国际市场的变化趋势,我国高新技术产品出口的目标是在我国优势技术领域培植一批国际竞争力强、出口规模大、有自主知识产权的高新技术出口产品和企业,使高新技术产品成为我国的重点出口产品之一,初步完成我国出口商品结构向高新技术产品方向的转变。

(三)中国技术出口的政策导向

随着中国加入世贸组织,进一步融入世界经济,中国技术出口的发展前景广阔。通过面向国际市场的科研开发、技术改造、市场开拓、社会化服务等部署,建立较为完善的政府、法律、知识产权保护、出口促进服务体系,在我国高新技术产品和传统出口产品的优势领域形成高新技术研究、开发与应用的有力支撑,提高高新技术产品出口的持续发展能力。

扩大技术出口规模,提升技术出口层次,重点要做好以下几方面的工作:

1. 发展重点产业和技术领域的产品出口

根据技术预测和国际市场需求预测,我国必须在优势技术领域培育一大批在国际市场占有较大份额的、有自主知识产权的出口产品,针对提高出口产品竞争力的要求,组织重点出口产品关键技术开发,力争在软件、生物医药、通信产品等领域取得技术突破,提高高新技术产品和传统出口产品的国际竞争能力和持续出口能力;培育一批具有国际竞争意识,熟悉和遵守国际贸易规则,善于开拓国际市场的高新技术产品出口企业和跨国公司;鼓励企业在国外设立技术研发中心,促进我国高新技术产业研究与开发的国际化。

2. 加强对出口产品的高新技术支持

加快用高新技术改造机电行业和纺织行业中的重点出口企业,加快利用高新技术开发新产品、新材料,实现行业技术改造的跨越式升级。要引导现代科技向农业及相关产业渗透,在形成高效农业和环保农业的基础上扩大农产品出口。要按照我国产业结构调整和技术升级的需要,通过政策引导,积极引进国外先进技术和必要的关键设备。鼓励跨国公司在华设立研发中心,通过改进技术引进工作,提高外商投资质量,在引进国外先进技术的基础上,自行开发新技术。

3. 利用高科技手段开展高新技术贸易

要加强信息技术在外贸领域的推广应用。率先在科技兴贸的重点城市、高新技术产品出口基地、高新技术产业开发区、重点出口企业和科研院所建立电子商务应用系统,推动我国电子商务应用的快速发展。此外,还要加快以信息化为基础的现代物流系统建设,提高对外贸易的物流效率,降低物流成本。

4. 促进高新技术产品出口体制创新

为适应加入世贸组织的需要,借鉴国际通行做法,必须在投融资、海关监管、外汇管理、税收管理、进出口管理、人员进出管理等方面采取新的措施,促进我国高新技术产业发展和产品出口方面进行符合国际通行规则的体制创新。要充分发挥国家高新技术开发区的作用,特别是要进一步加强国家高新技术产品出口基地的建设,在短期内形成较大的出口规模,成为推动高新技术产品出口快速增长的主要力量。为此,应加大中央外贸发展基金对开拓高新技术产品国际市场的支持力度,支持出口规模大、市场前景好的高新技术产品出口企业与科研院所的技术开发、技术引进、技术改造、跨国经营和国际市场开拓。

5. 加强技术贸易法律法规体系建设

《中华人民共和国技术进出口管理条例》及一系列配套技术贸易法律法规的颁布和修订,对于促进技术出口有着重要的意义。它规范了高新技术进出口企业的贸易行为,加大了对我国技术出口、高新技术出口产品海外商标注册的保护力度;鼓励有较大出口市场和出口潜力的技术成果在国外申请专利;推动企业开展国际质量认证、安全认证、环保认证等。

我国加入世贸组织之后,将在更大的范围、更宽的领域、更高的层次上参与世界经济。只有加快实施科技兴贸战略,加速扩大技术出口,才能建立我国出口产业和产品的动态比较优势,在未来的国际分工和国际贸易中争取较为有利的位置,增强抵御各种外部风险与冲击的能力,逐步实现由贸易大国向贸易强国跨越的目标。

三、技术进出口的管理

我国对技术进出口实行统一的管理制度,依法维护公平、自由的技术进出口秩序。

(一)技术进出口管理依据

为了规范技术进出口管理,维护技术进出口秩序,促进国民经济和社会发展,根据我国《对外贸易法》及其他有关法律的有关规定,制定了《中华人民共和国技术进出口管理条例》(2001年)。据此,有关部门制定了《中华人民共和国禁止进口限制进口技术管理办法》、《中华人民共和国禁止出口限制出口技术管理办法》、《中华人民共和国技术进出口合同登记管理办法》、《中华人民共和国禁止进口、限制进口技术目录》等一系列配套规章,形成了中国技术贸易管理的完整体系。上述法律、法规的制定和实施,为保护我国成熟的产业化技术出口,鼓励先进、适用的国外先进技术和设备进口,发展民族科技,促进我国的科学技术水平进入世界先进行列,起到了保证作用。

(二)技术进出口管理的基本原则

技术进出口是指从中国境外向中国境内,或者从中国境内向中国境外,通过贸易、投资或者经济技术合作的方式转移技术的行为。这些规定的行为包括专利权转让、专利申请权转让、专利实施许可、技术秘密转让、技术服务和其他方式的技术转移。

技术进出口应当符合国家的产业政策、科技政策和社会发展政策,有利于促进我国科技进步和对外经济技术合作的发展,有利于维护我国经济技术权威。

技术进出口管理的基本原则有技术进出口管理共同适用的原则,也有分别适用于出口和进口的专门规定。

1. 实行有管理的自由进出口原则

除法律、行政法规另有规定的以外,国家准许技术的自由进出口。我国鼓励先进、适用的技术进口,也鼓励成熟的产业化技术出口;同时对危害国家安全或者社会公共利益的,危害人的生命或者健康的,破坏生态环境的,违反国家缔结或参加的国际条约、协定规定的技术,禁止进口。

2. 对进出口技术实行分类管理

我国将进出口技术分为禁止、限制、自由进出口三大类,按目录进行禁止、许可、登记管理。

我国《对外贸易法》在第三章"货物进出口与技术进出口"中,将进口或出口的技术分为"禁止进口或者出口,限制进口或者出口,允许自由进口或者出口"三大类,并依此分别制定禁止或限制进口货物与技术目录、禁止或限制出口货物与技术目录。按照不同的目录,"对限制进口或者出口的货物与技术,实行许可证管理。"这也为技术进出口管理条例将技术进行分类,并按类别不同施于不同的管理,确立了立法依据。

凡列入《中华人民共和国禁止进口、限制进口技术目录》及《中华人民共和国禁止出口、限制出口技术目录》中禁止进出口的技术,不得进出口。限制进出口的技术,应当向国务院外经贸主管部门提出申请并附有关文件,技术进出口申请经批准的,由国务院外经贸主管部门发给技术进出口许可意向书。申请人取得技术进出口许可意向书后,方可对外进行实质性谈判,签订技术进出口合同。

技术进出口经许可的,由国务院外经贸主管部门颁发技术进出口许可证。技术进出口合同自技术进出口许可证颁发之日起生效。

对属于自由进出口的技术,实行合同登记管理。属于自由出口的技术,合同自依法成立时生效,不以登记为合同生效的条件。申请人凭技术出口许可证或者技术出口合同登记证办理外汇、银行、税务、海关等相关手续。

从上述管理制度来看,我国对进出口技术采取的是一种宽严结合的管理模式,即在对进出口的技术进行分类的基础上,对属于禁止和限制类技术的进口或出口,采取了严格的禁止和审批或核准的做法;而对属于禁止和限制进口或出口技术以外的技术,则采取较为宽松的做法,仅对合同进行必要的登记。

3. 法律责任

进口或者出口属于禁止进出口的技术的,或者未经许可擅自进口或者出口属于限制进出口的技术的,依照刑法关于走私罪、非法经营罪、泄露国家秘密罪或者其他罪的规定,依法追究刑事责任;尚不够刑事处罚的,区别不同情况,依照《海关法》的有关规定处罚,或者由国务院外经贸主管部门给予警告,没收违法所得,处违法所得1倍以上5倍以下的罚款,国务院外经贸主管部门并可以撤销其对外贸易经营许可。擅自超出许可的范围进口或者出口属于限制进出口的技术的,其他处罚同上,但处违法所得1倍以上3倍以下的罚款。

变造或者买卖技术进出口许可证或者技术进出口合同登记证的,依照刑法关于非法经营罪或者伪造、变造、买卖国家机关公文、证件、印章罪的规定,依法追究刑事责任;尚不够刑事处罚的,依照海关法的有关规定处罚,国务院外经贸主管部门并可以撤销其对外贸易经营许可。

4. 技术出口管制

为了保证国家秘密技术安全以及履行国际义务,我国对敏感物项和技术的出口实施出口管制。敏感物项和技术是指《核两用品及相关技术出口管制条例》、《生物两用品及相关设备和技术出口管制条例》、《有关化学品及相关设备和技术出口管制办法》、《导弹及相关物项和技术出口管制条例》等相关出口管制法规所附《出口管制清单》中所涵盖的物项和技术。

为了世界和平与发展,为了维护我国的国家安全,在和平共处五项原则的基础上,我国对外签署了《关于禁止发展、生产、储备和使用化学武器及销毁此种武器的公约》,参加了《不扩散核武器条约》。实施对敏感物项和技术的出口管制是我国履行国际义务的必要手段。

5. 限制出口技术的审查管理

对我国《禁止出口限制出口技术管理办法》项下限制出口的技术,实施出口许可管理,由商务部会同科学技术部进行贸易审查和技术审查,并决定是否准予出口。

限制出口技术的贸易审查应包括以下主要内容:

(1)是否符合我国对外贸易政策,并有利于促进外贸出口。

(2)是否符合我国产业出口政策,并有利于促进国民经济发展。

(3)是否符合我国对外承诺的义务。

限制出口技术的技术审查应包括以下主要内容:

(1)是否危及国家安全。

(2)是否符合我国科技发展政策,并有利于科技进步。

(3)出口成熟的产业化技术是否符合我国的产业政策,并能带动大型和成套设备、高新技术产品的生产和经济技术合作。

实验室技术,鼓励首先在国内开发,转变为产业化技术后再出口。国内暂不具备条件转化应用的,则应在国家利益不受损害并取得知识产权有效保护的前提下方可出口。

(4)出口的技术是否成熟可靠并经过验收或鉴定,未经验收或鉴定但已经生产实践证明的,应由采用单位出具证明。

6. 限制进口技术的审查管理

对我国《禁止进口限制进口技术管理方法》项下的限制进口的技术由国家主管部门分别对技术进口项目进行贸易审查和技术审查,并决定是否准予进口。

限制进口技术的贸易审查应包括以下内容:
(1)是否符合我国对外贸易政策,有利于对外经济技术合作的发展。
(2)是否符合我国对外承诺的义务。

限制进口技术的技术审查应包括以下内容:
(1)是否危及国家安全或社会公共利益。
(2)是否危害人的生命或健康。
(3)是否破坏生态环境。
(4)是否符合国家产业政策和经济社会发展战略,有利于促进我国技术进步和产业升级,有利于维护我国经济技术权益。

7. 对技术进口合同限制性条款的规定

为了维护技术受让方的合法权益,规定在技术进口合同中,不得含有下列限制性条款:
(1)要求受让人接受并非技术进口必不可少的附带条件,包括购买非必需的技术、原材料、产品、设备或者服务。
(2)要求受让人为专利权有效期限届满或者专利权被宣布无效的技术支付使用费或者承担相关义务。
(3)限制受让人改进让与人提供的技术或者限制受让人使用所改进的技术。
(4)限制受让人从其他来源获得与让与人提供的技术类似的技术或者与其竞争的技术。
(5)不合理地限制受让人购买原材料、零部件、产品或者设备的渠道或来源。
(6)不合理地限制受让人产品的生产数量、品种或者销售价格。
(7)不合理地限制受让人利用进口的技术生产产品的出口渠道。

本 章 小 结

1. 关键词:技术;国际技术转让;国际技术贸易;知识产权;技术咨询;技术服务;合作生产;国际工程承包;知识产权;版权;专利权;商标权;著作权。

2. 技术是指制造一种产品所采用的一种工具,或提供一项服务的系统知识,不论这种知识是否反映在一项发明、一项外形设计、一项实用新型或者一种植物新品种,或者反映在技术信息或技能中,或者反映在专家为设计、安装、开办或维修一个工厂,或为管理一个工商企业或其活动而提供的服务或协助等方面。

3. 国际技术贸易是指不同国家的企业、经济组织或个人之间,按一般商业条件,将其技术的使用权授予、出售或购买的一种贸易行为。其方式包括许可贸易、技术咨询与技术服务、合作生产、工程承包、与投资相结合的技术贸易。

4. 许可贸易是国际技术贸易中最普遍采用的方式。许可合同主要有四种:独占许可、排他许可、普通许可、可转售的许可。

5. 知识产权是指法律所赋予的知识产品所有人对其创造性的知识成果所享有的专有权

利,包括工业产权、版权、商业秘密。

思 考 题

1. 什么是技术？国际技术贸易的方式有哪些？
2. 以一国或地区为例,分析国际技术贸易的开展对该国或该地区经济的影响。
3. 一项发明要获得专利授予,需要具备哪些条件？
4. 简述专利技术和专有技术的区别？
5. 查阅最新资料,谈谈中国对外技术贸易的发展现状。

【阅读资料】

鲁迅商标抢注案

沈阳鲁迅美术学院是一所有着60多年历史的学校。该学校的前身是1938年成立于延安的"鲁艺",1958年更名为鲁迅美术学院。学院建院初期,鲁迅夫人许广平和儿子周海婴曾向学院捐献过鲁迅的部分稿费。1998年,周海婴来学校参加了鲁迅像的揭幕仪式。不过,2001年,周家却因为商标注册问题与该学院发生了纠纷。

近些年来,社会上出现了各种打着类似"鲁迅美术学院"名称的办学形式,一些上当受骗的群众常常找到学校,给学校带来了不少烦恼。为了维护学校的声誉,减少不必要的麻烦,2000年,该学校将校名——"鲁迅美术学院"进行了商标注册。消息传到周家,后者非常生气,周家认为,鲁迅美术学院不应该在根本未与周家联系的情况下,将"鲁迅"作为商标申请注册。周家认为,鲁迅的商标只能由其家属来申请注册,而不应由鲁迅美术学院来申请注册,因为"鲁迅美术学院"一注册,别人就不能再用该名称了。因此,周家认为,这是商标抢注的侵权行为。2001年,鲁迅的儿子周海婴向国际商标局提出申请,要求撤销"鲁迅美术学院"的商标注册。

国家商标局某负责人谈了自己的看法,认为"鲁迅美术学院"这个名称已经用了很多年了,2000年申请注册是学校的一种权利,学校作为政府批准成立的事业单位,不过是为了保护它的专用名称,即"鲁迅美术学院"不受侵犯。

某位法学家认为,通过注册商标保护学校名称事实上纯属多此一举,因为学校名称是单位的知识产权,注册的名称是受法律保护的,完全可以通过名称权进行保护,没有必要再进行商标注册。

由于国内有很多以历史、文化名人命名的城市、学校、公园、街道等,该案例也引起人们对于"人名是否可以作为商标注册"问题的讨论。从现行的《商标法》看,法律仅仅规定了国家名称、国际组织名称、中央国家机关所在地标志性建筑物的名称不得作为商标使用,对于人名则没有具体规定。随着争论范围的扩大,使得人们进而也关注起地名的规范问题。

近些年来,不少厂家或开发商为了吸引顾客或消费者,使用"洋名"或双语标识来命名建筑、广场、小区。比如,某城市建筑物出现了"美克马尼中心"(Make Moneybusiness Center)的名称,某商场出现了"曼哈顿广场"(Manhattan Square)的名称,某开发小区命名为"英伦三岛"等。事实上,国家对于地名的命名早有相关法律规定。

1986年1月国务院发布的《地名管理条例》以及1996年6月民政部发布的《地名管理条例实施细则》规

定,中国地名的罗马字母拼写使用国家公布的《汉语拼音方案》,中国地名不以外国人名、地名命名。这是因为地名的命名和更名关系到国家的领土主权、民族的尊严和民族团结。20世纪70年代末,国务院曾批复同意废除青海、新疆境内的三个外来语地名。居民区、大型建筑物名称属于地名范畴,因此,其命名或更名必须遵守国家地名管理的政策法规。

中国的这一法规与联合国地名标准化会议的决定是一致的。1967年,第一届联合国地名标准化会议做出决定:地名的国际标准化采用单一罗马拼写法。1972年,第二届联合国地名标准化会议决议建议:"在地名国际标准化中,要尽量少使用外来语命名那些完全位于一个国家内的地理实体。"这一原则后来在历次会议中都得到重申。1977年,第三届联合国地名标准化会议决定中指出:"注意到《汉语拼音方案》在语言学上是完善的,用于中国地名的罗马字母拼法是最合适的","建议采用汉语拼音方案作为中国地名罗马字母拼法的国际标准。"由此,从1979年1月1日起,中国对外文件、书刊一律采用汉语拼音拼写地名。

在地名是否可以作为商标注册上,新颁布的《中华人民共和国商标法》规定,国家名称、国际组织名称、同中央国家机关所在地特定地点的名称或者标志性建筑物的名称,都不得作为商标使用;县级以上行政区划的地名或者公众知晓的外国地名,不得作为商标使用,除非该地名具有其他含义或者作为集体商标、证明商标的组成部分,或者已经注册并使用了。

(资料来源:许刚,武学梅.鲁迅后人质问鲁迅美术学院:凭什么抢注鲁迅商标[N].江南时报,2001-04-05(4))

第九章
Chapter 9

中国对外经济贸易关系

【本章学习要求】

通过本章的学习,要求学生了解中国对外经济贸易关系的现状,了解中国与各个国家经济贸易关系发展中存在的问题,并能根据所学知识提出相应的对策。

【本章主要概念】

贸易现状　贸易前景　反倾销　国际经济合作

【案例导读】

经贸合作"节节高"　广西拓展合作有力推动中缅关系

2012年3月30日,广西组织了14个市100多家企业近500人的经贸代表团到仰光举办2012广西(缅甸)商品博览会。参展的展品主要包括工程机械、自卸车、乘用车、农用车、手扶拖拉机、液晶显示器、液晶电视、日用陶瓷、珠宝饰品、木衣架、中药饮片、礼品工艺品等上千种畅销世界的广西名特优产品。同日还举行中国广西-缅甸投资贸易洽谈会暨项目签约仪式。广西与缅甸共有22个项目签约,总金额2.92亿美元。其中,政府间合作项目2个;广西对缅甸投资项目6个,签约金额1.8亿美元;广西与缅甸贸易项目12个,签约金额1亿美元;其他合作项目2个。项目包括矿产资源开发合作、农业投资合作、水产品加工、对外承包工程和双边贸易。同时,自治区政府与缅甸商务部签署《关于进一步加强经贸合作的协议》,广西农业、国土、旅游等部门也与缅甸有关部门签署了农业、旅游、矿产资源开发及联合勘探等方面的合作协议。

近年来,广西与缅甸开展了积极广泛的交流与合作。尤其自2004年中国-东盟博览会落户南宁以来,广西与缅甸的经贸合作更是如同芝麻开花节节高,双方经贸交流与合作进入了加快发展的新阶段,双方贸易额由2003年的97万美元迅速扩大到2011年的5 619万美元,年均增长66%,增长了近57倍。2011年至今,广西新批准在缅甸投资项目4个,中方协议投资额9 919万美元;东风柳州汽车有限公司生产的风行菱智车在2010年底已成功进入缅甸市场;广西与缅甸成功开展了剑麻种植合作,以及杂交水稻高产试种示范、玉米制种试种和哈密瓜试种等。

2011年,广西与缅甸贸易额同比增长197%。广西出口缅甸的主要商品有车辆及其零附件、推土机、筑路机、平地机、铲运机、家具及其零件、液化石油气及其烃类气、新的充气橡胶轮胎等。广西从缅甸进口的主要商品有烟胶片、天然橡胶、锑矿砂等。

在相互投资及工程承包方面,截至目前,广西批准在缅甸境外投资企业5个,协议总投资金额超过1亿美元,中方协议投资金额9 929万美元。其中,在缅甸投资金额最大的企业是广西水电工程局的"缅甸广西水电工程局腊戌水泥厂",协议总投资金额8 599万美元,中方协议投资金额8 169万美元。广西企业对缅甸工程承包新签合同金额8 396万美元,完成营业额4 885万美元。在利用缅甸外资方面,截至2011年,缅甸在广西设立的三资企业共3家,合同外资金额199万美元,实际利用外资金额为57万美元。

(资料来源:中央政府门户网站,2012-04-06)

新中国成立以来,中国对外经贸关系历经了一个曲折的发展过程。20世纪50年代,由于以美国为首的西方国家对中国实施封锁禁运政策,中国主要是同前苏联和东欧国家发展经贸关系,60年代主要发展同亚非拉国家的经贸关系,70年代对日双边经贸关系开创了新局面,80年代主要发展了同日本、美国、欧洲共同体的双边和多边经贸关系,同时逐步恢复了与苏联和东欧国家的经贸关系,90年代以来,中国已经初步形成全方位的对外开放格局。中国对外经贸往来遍布全世界,几乎同所有国家和地区都有经贸关系。

第一节 中国与亚洲主要国家的贸易关系

亚洲是亚细亚洲的简称,是世界七大洲中面积最大的洲。其绝大部分土地位于东半球和北半球。传统上被定义为非洲-亚欧大陆的一部分,亚洲在地理上习惯分为东亚、东南亚、南亚、西亚、中亚和北亚。东亚包括中国、朝鲜、韩国、蒙古和日本,东南亚包括越南、老挝、柬埔寨、缅甸、泰国、马来西亚、新加坡、印度尼西亚、菲律宾、文莱、东帝汶等国家和地区,南亚包括斯里兰卡、马尔代夫、巴基斯坦、印度、孟加拉国、尼泊尔、不丹,西亚包括阿富汗、伊朗、土耳其、塞浦路斯、叙利亚、黎巴嫩、巴勒斯坦、约旦、伊拉克、科威特、沙特阿拉伯、也门、阿曼、阿拉伯联合酋长国、卡塔尔、巴林、格鲁吉亚、亚美尼亚和阿塞拜疆,中亚包括土库曼斯坦、乌兹别克斯坦、吉尔吉斯斯坦、塔吉克斯坦四国的全部和哈萨克斯坦的南部,北亚包括俄罗斯亚洲部分的西伯利亚地区。截至2011年,亚洲总人口大约41.67亿人。

目前,亚洲除韩国、日本、新加坡外,大多数国家为发展中国家,工业基础薄弱,采矿业和农产品加工业较先进,手工业正在发展。日本首先跻身于世界列强之中,然后是亚洲"四小龙"

的起飞(指韩国、新加坡、中国台湾、香港地区),现在中国和印度经济的飞速发展使其成为世界注目的地方。

一、中日贸易关系

(一)中日贸易概况

1. 2011年日本货物贸易概况

据日本海关统计,2011年日本货物贸易进出口16 789.7亿美元,较上年(下同)增长14.7%。其中,出口8 236.5亿美元,增长7.0%;进口8 553.1亿美元,增长23.2%。贸易逆差316.6亿美元,下降141.8%。

分国别(地区)看,2011年中国、美国和韩国是日本前三大出口贸易伙伴,出口额分别为1 620.4亿美元、1 260.8亿美元和660.8亿美元,增长8.3%、6.2%和6.1%,占日本出口总额的19.7%、15.3%和8.0%。在前15大出口贸易伙伴中,日本对中国台湾省和巴拿马的出口出现负增长,对俄罗斯的出口增长较快,达46.9%。日本进口排名靠前的国家依次是中国、美国和澳大利亚,2011年进口额分别为1 840.7亿美元、743.7亿美元和566.0亿美元,增长20.0%、10.3%和25.2%,占日本进口总额的21.5%、8.7%和6.6%。2011年日本从主要产油国的进口增幅有所增长,自沙特阿拉伯、阿联酋的进口增幅在40%左右。2011年日本贸易逆差主要来源于产油国和澳大利亚,逆差额均大幅增长。另外,日本与中国的贸易逆差增长比较快,增幅达到488%。美国、中国香港和中国台湾是日本前三大顺差来源国,顺差额分别为517.1亿美元、414.4亿美元和276.2亿美元。

分商品看,机电产品、运输设备和贱金属及制品是日本的主要出口商品,2011年出口额为3 008.3亿美元、1 786.8亿美元和768.0亿美元,增长6.8%、1.5%和9.1%,占日本出口总额的36.5%、21.7%和9.3%。纸张、饮料和动物产品的出口出现轻微下降,其余所有的大类商品出口均实现正增长。矿产品、机电产品和化工产品是日本的前三大类进口商品,2011年进口额为3 151.4亿美元、1 562.2亿美元和665.5亿美元,增长35.3%、9.7%和24%,占其进口总额的36.9%、18.3%和7.8%。日本所有大类进口商品类别均实现正增长,且增幅均在双位数字。

2. 2011年中日双边贸易概况

据日本海关统计,2011年日本与中国的双边贸易额为3 461.1亿美元,增长14.2%。其中,日本对中国出口1 620.4亿美元,增长8.3%;自中国进口1 840.6亿美元,增长20%。日本与中国的贸易逆差220.2亿美元,增长488%。中国为日本第一大贸易伙伴、第一大出口目的地和最大的进口来源地。

2011年日本对中国出口的主要产品是机电产品、贱金属及制品和运输设备,出口额分别为724.6亿美元、181亿美元和159.3亿美元,增长10.3%、5.3%和3.6%,占日本对中国出口总额的44.7%、11.2%和9.8%。在所有出口商品中,家具玩具的增幅最大,为25.8%。

日本自中国进口的主要商品为机电产品、纺织品及原料和化工产品,2011年进口额分别为747.5亿美元、306.5亿美元和119.6亿美元,增长15.2%、20.4%和54%,占日本自中国进口总额的40.6%、16.7%和6.5%。在日本市场上,中国的劳动密集型产品依然占有较大优势,如纺织品及原料,鞋靴、伞和箱包等轻工产品,这些产品在日本进口市场的占有率均在50%以上,在这些产品上,中国的主要竞争对手来自亚洲国家(如越南、泰国、中国台湾地区)以及意大利、美国等。日本对中国出口主要商品构成(类)见表9.1;日本自中国进口主要商品构成(类)见表9.2。

表9.1 日本对中国出口主要商品构成(类) 金额单位:百万美元

海关分类	HS编码	商品类别	2011年1~12月	上年同期	同比/%	占比/%
类	章	总值	162 040	149 679	8.3	100.0
第16类	84~85	机电产品	72 460	65 726	10.3	44.7
第15类	72~83	贱金属及制品	18 098	17 195	5.3	11.2
第17类	86~89	运输设备	15 927	15 371	3.6	9.8
第6类	28~38	化工产品	13 908	12 424	12.0	8.6
第18类	90~92	光学;钟表;医疗设备	11 830	9 895	19.6	7.3
第7类	39~40	塑料;橡胶	10 470	9 685	8.1	6.5
第11类	50~63	纺织品及原料	3 877	3 363	15.3	2.4
第5类	25~27	矿产品	2 440	2 248	8.6	1.5
第13类	68~70	陶瓷;玻璃	2 065	1 921	7.5	1.3
第10类	47~49	纤维素浆;纸张	1 854	1 881	-1.4	1.1
第20类	94~96	家具、玩具、杂项制品	1 143	909	25.8	0.7
第14类	71	贵金属及制品	785	753	4.2	0.5
第1类	01~05	活动物;动物产品	192	330	-41.8	0.1
第4类	16~24	食品;饮料;烟草	123	175	-30.1	0.1
第8类	41~43	皮革制品;箱包	85	87	-2.7	0.1
		其他	6 781	7 715	-12.1	4.2

表9.2 日本自中国进口主要商品构成(类) 金额单位:百万美元

海关分类	HS编码	商品类别	2011年1~12月	上年同期	同比/%	占比/%
类	章	总值	184 065	153 425	20.0	100.0
第16类	84~85	机电产品	74 754	64 881	15.2	40.6
第11类	50~63	纺织品及原料	30 651	25 467	20.4	16.7
第6类	28~38	化工产品	11 960	7 766	54.0	6.5
第15类	72~83	贱金属及制品	10 977	8 185	34.1	6.0
第20类	94~96	家具;玩具;杂项制品	10 782	8 835	22.0	5.9
第4类	16~24	食品;饮料;烟草	5 840	5 000	16.8	3.2
第18类	90~92	光学;钟表;医疗设备	5 775	4 682	23.4	3.1

续表9.2

海关分类	HS 编码	商品类别	2011年1~12月	上年同期	同比%	占比%
第7类	39~40	塑料;橡胶	5 687	4 667	21.8	3.1
第12类	64~67	鞋靴、伞等轻工产品	4 653	4 225	10.1	2.5
第8类	41~43	皮革制品;箱包	3 580	3 322	7.8	2.0
第17类	86~89	运输设备	3 560	2 894	23.0	1.9
第5类	25~27	矿产品	2 770	2 573	7.7	1.5
第2类	06~14	植物产品	2 663	2 224	19.8	1.5
第13类	68~70	陶瓷;玻璃	2 502	2 097	19.3	1.4
第9类	44~46	木及木制品	2 219	1 751	26.7	1.2
		其他	5 690	4 855	17.2	3.1

(二)中日发展经贸关系的基本原则

自1972年中日邦交正常化以来,两国政府都十分重视发展睦邻友好关系和经济合作关系。1978年在中日联合声明基础上缔结了《中日和平友好条约》,用法律形式巩固了两国关系的政治基础。1983年两国政府首脑互访,确立了两国关系的基本原则,即"和平友好、平等互利、相互依赖、长期稳定"。和平友好,以《中日和平友好条约》作保证,这深得两国人心;平等互利,是发展两国经贸关系的准则;相互依赖,是引导两个不同社会制度国家携手通往21世纪和世世代代友好下去的指导思想;长期稳定,一方面指不管世界上出现什么风云变幻,中日关系都可长期稳定;另一方面指在经济合作上,两国存在着相互补充的必要性性和可能性。

(三)中日贸易中存在的问题

就总体而言,现在的中日经贸关系应当说是处于中日建交30多年来最为活跃和全面发展的阶段。从2001年的877.5亿美元,一跃成为2011年3461.1亿美元,10年里增加了近4倍。日本虽然在2004年失去了它垄断十一年之久的中国最大贸易伙伴的地位。但中国却取代美国成了日本最大的贸易伙伴。日本企业的对华投资也出现高潮,已成为中国重要的外资和技术引进的来源地,居国外对华直接投资的第一位。近两年来,日本经济出现明显回升迹象,其中一个重要拉动因素就是对华出口的迅速增长。日本经济界一度出现了"中国威胁论"、"中国出口经济紧缩论",但已悄然被"中国机会论"所取代。然而,虽然中日经贸合作取得了长足进步,两国间经济往来日益成为东亚经济发展的主旋律,但是中日两国在经贸联系中也出现了许多问题,这些问题制约了经贸合作的进一步深入,成为一种不和谐的音符。主要表现在:

1. 中日贸易摩擦发生的几率日益增高,范围不断扩大

日本贸易政策服务于政治,中日之间首次贸易摩擦的产生源自日本。当时日本的主要执政党自民党为赢得选举,为取悦于作为该党重要票源的农民而紧急采取限制措施。2001年3月,日本对自中国出口的保鲜蔬菜、茶叶制定数量达21种的农药残存限量要求,并保留货到日本后检验的权力,以其结果作为最后合格与否的判定依据。2001年4月,对中国大葱、蘑菇、蔺草等农产品实行紧急进口限制。2002年又对中国产菠菜、松蘑、青豆等蔬菜的残留农药实施歧视性标准检验,并要求进口商限制进口。凡此种种都是自民党为谋取其政治利益,确保农民支持率,维持执政党地位,将不满情绪转移到国外的举措。从贸易角度看,这些农产品仅占日本从中国进口的0.05%,根本起不到减少中国产品进口的目的。事实上,这些物美价廉的中国农产品在日本市场很受消费者青睐。

近年来,中日双方经贸摩擦的范围早已不限于农产品领域,中国生产的部分纺织品、轻工产品、钢材等都已成为日方以各种理由限制进口的产品。不仅如此,两国之间的贸易摩擦在地域上已延伸至国际资源领域及第三国市场。如本来中日两国的排他性水域中间线未正式确定,但日本却指责中国的渔船越界擅自进入日本的排他性水域捕鱼并扣押中国船长,还无理要求中国不要扩大捕捞金枪鱼的船队。再如,在越南市场中国摩托车以价格等强有力的竞争优势至2000年已占据50%以上的市场份额,彻底打破日产摩托车的垄断。在印尼,中国的电单车与日本电单车竞争激烈。这些使日商焦虑不安,以使用的降压器专利侵权(实际上不存在)为由要求印尼进口商停止进口中国产品,遭到拒绝。

2. 中日知识产权纠纷频繁发生

知识产权问题阻碍了日资企业在华投资和经营。知识产权包括版权、专利和工业品外观设计,还包括商标、服务标记和地域标志。日本企业对中国的仿冒意见较多,据日本经济产业省对8000家企业进行的调查,有34%的企业声称其产品在中国遭到仿冒,受害最多的一是家电产品,二是摩托车及其零部件。日本政府将"知识产权立国"作为国策,就是要使日本以输出知识和智力为主,生产和提供附有知识产权保护的技术信息。在这样的大背景下,两国贸易的知识产权纠纷格外突出。此外,日本对华技术贸易与对华投资比较保守。其对华技术贸易规模小、技术含量低,与欧美国家相比差距较大。另外,日本投资于基础设施、基础产业的项目依然较少;日本对华投资在整个日本的海外投资中所占的比重不大。这种状况与中日两国的经济合作关系并不相称,还有待于两国政界和经济界的共同努力,以提高日本对华投资的数量、规模和技术档次。

3. 中日在金融领域合作中存在的问题不容忽视

日本对华ODA分三类,即日元贷款、有偿资金援助、无偿资金援助和技术援助。日元贷款对那些为支持经济和社会发展而需要较大规模资金的项目,以宽松的贷款条件提供资金援助。宽松的贷款条件指的是0.75%~1.5%的低利息以及30~40年的还款期。例如,北京的地铁建设。虽然日元贷款是低息的,但由于自1985年以来日元对美元大幅度升值,这样一来使中国偿还债务的负担加重了许多。

4. 中日贸易逆差之争难见分晓

根据中国海关统计,2011年日本与中国的贸易逆差220.2亿美元。2012年2月中国对日出口104.3亿美元,进口159.1亿美元,仅一个月的时间,就实现中日贸易逆差44.9亿美元。

5. 中日经贸问题政治化趋势加重

自20世纪90年代以来,日方往往把经济问题和政治问题搅在一起。如1996年8月,以中国进行核试验为由,冻结对华无偿经济援助。2003年指责中国国防开支不透明,说中国是军事大国,日本是防卫小国,散布"中国威胁论"。日本的做法是使国内的右翼势力追随美国和西方反华逆流,其目的是牵制和削弱中国。日本的执政党以及一些政治家便迎合一部分农民团体的要求,向政府施加压力,要求保护这部分人的利益。在这种背景下,日本政府便发动了限制进口中国3种农产品的保障措施。这样做不仅可巩固执政党的"票田",同时也可将国民的目光引向海外,分散他们对国内问题的注意力。中国也曾出现以大学生为中心、以"抵制日货"为口号的反日游行;《朝日新闻》资深记者船桥洋一就此指出,直接参与对华经贸关系的日本经济界人士都亲身感受着"政冷"导致的中国民众反日情绪的高涨。另据一家法国银行对200个主要日本企业进行的调查显示,其中80%认为"政治紧张正在给对华经贸关系带来负面影响"。

(四)中日经贸关系的发展前景

展望未来,中日经贸关系仍将继续发展,日本对华经贸政策仍会以发展中日经贸关系为主导。中日经贸关系的继续发展不仅是两国经济发展的需要,也是亚洲至世界经济发展的需要。因此,中日两国应认真总结以往的经验教训,立足于长期发展,加强政府间的协作和信息交流,建立和健全双边贸易协调机制。唯有这样,才能进一步推动双边经贸关系的发展。中日贸易的持续发展给双方都带来了巨大的利益,中日经贸在各领域实现合作与发展的广阔前景由此显现,进一步扩大两国贸易还存在着很大的空间。而且,中日双方经贸关系继续发展还面临着良好国际大环境,世界经济一体化趋势的日益发展以及中国加入WTO,为中日经贸关系带来更大的发展空间和难得的机遇,中日两国同为亚洲具有一定影响力的国家,相近的地理位置和经济结构上的互补性将促使双方的经贸关系向纵深发展。

1. 贸易量扩大,贸易结构改变

中国加入WTO以后,将按照多边贸易规则逐渐降低成员国的进关税,并逐步取消非关税壁垒,它所带来的中国市场开放的最直接表现就是因进口商品的国内价格的下降而引起进口需求增加。据预测,中国从日本的进口将因此而年均增长0.3%,中国对日本的出口也将提高1.82%。中国加入WTO以后,双方贸易结构发生明显的改变,中国具有比较优势和规模发展潜力的产品竞争力将会随着国外市场的进一步开放而使其充分地发挥作用,具有出口成长性产品的优势也会因此而有效显现。如果将所有的产品按照大类划分为工业品和初级产品,在初级产品领域的蔬菜、谷物、乳蛋类产品等10类产品将是中国入世后对日贸易最具竞争力和成长性最好的产品,这些产品在对日出口贸易中的比重将提高;茶、咖啡、动物产品、调味品等另外10类产品的出口也有一定的增长趋势,但在出口贸易总额中的比重变化不会很大,贸易顺差仍将保持,但顺差额可能会缩小;树胶、树脂等产品由于贸易规模有限,长期看将出现逆差。在工业品领域,纺织品、皮制品、家具等的出口增长将会快于进口,已有的贸易顺差会进一步扩大,而电器设备、有机化学品、玻璃制品、钢铁等的进口增长将快于出口增长,逆差还会持续扩大。

2. 投资结构改变

在小岛清的"边际产业扩张理论"的指导下,日本对外直接投资与美国有着很大的不同,日本产业外移依照边际产业逐渐进行,即逐步将在本国已经逐渐丧失比较优势的产业转移出去,而不是将本国正处于上升阶段的产业向外转移。因为,这样的产业和这样的技术与被移植国的现实水平更加接近,在东道国现有的技术能力和设备条件,这样的技术更容易被当地企业普及和吸收,也就更能发挥应有的作用。从日本对亚洲地区产业转移的特点看,日本的产业转移首先开始于北美地区,其次是欧洲,然后才是亚洲,就具体产业来看,转移亚洲地区的多数是制造业,占全部制造业投资的31.9%,而非制造投资比例却很小,亚洲是日本重要的制造业转移目的国。而且在制造业内部,亚洲地区集中了制造业中最传统的部分,即纺织等劳动密集型特征明显、资源消耗型产业,运输设备、电气机械等资本密集型产业则多分布在美、欧等地。日本的对外直接投资开始于制造业,然后逐步向服务业等非制造业转移。

中国入世后,非制造业领域,特别是服务业的外资限制将大幅度减少,外资将允许进入金融保险领域、银行业、电信服务业、娱乐等关键部门和行业,投资环境将得到明显改善,服务贸易的逐步开放导致日本对中国的服务业投资迅速增长,尤其是矿业、运输业、商业等领域,日资会明显增加。随着西部大开放战略的逐步实施,日本对华直接投资的地区结构也会有所变化。虽然从短期看,而且从西部大开放推行以来这几年的实践看,进入西部的外资并没有增加,有些地区和领域甚至还有所下降,但长期内,会有更多的外资流入西部。日本直接投资暂时不会大规模进入西部的原因主要有:

(1)基础设施的限制。西部地区拥有丰富的自然资源,这对于资源短缺的日本来说应该具有很大的吸引力,但是,资源开发后更重要的是采后环节以及运输条件,由于缺乏很好的采后处理系统和便利的交通运输的支持,资源优势大打折扣。而且,日本对华直接投资的主要的是迅速获得短期利益,以加工后出口为主,因而对市场依赖性很强,如果没有运输的优势以保证迅速到达市场,投资的吸引力也会下降。

(2)市场规模的限制。由于日本对华直接投资企业对国内、国际市场依赖很大,导致市场规模因素和市场潜力因素对日本投资影响很大,由于经济发展水平相对落后,西部地区的市场购买力较差,观念的差异也使西部地区的消费者对商品和服务的需求层次较低。同时,西部省份大多地广人稀,市场规模本身有限,这样的市场条件与日本的投资目的和特点不和谐。

(3)服务业发展水平的限制。经济的落后使西部地区的服务业发展对滞后,能够提供的相应配套服务难以跟上,这成为吸引外资的一个主要"瓶颈"。

3. 合作将进一步加强

在全球区域合作更加紧密的国际大背景下,加强多边渠道的交流将是中日经贸合作发展的重要领域。作为亚洲地区的两个最重要的国家,日本与中国的合作与发展将对亚洲以及整个世界产生不可忽视的影响,能源、环保、金融已经成为东亚地区中日合作的重要课题。虽然与欧洲相比,东亚各国在发展阶段等方面的差异性和多样性似乎是地区合作的障碍,但与欧洲不同的是,欧洲的统合是工业经济的统合,而未来的亚洲统合将是经济全球化和信息技术革命时代的统合,多样性与差别性在这里将很可能成为一种优势而非羁绊。

除了地区层面上的合作,在国际多边组织下,中日两国也大都进行了良好的合作,尤其是近几年更加活跃,在亚太经合组织、10+3会议、亚欧首脑及经济部长会议等亚洲国家积极参与的地区经济合作,两国都表现出了强烈的合作的愿望,有着良好的合作基础,中、日、韩三国在全亚洲特殊的地位和相互之间极为重要的关系也为中日合作提供了新的思路,中日的区域化经济合作必将进一步加强和扩大,中日两国围绕环保、能源、粮食、电子商务等全球性经济课题而不断加深合作,将对世界的和平与发展,对推进信息技术革命,对保护全球环境做出卓越的贡献。

【资料卡9.1】

新华国际时评:为"不惑"的中日关系夯实基础

新华社东京2011年12月24日电(新华社记者 吴谷丰)日本首相野田佳彦将于25日对中国进行访问。明年将迎来中日邦交正常化40周年。在此关键时间节点上,中日两国进一步增进政治互信,深化务实合作,推动战略互惠关系取得新进展,夯实中日关系发展基础,有利于中日关系保持健康稳定发展。中日友好有着源远流长的历史。中日两国是一衣带水的近邻,都是地区和世界大国,对地区和世界的和平、稳定与发展有着重要影响力。在长达2000多年的两国交往史中,虽有过一段不幸的时期,但两国关系发展总体上是友好的。中日友好是人心所向,大势所趋。中日邦交正常化的近40年里,两国关系总体稳定。早在20世纪80年代,中国领导人邓小平和时任日本首相中曾根康弘就达成共识:中日友好是超越两国关系中任何问题的头等大事。《中日联合声明》等四个政治文件为中日关系健康稳定发展奠定了政治基础。中日友好始终是两国关系的主流。尽管有一段时间中日关系因为日本领导人顽固坚持参拜靖国神社而陷入"寒冬",但此后两国领导人先后展开"破冰之旅"、"融冰之旅"、"迎春之旅",破解了中日关系暂时出现的困局。如今,两国虽然存在分歧,但都注意维护双边关系的大局,妥善处理一些敏感问题,致力于构筑基于共同战略利益的互惠关系。

中日友好符合双方的共同利益。多年来,两国经贸合作不断加强,去年双边贸易额由邦交正常化初期的约10亿美元提高到近3 000亿美元,日本成为中国第二大贸易对象国和第三大外资来源地,中国成为日本最大贸易伙伴和第一大出口市场。简言之,中日双方互惠互利,实现共赢。

当然,中日关系并非一帆风顺,发展道路坎坷曲折。日本军国主义发动侵略战争给中国人民造成巨大伤痛,然而个别日本政治家非但不反省历史,反而不时做出歪曲史实、美化侵略的言行,导致中日关系一度陷入"政冷经热"的不正常状态。因此,秉持正确的历史观是关键,这关系到中日关系的稳定与发展。

孔子曰："三十而立,四十而不惑。"以此进行对照,中日关系明年将步入不惑之年。各界对野田佳彦首相的这次中国之旅充满期待,希望此访能进一步夯实双边关系的基础,推动两国关系再上一个新台阶。

当前,国际形势复杂多变,中日两国合作面临重要机遇和广阔空间。在新形势下,双方共同做出努力,抓住深化两国关系的重要机遇,发挥各自优势,推进各领域交流与合作,进一步扩大共同利益,实现互利双赢,必将造福于两国人民。

人们相信,只要恪守四个中日关系政治文件所确定的原则,着眼和维护中日关系大局,把握友好合作的大方向,进一步增进政治互信,妥善处理敏感问题和分歧,中日关系就会取得更大发展。

(资料来源:中央政府门户网站.2011-12-24)

二、中韩经济贸易关系

(一)中韩贸易概况

1. 2011 年韩国贸易概况

据韩国海关统计,2011 年韩国货物贸易进出口 10 808.9 亿美元,较上年(下同)增长 21.2%。其中,出口 5 565.1 亿美元,增长 19.3%;进口 5 243.7 亿美元,增长 23.3%。贸易顺差 321.4 亿美元,下降 21.9%。

分国别(地区)看,2011 年中国、美国和日本是韩国出口排名前三位的国家,出口额分别为 1 342.1 亿美元、562 亿美元和 397.1 亿美元,占韩国出口总额的 24.1%、10.1% 和 7.1%,增长 14.9%、12.8% 和 40.9%。在前 15 大出口贸易伙伴中,韩国对印度尼西亚、巴西的出口增幅较大,增幅超过 50%。中国、日本和美国同时也是韩国进口排名前三位的国家,2011 年进口额为 864.3 亿美元、683 亿美元和 445.7 亿美元,增长 20.8%、6.2% 和 10.3%,占韩国进口总额的 16.5%、13.0% 和 8.5%。韩国的贸易逆差主要源于日本、中东一些产油国家和澳大利亚,2011 年除与日本的逆差有所下滑外,其余都出现了增长。贸易顺差主要来自中国、中国香港地区和新加坡,顺差额分别为 477.8 亿美元、286.6 亿美元和 118.9 亿美元。

分商品看,机电产品、运输设备和矿产品是韩国的主要出口商品,2011 年出口额分别为 1 783.5 亿美元、1 229.4 亿美元和 539 亿美元,增长 9.5%、20.4% 和 62.7%,占韩国出口总额的 32.1%、22.1% 和 9.7%。除光学医疗设备外,韩国主要出口商品类别都实现了正增长,且出口增幅较大。矿产品、机电产品和贱金属及制品是韩国进口前三大类商品,2011 年进口额为 1 961.1 亿美元、1 190.3 亿美元和 550.9 亿美元,占韩国进口总额的 37.4%、22.7% 和 10.5%,分别增长了 42.5%、7.6% 和 16.4%。

2. 2011 年中韩双边贸易概况

据韩国海关统计,2011 年韩国与中国的双边贸易额为 2 206.3 亿美元,增长 17.1%。其中,韩国对中国出口 1 342 亿美元,增长 14.9%;自中国进口 864.3 亿美元,增长 20.8%。韩方贸易顺差477.8亿美元,增长5.6%。中国为韩国第一大贸易伙伴、第一大出口目的地和最大的进口来源地。

机电产品、光学医疗设备和化工产品是韩国对中国出口的主要产品,2011年出口额分别为500.6亿美元、229.9亿美元和164.6亿美元,增长5.7%、8.3%和35.3%,合计占韩国对中国出口总额的66.7%。除纸张和陶瓷玻璃的出口出现下降外,对中国出口的其余主要商品均出现正增长。

韩国自中国进口排名前三位的商品为机电产品、贱金属及制品和化工产品,2011年进口额为356.5亿美元、150.7亿美元和68.5亿美元,增长17%、32.2%和34.7%,占韩国自中国进口总额的41.3%、17.4%和7.9%。2011年韩国从中国进口主要商品均出现正增长。在纺织品及原料、家具、玩具这类劳动密集型产品的进口市场上,中国继续保持优势。在这些产品上,中国主要竞争对手是日本、美国、意大利和越南等国家。

(二)中韩经贸发展的基础与条件

1992年8月24日,中国与韩国正式建交,当时双边贸易额仅有50.3亿美元。

建交后,由于两国政府和人民的共同努力,中韩两国在贸易和其他经济领域的合作迅速展开。两国的贸易才真正进入实质性发展阶段,双边贸易此后不断扩大。

1. 两国贸易结构的互补性突出

中国和韩国虽然同是亚洲国家,但却是经济发展水平明显不同的两类国家,两国在自然资源禀赋程度和经济发展历程上的差异决定了两国具有各自不同的产业结构特征和优势,因而贸易结构存在着较大的互补性,地缘上的接近以及文化背景的相似性又使两国能够在共同价值取向和观念基础上展开合作。中国对韩国出口最多的商品是纺织原料及其制品,其次是矿产品、化工产品和农产品。

2. 中国经济的健康稳步发展为两国经贸合作奠定了坚实的基础

虽然中国目前仍然位于发展中国家之列,但中国不是一般的发展中国家,中国是一个发展中经济大国,是世界上任何一个发达国家都不能轻视,也不敢轻视的国家,在某种程度上,中国对世界政治和经济的影响力并不逊色于美、日、欧等发达国家。不仅源自于中国因人口和国土而具有的大市场的潜力,更在于中国自身经济发展与改革的成就。中国加入WTO以后,更有利于中国经济发展潜力的充分发挥,中国的经济发展面临着更加广阔的前景和更多的机会。入世后,中国各种贸易壁垒将逐步取消,市场将全面开放,特别是高新技术产品将逐步实行零关税,这将更加有利于韩国产品,尤其是其竞争优势十分明显IT产品进入中国市场。韩国电子通信研究所的报告显示,韩国对中国IT产品的出口将因中国入世而平均每年增加6亿美元。中国还将因入世而逐步开放商业、旅游、金融等服务业,两国的服务贸易也将因此而迅速增长。

3. 中日韩三国在亚洲地区的特殊地位

东亚是亚洲发展最快的地区,也是带动亚洲经济进一步发展的主要原动力,而东亚地区的发展,在很大程度上决定于中、日、韩三国经济的发展以及这三国之间的合作水平。日本是东亚地区经济发展水平最高的国家,是东亚乃至整个亚洲地区唯一的发达工业化国家,韩国是"亚洲四小龙"之一,是新兴工业化国家,中国则是近年来全球经济增长速度最快的国家,是最具发展潜力的国家。与日本相比,韩国与中国的相似性似乎更多,韩国的经济发展路径更加符合发展中国家的实际和国情,对中国的借鉴作用更大。中国目前仍尚未完全摆脱劳动密集型生产和出口为主的产业结构模式,在对外贸易战略选择上势必也要靠劳动密集型产品出口规模扩大来奠定经济发展的基础并提供对外贸易模式转变的条件。中韩两国又同为亚洲国家,在文化背景、风俗习惯和意识形态上有一定的相似性,在地理位置上具有很大的便利性,这为两国经贸合作的进一步发展提供了很好的条件。

(三)中韩两国贸易发展的障碍和问题

韩国是亚洲地区较早、较快发展起来的国家,它与中国的贸易呈现出"发达国家与发展中国家"贸易的特点。但是,随着中国经济实力的增强以及国际经济格局的变化,两国贸易合作中一些突出问题逐渐暴露出来。

1. 贸易壁垒仍然是两国贸易规模进一步扩大的主要障碍

从表面上看,韩国对进口贸易的硬性管制已经基本取消,但实际上,韩国自1967年以发展中国家的身份加入GATT以来,利用较长的市场开放缓冲期,将协定中所允许的关税和市场准入等数量管理手段以及协定的"灰色地带"充分用来保护本国市场和国内产业,采取技术法规、标准、检验等技术性贸易壁垒,将进口商品对国内相关行业的损失降低到最小,极大地限制了包括中国在内的其他国家商品的进入。

韩国《2002年HS进出口通关便览》中,几乎将所有农产品都置于各种质量安全和检疫法规的保护之下,包括转基因加工食品标识制度,水果、蔬菜、花卉病虫害检疫制度,口蹄疫及疯牛病疫区产品进口限制制度,家禽肉检疫制度,水产品安全检疫检验制度,进口农产品原产地强制标识制度,农药和有害物质成分标准规定等多项制度。除此之外,韩国还以法律的形式制定了种类繁多的检疫和卫生标准,分别对相关产品的进口进行严格限制和管制,如《粮谷管理法》、《食品检验法》等。在产品质量管理方面,韩国将ISO 9000标准转化为国家标准KSA 9000,按照《质量管理促进法》的规定,采取国家统一管理制度,工业振兴厅依法统一管理全国的质量保证体系认证工作,基本框架包括KS标志认证制度、ISO 9000认证制度、ISO 14000认证制度、环境标志制度和环境成绩标志制度,认证程序十分复杂。繁杂和苛刻的产品质量和技术标准要求,为中国产品大规模进入韩国设置了重重障碍,尤其在中国的优势产品如植物产品、冷冻水产品、农产品方面,对中国产品进入韩国造成了严重的负面影响,也是使中国对韩国贸易多年逆差的主要原因之一。中国对韩国贸易逆差逐年扩大这种严重的贸易不平衡现象,必然会影响到两国贸易关系的顺利开展和贸易的正常进行。

2. 倾销与反倾销纠纷日趋激烈

中国是世界上遭受反倾销调查最多的国家,其指责和惩罚来自于欧盟、美国等众多发达国家。为此,中国也开始加强对国外商品进入中国的反倾销工作,在最近几年涉及的反倾销案中,大多数都牵涉韩国企业在中国市场低价倾销的问题。近10年来,韩国共对25个国家或地区发起了反倾销调查,其中,遭受韩国反倾销调查最多的前5个国家或地区分别是:中国、日本、美国、印度尼西亚和中国台湾地区。这5个国家或地区遭受韩国反倾销调查的案件总数达45起,占同期韩国发起的全部反倾销调查案件总数的55.56%。中国则是被韩国提起反倾销调查最多的国家,达16起,占韩国全部反倾销调查案件总数的19.75%。

　　3.产品存在由互补性转向竞争性的趋势

　　中国对韩国出口的主要商品是纺织服装、煤炭、电子零部件、钢材等,从韩国进口的主要是石化产品、电子产品、不锈钢材等。可见,两国的贸易商品结构具有一定的竞争性,比如,纺织品是中国对韩国出口的第一大类商品,是中国出口韩国的主要优势产品,而韩国是世界第五大纺织品出口国,纺织工业位于全球第七,在纺织品、服装方面也具有明显的竞争优势,在国际市场上双方相互竞争较激烈。

　　虽然中国对韩国的出口优势产品停留在劳动密集型和自然资源密型产品上,贸易结构不尽合理,层次较低。但是,随着中国吸收国外资本、技术等优势资源的能力不断提高,中国经济已经驶入持续发展与增长的轨道,中国企业的国际竞争力不断增强,中国产品必将成为韩国产品在国际市场上有力而强大的竞争对手。目前,在美国和日本市场,中国产品的市场份额已经超过了韩国等国家和地区。

　　(四)中韩经贸关系的发展前景

　　中韩作为东亚和世界两大经济体,有条件进一步推进务实合作,实现互利双赢。双方应该认真落实《中韩经贸合作中长期发展规划报告》,尽快启动中韩自由贸易区有关谈判,推动经贸合作便利化,加强高新技术、绿色经济、循环经济等重点领域合作,培育新的经济增长点。要争取实现双边贸易额2012年达到2 000亿美元、2015年达到3 000亿美元的目标。

三、中国与东盟贸易关系

(一)中国与东盟国家的贸易状况

　　东南亚国家联盟(简称东盟)由泰国、印度尼西亚、马来西亚、菲律宾、新加坡、文莱、越南、老挝、柬埔寨、缅甸等10国组成,是中国的近邻,曾同中国有过密切的商贸关系。新中国成立后,由于种种原因,相互经贸关系发展十分缓慢。20世纪70年代以后,随着中国同东盟国家的陆续建交,以及中国实行对外开放政策,双方经贸关系有了引人注目的发展。东盟已成为中国的第五大贸易伙伴。从商品结构看,中国对东盟出口的主要是原油、轻纺产品、土特产品、粮油、中成药等产品;从东盟进口的主要是橡胶、木材、化肥、原糖、化纤等产品。近年来,双方互换商品增多,主要是增加了机电产品的进出口。

（二）中国与东盟国家发展经贸合作的有利和不利因素

1. 有利因素

20世纪80年代以来，中国与东盟国家的政治关系有了明显的改善，加上自1975年起中国与东盟许多国家相继签订了贸易、航空、海运、投资保护等协定，互相给予最惠国待遇，这就为双边经贸关系的发展打下了良好的基础。尤其值得一提的是，在1997年的亚洲金融危机中，中国顶住了巨大的压力，承诺人民币不贬值，并给予遭受危机的东盟国家有力的金融援助，受到了国际舆论的广泛赞誉，也得了东盟各国的信任。它们认识到中国在政治上是维护东亚地区和平稳定的重要力量，在经济上也不仅是自己的竞争对手，更多的还是合作伙伴，因此开始调整战略，把发展与中国的经贸合作放在举足轻重的位置。

2. 不利因素

中国与东盟国家经贸合作的不利因素主要表现在：

（1）中国与大多数东盟国处于类似的经济发展水平，进出口商品结构的竞争性大于互补性。

（2）东盟国家利用商品检验对中国向其出口的产品采取歧视性措施。

（三）中国-东盟自由贸易区

中国-东盟自由贸易区的构想始于1999年在菲律宾马尼拉召开的第三次中国和东盟国家领导人会议。当时，东盟各国刚从亚洲金融危机中恢复过来，对金融危机的危害及自身经济的脆弱性有切肤之痛，急需通过地区经济整合来抵御外来风险。而中国在亚洲金融危机中坚持人民币不贬值，不仅减弱了金融危机的冲击，而且树立起了一个负责任大国的国际形象。东盟国家普遍希望中国在地区经济合作中发挥更大的作用，中国领导人也提出愿意加强与东盟自由贸易区的联系，中国与东盟加强经济合作的想法得到了双方的一致赞同。此后，经过几个回合的磋商与谈判，2002年11月4日，中国总理朱镕基与东盟十国领导人共同签署了《中国-东盟经济合作框架协议》，标志着中国与东盟的贸易合作进入了崭新的历史阶段。根据《中国-东盟经济合作框架协议》，中国-东盟自由贸易区将包括货物贸易、服务贸易、投资和经济合作等内容。中国-东盟自由贸易区建成时间为2010年，此时间框架仅包含中国与东盟6国（泰国、印度尼西亚、马来西亚、菲律宾、新加坡和文莱，以下简称"东盟6国"）。东盟的4个新成员越南、老挝、柬埔寨和缅甸有5年的宽限期，即到2015年。

2004年11月29日，在老挝万象召开的第八次中国东盟领导人会议期间，中国商务部部长与东盟10国经贸部长分别代表各自政府签署了中国-东盟自由贸易区《货物贸易协议》和《争端解决机制协议》。《货物贸易协议》包括23个条款及3个附件。协议规定，双方的商品分为常规贸易商品和敏感性商品两大类，2005年7月1日起，双方将按照商定的时间表全面启动降税进程。根据协议，中国与东盟6国将在2010年把绝大多数常规贸易商品的关税降为零，东盟4个新成员则可在2015年将绝大多数的常规贸易商品的关税降为零。关于双方可以保留的少数敏感性商品,对其关税水平也做了约束和削减。协议还指出,各缔约方不保留任何与世贸组织规则不符的进口数量限制。与《货物贸易协议》同时签署的《争端解决机制协议》是规范中国与东盟双方在自由贸易区框架下处理有关贸易争端的法律文件,共包括18个条款。协议以世贸组织争端解决机制为基础,根据自由贸易区的特点,就适用争端的范围,磋商程序,调解或调停,仲裁庭的设立、职能、组成和程序,仲裁的执行,补偿和终止减让等问题做出了相应规定。这两个协议的签署,标志着中国-东盟自由贸易区建设进入了实质性全面启动的阶段,对双边经贸关系的发展具有重大的意义,对亚洲区域一体化进程也将产生积极和深远的影响。

1. 中国-东盟自由贸易区为双方带来的机遇

中国与东盟将互相提供巨大的市场。中国改革开放30多年来,经济一直高速发展,中国约13.4亿人口,是一个巨大的消费市场,东盟10国约5亿人,市场也不小。随着货物贸易关税减让谈判的进行,中国与东盟各国之间的产品关税将进行大幅度的削减。到2015年,中国与东盟的绝大多数产品将实行零关税,并取消非关税壁垒,实现双方贸易自由化。这必将极大地促进双方之间的贸易的扩大,使自由贸易的福利效果达到最大化。

中国与东盟国家的相互投资将会增加。在未来10年中,随着经济实力的加强和产业结构调整的需要,中国将增加对外投资。经济全球化的趋势,使中国的企业家逐步扩大眼界,在世界范围内整合资源,开拓销售市场。未来的一段时间内,中国大部分对外投资都将与资源有关,即在国外参股或投资建设新的能源企业。由于地理上的临近,亚洲文化的渊源及华人在东盟各国经济中的地位,使东盟各国在未来吸引中国资本输出中拥有很大的优势。与此同时,中国加入世贸组织后已对外开放本国更多的行业部门,为来自东盟各国的投资者创造更为有利的投资环境。中国与东盟相互投资的增加,无疑将会给双方经济发展创造良好的条件。

中国与东盟的经济技术合作将得到加强。在进行高新技术转移方面,中国-东盟自由贸易区的建立必将为东盟各成员国带来新的机遇。目前,东盟各国都在进行产业结构调整,希望通过转变经济增长方式,加速产业升级。东盟各国都属于发展中国家,教育、基础科学和前沿科技研发领域都受到资金、人员等方面的制约,新加坡、文莱虽然是东盟内部比较发达的国家,但由于综合国力很小,无力带动整个东盟的产业升级,因此,东盟很难依靠自身力量赶超世界的科技水平。相对于东盟国家而言,中国的科技事业有长足发展,建立起了一支从基础理论到应用科学、从生物技术到电子信息的较为完备的科研队伍,整体科技实力远远高于东盟国家。通过中国-东盟自由贸易区的建立,货物贸易、服务贸易、跨国公司投资都将成为科学技术转移的载体,将先进的技术从中国传播到东盟的各层次国家中。这种技术传播能够对发展产生巨大的外部效应,提高整个国家的生产力,推动经济加速度发展。可预计,这方面的外部效应将在越南、老挝、柬埔寨、缅甸等落后国家产生最为明显的效果。

有利于中国与东盟减少对欧美市场的依赖。东盟国家对出口的依存度非常高,其中对美国的出口占其出口总额的40%左右。1997年的亚洲金融危机充分暴露了这种经济的脆弱性,通过反思使东盟各国认识到,过多地依赖一个国家或地区不是一件好事。它们希望多元化,特别是同中国进行合作。中国-东盟自由贸易区的建立,更多的东盟商品、劳务将进入中国。这对东盟各国加快经济调整、减少对欧美市场的依赖有着十分重要的意义。对中国来说,建立中国-东盟自由贸易区,也有助于提高其抵抗外来竞争,抵制西方发达国家的贸易保护主义,抵御其他地区一体化贸易集团对中国出口市场的冲击。

2. 中国-东盟自由贸易区面临的挑战

(1) 自由贸易机制的选择问题。自由贸易机制的选择问题中国-东盟自由贸易区是建成一个开放型的自由贸易区,还是建成一个相当紧密型的自由贸易区,是组建过程中要解决的一个难题。如果像亚太经合组织那样,建成一个开放型的自由贸易区,组织内的优惠措施组织外的成员也可以分享,结果成员国获得的实惠要比欧盟这样的紧密型的自由贸易区少得多。而且松散的制度性状况也使这种组织缺乏向心力和凝聚力,无法有效地保证集体计划目标如期实现。如果中国-东盟自由贸易区选择开放型,那么就有可能演变成一个松散的经济合作体,而这就违背了组建双方的初衷,即通过组建中国-东盟自由贸易区来提高经济的整合度,提高彼此在国际事务中的发言权。如果选择紧密型,过多的排外和差别待遇又有可能减少成员国和外部市场的联系。而中国-东盟自由贸易区成员国经济的外向度都较高,这就会产生消极影响。因此,选择开放-东盟还是紧密型,中国和东盟将需要慎重考虑。

(2) 中国与东盟在出口商品方面将面临竞争。中国和东盟国家劳动力丰富,都具有出口劳动密集型产品的比较优势,而且出市场都集中在美国,这就不可避免地造成了双方在国际市场上的竞争。例如,中国生产的纺织品与服装在美国市场占有较大份额。自2005年1月1日起,纺织品服装的配额限制已取消,这样中国与东盟都会增加这些产品对美国的出口,从而形成在美国市场上的竞争。对于非传统的和资本密集型的产品,如工业电子产品(计算机、打印机、硬盘等),中国出口的增长将会随着市场的扩大而越加强劲。事实上,中国对美国电子产品的出口份额迅速增加已经使得东盟国家的出口减少。

(3) 中国与东盟在吸收外商直接投资方面也将面临竞争。在1997年亚洲金融危机以前,中国与东盟在发展中国家和地区中是吸引外商直接投资最多的两个区域。但是在1997年以后,投向东盟的国际资金明显减少,中国加入世贸组织之后,正在进一步深化金融制度改革,完善金融体制,加快与国际金融市场接轨的步伐。良好的投资环境、广阔的消费者市场,最主要是更为明朗的发展前景使外商更看好中国的投资机会,造成外商投资从东盟转向中国,形成中国与东盟在外商直接投资方面的竞争。

(4) 东盟成员国的经济发展水平差距很大,影响自由贸易区的发展进程。东盟10国在经济发展水平与经济规模等方面存在较大的差距。如果以国内生产总值和总人口等反映经济规模的要素综合起来考虑,则东盟10国可作如下排列:新加坡、文莱处于最上端,其后是马来西亚、泰国,再后是菲律宾、印度尼西亚,越南、缅甸、柬埔寨和老挝排在最下端,这样就大致形成了一个上下小、中间大、似菱形的结构,可以说这是一个基本上反映了经济发展水平与经济规模相结合区经济力量结构。从人均国内生产总值和对外贸易额方面看也是如此。新加坡和文莱的人均国内生产总值已分别达到2万多美元和接近2万美元,但柬埔寨、老挝、缅甸的人均国内生产总值只有200~300美元;新加坡的年进出口总额为2 000多亿美元,而老挝只有数亿美元。

(5)由于东盟各国经济发展水平差距很大,难以形成区内比较完整的产业水平分工结构。东盟中的5个老成员国——印度尼西亚、马来西亚、菲律宾、新加坡和泰国,工业发展水平很高,出口商品中制成品所占比例较大,但在菱形结构下层的4个新成员国——越南、缅甸、柬埔寨和老挝没有与它们相当的,且具有一定竞争力的工业部门,形成了明显的发展断层,出口商品结构也只能以初级产品为主。因此在东盟内部的上下层之间无法进行较均衡的部门内贸易。

东盟地处东南亚,各国地理位置和气候相近,使地表自然资源和地下矿物资源都有许多类似之处。例如橡胶、椰子、油棕榈、可可、胡椒、水稻、热带木材、锡油等,是各国或数国都有条件开发的重要资源。因此,虽然一些成员国在部分资源的开发上有相对优势,但其产品的重点市场无法立足于区内,只能面向东盟以外的国际市场。所以,在未来的一段时间内,东盟经济也只能是高度外向型的。

通过以上的分析可以看出,中国-东盟自由贸易区的建立,虽然将为双方带来很多机遇,但也将面临不少挑战,前进的道路并不平坦。建立中国-东盟自由贸易区是大势所趋,对双方来说是双赢之举。只要彼此能正视这些困难并努力设法解决这些困难,中国与东盟的经贸合作一定会迈向一个新阶段。

第二节 中国与欧洲主要国家的贸易关系

欧洲(Europe)面积1 016万平方公里,共45个国家和地区。西临大西洋,北靠北冰洋,南隔地中海和直布罗陀海峡与非洲大陆相望,东与亚洲大陆相连。地形以平原为主,大部分为温带海洋性气候,约7.28亿人,约占世界总人口的12.5%,是人口密度最大的一个洲。欧洲的矿物资源中煤、石油、铁比较丰富。煤主要分布在乌克兰的顿巴斯、波兰的西里西亚、德国的鲁尔和萨尔、法国的洛林和北部、英国的英格兰中部等地,这些地方均有世界著名的大煤田。石油主要分布在喀尔巴阡山脉山麓地区、北海及其沿岸地区。其他比较重要的还有天然气、钾盐、铜、铬、褐煤、铅、锌、汞和硫黄等。阿尔巴尼亚的天然沥青世界著名。欧洲的森林面积约占全洲总面积的39%(包括俄罗斯全部),占世界总面积的23%。西部沿海为世界著名渔场,主要有挪威海、北海、巴伦支海、波罗的海、比斯开湾等渔场。欧洲经济发展水平居各大洲之首。欧洲经济发达,发展水平居各洲之首。工业、交通、商贸、金融保险等行业在世界经济中占重要地位,科学技术的若干领域也处于世界领先地位。欧洲绝大多数国家属于发达国家,其中北欧、西欧和中欧的一些国家经济发展水平最高,南欧一些国家经济水平相对较低。工业欧洲煤、铁开采量占世界总开采量的30%。

一、中国与欧盟贸易关系

（一）中国与欧盟贸易发展概况

1. 2011年欧盟货物贸易概况

据欧盟统计局统计,2011年欧盟(27国)货物贸易进出口44 744.1亿美元,较上年同期（下同）增长18.1%。其中,出口21 300.3亿美元,增长19.2%;进口23 443.8亿美元,增长17.2%;逆差2 143.6亿美元,增长0.9%。

分国别（地区）看,2011年欧盟对美国、中国、瑞士、俄罗斯和土耳其的出口额分别占欧盟出口总额的16.8%、8.8%、7.9%、7.0%和4.7%,为3 577.4亿美元、1 881.2亿美元、1 674.3亿美元、1 499.6亿美元和1 002.7亿美元,增长14.3%、26.4%、21.4%、32.6%和24.8%;自中国、俄罗斯、美国、瑞士和挪威的进口额分别占欧盟进口总额的17.3%、11.2%、10.8%、5.4%和4.9%,为4 058.5亿美元、2 619.2亿美元、2 534.9亿美元、1 262.7亿美元和1 140.0亿美元,增长8.6%、34.4%、15.0%、15.5%和29.9%。欧盟前五大逆差来源地依次是中国、俄罗斯、挪威、日本和哈萨克斯坦,逆差分别为2 172.3亿美元、1 119.6亿美元、509.0亿美元、263.9亿美元和228.2亿美元,其中,对俄罗斯、挪威和哈萨克斯坦的逆差分别增长36.8%、51.6%和65.5%,而对中国和日本的逆差则分别减少3.2%和11.0%;顺差主要来自美国、瑞士和土耳其等,分别为1 042.5亿美元、411.7亿美元和341.1亿美元,增长12.5%、43.7%和40.1%。

分商品看,机电产品、运输设备和化工产品是欧盟的主要出口商品,2011年出口额分别占欧盟出口总额的27.8%、14.7%和14.6%,为5 921.7亿美元、3 127.7亿美元和3 117.8亿美元,分别增长17.9%、21.4%和11.2%。另外,矿产品和贵金属及制品的出口额增长最为突出,分别增长35.7%和36.3%。矿产品、机电产品和化工产品是欧盟进口的前三大类商品,2011年进口额分别为7 217.7亿美元、4 876.6亿美元和1 907.1亿美元,增长32.4%、6.7%和14.1%,另外,贱金属及制品、塑料橡胶和贵金属及制品和植物产品的进口额增长较快,分别增长25.8%、22.0%、27.5%和23.7%。

2. 2011年中欧双边贸易概况

据欧盟统计局统计,2011年中欧双边贸易额为5 939.7亿美元,增长13.6%。其中,欧盟对中国出口1 881.2亿美元,增长26.4%;自中国进口4 058.5亿美元,增长8.6%;欧方逆差2 177.3亿美元,减少3.2%,中国是欧盟第二大出口贸易伙伴和第一大进口来源地。

机电产品、运输设备和贱金属及制品是欧盟对中国出口的主要产品,2011年三类产品出口额合计占欧盟对中国出口总额的69.1%,分别为708.6亿美元、426.7亿美元和164.0亿美元,增长18.1%、34.0%和27.6%。另外,矿产品、食品饮料、皮革制品和动物产品的出口额增长较为突出,分别增长62.3%、52.7%、48.7%和70.1%。

欧盟自中国进口的主要商品为机电产品、纺织品及原料和家具玩具,2011年进口额合计占欧盟自中国进口总额的68.6%,分别为1 906.3亿美元、520.9亿美元和358.3亿美元,增长7.1%、11.4%和3.4%,这些产品在欧盟进口市场中分别占有47.0%、12.8%和8.8%的份额。另外,欧盟自中国进口的贱金属及制品、化工产品和塑料橡胶的进口额增长较快,分别增长26.2%、22.7%和22.4%,但运输设备的进口额减少21.0%。

(二) 中国与欧盟经贸发展的特点

虽然从投资方面讲,欧盟对华投资低于美国和日本,但在中国所有的经贸合作伙伴中,与欧盟的合作层次是最高的,欧盟为中国提供了大量的先进技术和设备,对于中国产业结构调整和经济结构升级有突出的作用。中欧在培训、科技、发展援助等领域也展开了十分广泛的合作,为中国培养了大批适用型国际人才,成为中国经济建设的主要支持和保障因素。同时,欧盟也是中国利用外国政府贷款比较集中的地区,欧盟成员国向中国政府提供的贷款累计占中国利用外国和官方金融机构贷款总额的近一半。这一高层次上展开的合作主要体现在欧盟对华直接投资、进出口贸易以及技术合作等方面。

1. 欧盟对华直接投资的突出特点

(1) 市场占有动机突出。从欧盟对华直接投资的实际状况看,表现出明显的市场占有动机。

首先,欧盟投资决策的影响因素反映了其市场占有动机。市场潜力巨大和资源丰富是中国的两大优势,而在自然资源优势因基础设施薄弱和劳动力优势因技能低下而难以形成对投资的有效吸引时,巨大的市场潜力对欧盟直接投资的"磁性"就更加突出。欧盟对华直接投资除了以企业优势为基础外,还要考量的就是人口密集程度、获取信息的有效性、营销网络的铺设方式和范围等直接影响市场的可进入性或可获得性的诸多要素,只有在市场容量足够充分时,欧盟才会选择进行投资。

其次,欧盟对华直接投资的方式也反映了其市场占有动机。从项目出资比例看,大多数欧盟企业的外方出资比例达总投资额的一半以上,其中有近1/3的企业是欧盟独资的,这明显地反映出欧盟投资商倾向于合资及独资或控股的投资方式,这与欧盟的全球竞争力和战略地位,以及欧盟以双方优势为基础的特点有关,合资主要是为了用当地合作方良好的政府关系和有效的行政联系,以及庞大的营销、销售网络等方面的优势实现市场扩张与渗透。尤其在投资初期,由于差异化较大,欧盟企业对当地情况不了解或不信任,认识到结构设置复杂及官僚现象严重,多采用国有企业或政府机构合资的方式,以取得政府支持并实现技术内部化,以最终占领市场。而随着政策的放松、市场机制程度的加深以及在当地经营经验的积累,欧盟企业对当地企业的依赖降低,同时为了提高对其优势产业的技术控制,独资转而成为投资的主要方式。

第三,从经营方式看,由于地理环境和外汇管理等方面的困难,很少有欧盟企业在华投资生产后再将产品出口回本国母公司或其他分支机构,而是在当地市场直接渗透,大多数在华投资企业都期待本企业在中国的市场占有率进一步提高。因此,欧盟对华直接投资看重的不单单是资源优势,不是低成本生产基地,而是其巨大的投资潜力和广阔的市场空间,保证在华的市场份额是其根本和最终目的,充足的市场容量是吸引其投资的关键。

(2)投资具有较强的产业带动效应。欧盟对华直接投资的重点集中在电子仪器和元器件、通信设备、汽车及零部件制造、化工制品等行业,这些领域技术要求高,配套能力强,也是欧盟的优势行业,具有世界领先的技术,有利于其技术优势的发挥和中国相关行业技术的进步。而且,这些行业对产品质量要求高,质量保证的需要又对产品各零部件提出较高要求,需要专门的配套产品,有些甚至因对专门供应商的过度依赖而使该产业成为"专门供应商产业"(specialized supplier industry),而欧盟企业往往拥有相应具有竞争力的前向一体化产业,也正是对最先进、最新式技术的垄断及对配套供应商的控制,赋予了欧盟企业投资于这些领域的条件。对于中国来讲,欧盟投资于这类产业能够带动专门供应商及其他海外配套商来华投资,对扩大中国利用外资的规模和领域具有十分积极的作用。

(3)资本技能密集型投资显著。中国具有自然资源优势和劳动力资源优势,自然资源优势因基础设施等条件的限制被削弱,廉价劳动力优势也因劳动力素质低而不足以构成对欧盟的投资吸引力,欧盟在华投资较密集的行业,如电子、电器、汽车、医药及医疗器材等,均属于不仅资本和技术要求高,且对动力技能化程度要求高的资本技能密集型产业。因此,欧盟对华投资的区位和行业选择并不是以劳动力是否廉价为衡量标准,而关键是看劳动力是否具有一定的技能水平和素质。

欧盟在对华资本技能密集型行业的投资中还呈现出明显的适用技术投资的特点,其投资重点集中于二流技术和边际产业上。小岛清的边际产业扩张理论指出,投资国的对外投资应从处于或即将处于比较劣势的边际产业依次进行,对外直接投资与东道国的技术差距越小,技术就越容易为东道国所吸收并在东道国普及。而且,欧盟企业在对华直接投资过程中进行技术转移时,会根据当地企业具备的技术条件和基础设施状况,依不同行业的性质和限制因素将其生产和加工技术的要素密集度调整到适合于当地的条件,使其成为适用技术,使技术更加易于被企业掌握并进一步扩散。这样的投资有利于中国技术水平的提高,有利于促进产业优势由劳动密集型向资本密集型提升,进而能够有效地促进中国对外贸易结构的改善。

(4)投资的社会效益明显。与美国和日本等其他国家对中国直接投资相比,由于欧盟对华直接投资的层次较高,因而其所带来的社会效益也更加明显。

①就业效益。外商投资企业的设立无疑会解决部分就业,缓解就业压力,而欧盟企业对劳动力的使用又有一个突出的特点:由于投资是以低成本生产为主,因而劳动力是否廉价并非首要决定因素,具决定性的是劳动力所具有的技能和本身的素质,欧盟企业所需要的富含人力资本的高技能人才,而不是未受过足够教育的简单廉价劳动力。这就使得在高素质技能型人才的就业得到解决的同时,也为中国留生了一部分人才,促进了中国劳动力素质的提高和劳动力结构的改善。

②受教育效益。欧盟企业对高素质人才的要求也产生了全社会积极接受教育和培训的带

动作用,主要表现在两个方面:一方面欧盟企业员工在受到各种专业培训后生产技能和素质会进一步提高;另一方面促使其他劳动力寻求就业而自发接受培训和再教育,促进全社会对教育和学习的重视。

③环境保护效益。环境治理已经成为中国经济发展的主要制约因素,中国西部大开发战略的主要内容之一就是实施山川秀美工程,改善生态环境,在中国的经济建设中,要杜绝或避免大开发带来大破坏的负面影响,实现环境与经济的良性互动,实现可持续发展。欧盟国家是世界上对环境最为关注的国家和地区,拥有先进的环保设施和丰富的环保经验,更重要的是,欧盟国家从政府、企业到一般人民,普遍具有强烈的环保意识。应该注意到,欧盟国家,如英国已经开始投资于中国的环境卫生行业,这不仅推动了中国环境建设,同时,其环保观念的传播也使全民的环保素质大大提高。

2. 中国与欧盟双边贸易的特点

(1)合作性大于竞争性。双边贸易是中欧经贸合作的另一个重要领域,中国与欧盟双边贸易的商品结构具有很强的互补性,中国对欧盟出口的主要商品包括:服装、纺织品、鞋类、箱包、玩具、塑料制品、录音机及录音组合机、药品、五金工具、家具等;欧盟对中国出口的主要商品有:飞机、车零件、无线电设备、电路装置、服装机械、钢材、计量仪器、机床、有线通信设备、发动机组、纸及纸板、肥料、印刷和食品机械等。这样的贸易商品结构使中国与欧盟之间的商品贸易发展极为迅速,双边贸易额稳步上升。研究表明,中国的外贸依存度不断提高,其中对日本的依存度基本未变,对美国的依存度提高了不到4%,而对欧盟的依存度提高得最多,为近5%。

(2)具有显著的扩张趋势。欧盟在完善区域内统一市场的基础上,正在致力于开拓区外市场,东亚发展中国家与地区在欧盟区外贸易结构中的地位将快速提高,而东亚的经济发展在很大程度上又有赖于中国的发展,因此中国与欧盟贸易往来的空间还相当巨大。

(3)发展与障碍并存。经过双方多年的努力,虽然中国与欧盟的经贸往来取得了令人瞩目的发展,但随着贸易量的扩大和贸易领域的日益广泛,双方的摩擦、争议和矛盾也不断增加,在商品贸易领域,最突出的就是反倾销问题。欧盟是世界上执行反倾销诉讼最频繁的贸易体之一,而中国是欧盟的最大反倾销诉讼目标国,自从1979年欧盟首次提出对华反倾销以来所涉及的商品覆盖了从日用品、家电到工业用品等众多领域,包括发刷、打火机、彩电、节能灯、手提包等20多种商品,其中绝大多数商品被课以高额反倾销税,不仅极大地损害了中国出口企业的利益,也阻碍着双边经贸关系的进一步发展,成为中国对欧盟出口进一步扩大的主要障碍。

3. 中欧经贸合作中的技术合作

中国与欧盟经贸合作的层次较高还表现在技术合作领域。中欧的技术合作是中欧经贸合作的重要领域,与美国和日本明显不同的是,欧洲国家不仅在中国投资了许多技术含量高的项目,而且在合资合建中尽可能地为中方提供技术支持,而美、日在对华投资中往往倾向于保留,不提供先进技术和设备。欧盟国家是中国引进先进技术和设备的最大供应商,来自欧盟的技术已经占到目前中国引进外国技术的近一半。在资助中国培训技术和管理人才、支援中国农牧业技术改造、援助贫困地区以及科技合作等方面,欧盟都为中国做了不小的贡献,是中国经济建设中有效的补充。欧盟先进技术进入中国,弥补了中国部分领域的技术空白,为中国企业带来了可观的经济效益,也为中国的经济建设注入了动力源泉。伴随着技术合作,中欧高新技术产品贸易快速增长。中国对欧盟的高新技术产品贸易已经从2002年起由逆差开始转向顺差。中欧在高新技术产品贸易上逐步形成了一些独特的特点。

(1)以欧盟原15国为贸易主体。在欧盟内部,德国、荷兰、法国和英国是中国的四大贸易伙伴,这4国与中国的高新技术产品贸易额占中欧高新技术产品贸易总额的71%。这4国同时也是中国最大的出口市场,最大的进口来源则是德国、法国、英国、瑞典和芬兰。

(2)进出口贸易方式。中欧高新技术产品贸易主导方式在出口贸易与进口贸易方面各自不同:进口以一般贸易为主而出口以加工贸易为主。

(3)贸易商品结构不同。贸易商品结构不同表现为中国向欧盟出口以最终产品为主,欧盟向中国出口以关键设备和核心零部件为主。中国的出口商品集中在计算机和通信技术类,主要是笔记本电脑、手机、液晶显示器和计算机零附件。笔记本电脑已经成为第一大出口商品,与手机和液晶显示器一起,出口额已经占到中国对欧盟高新技术产品出口的42.1%。进口以计算机集成制造、电子、通信和航空航天技术类产品为主,计算机集成制造的比重还有扩大的趋势,而通信技术产品的进口比重在下降。

(4)贸易主体类型有别。贸易主体类型有别表现为外商投资企业出口增长而国有企业进口比重提高。2000年以来,外商投资企业的出口额年平均增幅51.7%,出口额占比从83%加到88.8%;国有企业进口增加迅速,进口增幅年均15.8%,占比由35.3%上升到37.4%。

(5)贸易地区集中。对欧盟贸易的企业主要集中在东部沿海地区,江苏、广东和上海为主要的出口聚集地,其出口前三的地位在21世纪的前4年中一直没改变,然而从总体上看,中国与欧盟经贸关系目前所达到的规模与双方在世界上的地位、作用和具有的潜力相比,尚显落后。欧盟是世界上经济实力最为强大、占世界市场份额最高的一体化集团,中国是世界最大的发展中国家和最具潜力的市场,双方的贸易量和相互投资的规模本应居世界之首,但是,两国双边贸易额在任何一方中的比重都不是最高,中欧贸易额在中国进出口总额中的比重不到15%,在欧盟贸易总额中的比重更小,只占3%。欧盟对华投资虽然层次高,改变中国利用外资多投向制造业的格局,但从总量上看,欧盟对华投资规模还是在美、日对华投资之后。

中国与欧盟之间具有相当巨大的市场发展潜力和十分广阔的合作前景,但制约中欧经贸发展的因素仍然存在,其中最关键的就是欧盟对中国"市场经济国家"地位的认定。目前,欧盟对中国采取和使用经济贸易政策,多数都是在中国改革开放以前制定的,仍然将中国列为"国有贸易国家"或"非市场经济国家",虽然欧盟已经于1998年4月27日正式宣布已经将中国排除在非市场经济国家的行列,但在实际操作中却仍然以非市场经济国家的待遇对待中国产品,对中国产品实施严格的配额和数量限制,特别是在对中国商品的反倾销调查中,仍然频频以非市场经济国家的标准为中国商品设置障碍。

(三)中国与欧盟经贸关系中存在的主要问题

纵观中国与欧盟经贸关系的发展,虽然取得了很大成绩,但也存在一些问题。

1. 欧盟不承认中国市场经济地位问题

欧盟至今尚未承认中国市场经济地位。由于欧盟将中国视为"非市场经济"国家,在计算中国出口产品倾销幅度时,拒绝使用中国企业的生产成本计算产品的正常价值,而是普遍采用不符合中国实际的"替代国政策",用该替代国产品的正常价值作为中国产品的正常价值,导致不存在倾销的产品被认为存在倾销,倾销幅度低的被裁定很高的倾销幅度,致使中国出口企业在反倾销应诉中处于极为不利的地位。特别是2004年始,欧盟对华反倾销呈现出数量多、立案时间集中、涉案金额大等特点。据商务部介绍,从2004年1~11月初,欧盟接连对我国反倾销9起,而2003年同期只有2起,涉案金额达5.7亿美元,是2003年同期的6倍多。目前,欧盟已经超过美国,成为对中国实施反倾销和立案调查数量最多的国家。由此可见,不解决中国市场经济地位问题,必将影响中欧经贸关系的进一步发展。

2. 欧盟的技术性贸易壁垒问题

欧盟的技术性贸易壁垒对中国产品和企业的危害并不比倾销小。这些壁垒主要来自三个方面:技术法规、标准繁多,要求高,修订频繁;对包装、标签以及劳工保护要求严格;"绿色壁垒",例如欧盟对诸如食品、药品、农产品、纺织品等的生产过程中的每一个环节都设有技术指标。又如,种菜的土壤如何,蔬菜瓜果的品种,种植过程中使用什么化肥和农药,果子采摘后包装箱所使用的材料等也都有技术标准。面对如此繁多的技术指标或技术标准,我们首先要了解它,适应它,与此同时,我们也要提高自己的技术标准。目前,中国标准化的现状是采标率不高,而且水平低。中国的企业要提高自己的标准,要更多、更快地向国际标准靠拢。在此基础上,我们还要积极地参与国际标准的制定,并努力创建自己的技术标准。只有这样,才能减少和消除欧盟的技术性贸易壁垒对中国产品和企业造成的危害。

3. 欧盟新的普惠制对中国出口产生负面影响

中国从1980年起开始享受欧盟提供的普惠制待遇。在给惠产品中有94种免税,226种按正常税率的40%左右征税;工业品519个税号中除1个税号外全部享受普惠制下免税待遇。上述种种优惠中显然也设置了许多限制,但仍使中国出口受益匪浅。1995年开始,欧盟分三个阶段实施为期10年的新普惠制度,推行这一制度的目的,旨在限制竞争力强的国家和地区享受免税待遇,而将这一待遇只提供给最穷的发展中国家。中国被列入第二类受惠国,属于竞争力较强的国家,是欧盟"毕业制度"的首选国,不再享受普惠制待遇,中国的部分产品已经"毕业",其余产品也已在2005年上半年"毕业"。这意味着原来享受关税优惠的中国产品进入欧盟市场的关税都要上调,影响中国产品在欧盟市场的竞争力。

二、中国与欧盟经贸关系的发展前景

中欧双方都是对方的重要贸易伙伴。发展中欧经贸关系有着广阔的前景,这是因为:

(1)近些年来,随着国际形势的变化以及中欧关系的发展,中欧双方都进一步提高了对对方重要性的认识,这是中欧关系发展的基本前提。

中欧交往的历史表明,无论国际形势如何变化,中欧关系总是能够与时俱进,互利性、成长性始终是中欧关系的重要驱动力。新形势下,双方相互借重、需求不断上升,中欧关系未来发展前景广阔,大有可为。一是政治互信将迈上新台阶。可以预见,未来一段时期中欧人员往来将更加密切,各层次、各领域对话机制将不断完善,特别是随着人文交流的深入发展,双方民意将更加贴近,中欧互信的基础将更加牢固。二是中欧战略合作将进一步密切。当前国际格局面临复杂、深刻的调整,全球性挑战层出不穷,各国命运更加紧密相连、休戚与共。中欧提升战略合作的空间不断扩大,加强政策协调的议题更加广泛,双方关系的全球意义进一步凸显。三是中欧利益融合将进一步加强。中欧各领域务实合作富于潜力,充满活力,特别是"十二五"规划和"欧洲2020战略"同步启动,双方未来发展蓝图理念相近,重点相似。可以预见,未来一段时期双方合作方向将更加明确,合作内涵将更加丰富,利益交融将更加密切。

(2)中国加入世贸组织有利于中欧经贸关系的进一步发展。中国加入世贸组织后,对中欧经贸关系将产生四大好处:

①为中欧双边贸易的增长创造更为有利的条件。

②中国将加快在保险、证券、电信、商业、旅游等服务领域的开放步伐,有利于欧洲在以上优势领域进入中国市场。

③中国实行公开透明平等的竞争,遵守世贸组织规则,将创造更好的投资环境,使欧洲投资者在华投资更有信心。

④双方解决贸易争端以世贸组织原则作为基础。这就是说,中欧双方逐步向对方开放市场,双方各自发挥比较优势,享受到规模经济的好处,以造福于双方的人民。

(3)欧元为中欧双方提供了新的重要商机,有利于中欧双方加强经贸合作。欧元的使用将减少中国与欧盟结算的多样性和复杂性,降低出口的成本和风险。随着欧元成员国市场容量的扩大,使得中国出口市场的广度和深度得到巨大的扩展。此外,欧元的启动还有利于改善中国的外汇储备结构,实行储备资产的多元化,降低风险,避免损失。

三、中德经贸关系

(一)2011年1~9月德国货物贸易概况

据欧盟统计局统计,2011年1~9月德国货物贸易进出口20 574.7亿美元,比上年同期(下同)增长22.6%。其中,出口11 114.0亿美元,增长21.6%;进口9 460.7亿美元,增长23.7%。贸易顺差1 653.4亿美元,增长10.9%。

分国别(地区)看,2011年1~9月德国对法国、美国、荷兰和英国的出口额分别占德国出口总额的9.6%、6.8%、6.5%和6.1%,为1 061.5亿美元、751.1亿美元、716.4亿美元和677.8亿美元,增长22.9%、20.5%、20.7%和18.9%,对上述四国出口占德国出口总额的28.9%;自荷兰、法国、中国和比利时的进口额分别占德国进口总额的13.0%、7.6%、7.2%和6.3%,为1 226.4亿美元、720.2亿美元、677.5亿美元和592.4亿美元,分别增长26.9%、19.2%、12.5%和17.7%。德国前五大顺差来源地依次是美国、法国、英国、奥地利和意大利,分别占德国顺差总额的23.0%、20.6%、14.9%、11.3%和8.9%;逆差主要来自荷兰、比利时和捷克,分别为510.0亿美元、95.4亿美元和61.0亿美元,增长36.7%、43.7%和72.1%。

分商品看,机电产品、运输设备和化工产品是德国的主要出口商品,2011年1~9月出口额分别为3 099.2亿美元、2 244.2亿美元和1 364.4亿美元,占德国出口总额的27.9%、20.2%和12.3%,分别增长20.6%、21.6%和15.5%。矿产品出口增长43.9%,为出口增长最快的主要大类产品。机电产品、矿产品和运输设备是德国进口的前三大类商品,2011年1~9月合计进口4 601.6亿美元,占德国进口总额的48.6%。进口亦呈全面增长态势,矿产品以39.4%的进口增幅亦居进口增幅首位。

(二)2011年1~9月中德双边贸易概况

据欧盟统计局统计,2011年1~9月中德双边贸易额为1 352.1亿美元,增长21.8%。其中,德国对中国出口674.6亿美元,增长32.9%;自中国进口677.5亿美元,增长12.5%;德方逆差为2.8亿美元,下降97.0%。中国为德国第五大出口市场和第三大进口来源地。

机电产品一直是德国对中国出口的第一大类产品,2011年1~9月出口额为294.6亿美元,增长34.8%,占德国对中国出口总额的43.7%。运输设备是德对中国出口的第二大类商品,出口额199.4亿美元,增长29.6%,占德国对中国出口总额的28.5%。光学钟表医疗设备是德国对中国出口的第三大类商品,出口额42.4亿美元,占德国对中国出口总额的6.3%,增长47.5%。上述三大类产品占德国对中国出口的近八成。2011年1~9月德国对外出口总体增长速度为21.6%,但对中国出口增长超过30%,中国是德国出口增长最快的主要市场之一。

德国自中国进口的主要商品为机电产品、纺织品及原料和家具玩具杂项制品,2011年1~9月合计进口448.2亿美元,占德国自中国进口总额的66.2%。除上述产品外,运输设备、贱金属及制品也为德国自中国进口的主要大类商品(HS类),在其进口中所占比重超过5%。总体来看,德国自中国进口商品大多出现增长,唯有运输设备的进口出现下降,降幅为25.7%。德国自中国进口的增长幅度也出现下降趋势,仅约为其总体进口增幅的一半。

(三)中德经贸关系发展前景

中德关系是战略伙伴关系,这种关系非常重要。德国需要与中国形成一个长久的关系,双方在经济上要加强合作,比如在能源及原材料使用上提高效率。2011年温家宝总理访德是中德项目间进行的第一次政府间磋商,通过这个磋商,使中德关系达到一个非常好的水平。中德双方有很多部长都参加了政府间磋商,取得了很大进展,双方也将在很多具体问题上进行合作。下一次类似的政府间磋商将在中国举办,双方将在很多领域进行推进。例如,对电动汽车国际标准的共同制定进行协商。另外,已就出口信贷进行磋商,这对于中德两个出口大国而言是非常重要的。对中国而言,德国是中国在欧盟最大的贸易伙伴;而对于德国而言,中国将成为德国除欧盟外的最大出口市场。中德的贸易额在2011年达到1 400亿欧元,创下历年新高。德国是一个出口大国,德国的经济很大程度上也建立在出口上,中国是一个大国,具有非常强的国力。中德除了在大的市场上进行合作外,在一些具体领域也是可以合作的。中德关系在未来将会有一个非常好的发展前景。中国的地域广阔,地域间的差异是中国政府面临的问题,德国愿意从这些方面进行合作。例如,在教育、科研、能源、环境政策等方面进行多面合作。

【资料卡9.2】

中国国际贸易洽谈会 尽管经济危机,中国在德国投资保持增长

柏林2010年9月6日电 尽管经历了经济危机,中国投资者对德国的投资热情有增无减。中国企业如何在今后继续从德国的优秀投资条件中获利,德国联邦外贸与投资署将于9月8~11日在厦门举行的中国最大的投资性展览会——中国国际投资贸易洽谈会中展示相关信息。目前约有800家中国企业已在德国落户。根据德国联邦银行2010年的最新统计,2008年虽然经历了经济危机,中国对德国的直接投资比前一年增长了33%,达5.68亿欧元。据fDiMarkets数据库显示,2009年中国在德国的直接投资项目数量比上一年增长了一倍之多,并占到中国在整个欧洲投资数量的41%。作为欧洲最大的经济体和"德国制造"的源地,德国对希望在高利润的欧盟市场建立自己的品牌的中国企业来说是一个理想的起点。一些知名的中国企业如华为、中兴、三一等早已在德国扎下了根基。越来越多的中国企业看好德国的投资环境。海尔欧洲公司总经理孙书宝如此评价道:"德国是我们的战略重点之一。对于我们家电行业的企业来说,我们必须来德国,也一定会来德国。因为这是欧洲最大的市场之一,也是对我们企业最有帮助的市场。因此海尔投资德国是必须之举。"此次的中国国际投资贸易洽谈会是德国联邦外贸与投资署(Germany Trade & Invest)第六次与会参与。它将携手来自德国莱法州、北威州、汉堡、勃兰登堡州、巴伐利亚州以及法莱美地区的代表们一起出席。德国展台位于1号展馆,展位号为D069。德国联邦外贸与投资署是德国联邦政府对外贸易和对内引资的机构。该机构为希望进入德国市场的外国公司提供咨询和支持,并协助在德国成立的企业进入外国市场。

(资料来源:新华美通.2010-09-06)

四、中俄贸易关系

俄罗斯是中国的友好邻邦。1991年底苏联解体以后,中俄两国以新的认识共建睦邻友好关系。20年来,中俄关系经历了从相互视为友好国家、建立建设性伙伴关系直至确立战略协

作伙伴关系的历史进程,两国通过共同努力,政治互信日益加深,经贸合作逐渐扩大,人民之间的友谊和了解不断加强。

(一) 中俄经贸关系发展概况

1. 2011年俄罗斯货物贸易概况

2011年以来俄罗斯货物贸易呈继续增长态势,据俄海关统计,2011年俄罗斯货物进出口额为6 573.8亿美元,比上年(下同)增长17.4%。其中,出口3 786.9亿美元,增长8.7%;进口2 786.9亿美元,增长31.8%。贸易顺差1 000.0亿美元,下降27.1%。

分国别(地区)看,2011年俄罗斯对荷兰、乌克兰、中国和土耳其的出口额分别占俄出口总额的13.4%、7.3%、7.1%和6.6%,为507.4亿美元、277.4亿美元、268.8亿美元和249.5亿美元,其中,对荷兰出口下降8.2%,对乌、中、土三国出口分别增长29.2%、39.5%和28.8%,对上述四国出口占俄罗斯出口总额的34.4%;自中国、德国、乌克兰和日本的进口额分别占俄进口总额的16.3%、12.6%、6.8%和5.3%,为454.5亿美元、351.7亿美元、188.7亿美元和148.8亿美元,增长20.3%、46.8%、39.4%和51.0%。乌克兰前五大顺差来源地依次是荷兰、土耳其、意大利、乌克兰和瑞士,分别占顺差总额的45.1%、18.8%、11.8%、8.9%和7.3%;逆差主要来自中国、德国和美国,分别为185.7亿美元、117.2亿美元和21.3亿美元,其中,对中、德两国逆差分别增长0.3%和668.1%,对美国则由顺差转为逆差。

分商品看,矿产品、贱金属及制品和化工产品是俄罗斯的主要出口商品,2011年出口额分别占俄罗斯出口总额的70.3%、11.8%和5.5%,为2 661.7亿美元、446.0亿美元和209.0亿美元,增长4.5%、10.9%和36.1%。其中,矿产品出口基本以矿物燃料为主,金属矿砂出口所占比重仅为1%。化工产品成为同期出口增长最快的主要大类产品,增幅达36.1%。机电产品、运输设备和化工产品是俄罗斯进口的前三大类商品,2011年合计进口1 613.0亿美元,占俄罗斯进口总额的57.9%。俄罗斯进口增长快于出口,其中,运输设备出口增长73.1%、机电产品进口增长33.8%,增幅居前。

2. 2011年中俄双边贸易概况

据俄罗斯海关统计,2011年中俄双边贸易额为723.3亿美元,增长26.8%。其中,俄罗斯对中国出口268.8亿美元,增长39.5%;自中国进口454.5亿美元,增长20.3%;俄罗斯逆差185.7亿美元,增长0.3%,中国为俄罗斯第三大出口市场和第一大进口来源地。

2011年,矿产品、木制品和化工产品是俄罗斯对中国出口的主要产品,三类产品出口额合计占俄罗斯对中国出口总额的83.9%,出口额分别为177.0亿美元、25.9亿美元和22.7亿美元,分别增长60.8%、15.9%和34.2%。由于矿产品占俄罗斯对中国出口的近七成,且出口保持高增长,因此,俄罗斯对中国出口增幅在其主要出口市场中仍居前列,且对中国出口增幅约为其出口平均增幅的五倍。

俄罗斯自中国进口的主要商品为机电产品、纺织品及原料和贱金属及制品,2011年合计进口292.4亿美元,占俄罗斯自中国进口总额的64.3%。除上述产品外,鞋靴、伞等轻工产品、家具玩具制品等也为俄罗斯自中国进口的主要大类商品,在进口中所占比重均超过5%。俄罗斯自中国的进口增幅远低于其对中国的出口增幅,且低于其进口平均增幅超过10%,这表明俄罗斯在加大对中国出口的同时减少了自中国进口的产品数量。

(二)中俄经贸关系中存在的主要问题

伴随中俄两国的贸易关系持续发展,合作领域日益全面和深化。但在发展的过程中,两国在贸易秩序、服务体系中存在的问题却成为相互进一步发展的瓶颈。随着中俄关系的不断加强,这一矛盾日益凸显。

1. 贸易限制较多

(1)关税壁垒限制。俄罗斯关税壁垒较高。为保护本国民族工业的发展,俄罗斯加强了对进口的调控。其整体平均关税税率为10.5%,但汽车、烟、酒、糖等产品的平均关税税率为25%~30%,服装、鞋、轻纺产品的平均关税税率为15%~20%。并经常通过临时性提高某些进口商品关税的做法限制进口。近几年来俄罗斯进口商品的平均关税略有下降,但是仍然有10%以上商品被征收25%以上的高关税,包括汽车、塑料制品、部分纺织面料及服装、白糖、烟草、酒精等,上述商品的平均进口税率高达30%。俄罗斯征收较高关税的产品正是中国最具竞争优势的产品,十分不利于中国对俄罗斯的出口。另外,俄罗斯对中国进口产品实施的歧视性的政策也使中俄贸易受到制约。

(2)技术壁垒限制。俄罗斯针对进口商品制定的许多质量标准,高于中国的同类商品的质量标准,尤其是在食品、服装、家用电器方面,由于两国质量标准体系的不一致,在一定程度上影响了中国商品的出口,并且俄罗斯针对中国商品的技术贸易壁垒还有进一步增强的趋势,更不利于扩大中方商品的出口。从市场供给现状来看,当今的俄罗斯各类进口商品应有尽有,我国的出口商面临的竞争也越加激烈。随着俄罗斯居民收入差距的加大,其消费市场需求已呈现出多层次化的发展趋势,虽然中国在中低档商品方面仍将会有一定市场,但在高端消费市场中,欧美、韩日对俄出口仍居于主导地位。面对这一事实,我们需要改变经营策略,以推动双边贸易的深入发展。

(3)投资壁垒限制。俄在发展对外经济的过程中重视外资的引进,为此也采取了多种措施,力求减少对外国投资者经营活动的限制,以扩大吸引外资的规模。但俄罗斯现行的投资管理制度仍然在事实上对外国投资造成了经营障碍。例如,俄罗斯颁布的《外国投资法》明确规定,俄罗斯联邦政府应为外国投资者设立单一的注册登记管理机关,但至今这一规定尚未落实。实践中,俄罗斯还要求外国企业在俄罗斯境内每增设一家分支机构,都必须重新登记注册,给外国企业的经营带来了很大的不便和额外的费用支出。俄罗斯还明确规定外国投资不得进入俄罗斯战略性产业,包括武器生产、核材料生产、核设施建设、海洋渔港水利设施建设、卫生防疫及战略矿藏的开发等39种产业。对允许外资进入的部分产业,俄罗斯仍保留了各种限制,具体包括电信业、白酒业、航空业、银行业。

2. 贸易环境欠佳

(1) 对俄出口竞争激烈。目前,中国对俄罗斯出口产品以中低档商品为主,随着俄罗斯市场体制的建立、经济的恢复和居民消费水平的提高,消费者的消费偏好和消费品位提高,对商品质量有较高的要求,追求中高档商品的消费已成为消费时尚。而欧美各国产品质量较好,适应俄罗斯的市场需求,对中国产品形成了强有力的竞争。例如,在鞋类领域,俄罗斯鞋类市场上 70% ~ 80% 的产品仍然来源于进口。目前,俄罗斯的鞋业市场形成了意大利、中国和俄罗斯本国产品三分天下的局面。中国鞋类出口数量在俄罗斯进口市场居于首位,但市场定位以中低档产品为主,平均售价在 10 美元以下;俄罗斯是意大利鞋业的第二大出口市场,意大利鞋在俄罗斯平均售价高于 30 美元。在汽车领域,尽管汽车已成为中国对俄罗斯出口的大宗商品,但在整车和汽车零配件出口上中国既面临来自德国、英国等欧洲国家的竞争,也遭遇到来自日本、韩国等亚洲国家的激烈竞争。目前中国商品主要占领俄罗斯中低档汽车市场,而在这一市场上又面临着俄罗斯产汽车的激烈竞争,俄罗斯厂商凭借其价格优势和良好的售后服务网络占据了独特的竞争优势。因此,如何进一步提高自身产品的竞争力,加强售后服务,将关乎未来中国对俄罗斯汽车出口的可持续性。

(2) 银行机构运作不规范。在贸易秩序以及金融秩序不规范的前提下,许多企业和个人的不合法贸易活动不能通过正常的结算渠道,因此两国银行间正常贸易结算业务难以大规模开展;同时,由于易货贸易已不能符合世界经济的发展,而现汇贸易又难以在中俄贸易中得到广泛运用,加上结算手段不足,结算通道不畅制约了双方的贸易。一方面,俄罗斯银行普遍缺乏信誉,使外商深受其害。这主要表现在:①银行限制储户取款的自由。②任意改变储户意志,严重损害其经营利益。③俄罗斯银行倒闭频繁,使外国公司和个人的存款损失严重。尽管俄罗斯对原有的银行体制进行了改革,但目前银行的现状仍难以适应对外开放的需要。另一方面,我国金融机构在对俄贸易过程中,也存在制度上的缺位。主要表现在:①没有制定和形成明确的对俄汇率机制。虽然外汇管理部门允许和鼓励外汇指定银行对卢布和人民币进行挂牌交易,但由于卢布币值不稳,收购容易卖出难使银行不敢挂牌经营。②本币现钞结算的核销政策还存在一些弊端。由于相应的出口退税和出口创汇补贴政策没有落实,用人民币办理核销则没有相应的奖励政策。③非贸易结算未纳入到本币结算中,影响了本币结算业务的扩大。

(3) 法律法规不健全。由于中俄两国发展市场经济的时间不长,在法律制度上双方都没有为两国进行经贸合作提供有效的保障。在俄罗斯企业私有化进程加快、法人更迭频繁的情况下,中方和俄方贸易企业之间经常出现被骗和拖欠债务的问题,严重阻碍了双方经贸合作的发展。而中俄两国的人治思想都比较浓,加之市场体制不健全,往往借助于行政手段对上述问题进行干预。而政府行为有时违背了市场经济所要求的法治精神,这就要求完善中俄贸易法律法规,使边贸尽快走上法制轨道,同时尽力减少政府对具体经济行为的干预,政府主要从宏观方面调控经济,用政策指导边贸运作,使双方企业家和商人依法进行贸易活动。

(三)中俄经贸关系的发展前景

尽管中俄关系存在一些局部的"发展中"问题,但两国睦邻友好、深化合作的趋势难以逆转,两国关系中的一些分歧削弱不了双方战略借重的长期需求,挡不住两国业已开启的各领域合作蓬勃发展的势头。中国不能失去俄罗斯这一重要战略协作伙伴,俄罗斯也长期需要中国,"两国关系紧张对俄罗斯来说简直就是战略灾难"。中俄全方位、多层次、高质量、有效率的合作机制将把两国关系继续推向新的更高水平。

1. 相似的外部环境要求两国长期战略借重

美国及北约仍将中俄视为潜在威胁和挑战,两国都面临西方不断施压的外部环境。美国继续遏制中国的发展,"控制中国的战略与处理俄罗斯的战略相同:包围、围攻,向国内破坏势力提供或多或少的地下支持。"以朝鲜半岛形势趋紧为由,美加快构筑美日韩同盟步伐。美国国务卿希拉里·克林顿2011年初仍在声称《日美安保条约》适用钓鱼岛,坚持对华牵制战略。随着美共和党控制新一届国会众议院,美方在人权、军备和贸易等问题上对华批评的声音再趋强硬。俄罗斯虽积极呼应奥巴马"重启"两国关系倡议,甚至不惜做出痛苦抉择承认苏联1940年在卡廷屠杀波兰军官的责任,以改善对欧盟整体关系。但曾被披露的美外交密电显示,即使2010年初俄美热衷"重启"关系时,美还暗中与北约秘密制订"反俄机密军事计划",将俄罗斯作为可能对其盟国入侵的"敌国",并以伊朗核问题为由继续打造削弱俄罗斯战略力量的导弹防御体系。北约"对俄罗斯的包围在黑海、波罗的海和北极圈继续进行",同时,"美国坚持将加拿大和斯堪的纳维亚国家拉进北极地区针对俄罗斯的公开军事部署中"。

莫斯科清楚,"只要俄罗斯保留当前的政治体制,西方就根本不会把它看做自己人。这也就大大限制了合作的可能性。因为在纯经济方面,除了管道西方对俄罗斯没有什么兴趣。"从美国迟迟不愿废除对俄罗斯歧视的《杰克逊-瓦尼克修正案》也可看出,西方不会乐于帮助俄罗斯早日实现现代化。相反,"俄罗斯认为,在从伊朗核计划到减少对美元依赖等一系列问题上,中国是它限制美国影响力的一个重要伙伴。"在美国等西方势力继续推行遏制中俄的冷战思维战略环境下,中俄唯有密切配合、相互借重,才能最大限度地维护各自的利益。

2. 客观互补优势仍是两国互利合作的推力

中俄毗邻而居,得天独厚的地理环境和彼此的自然条件使两国在众多领域的合作具有较强的互补性。中国可持续发展离不开高科技和能源等自然资源的支撑。俄罗斯的高科技产品特别是尖端武器和航空航天技术以及丰富的自然资源也需要稳定的输出市场。尤其是在以美国为首的西方大国联手禁止向中俄提供现代化技术情况下,中俄互利合作尤显重要。尽管双方在军技合作方面有些分歧,但2002~2009年俄罗斯对中国军售总额仍达到140.55亿美元。俄罗斯仍是中国远程防空系统、重型直升机和航空发动机的唯一供应者,在未来3年里继续履行向中国供应13亿美元的军售合同,保持对华武器出口的主导地位。2010年11月,两国政府间军事委员会签署一系列军事合作协议,务实合作继续稳步推进。两国能源合作冲破瓶颈,跨界石油管道建成使俄罗斯"进入有前景的亚太市场特别是日益扩大的中国市场",拓宽了其能源产品出口渠道,减少了对欧洲市场的依赖。同时,也使中国进一步确保了能源进口的安全和稳定。两国在基础性和高科技关键领域以及前沿技术领域也有很大互补性。双方已在着手为此合作提供专项贷款,共同实施大型科技创新项目。双方在农业科技和劳务等方面的合作潜力巨大。俄方农业资源丰富,科技实力雄厚,在远缘杂交创造新品种、染色体基固定位等方面有较深研究,在植物营养、生物防治等方面具有国际领先技术。在生物肥及无污染生物防治病虫害,以及农业环保技术等方面也有值得中方学习和借鉴的经验。中国在良种培育、田间管理等方面技术先进,农产品品种多、数量大,劳动力资源充裕,两国农业合作各有优势,互补性强,互利合作前景看好。两国在煤矿综合开发、铁路、港口建设和电网改造、建筑节能、新能源汽车、生态评估、农林牧业、跨界水域以及渔业等领域的互利合作也有明显优势。

3. 欧美经济前景不明促使俄罗斯对外经济继续加快向中国倾斜

受后经济危机影响,美国经济持续波动,国家债务超过14万亿美元,最高失业率达到9.8%,2011年的失业率超过9%,经济增速将从上年的2.6%放缓至2.2%,多年来不得不紧缩开支。欧洲主权债务危机蔓延拖累整体经济,复苏乏力,天然气进口量几十年来首次减少8%,管道天然气购买量全面下降,导致俄罗斯对欧供气量减少50%以上。随着2014年纳布科天然气管线建成,2015年俄罗斯产天然气将有2 000亿立方米剩余。相比欧美市场萎缩、能源需求趋于饱和,中国能源需求旺盛,经济发展速度超过10.3%,并用投资和贷款帮助美国、希腊、西班牙等欧美国家抵御了金融危机,而且中国还帮助欧洲走出欧元面临的金融困境。现实再次使俄罗斯确认,中国不仅是世界经济增长的引擎,也是俄罗斯经济发展的助推器。特别是西方已开始谈论对华武器禁运和高新技术限制放宽问题,越加使俄罗斯对扩大对华合作的紧迫感增强,再度把经济罗盘指向中国。

4. 严峻的经济形势促使俄罗斯加大对华经贸合作步伐

虽然俄罗斯经济出现恢复性增长势头,但经济依然面临7%的萎缩,10年来首次出现财政赤字,至少有50%的企业处于半破产状态。为落实已制定的基础设施和社会计划,俄罗斯2013年前需要近1万亿美元。但由于经济复苏缓慢导致财政入不敷出,俄罗斯无法保证现代化所需的大量资金。特别是西方对俄罗斯经济发展前景信心不足,不断削减在俄罗斯项目投资和贷款数额,更使其经济雪上加霜。严峻的经济形势使俄罗斯在2010年夏开始向中国国家投资基金出售一些大公司的战略股份。俄罗斯财政部公布了200亿英镑资产出售计划,包括俄罗斯最大的石油生产企业俄罗斯石油公司的24%的股份、最大银行俄罗斯储蓄银行的9%的股份、国有船舶公司俄罗斯现代商船公司的25%的股份。众多大型农业垄断型企业和俄罗斯石油管道运输公司的3%的股份和其他资产也被指定待售。这样做的目的就是要在2013年前将预算赤字从目前占国内生产总值的5.9%降至2.9%。

5. 俄罗斯客观对待"角色转换",使俄罗斯对华合作心态更加务实

俄罗斯越来越多的人开始接受"中国的产能和投资不久将超过美国,西方的经济统治地位已经发生动摇"的现实,认可中国发展、科技水平显著提高的人日渐增多,深化对华合作对

俄利大于弊的观点被越来越多的俄民众所接受。中国的投资和广阔市场已成为俄罗斯经济恢复活力的重要源泉，搭乘中国经济快车以拉动俄罗斯经济增长已是俄罗斯的务实和客观选择。俄罗斯《独立报》载文称，"俄罗斯得益于中国经济的蓬勃发展，因为经济增长促使中国进口俄罗斯原材料——石油（将来还有天然气）、黑色金属和有色金属、煤炭、木材和化肥"，进而"拉动了原料国家……俄罗斯和南非等地区的经济发展"。虽然俄方抱怨中俄经贸结构不合理，但俄方对此也有客观认识，承认俄罗斯的一些产品缺乏国际竞争力，在两国贸易中不占优势。为此，梅德韦杰夫总统早就表示，俄罗斯确实"还会在很长一段时间内，可能是数十年，继续作为石油天然气主要供应国而存在"。普京2010年视察远东时也指出，中俄在科经贸领域各有所长，不存在竞争问题。中国可以继续发展自己的廉价日用品生产。俄方不打算也"没必要在日用品生产方面超过中国"。因为"俄罗斯的竞争优势在高科技领域"，可以"向中国销售几百万，甚至几十亿特殊技术设备和武器"。同时"购买更多的（中国）日用品"。普京在索契度假时继续强调，"中国方面没有（对俄）构成威胁，我们已经相邻数百年，我们知道如何尊重对方。中国没有必要通过占领远东来获取需要的天然资源，中国边境也有庞大的煤炭储备，中国没有必要恶化局势。"中国在金融危机中的不俗表现及日益增强的实力，使俄罗斯精英不得不接受中俄"角色"转换的事实，进一步确认俄罗斯经济战略东移、搭乘"中国快车"促进本国经济发展是其正确的战略选择。俄罗斯对中国观念上的转变将加快两国科技经贸领域的合作进程。

6. 中亚国家加强对华能源合作推升俄罗斯加快对中国油气合作紧迫感

中亚油气富集国率先赢取对华能源合作重大进展，使俄罗斯"愈加发现其手中的'能源牌'变得不那么好用了"，难以继续"拥油自重"、高枕无忧。因为，在俄罗斯犹豫是否铺设中俄油气管道之际，中哈和中土油气管道已经建成投产，第二条管线于2011年铺设完成。届时，乌兹别克斯坦和哈萨克斯坦每年还将向中方提供100亿立方米天然气。中亚国家积极拓展油气出口渠道，减轻了油气对外出口对俄罗斯的传统依赖。俄罗斯对与中亚国家在"中国油气项目"竞争上错失良机、处于下风已后悔不迭，不得不摒弃或淡化对中国的一些偏见和疑虑，加快对中国的能源合作的步伐。

当前，中俄建交63周年，俄罗斯加入WTO，中俄关系处于历史最好时期，两国战略协作伙伴关系已迈入新的发展阶段，呈现更加积极、全面的发展势头，成为世界上国与国关系，特别是大国关系的典范。中俄关系现阶段的特点主要是：高层交往密切，政治互信和战略互信不断提高；务实合作不断扩大，质量与规模同步提升；人文合作和民间交流蓬勃发展，两国睦邻友好和战略协作关系的社会和民意基础更加牢固，世代友好的和平理念日益深入人心；在国际和地区事务中的战略协作日益密切，有力地维护了两国的根本利益，促进了地区和世界的和平、稳定与发展。中俄两国元首在2012年互致新年贺电中共同宣布启动的中俄"旅游年"是两国继"国家年"、"语言年"之后的又一项国家级大型主题年活动，是两国领导人从中俄世代友好和发展全面战略协作伙伴关系的高度出发做出的重要决策，必将进一步推动两国人文交流乃至全方位务实合作,增进了两国人民的相互了解和友好情感,为发展中俄全面战略协作伙伴关系和世代友好大业奠定坚实的社会和民意基础。

第三节 中国与美国的贸易关系

中国是世界最大的发展中国家,美国是世界最大的发达国家,发展中美经贸关系不仅对中美两国经济的发展具有重要的作用,而且也是世界和平与稳定的重要因素。中美两国经历了曲折的历程,建立和发展了符合两国人民利益的关系,这对世界和平是有益的。在平等互利的基础上建立和发展长期稳定的、全面的经济贸关系,对两国人民友好和各自经济的发展与繁荣,对追求世界和平和发展的目标,都有着十分重要的意义。

一、2011美国货物贸易及中美双边贸易概况

（一）2011年美国货物贸易概况

据美国商务部统计,2011年美国货物进出口额为36 874.8亿美元,比上年(下同)增长15.5%。其中,出口14 805.5亿美元,增长15.8%;进口22 069.3亿美元,增长15.4%。贸易逆差7 263.8亿美元,增长14.4%。

分国别(地区)看,2011年美国对加拿大、欧盟27国、墨西哥、中国和日本的出口额分别占美国出口总额的19.0%、18.1%、13.3%、7.0%和4.5%,增长12.7%、12.1%、20.8%、13.1%和9.4%;自中国、欧盟27国、加拿大、墨西哥和日本的进口额分别占美国进口总额的18.1%、16.7%、14.3%、11.9%和5.8%,增长9.4%、15.2%、14.0%、14.4%和6.9%。美国的前四大逆差来源地依次是中国、墨西哥、日本和德国,逆差额分别为2 954.6亿美元、655.6亿美元、626.4亿美元和492.7亿美元,其中墨西哥下降1.3%,中国、日本和德国分别增长8.2%、4.3%和43.8%。美国的贸易顺差主要来自中国香港和荷兰,顺差额分别为322.2亿美元和193.6亿美元,增长44.6%和21.9%。

分商品看,机电产品、运输设备和化工产品是美国的主要出口商品,2011年出口额分别为3 640.8亿美元、2 129.7亿美元和1 610.5亿美元,占美国出口总额的24.6%、14.4%和10.9%,增长8.8%、15.8%和7.8%。2011年美国矿产品出口增长较快,出口额1 396.5亿美元,增长56.3%。机电产品和矿产品是美国的前两大类进口商品,2011年分别进口5 657.3亿美元和4 623.5亿美元,占美国进口总额的25.6%和21.0%,增长11.4%和28.2%。运输设备、化工产品、贱金属及制品和纺织品及原料等也是美国的重要进口产品,2011年合计进口6 246.7亿美元,占美国进口总额的28.3%。

（二）2011年中美双边贸易概况

据美国商务部统计,2011年美国与中国的双边贸易额为5 032.1亿美元,增长10.2%。

其中,美国对中国出口1 038.8美元,增长13.1%;自中国进口3 993.4亿美元,增长9.4%。美方贸易逆差2 954.6亿美元,增长8.2%。中国为美国第二大贸易伙伴、第三大出口目的地和首要进口来源地。

美国对中国出口的主要商品为机电产品、运输设备、植物产品、贱金属及制品和化工产品,2011年出口223.5亿美元、132.9亿美元、121.7亿美元、108.7亿美元和100.2亿美元,占其对中国出口总额的21.5%、12.8%、11.7%、10.5%和9.7%。其中机电产品下降1.8%,运输设备、植物产品、贱金属及制品和化工产品分别增长26.1%、3.0%、26.2%和17.7%。机电产品中,美国对中国机械设备出口122.1亿美元,增长8.9%;对中国电机和电气产品出口101.4亿美元,下降12.2%。

美国自中国的进口商品以机电产品、家具玩具和纺织品及原料为主,2011年进口1 935.5亿美元、452.1亿美元和392.6亿美元,占美国自中国进口总额的48.5%、11.3%和9.8%,其中机电产品和纺织品增长11.5%和6.0%,家具玩具下降3.7%。机电产品中,电机和电气产品自中国进口986.9亿美元,增长8.7%;机械设备自中国进口948.5亿美元,增长14.7%。中国的家具玩具、鞋靴、伞等轻工产品和皮革制品箱包占美国进口市场的63.3%、74.5%和67.4%,具有绝对竞争优势,中国产品的竞争者主要来自墨西哥、越南和意大利等国家。同时,中国居美国机电产品、纺织品及原料和塑料橡胶进口的首位,分别占其市场份额的34.2%、37.8%和22.0%。

二、中美经贸关系的特点

(一)贸易互补性强

比较优势理论揭示了贸易产生的原因以及贸易方向和贸易格局的决定,通过分工的国际化,各国根据各自不同的比较优势生产不同产品,通过交换满足各自国内消费者的不同需求。其实质是,由于资源禀赋和要素密集度的差异,导致各国在不同类型的产品生产上成本不同,要素在国际范围内的自由流动导致各国放弃劣势产品的生产成为可能,具有互补性的生产和相似的需求会促进贸易的形成。中美两国之所以有着巨大的贸易空间和广阔的市场,其根本原因就是由资源条件、产业结构、经济结构及消费水平的差异而导致的经济的互补性,主要表现在以下三个方面:

1. 资源结构的互补性

中国拥有丰富的自然资源和劳动力资源,这一资源优势导致中国在劳动密集型产品和资源密集型产品上拥有突出的比较优势。美国在技术、资本、技能以及管理等软要素上具有优势,这一要素赋予度的差异奠定了两国贸易的互补性。

2. 产业结构的互补性

自改革开放以来,中国一直致力于发展农业、水利、能源、交通和信息等重要部门,重点加强机械、电子、石油化工、建筑业以及汽车业的振兴,这些都是美国极具竞争优势,可以大有作为的行业。中国自2008年推行积极的财政政策扩大内需以来,在基础设施和信息建设等方面投资巨大,而美国在信息产业方面,在公路建设方面,在重机械设备生产方面,都是世界上最强的,双方有着广泛的合作基础。此外,中国入世以后,产业结构调整的力度将会进一步加大,服务业更加面向世界,美国作为世界的服务业强国,也必将与中国在该领域有更好的发展前景。

3. 市场结构的互补性

中国是世界上最大的发展中国家,是最大的潜在市场,有着很强的市场容纳力,中国的经济发展需要进一步开放市场,利用一切可以利用的外部资源。美国是世界上最大的发达国家,其过剩的生产能力需要寻找更广阔的市场发展机会。长期以来,中国以其强劲的发展势头成为美国、欧盟和日本争夺的重要场所,中国的发展,以及中国与美国的经贸关系,已经不单单是中国与美国各自的事,也发展成为关系亚太地区甚至整个世界经济发展的多边事务,中国重视与美国的经贸关系,同时美国也从来不敢轻易忽视与中国的贸易和经济往来。

从具体的贸易商品结构上看,中国从美国大量地进口飞机、汽车、运输机械、机械设备以及程控电话、电子计算机等资本、技术密集型高端工业产品,此外还有少量的化肥、小麦、棉花、木材、纸张、纸和五金矿产等,以及数量极为有限的技术转让。而美国从中国大量进口鞋类、玩具和服装等劳动密集型产品。在美国从中国进口的商品中,纺织品和服装是第一大类,占中国对美国出口比重的45%以上,而且还有继续增加的势头。第二大类是初级产品,占中国出口总额的30%左右。第三大类是石油等能源产品和轻工产品,这三大类产品的出口占到中国对美国总出口的约90%。这里需要说明的是,中国对美机电产品的出口增加很快,其中增长最明显的是办公用机械、自动数据处理设备、电讯器材、电力机械及电器,这类产品的出口虽然增加迅速,但出口的绝对金额却较小,所占比重较低。

(二) 加工贸易和转口贸易是贸易的主要形式

中美两国贸易形式变化的分水岭是20世纪80年代。在这之前,一般贸易占中美贸易的80%,而此后,随着中国对外开放的步伐不断加快,程度不断加深,大量的外商投资企业进入中国,外商投资企业出口份额在中国总出口额中的比重迅速上升,加工贸易转而成为中美贸易的主要方式。我们可以从这组数据中看出中美贸易形式的变化与中国利用外资之间的相关关系:中美间加工贸易在总贸易中所占比重从1986年的仅为1.88%上升到目前的近59%,此间,由外商直接投资企业所形成的出口额在全部中国出口额中的所占比例的平均增长率达59.4%。无论是中国向美国出口,还是美国向中国出口,大多数货物都是主要经香港转口后进行。中方的统计数据显示,中国对美国出口的60%是经过香港的,而美方的统计结果表明,从中国进口货物的80%是经由第三方实现的。

加工贸易本身的特点决定了过多的加工贸易会导致中国企业利润下降,企业所能够赚取的只是少量的加工费,而大笔利润却被皮"帖"的外国公司赚走。如美国的芭比娃娃,美国从中国进口每个只需要2美元,而在美国的零售价却是9.99美元,芭比娃娃的加工生产是在中国完成的,原材料还需要进口,中国只能从每个芭比娃娃的生产中赚得0.35美元的加工费。

因此,即使贸易量再大,中国企业能够获得的利润却很少,更多的贸易利益被美国获得。中国对美国的出口模式必须改变,必须创出自己的品牌,否则中国的贸易条件将十分不利。

三、中美经贸关系的前景

中国处于工业化、城镇化加速期,同时正在加快转变经济发展方式,推进经济结构调整,把扩大内需特别是消费需求作为经济发展的长期战略方针和基本立足点,这一进程将在"十二五"期间释放出庞大的投资需求和消费需求。中国是世界最大出口国和第二大进口国,在2020年有望成为世界最大的国内消费市场。对于美国工商界来说,这无疑意味着更好的市场机会、更大的发展空间。中国政府将继续实施进出口基本平衡的贸易政策,进一步深化对外开放,加大改革创新力度,提高便利化程度,为境内外投资者创造更优化、更开放的投资环境。包括美国在内的各国企业,将与中国企业一起分享日益增大的市场"蛋糕"。中美经贸合作的丰硕成果来之不易,美方应坚持自由贸易理念,反对各种形式的贸易投资保护主义;重新评估并尽快放宽对华出口管制措施;合理开展外资审查,减少不必要的限制,促进投资合作;与中方继续加强宏观经济政策协调,共促世界经济均衡可持续发展。当前是中美经贸关系深化发展的关键期。一个良性发展的中美经贸关系,有助于促进两国经济稳定增长和全球经济的复苏进程。只有始终从战略高度和长远角度出发,不断推动中美经贸关系向前发展,才能为提高两国乃至世界人民福祉做出更大贡献。

中国是最大的发展中国家,美国是最大的发达国家,两国在资源结构、产业结构、消费水平等方面的差异决定了两国经济具有很强的互补性,发展中美贸易和经济合作具有得天独厚的优越条件和广阔前景。只要中美双方从两国乃至世界经济发展的大局出发,妥善处理出现的问题和纠纷,就一定能推动双边经贸关系健康、稳步地向前发展。

【资料卡9.3】

商务部进出口公平贸易局负责人就美对华太阳能电池反补贴初裁发表谈话

2012年3月19日,美商务部做出对华太阳能电池产品反补贴调查的初裁,认定中国涉案企业存在2.9%~4.73%不等的补贴幅度,并追溯90天征税。

商务部进出口公平贸易局负责人今天对此发表谈话指出,中国太阳能电池产品在美国产品中具有一定竞争优势,源于中国企业持续研发先进生产技术,不断拓宽经营理念,不断降低经营成本。在太阳能电池生产及新能源领域,中美企业间有着密切合作,中国企业在将产品出口到美国的同时,也进口美国的原材料和设备。

美国限制中国太阳能电池产品损害的是中美双方的利益,更会影响美国清洁能源产业的发展和中美在新能源领域的合作。中方敦促美方从长远合作、互利共赢出发,审慎处理中美两国在太阳能电池等新能源领域的贸易摩擦,维护中美双边经贸关系稳定和谐发展。

(资料来源:商务部新闻办公室.2012-03-21)

第四节 中国与南非的贸易关系

南非位于非洲大陆最南端,是非洲经济实力最强的国家,在南部非洲发展共同体中影响力最大,也是南部非洲关税同盟的主要成员。1998年1月1日,中南正式建立外交关系后,两国经贸关系发展较快,相继签订了投资保护协定、经贸联委会协定、贸易经济和技术合作协定、科学技术合作协定、动植物检疫检验合作协定、避免双重征税协定、航空协定、海运协定等经贸合作协定。2004年两国确立平等互利、共同发展的战略伙伴关系。同年6月,南非宣布承认中国市场经济地位,并代表南部非洲关税同盟与中国启动自由贸易区谈判。2006年6月,温家宝总理对南非进行正式访问,双方签署《关于深化战略伙伴关系的合作纲要》,鼓励扩大双边贸易,以实现平衡、互利的贸易关系,两国将鼓励各自企业寻求发掘贸易潜力的机会,并相互积极支持对方国家企业前来投资。在当前国际金融危机的严峻形势下,中国与南非迎来了建交11周年,两国经贸关系的发展进入了新的历史时期。

一、双边经贸关系发展现状

(一) 2011年1~9月南非货物贸易概况

据南非国税局统计,2011年1~9月南非货物贸易进出口1 475.8亿美元,比上年同期(下同)增长26.8%。其中,出口730.1亿美元,增长26.5%;进口745.7亿美元,增长27.1%。贸易逆差15.7亿美元,增长59.4%。

分国别(地区)看,2011年1~9月南非对中国、美国、日本和德国的出口额分别占南非出口总额的11.7%、8.6%、8.1%和6.6%,为85.1亿美元、62.7亿美元、59.3亿美元和48.1亿美元,增长56.6%、22.0%、25.6%和11.8%,对上述四国出口占南非出口总额的35.0%;自中国、德国、美国和沙特阿拉伯的进口额分别占南非进口总额的13.6%、10.8%、8.4%和4.7%,为101.7亿美元、80.6亿美元、62.4亿美元和34.8亿美元,增长22.1%、19.4%、50.4%和13.0%。南非前五大逆差来源地依次是德国、伊朗、沙特阿拉伯、尼日利亚和中国,逆差额分别为32.5亿美元、30.3亿美元、30.2亿美元、17.0亿美元和16.6亿美元;顺差主要来源地不详,金额达74.1亿美元,其次则为日本、津巴布韦和赞比亚,分别为24.5亿美元、14.7亿美元和14.0亿美元,增长49.4%、3.2%和39.3%。

分商品看,贵金属及制品、矿产品和贱金属及制品是南非的主要出口商品,2011年1~9月出口额分别占南非出口总额的25.8%、24.0%和14.1%,为188.2亿美元、174.9亿美元和102.8亿美元,分别增长28.2%、44.4%和10.5%。出口呈现普遍上涨局面,矿产品出口增幅名列前茅。机电产品、矿产品和运输设备是南非进口的前三大类商品,2011年1~9月合计进口427.0亿美元,占南非进口总额的57.3%。进口亦呈现全面增长之势,其中,矿产品进出两旺,进口增幅达到38.4%,与运输设备同为进口增长最快的两大类产品。

(二)2011年1-9月中南双边贸易概况

据南非国税局统计,2011年1~9月中南双边贸易额为186.7亿美元,增长35.7%。其中,南非对中国出口85.1亿美元,增长56.6%;自中国进口101.7亿美元,增长22.1%;南方逆差16.6亿美元,下降42.6%,中国为南第一大贸易伙伴、第一大出口目的地和第一大进口来源地。

矿产品一直是南非对中国出口最主要产品,2011年1~9月出口额为65.8亿美元,增长71.6%,占南非对中国出口总额的77.4%。矿产品以金属矿砂为主,约占矿产品出口总额的近九成,但增速不及以原油为主的矿物燃料。贱金属及制品是南非对中国出口的第二大类商品,出口额11.7亿美元,增长30.9%,占南非对中国出口总额的13.7%。贵金属及产品对中国出口增长2.3%,为南非对中国出口的第三大类产品,在出口中的比重仅为2%。纤维素浆纸张对中国出口出现一倍以上的增长。在主要大类商品中,化工产品对中国出口出现下降,降幅为16.6%。

南非自中国进口的主要商品为机电产品、纺织品和贱金属及制品,2011年1~9月合计进口64.8亿美元,占南非自中国进口总额的63.8%。除上述产品外,化工产品、鞋靴等轻工品和家具玩具制品也为南非自中国进口的主要大类商品(HS类),在进口中所占比重均在5%以上。总体来看,中南双边贸易稳定快速增长,双边贸易增幅高出南非总体贸易增幅近10%,且南非对中国出口增速远高于自中国进口增幅,贸易逆差也在逐渐减小,双边贸易呈现良好发展态势。

二、双边经贸发展值得关注的问题

(一)双边贸易不平衡

按照中方统计,中南双边贸易中,中方一直保持少量顺差状态。然而按照南非政府的统计,南非对中国贸易存在较大逆差。例如,2006年南非对中国出口21.2亿美元,从中国进口72.9亿美元,逆差高达51.7亿美元。为了保护本国产业,降低对华逆差,南非宣布对中国出口的纺织品实施配额管理,中国与南非政府签署了一项包括对中国纺织品和服装实施进口配额的协议,限制中国对南非纺织品服装的出口。这对处于行业结构调整中的南非纺织业来说是一个利好,中国政府希望此举能保护南非当地的就业市场,同时也能促进中国纺织服装产品健康有序地出口南非,彰显了中国政府对包括非洲国家在内的发展中国家的负责任的精神。按照中方统计,2007年以来,中国自南非进口增长率均远远大于对南非出口增长率,贸易不平衡出现了改善迹象,2008年,中国对南非贸易逆差创纪录地缩小至6.38亿美元。

(二)贸易产品结构凝固化

尽管中国与南非双边贸易产品结构符合双方比较优势,然而南非主要对中国出口矿砂、贵金属等资源性产品,自中国进口机电、服装等制成品,此种结构并非为南非政府所乐见。例如,中国对南非出口的纺织品、服装近年来高速增长。有资料显示,大量廉价商品进口使得南非不少服装和纺织品工厂倒闭。由于南非对中国纺织品进口增加非常担心,中国首次采取了单方面主动限制纺织品出口的做法。根据双方达成的协议,中国在2008年底之前就31类产品对南非的出口进行设限,并帮助南非纺织业提高竞争力。在南非副总统恩格库卡看来,这是一份"独一无二"的协议,代表了双方的诚意。

（三）贸易摩擦时有发生

南非是非洲地区对中国出口产品提起反倾销最多的国家。截至2010年底,南非已先后对中国丙纶毯、平板玻璃、不锈钢制品等产品提起37项反倾销调查,其中许多产品被征收高额反倾销税,迫使中国多种产品退出南非市场。

（四）企业投资热情高但缺乏完整投资计划

南非经济的发展以及中非论坛的召开在中国国内掀起了新的南非投资热。正如中国驻南非大使钟建华所说,近期到南非考察的企业络绎不绝,"每一个的口气都很大,一来就都想投10亿元以上的大项目。"然而,这些企业往往缺乏对南非社会的了解,也无任何完整的投资计划。实际上,到南非投资要认真研究南非市场,选择合适的经营产品并寻求好的合作伙伴,在此基础上还要制定一个长远规划,以产品质量和信誉取胜。

（五）投资项目技术含量有待升级

过去几百年间,南非一直名列世界第一黄金生产国,拥有大量的煤、铁、铬等资源。中国企业到南非投资往往是看中了南非丰富的矿产资源。例如,中国中钢公司、酒泉钢铁公司皆在南非投资铬矿,在当地将矿石进行粗加工之后,再运回中国作为生产不锈钢的主要原材料。然而,这一传统做法现在正在受到挑战。2008年3月14日,南非贸工部副部长罗伯·戴维斯在接受记者采访时表示,南非正在研究改变自己的贸易政策,可能限制矿石或者粗加工矿石的出口,要求投资者将附加值更高的深加工环节留在南非当地。

三、中南经贸关系发展前景

目前,南非是中国在非洲第二大贸易伙伴,中国也于2009年上半年跃居南非最大的贸易伙伴,然而,中南贸易还不到中国对外贸易总额的1%,约占南非对外贸易总额的10%。在当前国际金融危机的严峻形势下,中南应积极发挥双边经济互补优势,以及建交以来发展经贸合作的良好政治优势,充分挖掘经贸合作潜力,共同应对金融危机。

（一）拓宽经贸合作领域

南非是非洲最发达的国家,其银行业、保险业、汽车制造、矿山开采等领域具有较强的实力,中国不断扩大开放领域为南非企业开拓中国市场提供了良好的契机。南非是非洲大陆最有潜力的市场之一,由于其经济稳定发展,自由化水平高,双方经贸有很大的合作空间,如中国的采矿、发电、汽车等方面的机电产品在南非有较为广阔的市场。双方在充分发挥各自比较优势的基础上，进一步挖掘对方的市场潜力，必将获得互利共赢的发展格局。

（二）适时贸易转向投资

南非本身不仅是一个重要的新兴经济体，还是进入其他非洲市场的门户。南非是南部非洲发展共同体的重要成员国，在南非投资意味着直接进入南部非洲市场。同时，南非在为非洲大陆提供能源、救济援助、运输、通信和投资方面发挥了重要的作用。此外，南非传统上和欧盟关系密切，南非商品进入欧盟市场可享受最惠国待遇，8%的出口商品可以免税。因此，在南非生产的一些产品如纺织品，可以绕过西方国家对中国的出口和配额限制，充分发挥优势。近年来，南非对外商投资提供了很多优惠政策，在南非投资生产的产品除在当地销售，还可向周边国家辐射，甚至出口到欧美发达国家。这些对中国企业来说都具有相当大的吸引力。随着南非乃至整个非洲市场潜力的不断显现和投资环境的成熟，中南双方以商品贸易为主的经贸联系也将渐渐转为贸易与投资并存的更加紧密的经贸联系。

然而，要有选择、有准备地在南非投资，应注意并妥善处理以下问题：

1. 社会治安问题

南非政府面临的一大难题是失业率居高不下，失业率高必然引起社会的不安定。南非的治安状况成为一大社会问题，对投资造成一定的影响，企业投资南非时必须对这一问题有所防范。

2. 黑人劳工地位问题

南非政府为提高黑人地位和生活水平，缓解失业压力，要求南非的所有企业必须雇佣一定比例的黑人。在南非投资，应充分了解当地对企业雇佣员工的要求，以及员工的生活和工作习惯。

3. 劳工权益问题

南非政府非常重视劳工的权益保障，南非的工会拥有很强的势力，罢工现象十分普遍。在南非投资应充分了解当地的政策法规，充分考虑所有不利因素，并制定应对措施。

中国与南非互补的经济基础是双边经贸迅速发展的坚实基础，只要双方妥善处理好双边经贸中的关注点，未来经贸合作必将取得更大的成就。

【资料卡9.4】

平安健康险引进战略投资者　南非公司入股20%

中国腾讯财经讯　8月24日，中国平安保险(集团)股份有限公司与南非最大的健康保险公司Discovery在钓鱼台国宾馆签署合作协议，为旗下平安健康保险股份有限公司（以下简称"平安健康险"）引进战略投资者，双方将携手开拓中国广阔的健康保险市场。

根据协议，Discovery初期将购买平安健康险20%的股份。作为中国与南非经济合作关系不断深化的体现，这一里程式的协议不仅对两家公司建立互利双赢的战略合作关系具有重大意义，也是两国间互惠互利的经济及商业关系不断深化的重要象征。

作为融保险、银行、投资等多元金融业务为一体的综合金融服务集团，中国平安集团拥有强大的业务规模、品牌价值和分销能力。截至2009年12月31日,集团合并总资产及总权益分别为人民币9 350亿和910亿元人民币。集团为5 100万个人客户和200多万企业客户提供包括保险、银行和资产管理在内的金融服务。作为中国平安集团旗下的专业健康保险公司,平安健康险拥有国际化的专业团队和丰富的健康险业务管理经验,能够为广大客户提供完整的医疗保障、健康保健、专家咨询和紧急救助等保健计划和保险产品。

　　Discovery集团在客户参与式健康保险和健康保障方面领先世界。Discovery成立于1992年,市值达200亿兰特,是南非最大的健康保险公司,在消费者参与式保险产品方面处于世界领先水平。Discovery的运营体现出高度的差异化及创新思维,并依托于其特有的科学健康保障项目——Vitality。在英国,Discovery与保诚(Prudential)成立了一家合资公司,涉及健康险与寿险领域(分别为Pruhealth及PruProtect),并于最近收购了标准人寿健康险(Standard Life Healthcare)。在美国,Discovery拥有独立的健康保障公司。Discovery首席执行官Adrian Gore说:"平安是一个很好的合作伙伴。平安在中国保险市场扮演着重要角色,在中国这个迅速增长的市场上拥有强大的业务规模、品牌价值和分销能力。"

　　中国平安集团副总经理兼首席保险业务执行官任汇川说:"中国平安与Discovery的强强联合,是最庞大的市场及强大的分销网络和最先进的技术的有机结合,必将开创互利双赢的良好局面,对中国平安在新型健康保险业务领域的快速成长具有重要意义,也将更好地推动中国健康险市场的发展。"据了解,平安健康险将充分运用Discovery在健康产品、系统、数据和风险管理资产上的优势,并会继续发挥平安集团在广阔的分销网络、业务规模和本地市场专业知识上的优势。Discovery也可借助此次战略合作进入潜力巨大的中国市场,并且可以快速共享平安庞大的渠道和客户资源。

　　此外,由Discovery专家组成的团队已经准备加入平安健康险。

(资料来源:中国腾讯财经.2010-08-24)

第五节　中国与澳大利亚的贸易关系

　　中澳两国于1972年建立外交关系。自建交以来,两国经贸关系不断发展,特别是近年来双边经贸合作速度加快,正处于两国历史上最好的时期。

一、中澳经贸合作发展概况

　　1972年12月21日,中澳两国建交。中国先后于1979年3月和1986年9月在悉尼和墨尔本设立了总领馆。

　　建交以来,中澳关系稳步发展,两国高层互访不断。澳大利亚总理霍华德自1996年上任以来,曾先后5次访华。2006年4月,温家宝总理对澳大利亚进行正式访问期间,两国领导人就中澳建立"21世纪互利共赢的全面合作关系"达成共识。2009年10月29日至11月1日,李克强副总理对澳大利亚进行正式访问,双方签署联合声明,这是自建交以来首次以"联合声明"的形式将发展两国关系的基本原则和重要共识固定下来。中澳双方宣布,将于2010～2011年在中国举办"澳大利亚文化年",并将于2011～2012年在澳大利亚举办"中国文化年"。

中国是澳大利亚第一大贸易伙伴、第一大进口来源地和第一大出口市场,澳大利亚是中国第八大贸易伙伴。

二、2011年澳大利亚货物贸易及中澳双边贸易概况

(一)2011年澳大利亚货物贸易概况

2011年,澳大利亚货物贸易保持增长态势,据澳大利亚统计局统计,货物贸易进出口5 066.5亿美元,比上年同期(下同)增长24.7%。其中,出口2 719.2亿美元,增长27.7%;进口2347.3亿美元,增长21.3%。贸易顺差371.9亿美元,增长92.5%。

分国别(地区)看,2011年澳大利亚对中国、日本、韩国和印度的出口额分别占澳大利亚出口总额的27.4%、19.3%、8.9%和5.8%,为745.6亿美元、523.6亿美元、241.7亿美元和158.0亿美元,增长38.2%、30.5%、27.9%和4.9%,对上述四国出口占澳大利亚出口总额的61.4%;自中国、美国、日本和新加坡的进口额分别占澳大利亚进口总额的18.5%、11.2%、7.9%和6.3%,为435.1亿美元、261.9亿美元、185.5亿美元和147.0亿美元,增长20.0%、25.3%、10.7%和50.2%。澳大利亚前五大顺差来源地依次是日本、中国、韩国、印度和中国台湾地区,顺差额分别为338.1亿美元、310.4亿美元、167.9亿美元、134.9亿美元和55.8亿美元;逆差主要来自美国、德国和新加坡,分别为160.8亿美元、85.9亿美元和80.8亿美元,增长29.5%、8.1%和51.5%。

分商品看,矿产品、贵金属及制品和贱金属及制品是澳大利亚主要出口商品,2011年出口额分别占澳大利亚出口总额的58.6%、6.9%和5.9%,为1 593.1亿美元、177.4亿美元和160.2亿美元,增长33.6%、20.2%和22.0%。出口呈现全面上涨态势,其中,尤以植物产品和纺织品及原料涨幅居前,涨幅均超过60%。机电产品、矿产品和运输设备是澳大利亚进口的前三大类商品,2011年合计进口1 282.9亿美元,占澳大利亚进口总额的54.7%。澳大利亚进口全面回升,其中,矿产品进口增幅最为显著,约为其总体进口增幅的两倍。

(二)2011年中澳双边贸易概况

据澳大利亚统计局统计,2011年中澳双边贸易额为1 180.7亿美元,增长30.9%。其中,澳大利亚对中国出口745.6亿美元,增长38.2%;自中国进口435.1亿美元,增长20.0%;澳方顺差310.4亿美元,增长75.6%。

矿产品一直是澳大利亚对中国出口的主力产品,2011年出口额为583.6亿美元,增长37.7%,占澳大利亚对中国出口总额的78.3%。纺织品及原料是澳大利亚对中国出口的第二大类商品,出口额36.3亿美元,增长92.2%,占澳大利亚对中国出口总额的4.9%。贱金属及

制品是澳大利亚对中国出口的第三大类商品,出口额27.3亿美元,增长36.3%。全年来看,澳大利亚对中国出口集中度呈现进一步提高的趋势,仅矿产品就占对中国出口的近八成,排名第二的产品在澳大利亚对中国出口中的占比已不到5%。

澳大利亚自中国进口的主要商品为机电产品、纺织品和家具玩具制品,2011年合计进口284.9亿美元,占澳大利亚自中国进口总额的65.5%。除上述产品外,贱金属及制品、塑料、橡胶、化工产品等也为澳大利亚自中国进口的主要大类商品(HS类)。全年来看,澳大利亚自中国进口呈现普遍上涨态势,但进口增幅一般都不大,自中国进口增幅甚至低于其总体进口增幅1.3%,与其对中国的出口增幅相比更是有不小差距,澳大利亚对中国贸易顺差也持续扩大。

三、中澳经贸合作中存在的问题

(1)中国企业的营销水平不高,许多出口产品未进入销售主渠道。据了解,中国对澳出口的相当一部分产品,质量不低于国外同类产品,但销路不畅,主要原于企业缺乏营销意识,在营建品牌形象、进行产品的宣传推广方面能力较差。此外,出口产品未进入销售主渠道也是一个原因。根据澳大利亚的市场特点,销售消费类产品一般要通过大型零售连锁店这个主渠道进行,而国内一些企业由于种种原因均委托海外华人开设的小贸易公司("华人店")进行代销。这些公司规模小、市场覆盖面小、支付缺乏保障,导致我国产品长期无法进入销售主渠道,影响了销售量的扩大和贷款的回收。

(2)许多企业由于不了解澳大利亚的标准和规定,未做好产品的认证和登记工作,导致产品被拒收或丧失商机。

澳大利亚对进口的化学品、农药、机电产品、药品等实施严格的检验措施,并要求产品在澳销售前进行认证和登记,事先取得主管机构的许可。许多国内企业由于语言沟通、缴纳费用等原因,不主动开展这方面的工作,或完全依赖进口商,导致产品被拒之门外或丧失商机,这种状况亟待改善。

四、中澳经贸合作前景

中澳经贸合作具有良好的基础,两国经济互补性强,双方合作的潜力大。澳大利亚矿产资源极其丰富,而中国则是人均资源占有量少的国家。未来一个时期,中国矿产的缺口将越来越大,进口量将随之剧增,因此通过投资和贸易方式在澳大利亚建立一批重要能源和矿产品的生产和供应基地,以解决长期稳定的供应,是一个切实可行的办法。2003年10月,中国和澳大利亚签署了中澳天然气技术伙伴关系基金管理执行的谅解备忘录。备忘录规定,在未来25年内,西北大陆架澳大利亚液化天然气公司每年将向中国广东提供370万吨液化天然气。这一价值120多亿美元的合同是澳大利亚有史以来向单一客户提供的最大一笔出口交易,充分体现了两国对发展长期互利合作关系的信心和强烈愿望,必将对中澳双边经贸关系产生非常积极而深远的影响。

澳大利亚是世界上农产品生产和出口大国。澳大利亚在动植物育种、农作物种植及葡萄酒酿造等诸多领域达到世界领先的水平,可供中国借鉴和引进。此外,澳大利亚土地广袤、价格低廉,适合中国企业开展种植和养殖业。

中国经济发展很快,市场巨大,加上中国加入世贸组织后进一步开放市场,也给澳大利亚企业提供了更多的投资机会。除了华兴澳大利亚集团等较大的企业以外,已有更多的中小型企业来到中国寻找机会,澳大利亚在华投资正在迅速增长。

本 章 小 结

1. 关键词:经济贸易;发展概况;存在问题;发展前景

2. 中国与亚洲的经济贸易关系主要体现在同日本、韩国和东盟的经济贸易关系的发展上。中国同这些国家在发展经济贸易关系中既存在着有利的因素,也存在不利的因素;在发展过程中既取得了一定的成就,同时也存在主要问题和障碍。

3. 在中国同欧洲的经济贸易关系中,重点是发展了同欧盟、德国和俄国的经济贸易关系。在同这些国家发展经济贸易过程中也同样存在着问题和障碍,但是作为发展中国家和发达国家之间的贸易往来,其发展的前景是广阔的。

4. 作为世界上最大的发展中国家和最大的发达国家,中国和美国之间的贸易往来始终是全世界关注的焦点。中美两国自建交以来,贸易发展迅速,但摩擦不断。应该从政治和经济两方面正确对待中美之间的贸易问题。

5. 在中国与非洲各国的经济贸易关系中,发展最为迅速的是中国和南非之间的经济贸易。应该正确看待中南之间的贸易摩擦和存在的问题,积极寻求解决问题的对策,为中南贸易的发展创造良好的环境。

6. 中国与澳大利亚经济贸易关系的发展应该是中国与大洋洲国家贸易关系中最重要的一环。同样,在经济贸易关系发展中也存在着一些问题和缺陷,需要中澳两国加强合作共同寻找解决问题的对策。

思 考 题

一、名词解释

1. 对外贸易　2. 技术贸易　3. 服务贸易　4. 反倾销　5. 贸易壁垒　6. 对外依存度

二、简答题

1. 中日经济贸易关系发展的特征是什么?
2. 中韩经济贸易关系发展的障碍有哪些?
3. 中国与美国贸易的摩擦体现在什么地方?
4. 中国与澳大利亚的经济贸易关系发展前景如何?
5. 中国与俄罗斯经济贸易关系的特点是什么?

三、论述题

1. 如何从政治和经济两方面正确看待中日和中美的经济贸易关系和发展前景。
2. 如何继续深化和扩大中韩的双边贸易？
3. 中国对外经济贸易的趋势和前景如何？

【阅读资料】

李克强：从战略高度推动中澳经贸合作向纵深发展

新华网北京4月26日电（记者熊争艳）　国务院副总理李克强26日与来华访问的澳大利亚总理吉拉德共同出席了中澳经贸合作论坛并致辞。李克强指出，当前中澳关系发展面临新的重要机遇，深化经贸合作前景广阔，双方应顺势而为、深挖潜力，从战略高度推动两国务实合作向纵深发展。

李克强在致辞中说，当前世界大变革大调整步伐进一步加快，国际经济格局出现新变化，全球经济恢复增长，但仍面临诸多不确定、不稳定因素。他介绍了中国当前经济形势和"十二五"规划纲要，指出中国将坚持科学发展，加快转变经济发展方式，着力扩大国内需求，努力实现居民收入增长与经济发展同步，实施重大民生工程，大力推动绿色发展、创新发展，积极发展战略性新兴产业、服务业和社会事业，全面加强经济、政治、文化、社会建设，全面推进各领域改革，始终不渝走和平发展道路，着力解决发展中不平衡、不协调、不可持续的问题，保持经济长期平稳较快发展与社会和谐进步。

李克强积极评价中澳关系和经贸合作。他强调，中澳同为亚太地区重要国家，都是充满活力的经济体，互补性很强，合作潜力巨大，发展两国关系的意义超出双边范畴。新的形势下，双方应站在战略的高度，用全球眼光规划中澳经贸关系的未来，从多维空间拓展双边务实合作，促进两国经贸关系再上新台阶。

李克强就深化两国经贸合作提出五点建议。一是推动两国能源资源合作建立长期稳定的战略关系。双方应当超越简单的买卖关系，创新合作方式，持续实现互利双赢。二是推动两国基础设施领域合作成为新增长点。澳方正在积极推进基础设施建设，中方企业有着丰富的经验和成熟的技术，携手合作大有可为。三是推动两国服务业合作成为新亮点。抓住中国服务业发展的机遇，利用好澳大利亚的优势，深化在医疗卫生、食品安全、金融、旅游等领域的务实合作。四是推动贸易投资自由化和便利化。坚持开放、非歧视的政策，共同为两国企业创造公平竞争的良好环境。希望澳方为包括国有企业在内的中国各类企业赴澳投资提供便利。五是推动经贸合作相关机制建设。从大局出发，互谅互让，以务实的精神推动中澳双边自由贸易区谈判取得实质性进展，共同开创经贸合作新局面。

吉拉德在致辞中说，中国经济发展对澳大利亚经济繁荣做出了贡献。澳方将不断改善投资贸易环境，深化双方各领域合作，加强在全球与区域合作问题上的沟通与协调。

论坛开始前，李克强与吉拉德共同会见了出席第二届中澳工商界首席执行官圆桌会议的代表，听取了会议情况介绍，与来自两国能源资源、钢铁有色、金融证券、商贸运输、工程咨询、商务服务等领域的企业家进行了交谈，并就企业家们关心的问题做了回应。

论坛由澳大利亚外交贸易部、中国商务部共同举办。中澳双方企业家代表、政府官员等共600多人参加了论坛。

近年来，中澳经贸关系快速发展。目前中国已成为澳大利亚第一大货物贸易伙伴，澳大利亚是中国第八大贸易伙伴。去年双边贸易额增长46.5%，今年一季度又保持39.9%的强劲增长。

（资料来源：新华网．2011-04-27）

第十章 Chapter 10

中国对外贸易相关问题

【本章学习要求】

通过本章学习,要求学生了解当前国际贸易中出现的一些新的热点问题及这些问题对我国外贸的影响,并能根据存在的问题提出针对性的解决方案。

【本章主要概念】

知识产权　商标　专利　环境贸易壁垒　贸易摩擦

【本章导读】

2012年2月22日,美国国际贸易委员对包括用于激光打印的墨盒及组件、照相手机、平板电脑及其他手持图像捕捉和传输设备,可调节能荧光灯及其产品等三类产品发起337调查,以确定是否存在专利侵权行为。这一调查共涉及50家美国本土及海外企业,苹果公司位列其中,而中国公司达到13家。

（资料来源：中华人民共和国商务部）

随着经济全球化的深入和中国对外贸易的发展,国际贸易中出现了一些新的热点问题,比如知识产权问题、环境保护问题、技术贸易壁垒问题等,这些问题直接影响到中国对外贸易的发展,本章将分别对这些问题进行详细介绍。

第一节　中国对外贸易知识产权保护问题

随着中国对外贸易的发展,知识产权壁垒已经成为中国对外贸易中遭到的主要壁垒之一。加强对外贸易中的知识产权保护,已经成为摆在中国企业面前的重要课题。

一、知识产权壁垒对中国外贸的影响

知识产权是指对智力劳动成果依法所享有的占有、使用、处分和收益的权利。该词最早于17世纪中叶由法国学者卡普佐夫提出,后为比利时著名法学家皮卡第所发展,皮卡第将之定义为"一切来自知识活动的权利"。知识产权是一种无形财产,它与房屋、汽车等有形财产一样,都受到国家法律的保护,都具有价值和使用价值。

知识产权是智力劳动产生的成果所有权,它是依照各国法律赋予符合条件的著作者以及发明者或成果拥有者在一定期限内享有的独占权利,它主要有两类:一类是工业产权,另一类是著作权。

知识产权是一种垄断权,与有形财产权人对客观事物的自然占有不同,知识产权人对知识产品的占有是一种人为的法定垄断权。即只有权利人才能享有,他人不经权利人许可不得行使其权利。这种智力成果不仅是思想,而是思想的表现,但它又与思想的载体不同。权利主体独占智力成果,在这一点,似于物权中的所有权,所以过去将之归入财产权。

(一)知识产权壁垒的主要表现形式及对中国外贸的影响

知识产权壁垒是在保护知识产权的名义下,对含有知识产权的商品,比如专利产品,贴有合法商标的商品,以及享有著作权的书籍、唱片、计算机软件等实行进口限制,或者凭其拥有的知识产权优势,实行"不公平贸易"。

从少数发达国家的实际做法来看,其表现形式有如下几种:

1. 由专利权构成的技术性贸易壁垒

由于各国经济及技术发展水平的差距,发达国家利用强大的技术优势制定了一系列技术标准,由此筑起了一道道技术壁垒。尤其在高新技术领域,制定技术标准时没有成熟的公知技术可供使用,高新技术的发明者都有着极强的知识产权保护意识,高新技术领域的技术成果几乎都被专利技术覆盖。一些标准化组织为了制定法定标准,要和知识产权人谈判,签订合同,在使权利人得到利益的同时,对权利做出一定的限制,如专利权人应对使用者提供不可撤销的权利许可等。此外,还有大量的高技术发明者,有足够的垄断能力,不希望成为法定标准,而凭自己的技术优势形成事实标准。而且,与专利技术相结合的技术标准比传统的技术标准更具有杀伤力。发展中国家为发展高新技术产业,往往要不可避免地向权利人支付高额的使用费,这极大地限制了高技术产品的自由流通。

我们可以看一下2010年日本、美国、德国在华专利申请的情况:

从图10.1可以看出,目前中国已经成为日本专利申请的新兴市场。截止2010年底,美国在华申请的发明专利已达到2 356件,德国在华申请的发明专利达到984件,而日本在华申请的发明专利达到6 336件。从专利总量上来看,日本在华申请专利总量为7 887件,美国在华申请专利总量为3 016件,德国在华专利申请总量为1 270件。由此可见,日本在华申请专利的数量最多,几乎为德国和美国之和的一倍,这表明,日本十分重视中国市场,加强了其在华的

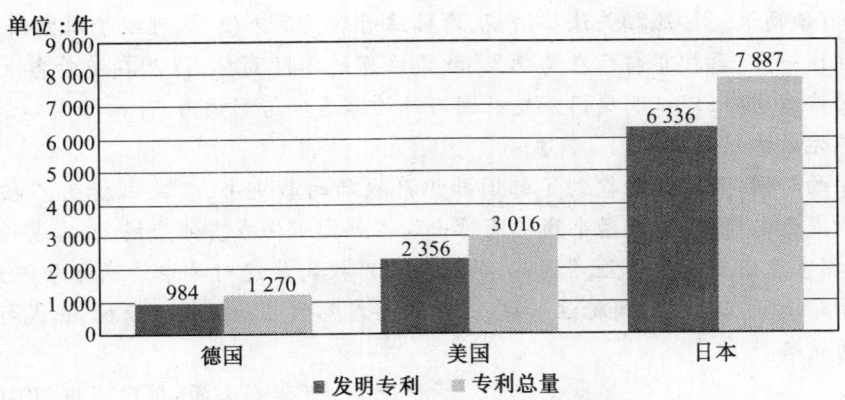

图 10.1　2010 年美、德、日三国在中国专利申请数量统计
（资料来源：CNIPR 中外专利数据库服务平台）

专利布局。一方面，日本在中国申请注册专利，带来了新型的技术和产品，为社会生活提供了更多的便利；另一方面，日本在中国专利申请的快速拓展，意味着在中国谋求更多的经济价值和市场效益，转而加深本土企业的竞争压力。这些国家通过申请专利，将其核心技术牢牢把握住，并将其作为壁垒使中国企业难以进入，从而保持它们的领先地位。而中国企业只能在圈外有限的空间之内从事自己的技术创新，所面临的窘境显而易见。

目前，中国企业在研发核心技术方面的能力与国外很多大型企业相比还有一定的差距，因此，国内不少企业采用技术引进，以此来实现企业跨越式的发展。在这一过程中，常常会面临国外的知识产权壁垒，不愿将其技术转让给中国企业。

此外，中国企业的知识产权意识薄弱，致使中国很多本土企业拥有的商标、专利等被国外企业抢先在中国注册，转而再状告中国企业侵犯其知识产权，或者通过抢注专利，在中国谋求更多的经济价值和市场效益，转而加深本土企业的竞争压力，这些极大影响了中国企业对外贸易的竞争力。

【小案例 10.1】

商标在韩国被抢注　厦企在半年内夺回

近日，中国继电器行业的龙头老大厦门宏发，经过半年的努力，夺回了在韩国被恶意抢注的商标，并成功在韩国进行了商标注册。

据悉，厦门宏发 1984 年创立于集美，"宏发"作为公司的字号与产品标志一直使用至今。2004 年，厦门宏发准备进入韩国市场时，却发现自己的商标已经被抢注，因而宏发的产品只能打着其他产品的旗号在韩国销售。

通常商标一旦在国际上被抢注，企业只有两种选择：不夺回来，可能无法进入或被迫退出现有市场；夺回来，则要耗费很多时间和金钱。在对专业律师进行咨询后，2007 年，厦门宏发认定，自己的商标是被恶意抢注的。因为韩国的宏发商标 2004 年注册后，到 2007 年的 3 年时间里,从来没有使用过。按照相关法律法规,商标注册后3年未使用,可以予以撤销。

宏发抓住这一点,再搜集自己在马德里、欧盟注册的国际商标,以及在境外各大媒体和著名展会发布的广告材料,以证明厦门宏发在国内外的知名度与影响力,并向韩国知识产权局提出韩国宏发应无效撤销的请求。

经过半年的时间,厦门宏发收到了韩国知识产权局的裁决书,裁决书标明:"被申请商标与宏发商标构成近似商标,如果两个商标同时出现在韩国市场或其他市场上,容易造成消费者混淆或误认,损害厦门宏发的利益。"因此,韩国知识产权局裁定对被申请商标予以无效撤销,厦门宏发终于夺回了在韩国的商标注册权,并于今年在韩国成功注册了商标,正式打开了企业产品在韩国的销路。

(资料来源:厦门商报.2010-10-19)

【小案例10.2】

日企"发难"中国企业 专利诉讼成首选

日本企业依靠多年来积累的科研成果,在中国申请专利技术,获得先发制人的优势。早在2005年,日立环球存储科技公司(以下简称"日立GST")宣布对中国南方汇通微硬盘科技股份有限公司(以下简称"南方汇通")、其中国母公司南方汇通世华微硬盘有限公司及其联营研究机构RiospringInc提出诉讼,控告该公司侵犯日立GST硬盘机的多项产品专利权。暂且不论诉讼结果如何,单就长期的诉讼谈判,就足以拖垮南方汇通。

早在2005年,就有21家日本在华投资的企业表示,要建立联动机制,加强合作,加强知识产权的保护,打击"中国某些企业"模仿生产日本企业产品,侵害专利技术权益等问题,中国企业将面临日本专利诉讼的重重打击。

如今,中国的知识产权保护意识越来越强,但日本企业对专利的态度和看法,及运用手段也更加多变,可谓"道高一尺,魔高一丈"。方大集团自1999年进入地铁屏蔽门行业,拥有197项专利(其中发明专利45项),已经获得授权的专利为139项,居行业首位。松下电工(中国)有限公司(以下简称"松下")为尽快赶超市场份额,自2006年12月开始,通过挖角科技人才窃取方大公司的屏蔽门核心技术,造成方大集团在竞标中丧失竞争力,在方大对松下提起诉讼后,松下提出方大集团"可伸缩的承载连接装置"专利申请无效,令方大集团再一次面临雪上加霜的境遇。

(资料来源:中国知识产权网)

2. 知识产权的滥用

知识产权的滥用主要表现在以下几方面:

(1)知识产权保护边境措施及临时措施的滥用。临时措施和进口边境措施是TRIPs协议必须要求的,但是如果权利人恶意申请临时措施或海关扣押或海关手续过于繁杂,都会使进口人付出高额的成本,甚至遭受重大损失。出口边境措施是TRIPs协议规定可以实行而并非必须实行。设立出口控制,会给出口商带来额外负担,通关审查时要履行繁杂的手续,提交各种授权文书、商业票证。这不仅拖延时间,而且为出口增加了交易成本和意外风险。

(2)技术贸易中的"不公平"做法,包括技术贸易合同中的不公平条款和歧视性价格。

(3)网络著作权的滥用。按各国传统的著作权法,公众可因科研、教学、个人研究需要而使用受著作权保护的客体。但是,在互联网上,许多应为大众知悉的信息被网络商及版权人封锁起来,如一些应当公开为公众服务的商业信息、报刊、已发表文章、法律法规、国内外法院判决的案例被汇编成数据库而受到特殊保护。此种信息垄断会妨碍著作权客体的交流及商务活动的展开。

【资料卡10.1】

美国国际贸易委员会发布针对中国知识产权侵权和自主创新政策的332调查报告

2010年12月13日,美国际贸易委员会发布针对中国知识产权侵权和自主创新政策的332调查第一份报告,认为中国知识产权侵权行为减少了美国企业的市场机会,损害了美国企业利益,给美国企业造成严重问题;中国的自主创新政策可能形成新的壁垒,危害美国对中国的直接投资及出口。

(资料来源:中华人民共和国商务部进出口公平贸易局)

3. 贸易的"内部化"和选择性投资

所谓贸易的"内部化",是指一些发达国家的跨国公司为保持其在高技术领域的垄断优势,其知识产权或含有知识产权的商品贸易具有强烈的内部化的倾向。这种倾向具体地表现为跨国公司拥有的高技术或含有技术专利的商品、专有技术的商品主要流向其拥有多数或全部股权的国外子公司,即使在技术创新成果与企业现有经营业务不相吻合的情况下,企业也往往不是轻易地单方出让该项技术成果,而是将它作为交叉许可的筹码以换取自己所需要的其他企业的技术成果。这些"非使用"或"休眠专利"现象表明,跨国公司一方面垄断专利技术产品进口权,以便确保权利人产品对外输出的市场销路;另一方面,夺取了授权国获得专利技术的一切国内外机会和渠道。所谓"选择性投资",是指跨国公司在尽可能情况下,不将具有战略意义的专利与专有技术列入技术许可证贸易的范围,而是尽可能地利用这些技术来与他人结成更高层次的战略联盟和合资合作关系或自己进行跨国投资以保持其在技术和产品上的领先地位。与此同时,跨国公司将贸易对象限定在一个很小的范围内。就目前关键性技术而言,要么等价交换,要么开出令被许可者望而却步的高价,从而造成了事实上的不许可,严重阻碍了在高新技术领域中新竞争对手的加入。

4. 对平行进口的严格限制

国际化的自由贸易衍生出的平行进口行为必然要与地域性独立管理的知识产权产生矛盾,即使是尝试统一规范国际贸易领域中知识产权问题的TRIPs也在此问题上保持中立。正因为如此,许多国家的法律条文在规定平行进口时,无论认为侵权还是合法,大多附有灵活条件。所以,平行进口很容易为发达国家的利益、个人的意志所左右,不可避免地产生滥用知识产权的问题。

【小案例10.3】

美公司以侵犯专利为由对数十家中企提起诉讼

2010年9月7日,美国本土的电源插座垄断企业——莱伏顿公司(Leviton)以侵犯专利为由,对通领科技集团等数十家中国制造企业及这些企业在美国的分销商提出诉讼。该美国企业以侵犯自身专利为由,向美国国际贸易委员会(ICT)要求,永久禁止所有侵权产品进入美国市场。

记者9日获得了部分诉讼材料。材料显示,遭到诉讼的中国制造商包括中国通领科技集团、福建宏安电气、上海ELE生产有限公司、浙江三蒙电气有限公司、浙江东屋电气。

2009年3月,中国通领科技集团、上海ELE生产有限公司、浙江三蒙电气就已在美国知识产权司法大门前惨遭滑铁卢。当时美国著名电力配线设备和家用系统供应商Pass &Seymour/Legrand(简称"P&S")就成功地赢得诉讼,ICT裁决禁止进口上述中国企业的侵权产品。

(资料来源:中国保护知识产权网)

国内遭遇封锁、国外遭遇冷遇是横在中国知识产权开发头顶上的两把利剑,也是造成中国对外贸易结构不合理的重要原因之一。

二、中国应对知识产权壁垒的措施

面临如此严峻的挑战,中国的政府和企业在应对的过程中应该注意以下几点:

(一)建立相应的保护制度,制定配套政策体系

通过国家知识产权战略的实施,可以解决国际贸易中的全局性、制度性和政策性问题,为企业等微观组织的国际贸易创造良好的制度和市场环境,提供相应的服务。国家知识产权战略应以增强国家整体竞争力为目标,配合国家技术发展战略,以专利战略为龙头,建立与发展阶段相适应的保护制度,制定配套政策体系,把知识产权管理落实到技术、经济、贸易管理等各项工作中,培养全民知识产权意识,提高企业运用、管理和保护知识产权的能力。这是应对国际贸易中知识产权壁垒的治本之策。

(二)强化产权意识,提高创新能力

国内企业在技术引进、创新和改造等项目立项时,应开展专利审查论证工作,进行专利文献检索,确定研究开发的起点和方向,防止上当受骗、低水平引进和重复引进,引导技术创新资源集中投向高起点的高新技术项目;在项目实施过程中,应通过专利信息及时跟踪国内外的研究发展动态,密切关注竞争对手的动向,及时调整策略保持项目的领先地位;鼓励企业采取知识产权保护先行的国际通用做法,向产品输出国申请专利,保障"引进来"、"走出去"的发展战略的顺利实施。

就专利保护而言,企业可以通过使用专利预警系统,查询本行业的专利申请情况,了解专利成果的创新之处,了解竞争对手的专利产品发展情况,一方面,有助于对企业自身的专利产

品做进一步的技术改进;另一方面,有助于加强企业自主知识产权的保护,在遭遇侵权危机时,企业能通过专利保护,保证自己的合法权益不受非法侵害。另外,通过使用专利分析系统,能够对近10年的行业专利技术的发展状况作统筹分析,为预测行业发展方向提供参考。

(三)熟悉国内国外的相关法规,打赢知识产权纠纷的关键一仗

中国企业目前尚缺乏谙熟国际相关法律法规的专门人才,这使得中国企业在面临知识产权纠纷时常常处于被动局面,从而最终败诉。所以,企业了解并熟练运用国际相关法规,对于在知识产权纠纷官司中为自己争得主动地位意义重大。

第二节 中国对外贸易环境保护问题

当今世界,贸易与环境问题逐步具体演变成为贸易体制与环境措施之间的关系问题,如何实现环境保护与贸易自由的相互协调,使贸易环境措施既不影响环境保护又不妨碍贸易自由,一直以来是世界各国和地区关注和研究的重要问题。

一、国际贸易与环境保护

为了经济发展要追求最大限度的贸易自由,为了可持续发展的环保目标要限制或禁止某些国际贸易,两者之间存在冲突。在国际贸易与环境保护的关系中存在着两个对立的趋势:一方面是为了环境保护控制某些国际贸易的愿望;另一方面是为了自由贸易取消所有贸易障碍的愿望。所以,国际贸易与环境保护的冲突表现为以下两种具体的形式:

(一)国际贸易对环境保护的限制影响

当代世界各国都在努力寻求贸易自由,减少各种各样的贸易障碍,以提高人类的生活水平和根据可持续发展的目标最佳地利用世界资源。贸易自由化可以促进世界经济的发展,贸易自由化要力求扫清各种贸易障碍。但贸易自由化的放任自流则会造成生态资源的过度开发,使生态环境遭受严重的破坏。其主要表现是:

(1)发达国家利用大国优胜和不合理的国际经济旧秩序,推行环境殖民主义,发展中国家出口以初级产品为主,这是建立在对其国内资源的高强度开发甚至掠夺性开发的基础上,是用生态破坏和环境污染作高昂代价换来的,而发达国家却以低于实际资源价格的(即没有考虑环境资源价值)的市场价格购买初级产品。

(2)新一轮环境侵略将使环境安全面临新的威胁,长期以来,一些发达国家向发展中国家转移污染和危害环境的工业、设备、产品和有害废物,进行环境侵略(也称生态侵略、生态殖民)。随着国际贸易自由化和经济全球化,发展中国家遭受环境侵略的可能性大大增加。

(二)环境保护对国际贸易的制约

正是由于贸易自由带来了新的环境问题,所以整个国际社会都试图在贸易中考虑环境保

护,来协调好贸易自由与环境保护的关系。具体来讲,是在贸易规则中考虑相关环境因素,在环境规则中对与环境有关的贸易进行规定、限制,甚至禁止一定的国际贸易。这样,环保措施在实现其环境保护目的的同时,对国际贸易必然构成一定的障碍,其主要障碍主要表现在以下几个方面:

1. 环境保护对国际贸易构成的法律障碍

(1)国际法中与环境有关的贸易规则。这类条约以促进贸易自由化为目的,在规定贸易规则的同时考虑了相关环境因素。最为典型的是 GATT 第 20 条。

(2)国际法中与贸易有关的环境规则。这类规则以保护环境为目的,规定了影响环境的有关贸易规则。

2. 环境保护对国际贸易设置的经济障碍

(1)课征环境进口附加税。进口国以保护环境为理由,对某项产品的出口,除征收一般进口关税外,还另外加征税款。

(2)绿色壁垒。它是进口国以保护国内的环境、人民和动植物的健康和安全为目的而采取的各种措施,这些根据 WTO、GATT 的相关规定的条款制定的措施,在一定程度上成了限制和约束国际贸易的隐蔽壁垒。

(3)环境贸易制裁,即一国针对另一国违反国际条约而采取的强制性贸易制裁措施。

3. 各国环境保护对国际贸易形成的行政障碍

各国为保护本国环境会制定一系列环境管制措施,环境管制是指为环保目的而采取的贸易限制措施。各个国家实施环境管制的主要措施包括:

(1)以保护环境为名,征收环境进口附加税。

(2)采用强制性措施,限制或禁止进口,其依据是进口产品的生产制造方法不符合本国的环境要求。

(3)推行国际标准,即对未达到国际组织制定的环境标准的产品禁止或限制进出口。

(4)政府环境补贴,即政府以政治原因或经济原因(如因经济困难尚无力支付污染防治费用)而对厂商进行环境补贴。因此,国际组织和各个国家制定的环境法规和贸易规则构成了环境管制的法律基础和依据。随着环境贸易政策的增多,环境管制措施日趋多样化,由此引发的贸易问题也日益增多,从而对国际贸易的发展提出了挑战。

实际上,国际贸易与环境保护冲突的实质是利益和规则的冲突。环境保护与贸易自由化的目的不能同时达到是一种表面上的冲突,更深层的冲突是南北国家之间的冲突;是南北之间在经济发展水平、环保水平上的差异所造成的冲突;是发达国家与发展中国家在经济利益、环境利益上的冲突。国际上环境与贸易争端日益成为焦点,案例之多,种类之多,都是空前的。还有一个重要的原因,便是打规则仗,各种各样的规则为争论的各方所援引。而规则的模糊性、规则的不协调性正是造成冲突的重要原因。

二、环境贸易壁垒的表现形式

环境贸易壁垒的表现形式主要有如下几种:

(一)环境关税和市场准入

发达国家以环境保护为名,对一些污染环境、影响生态平衡的进口产品征收进口附加税,或者限制、禁止其进口,甚至实施贸易制裁。

(二)环境技术标准

发达国家借助自身科技水平高的优势制定出一些严格的、强制性的环保技术标准,用以限制发展中国家的产品进口到本国。由于这些标准是针对发达国家的技术水平而制订的,所以对于发展中国家而言,达到这些标准很难。

(三)环境标志

这是一种贴在产品上或者贴在产品包装上的图形,以此表明不但质量符合标准,而且在生产、使用、处理过程中均符合环保要求,对生态环境以及人类健康均无损害。

部分国家的环境标志如图 10.2 所示。

德国的环境标志

加拿大的环境标志

日本的环境标志

法国的环境标志

奥地利的环境标志

北欧的环境标志

中国香港的环境标志

瑞典的环境标志

图 10.2　各个国家的环境标志

(四)环保包装制度

环保包装发源于 1987 年联合国环境与发展委员会发表的《我们共同的未来》,到 1992 年 6 月联合国环境与发展大会通过了《里约环境与发展宣言》、《21 世纪议程》,随即在全世界范围内掀起了一个以保护生态环境为核心的绿色浪潮。所谓的环保包装就是在包装中节约资源、减少废弃物,用后容易回收再利用或者容易分解、不污染环境的包装。环保包装在发达国家广泛流行。

(五)卫生检疫制度

各国海关一直有相关的卫生检疫制度。乌拉圭回合通过的《卫生与动植物卫生措施协议》建议使用国际标准,规定成员国政府有权采取措施,保护人类与动植物的健康,其中确保人畜食物免遭污染物、毒素、添加剂影响,确保人类健康免遭进口动植物携带疾病而造成的伤害。但是发达国家往往以此作为控制从发展中国家进口的一种工具。它们对食品的安全卫生指标十分敏感,尤其对农药残留、放射性残留、重金属含量的要求日趋严格。例如,日本、韩国对进口水产品的细菌指标已经开始逐批化验,河豚逐条检验,我国荣成市出口日本、韩国的虾仁、鱿鱼均因细菌超标而被提出退货。

【资料卡 10.2】

2009 年 3 月 WTO 主要成员通报技术性贸易措施大幅增加

3 月份,WTO 主要成员共向 WTO 通报了 259 项技术性贸易措施,比 2 月份增加 34.2%。其中,技术性贸易壁垒通报 175 项,比 2 月份增加 86.2%;动植物卫生及检验检疫措施 84 项,比 2 月份下降 15.2%。与中国贸易关系比较密切的成员欧盟、美国、加拿大、日本和韩国共通报技术性贸易措施 80 项,占 3 月份 WTO 各成员通报技术性贸易措施总数的 30.9%。

(资料来源:中华人民共和国商务部进出口公平贸易局)

【资料卡 10.3】

"碳足迹"国际标准将成为新贸易壁垒

国际标准组织制定出产品碳足迹标准 ISO 14067,已于 2011 年发布。法国 7 月通过"新环保法"要求从 2012 年 7 月起,在法国销售的消费品必须具备"碳足迹"标签。从今年年初开始,欧盟及韩国等地的客户已要求企业提供产品"碳足迹"的相关数据。"碳足迹"认证国际标准的出台,使商品加注碳标签将不可避免,"碳足迹"标签制度成为发达国家对中国产品的新的贸易壁垒。

("碳足迹"来源于一个英语单词"Carbon Footprint",是指一个人的能源意识和行为对自然界产生的影响,简单地讲就是指个人或企业"碳耗用量"。其中"碳",就是石油、煤炭、木材等由碳元素构成的自然资源;碳耗用得多,导致全球变暖的元凶二氧化碳也制造得多。制造企业的供应链一般包括了采购、生产、仓储和运输,其中仓储和运输会产生大量的二氧化碳。)

(资料来源:中华人民共和国商务部进出口公平贸易局)

三、环境保护壁垒对中国外贸的影响及中国的应对策略

由于环境保护运动的兴起,国际贸易出现了以环境保护为借口而实行的贸易限制,被称为环境贸易壁垒或者绿色壁垒。这些壁垒对中国的对外贸易造成了很大程度的影响,严重影响了中国出口产品的市场准入和竞争力。

(一)环境贸易壁垒的特点及对中国外贸的影响

环境贸易壁垒是指进口国政府以保护生态环境、自然资源以及人类和动植物的健康为由,

以限制进口为根本目的,通过颁布复杂多样的环保法规、条例,建立严格的环境技术标准,制定繁琐的检验、审批程序等方式对进口产品设置贸易障碍。其特点具体体现在以下几个方面:

1. 符合当今世界的发展理念和发展要求

环境贸易壁垒涉及的保护自然资源和生态环境,保障人类和动植物的健康和安全的问题,符合当今世界的发展理念和发展要求。近年来,随着全球范围内的环境破坏和资源耗减日趋严重,可持续发展的理念得到了国际社会的普遍承认,人们的环保意识普遍提高,环保消费心理普遍增强,绿色消费浪潮普遍兴起,实施环境贸易壁垒措施易获得各国公众的广泛支持。

2. 环境贸易壁垒的涵盖面广,限制进口的措施名目繁多

环境贸易壁垒不仅包括初级产品,还涉及中间产品和制成品。目前受其影响最大的主要是农产品、水产品等初级产品,以及食品、纺织品、药品、建材、玩具等制成品。从产品的生产过程来看,绿色贸易壁垒涵盖了产品研究开发、生产、加工、包装、运输、销售、消费直至废弃的整个产品生命周期。其中的每一个环节都有可能受到环境贸易壁垒的冲击。

3. 环境贸易壁垒的影响有很强的扩散效应

有的专家认为,环境贸易壁垒措施对国际贸易的影响大于关税壁垒。其原因除了上述理由外,主要在于环境贸易壁垒措施在国家之间传播迅速。只要有一个或几个国家首先采用了某项环境贸易壁垒措施,其他国家就会纷纷效仿,使该项环境贸易壁垒措施迅速扩散到许多国家,对全球贸易产生重大影响。

此外,它还具有如下特性:

4. 名义上的合理性

环境贸易壁垒是以保护世界资源、环境和人类健康为名,实行贸易限制和制裁措施。现代社会人们对生存环境和生活质量的要求越来越高,会很自然地关注环境问题,对于那些可能对环境和健康带来危害的商品和服务表现出了高度敏感性。环境贸易壁垒正是抓住了这一共同心理,使贸易保护在名义上和提法上有了合理性和巧妙性。

5. 形式的合法性

环境贸易壁垒虽然属于非关税壁垒的范畴,但其不同之处在于绝大部分的非关税壁垒不是通过公开立法来加以规定和实施的,而环境贸易壁垒措施则是以一系列国际国内公开立法作为依据和基础。20世纪70年代以来,国际社会通过有关国际组织及国际会议先后制定了许多多边国际环保协议、规则。它们在形成国际环保习惯法以及在对国际贸易造成冲击和影响方面,起着不可忽视的重要作用。

6. 保护内容的广泛性

环境壁垒保护的内容十分广泛,它不仅涉及与资源环境保护和人类健康有关的许多商品在生产和销售方面的规定和限制。而且对那些需达到一定的安全、卫生、防污等标准的工业制成品亦产生巨大压力,因此对发展中国家的对外贸易与经济发展具有极大的挑战性。同时,由于环境贸易壁垒保护措施具有不确定性和可塑性,因此在具体实施和操作时,也很容易被某些发达国家利用对来自于发展中国家的产品随心所欲地加以刁难和抵制。

7. 保护方式的隐蔽性

与传统的非关税壁垒措施,如进口数量与配额等相比,环境保护壁垒具有更多的隐蔽性。首先,它不像配额和许可证管理措施那样,明显地带有分配上的不合理性和歧视性,不容易引起贸易摩擦。其次,建立在现代科学技术基础之上的各种检验标准不仅极为严格,而且繁琐复杂,使出口国难以应付和适应。例如,1995年4月国际标准化组织开展实施"国际环境监察标准制度",许多国家利用此标准限制和拒绝产品进口。

(二)环境贸易壁垒对中国外贸的影响

中国加入世贸组织后,外贸出口一再创出佳绩。然而,出口持续快速增长的背后,却潜伏着一个巨大的隐患——环境贸易壁垒。环境贸易壁垒对我国的影响主要体现在以下几个方面:

1. 影响我国的出口市场

目前中国主要贸易伙伴有美国、日本、欧盟、韩国、东南亚以及中国的香港和台湾地区,与他们的贸易额占中国进出口总额的85%以上。而这些国家和地区大多数是世界贸易组织"贸易与环境委员会成员",也是环境贸易保护主义最为盛行的地区。由于我国长期忽视环保产业的发展,出口产品很难在短时间内达到发达国家制定的环境标准。如果发达国家凭借自身在环保方面的优势,制定对发展中国家过于苛刻的环境标准,并通过世界贸易组织将贸易与环保紧密挂钩,这将使我国的外贸出口市场面临缩小的可能,对我国的外贸出口造成十分不利的影响。

2. 削弱我国出口产品的国际竞争力

一些发达国家对我国出口货物征收绿色关税和反补贴税,将使我国出口产品在激烈的国际竞争中丧失竞争优势。此外,环境贸易壁垒的制定实施必然会涉及产品从生产到销售、使用乃至报废各个环节的监督和检测。它要求将环境科学、生态科学的原理运用到产品生产、加工、储藏、运输、销售、使用和报废处理等全过程中去,从而形成一个完整的无公害、无污染环境管理体系。为达到发达国家的环境标准,今后我国出口产品在流通过程中,不得不增加有关环境保护的检验、测试、认证和鉴定等手续及其相关费用。产品的外观装潢、出口检验和广告等也将作大幅度的调整。这样,我国出口产品的各种中间费用和附加费用将大幅增加,使产品的出口成本大为增加,进而削弱我国出口产品的国际竞争力。同时,也使我国出口产品的生产企业和外贸企业的经济效益下降。

3. 影响双边或多边贸易关系,引发贸易摩擦

近年来,发达国家以保护环境为名经常采取单方面的贸易措施,限制外国商品的进口,由此引发双边或多边贸易摩擦日益增多。当前世界经济区域化和集团化趋势的不断加强,像欧盟和北美自由贸易区这一类区域性经济组织的成员基本上都是发达国家,他们的环保水平和环境标准大致接近,个别成员国存在的差距也在趋于协调一致。因此,发达国家可以通过区域

自由化贸易的形式,以低于区域环境标准为由,将来自区域以外的产品包括中国的产品排斥在巨大的区域市场之外。随着世界经济区域化和集团化趋势的不断加强,中国将不可避免地与其他发达国家或区域性经济组织因为环境问题产生双边或多边的贸易摩擦,影响双边或多边贸易关系,不利于我国外贸的稳定发展。

4. 加剧污染产品和污染产业向我国转移

由于我国环境保护标准低而数目少,环境保护和管理体系不健全,环境保护门槛较低,在发达国家纷纷推行绿色贸易壁垒并日益提高其环境标准的情况下,必然会造成低标准的产品大量涌入我国,洋垃圾进口事件的屡屡发生便是很好的例证。同时,当前我国正处于经济快速发展时期,需要大量的建设资金,大量外资的流入在很大程度上弥补了我国建设资金的不足。但是,在外商投资建设项目中,我国缺乏对环境因素的评估,对环境影响的评估制度没有得到真正的实施。一些外商投资者为了获取可观的经济利益和逃避本国高额的成本内部化和绿色贸易管制,将一些污染密集型企业转移到我国境内生产,这在化工、造纸、印染、电镀、农药等行业尤为明显。污染产品和污染产业向我国的转移,一方面损害了我国消费者的利益,另一方面对我国的环境造成更为严重的破坏。

(三) 中国应对环境贸易壁垒的策略

环境贸易壁垒的愈演愈烈也是国际竞争日趋激烈的真实写照。如果我们不以积极的态度做出回应,大幅度地提高我国企业和产品的国际竞争力,那么,不仅会在发达国家市场受排挤,也会在许多后起的发展中国家的激烈竞争面前感到力不从心,也就难以继续保持我国产品出口大国的优势地位。

总地来说,可以从以下几个方面积极应对环境贸易壁垒带来的影响。

1. 积极应对,破除壁垒

(1) 依据原则,积极抗辩。国内立法的单边措施能否用于限制国际贸易,依据多边环竟条约而采取的贸易措施是否与 WTO 的自由贸易原则相违背,都是尚存争议的问题。一些国家运用 WTO 争端解决程序,积极斗争反抗环境壁垒,取得良好的效果。因此我国在面对无理的环境贸易壁垒时,应沉着应战、据理力争。我国可根据双边或多边贸易协定所确定的国民待遇原则和最惠国待遇原则提出抗辩,充分利用环境条约协议对发展中国家的特殊照顾原则,通过采取双边磋商、谈判解决。

(2) 加强国际合作。中国作为世界上最大的发展中国家,首先应与其他发展中国家保持密切联系,加强同发展中国家的团结与合作,在国际事务中代表发展中国家的利益。增强发展中国家利益集团的相对力量和合力。积极参与有关国际环保条约的制定,加强在环境与贸易领域的国际合作,努力寻求发展中国家在环境与贸易中应有的优惠待遇,维护自身的合法权益,并通过多边合作,根据"谁污染,谁治理"的原则,力争让发达国家承担历史责任,向发展中国家提供治理环境污染的技术和资金援助。其次,改变旧的、不平等的国际经济秩序,建立新的、平等的国际经济秩序。只有本着建立新的、平等的国际经济秩序和新的、全球伙伴关系的思想,各国共同努力,调整现行多边国际贸易制度与多边环境条约之间的关系,贸易与环境保护的协调和人类社会的可持续发展才能实现。

2. 加强宣传教育,提高环保意识

保护环境是目前世界发展的大趋势。随着可持续发展观念的兴起和日渐深入人心,人们的环保意识和绿色经济意识不断提高,人们对产品的环保要求越来越高,绿色产品将是未来商品生产的主流。在贸易领域,将环保措施纳入国际贸易的规则和目标,日趋得到广大消费者的支持和认同,绿色产品在国际贸易商品结构中的比重将日益增大。环境壁垒作为国际贸易非关税壁垒的重要组成部分,将在国际贸易中发挥越来越重要的作用。对此,我们必须要有清醒的认识,要通过多种途径和形式,加大宣传教育力度,增强企业和消费者的环保意识,推行绿色生产和生活方式,使绿色经济意识融入每一个人的生产、生活中。建立绿色贸易制度,把绿色贸易思想作为开展国际、国内贸易的一个基本思想和基本原则,顺应世界绿色潮流。

3. 大力推行环境标准制度和环境认证制度

ISO 14000 体系是国际标准化组织颁布的关于环境管理的标准体系,该体系由国际标准化组织的专门机构——环境管理技术委员会(TC207)负责起草制定。截至 2000 年 3 月,正式颁布的标准有 15 个,内容包括环境方针、计划、实施与运行、检查与纠正、管理评审等,对产品设计、原材料选用、生产过程、废物排放等全过程都提出了指导性的环保要求,其目的是为了规范企业等组织在生产、服务和活动过程中的环保行为。ISO 14000 系列标准主要是参照发达国家的环保经验而制定的,目前已得到世界大多数国家和地区的认同,效力十分广泛。因此,获得 ISO 14000 认证就等于取得了进入国际市场的"绿色通行证"。ISO 14000 认证不仅可以使产品冲破环境贸易壁垒,还可以为企业树立良好的绿色形象,从而极大地提高企业的整体竞争力。

4. 调整贸易结构和产业结构

日本贸易振兴机构 10 月 27 日披露,2009 年全球环保产品贸易为 1 825 亿美元,占世界贸易总额的 1.5%。其中,发达国家出口占环保产品贸易总额的 70%,而 2006 年这个数字为 76.3%,此后逐年下降,可以看出,发展中国家对环保产品出口重视程度也日益增加。

在绿色贸易制度下,随着环境或绿色产品的损益外部性的内部化,出口产业和产品的比较成本优势将会发生相应的变化,一些污染严重、环保技术落后,从而环境成本高昂的产业,如小五金、小化工等,其比较成本优势将弱化以至消失。而一些少污染以至无污染的高新技术产业、劳动密集型产业和绿色环保产业的比较成本优势将得到强化。因此,应根据这种比较成本优势的变化来调整产业和产品结构。发展绿色环保产业将是我国未来经济结构调整的重点。绿色环保产业成为新的经济增长点和新世纪的支柱产业之一,中国作为经济与贸易大国,必须抓住绿色环保时代的经济发展机遇,适时调整我国贸易与产业结构,大力发展绿色环保产业。

5. 通过政策导向推动企业进行清洁生产

借鉴发达国家的成功经验,通过政策导向,推动企业进行清洁生产,具体措施有:采取排污收费、排污许可权交易、环境税收等手段,提高环境成本约束力并逐步使环境成本内部化;大力推行环境资源和对资源进行补偿的税收政策,对严重浪费资源、污染严重的企业,要采取收取资源税的税收措施;对节约资源、污染少的企业,可适当减免资源税;对运用清洁生产工艺生产的产品和少污染、无污染的产品要以经济政策进行扶持,如通过政府的采购政策,采购环境行为良好的企业的产品;通过信贷政策导向,使环境行为良好的企业更容易获得信贷;通过减免税优惠政策,促使企业进行清洁生产。

6. 严禁国外污染产品和产业流入我国

发达国家在设置环境贸易壁垒的同时,正将污染产品和产业转移到发展中国家。我国对此应提高警惕,加强对进口商品的审查、检测和管理,坚决杜绝受污染商品和危险、有毒的废旧物质的进口,以保证我国居民的身体健康和生态环境免遭破坏。同时,要在扩大对外开放,引进外资的同时,着眼于长远利益,对外商投资建设项目进行严格审批,严禁外商在我国投资兴建污染大、难治理的农药、化工、印染、造纸、电镀等企业。对于现有外资企业的污染问题要限期治理,必须达到我国现有的环境标准,否则令其关闭处理。

第三节 中国对外贸易摩擦问题

贸易摩擦的增加已经成为当今世界经济发展过程中的突出特征。在经济全球化日趋加速的当今世界,每个国家都把取消本国贸易壁垒作为一种换取进入他国市场利益的成本,在贸易保护思维原则下推动贸易自由化的发展。

当前,中国的国际贸易摩擦数量居高不下,已从传统市场扩散到新兴市场。最近又出现了实施保障措施、技术性壁垒的新动向。究其原因,主要由相关国家的经济和战略意图、经济全球化和贸易自由化、主要发达国家经济增长缓慢、国际产业结构不协调等因素所致。

【资料卡 10.4】
2010 年 1~8 月国外对华贸易救济调查涉案金额突破百亿美元

2010 年 1~8 月,共有 17 个国家(地区)对中国发起 79 起贸易救济调查(其中,反倾销 50 起,反补贴 9 起,保障措施 13 起,特保 7 起),涉案总额约 100.35 亿美元,同比分别增长 16.2% 和 121.2%。对中发起贸易救济调查的国别及案件数量如下:印度 22 起,美国 14 起,阿根廷 10 起,土耳其 6 起,欧盟和加拿大各 4 起,巴西、墨西哥、秘鲁、多米尼加、俄罗斯、印度尼西亚、巴基斯坦、澳大利亚各 2 起,哥伦比亚、哈萨克斯坦、南非各 1 起。

(资料来源:中华人民共和国商务部进出口公平贸易局)

下面我们来了解一下贸易摩擦的具体表现形式。

一、贸易摩擦的表现形式

贸易摩擦的主要表现形式是绿色贸易壁垒、知识产权壁垒、反倾销、反补贴、反规避、产业损害、337 调查、301 报告等。我们在上文中已经详细介绍了绿色贸易壁垒和知识产权壁垒,这里就不一一赘述。重点介绍反倾销、反补贴以及特别立法保护等。

(一)反倾销

反倾销是指对外国商品在本国市场上的倾销所采取的抵制措施。一般是对倾销的外国商品除征收一般进口税外,再增收附加税,使其不能廉价出售,此种附加税称为"反倾销税"

近年来,国际上倾销与反倾销问题已经成为国际贸易战的热点之一。

世贸组织的《反倾销协议》规定,一成员要实施反倾销措施,必须遵守三个条件:

(1)确定存在倾销的事实。

(2)确定对国内产业造成了实质损害或实质损害的威胁,或对建立国内相关产业造成实质阻碍。

(3)确定倾销和损害之间存在因果关系。

乌拉圭回合谈判后,在贸易自由化的呼声下,世贸组织成员采取关税和非关税壁垒的空间已经日益缩小,而反倾销作为 WTO 允许的法律手段,具有形式合法、方便实施、效果显著,并且不易招致出口国报复的诸多特点,故此被不少世贸组织成员视作保护本国国内产业的利器而屡试不爽。我国目前已成为世界上受贸易保护主义伤害最大的国家之一。从 1979 年 8 月至去年底,共有 30 多个国家对我国提起反倾销和保障措施,案件累计达 480 多起。针对我国的反倾销案件占世界反倾销案件中的比例由 20 世纪 80 年代的 3.6% 猛增至目前的 13.3%,远远超出我国在世界贸易中所占的份额。

【小案例 10.4】

美商务部决定对华应用级风电塔产品发起反倾销、反补贴合并调查

2012 年 1 月 19 日,美商务部决定对原产于中国及越南的应用级风电塔产品发起反倾销和反补贴立案调查。近年来,我国企业发展强劲,在美市场份额逐步扩大。而美国对风能的一项重要补贴将于 2012 年底到期,预计市场需求将在政策到期前大幅增加,其国内产业欲利用双反调查排挤国外竞争对手,独占国内市场。

(资料来源:中华人民共和国商务部进出口公平贸易局)

【小案例 10.5】

欧盟决定继续对华不锈钢紧固件征收反倾销税

2012 年 1 月 9 日,欧委会发布公告称,经复审调查决定继续对我国不锈钢紧固件征收 11.4% ~ 27.4% 的反倾销税。2005 年 11 月,欧委会终裁对我国不锈钢紧固件征收 11.4% ~ 27.4% 的最终反倾销税。

(资料来源:中华人民共和国商务部进出口公平贸易局)

(二)反补贴

反补贴是指一国政府或国际社会为了保护本国经济健康发展,维护公平竞争的秩序,或者为了国际贸易的自由发展,针对补贴行为而采取必要的限制性措施,包括临时措施、承诺征收反补贴税。

改革开放以来,中国各级政府为鼓励出口,出台了一系列经济优惠措施和政策。从中国出口补贴的主体看,可分为中央政府和地方政府。在中国加入 WTO 后,中央政府为履行入世承诺,逐步取消了大规模的出口补贴,但地方政府补贴没有受到入世协定的约束,仍普遍存在。地方政府出于促进地方经济增长、解决就业压力等目的,对企业出口实行补贴,包括对企业的出口奖励、对外商投资企业的出口税收优惠、对特定企业和产业的专项补贴等,这些政策都可被美国反补贴法认定为补贴行为,成为美国反补贴调查的对象。随着反补贴调查的展开,中国政府将不得不调整甚至取消部分产业扶持政策,这将影响重要产业的发展。

2009 年一年内,中国共遭遇反补贴调查 22 起,其中加拿大 7 起,美国 13 起,澳大利亚和南非各 1 起。

【小案例 10.6】

加拿大对华不锈钢洗手盆发起反倾销反补贴调查

2011 年 10 月 27 日,应加拿大国内产业申请,加拿大边境服务署公告对原产于或出口自中国的不锈钢洗手盆发起反倾销反补贴合并调查。这是加拿大对中国产品发起的第 12 起"双反"调查。

2011 年 12 月 28 日,加拿大国际贸易法庭对不锈钢洗手盆反倾销反补贴调查做出初步裁定,裁定原产于或出口自中国的不锈钢洗手盆对其国内产业造成损害或损害威胁。

(资料来源:中华人民共和国商务部进出口公平贸易局)

(三)特别立法措施

特别立法措施是指发达国家通过特别立法,在高技术产业贸易中设置一些障碍,通过立法的方式设置的特殊的贸易壁垒。最典型的例子是美国在《1988 年综合贸易与竞争法》中旨在保护美国知识产权的"特殊 301 条款",其核心是确定知识产权保护方面有问题的国家并采取有效的贸易报复措施。其目的是以双边谈判和贸易制裁的方式迫使其他国家保护美国的知识产权,准许美国的知识产权商品进入其市场。因此,对美国企业讲,提起"337 调查"申请立案容易,程序短,一年内可以结束,而且一旦开始调查,对出口国相关产品的影响就会显现出来,一旦确认进口产品侵权,其企业产品则被"永久"排斥在美国市场之外。

特别立法措施对我国经济的损害是显而易见的。而且随着我国经济的外向型比重越大,这种损害也就越大。以美国"337 调查"对我国出口企业的影响为例,其损害大致在以下几个方面:

1. 影响我国出口企业在美国的市场地位

我国出口的传统市场是欧、美、日等发达国家,如果我国出口企业遭遇美国公司"337 调查"起诉,将直接影响被起诉企业的产品出口到美国市场,甚至该产品有可能完全退出美国市场;同时影响中国出口该类合格产品到美国市场,或其他国家市场。这些都将严重影响我国国

际贸易的市场地位和降低出口企业的经济效益;

2. 增加了企业出口的难度

在各国关税大幅下调的情况下,国际贸易壁垒逐渐转向苛刻的技术标准。美国对知识产权法律、规定、标准等多次进行修订,用以限制进口商品,这些足可反映此类情况的存在。

3. 我国的制造业企业受到严重威胁

我国中小企业以制造业为主,大部分商品都是日常生活用品,"337调查"将造成中小企业的大批出口商品被堵截、被囤积,其损失非常惨重,甚至会直接或间接地导致企业的破产或关闭。

4. 应诉难度大,有的企业不得不放弃应诉

诉讼费用非常高,加上程序复杂,手续烦琐,交易成本高,单个企业往往难以承受。因此,大多数企业不得不放弃应诉。然而根据"337条款",如果被起诉企业不应诉,则属于自动败诉,ITC将发出"永久排斥令",使所有生产该产品的中国企业都无法进入美国市场。

【小案例10.7】

美国对进口显示设备及大规模集成电路半导体芯片发起337调查

2010年4月15日,美国国际贸易委员会应日本索尼公司的申请,对进口显示设备,包括数字电视和监视器(certain display devices, including digital televisions and monitors)启动337调查。福建、北京、武汉三家企业涉案。

2010年4月29日,美国国际贸易委员应日本松下公司的申请,对进口大规模集成电路半导体芯片(Large Scale Intergrated Circuit Semiconductor Chips)启动337调查。天津、上海两家企业涉案。

(资料来源:中华人民共和国商务部进出口公平贸易局)

【小案例10.8】

美国对中国输美手提包、皮包等产品发起337调查(2011-01-05)

2010年12月29日,应路易威登公司申请,美国国际贸易委员会(以下简称"ITC")对美国与中国8家对美出口、在美进口或销售手提包、皮包及相关附件和包装的企业发起337调查。申请人指控上述企业侵犯了其在美注册有效的8项商标权利,要求ITC对侵权企业发布排除令和禁止令。我广东两家企业被列为被告。

这是2010年外国企业向ITC提起的涉及我国产品的第19起337调查。

(文章来源:中华人民共和国商务部进出口公平贸易局)

二、贸易摩擦对中国外贸的影响及中国的应对策略

(一)贸易摩擦对中国外贸的影响

从长远来看,国外反倾销给中国经济和贸易发展带来的负面影响是不容忽视的。这些影响主要体现在以下几个方面:

1. 阻碍中国产业结构的调整和技术改造

近年来,中国将吸收和引进发达国家的先进技术设备、推动国内产业的技术更新和改造视为一项重要任务,并取得了一定进展,发达国家向中国转让技术方面也开始实行较为宽松的政策。但中国引进项目的数量取决于出口创汇的能力。国外的反倾销不仅削弱了中国商品出口创汇的能力,同时也进一步妨碍了中国吸收国外先进技术、促进产业结构调整的步伐。

2. 危害中国新兴产业的健康发展

各国针对中国的反倾销和反补贴调查一般集中在新兴的、出口潜力巨大的产业和产品。如果我们出口导向型的产业长期受到国外反倾销措施的制约,则产业的发展毫无疑问会受到严重影响。欧盟对中国出口彩电的反倾销就是一个典型的例证。1988年欧盟首次对中国的彩电进行反倾销调查,当年我们的出口额为1.02亿美元,但已拥有上亿美元对欧盟的出口能力。自1988年到现在,彩电在欧盟遭到反倾销调查和征税已经长达14年,这14年给我们的出口带来了极大的影响。

3. 中国产品出口受到巨大损失

据有关专家的保守估计,反倾销已给中国造成的直接损失达160亿美元。如果按照反倾销税征收5年的规定计算,我们现在按照当年160亿美元出口额计算的,中国因国外反倾销的出口损失高达800亿美元。国外对中国反倾销使中国外汇收入减少,直接影响到中国的国际收支平衡,并进一步影响中国制造业及相关行业的发展。仅外国对中国出口旅行包反倾销指控成立这一项,就使中国失去6亿美元的市场。

4. 中国一些产品的国际市场份额萎缩

倾销指控一旦成立,对中国同类产品出口危害极大。前几年,欧盟对中国企业进行反倾销起诉,几乎使中国一些产品在欧洲市场被扫荡一空。这是因为对中国某种产品倾销的指控一旦确定,则所有来自中国的同类产品就将被征收高额反倾销税,最后导致中国企业不得不退出这一市场的严重后果。而且在国际上,很容易引起其他国家效仿,带来连锁反应。如1993年以前,中国每年向欧盟出口彩电100万台以上,但被反倾销之后,到1999年仅出口3万多台;1991年中国对欧盟出口自行车达200多万辆,近2亿美元,1993年被征30.6%的反倾销税后到1999年仅出口23.9万辆,566.3万美元;1994年美国对中国大蒜征收376.67%的高额反倾销税后,中国大蒜彻底退出了美国市场。

5. 出口受阻产品连带冲击国内市场

中国出口商品被征收反倾销或反补贴税后,受阻于国外市场,在一时来不及转移市场或因其连锁反应而转移市场无望的情况下,势必返销国内市场。这些商品严重冲击国内市场,造成国内市场供求失衡及物价非正常波动,影响国内经济的发展。

6. 影响中国吸引和利用外资的质量

由于许多国家对中国产品进行反倾销调查时拒绝将中国视为"市场经济国家",不给企业分别税率,从而使部分生产相关产品的外商投资企业也陷入困境。该产品所属行业对外商将失去投资吸引力,因而也将影响外资的引入。在外国对中国反倾销的剧烈冲击下,中国三资企业的经济效益不同程度地受到损害,部分三资企业甚至被迫减产、停产或转产,从而使外商在中国投资的信心受挫,大大恶化了中国的投资环境,其影响深远而持久。

(二)中国应对贸易摩擦的措施

现在,对于很多中国外贸企业而言,贸易摩擦已经远非"反倾销"可以涵盖——反补贴、反规避、产业损害、337调查、301报告……这些都成了中国企业耳熟能详的名词。从年初到年尾,来自欧美发达国家和部分发展中国家频繁的、不同手段的贸易保护行动,一直如影随形,让数以万计的中国外贸企业窒碍难行。

回顾2010年,贸易摩擦数量虽然略有下降,但是可以肯定,取得好结果是越来越难。常态化的贸易摩擦已经成为中国企业后危机时代必须应对的最大考验之一。因此如何积极应对日益频繁的国际贸易摩擦,是摆在每一个中国出口企业面前的一个亟待解决的问题。从目前来看,我国应对贸易摩擦的措施如下:

1. 积极应对,构筑公平的国际贸易环境

(1)建章立制,不断完善贸易摩擦应对机制。在贸易摩擦应对过程中,我国建立了商务部(包括驻外经商机构)、地方商务主管部门、中介组织、有关企业"四体联动"的公平贸易工作机制,形成了群策群力、共同参与的应对格局。明确了在反倾销应诉中企业是应诉主体,商协会负责组织协调,政府重在指导和对外交涉。近几年来,商务部、地方商务主管部门、商协会等中介组织和企业在应对国外反倾销案,尤其在应对大要案方面发挥了重要作用,这在应对欧盟皮鞋案中表现尤为突出。在该案的原审和复审过程中,商务部作为政府指导部门积极向欧委会进行交涉;广东、福建、浙江等地方商务主管部门积极协助,有效指导和推动辖区内企业应诉;轻工商会、皮革协会作为案件应诉的组织协调单位,在组织培训、动员应诉、聘请律师、交涉游说等方面做了大量工作;企业应诉主体作用在该案中也得到充分体现,共有163家企业积极应诉,创欧盟个案应诉企业数量之最,部分企业还成立"欧盟对华鞋产品反倾销应对联盟",积极聘请欧盟著名经济专家和律师加强无损害抗辩,此案最终取得较好结果。

(2)加强政府间磋商,全力遏制特保对我国出口的影响。截至2010年9月底,我国遭遇来自美国、土耳其、哥伦比亚等国家发起的33起特保调查,涉案金额超过28亿美元。经过与这些国家政府和产业界的多层面交流沟通及缜密细致的法律抗辩,成功化解31起。巴西、南非近两年数次拟发起对我众多劳动密集型产品采取特保,经磋商谈判,目前均妥善化解了矛盾和分歧,有效遏制了特保可能对我出口带来的冲击。

(3)全面指导,协助企业做好大要案应诉工作。我们政府应以大要案为重点,全面指导企业的应诉工作,在应诉技巧、法律服务等方面给应诉企业提供必要的帮助和协调。目前我国企业对美欧反倾销案全部应诉,对发展中国家反倾销案件应诉率也大幅提高,不少典型的大要案都取得较好的应对结果。以2009年为例,欧盟对华冷轧不锈钢薄板和镀锌板反倾销案以无措施结案,两案涉案金额近20亿美元,保住了宝钢、鞍钢等大型国有企业对欧出口市场,提升了中国企业应对贸易摩擦的信心。加拿大防水胶鞋案以无损害结案；俄罗斯对华最大一起反倾销——彩涂板案以无损害结案；巴西终止对我国自行车轮胎和 BOFF 薄膜反倾销调查；印度热轧钢反倾销案、汽车动力转向系统反倾销案终止调查。

（4）广开思路，积极应对贸易壁垒。商务部发布了《对外贸易壁垒调查规则》，将贸易壁垒应对工作纳入法制化、规范化轨道；每年发布一期《国别贸易投资环境报告》，表达我对国外贸易环境的关注，敦促相关贸易伙伴取消壁垒。商务部还指导企业应如何对美国 337 知识产权调查，通过各种方式提高企业的应对能力，特别是在 2009 年我国企业在 8 起 337 调查应对中取得胜利。

2. 妥善运用贸易救济措施，维护国内产业合法权益

"十一五"期间，我国经济和对外贸易发展取得了令人瞩目的成就，国际地位明显提升。但是，我们也看到，我国产业的国际竞争力总体上还比较弱，在激烈的全球化竞争中，我国产业发展面临着巨大压力与挑战，外部风险增大。因此，运用国际通行规则实施贸易救济措施，仍将是维护产业安全、维护公平贸易秩序的有效手段。

（1）不断完善贸易救济法律制度。加入世贸组织后，中国严格按照 WTO 规则修改和完善了贸易救济立法，修订并颁布了新的《中华人民共和国对外贸易法》，该法对贸易救济调查工作进行了授权和规范。随后，国务院根据 WTO 协议，借鉴其他国家成熟立法和实践并结合我国实际情况，颁布了经修订的《反倾销条例》、《反补贴条例》、《保障措施条例》。为更好地实施贸易救济法律、法规、规范，商务部还制定了一系列部门规章，不断增强调查和裁决工作的透明度。此外，商务部调查机关依照 WTO 规则及上述法规、规章，在实际工作中不断规范和完善反倾销调查操作规程。

（2）提高贸易救济措施的运用能力。近年来，我国企业和产业运用贸易救济措施的意识不断增强，调查机关运用贸易救济措施的水平不断提高。反倾销、反补贴等贸易救济措施作为抑制不公平贸易的手段已逐渐被越来越多的国内产业所知悉，并成为国内产业维护其合法权益的重要手段。通过依法、公正、合理地实施贸易救济措施，有效遏制贸易伙伴采取不公平贸易手段对国内产业造成冲击，维护公平竞争的贸易秩序。截至目前，应国内产业申请，我国对进口产品发起反倾销调查案件共 64 起（按 WTO "被调查产品所涉国别数量"进行统计，立案数量为 180 例）。覆盖全国 26 个省区市的近 200 家申请企业，其中包括中石油、中石化、宝钢、武钢等大型生产企业和一批中、小型企业。经过调查，最终采取反倾销措施的案件有 52 起，因申请人撤诉、国内产业无损害等原因终止调查 8 起，还有 4 起案件正在调查。自 2009 年，我国已对进口产品发起反补贴调查共 4 起，最终采取反补贴措施案件 2 起，另有 2 起案件正在调查中。这些措施有效地维护了国内企业的合法权益。

【小案例 10.9】
商务部关于对原产于欧盟、美国和日本的进口相纸产品进行反倾销立案调查的公告

中华人民共和国商务部于 2010 年 11 月 8 日正式收到乐凯胶片股份有限公司代表国内相

纸产业提交的反倾销调查申请,申请人请求对原产于欧盟、美国和日本的进口相纸产品进行反倾销调查。

商务部依据《中华人民共和国反倾销条例》有关规定,对申请人的资格、申请调查进口产品的有关情况、中国同类产品的有关情况、申请调查进口产品对国内产业的影响、申请调查国家(地区)的有关情况等进行了审查。同时,商务部就申请书中提供的涉及倾销、损害及倾销与损害之间的因果关系等方面的证据进行了审查。申请人提供的初步证据表明,申请人乐凯胶片股份有限公司相纸产量在2007年、2008年、2009年、2010年1~6月占同期中国同类产品总产量的比例均为100%,符合《中华人民共和国反倾销条例》第十一条、第十三条和第十七条有关国内产业提出反倾销调查申请的规定。同时,申请书中包含了《中华人民共和国反倾销条例》第十四条、第十五条规定的反倾销调查立案所要求的内容及有关证据。

根据上述审查结果及《中华人民共和国反倾销条例》第十六条规定,商务部决定自2010年12月23日起对原产于欧盟、美国和日本的进口相纸产品进行反倾销立案调查。本次调查自2010年12月23日起开始,通常应在2011年12月23日前结束调查,特殊情况下可延长至2012年6月23日。

(资料来源:中华人民共和国商务部)

3. 加强多、双边交流

(1)有效利用多边场合增信释疑。中国积极参与WTO贸易政策审议机制和贸易救济措施委员会例会,答复成员对我国贸易救济政策与实践的关注,同时对其他成员的贸易救济政策和措施提出评论和质疑。2007年6月,举办了"中国反倾销立法与实践十周年国际研讨会",邀请了WTO秘书处和美国、欧盟、南非、巴基斯坦、澳大利亚等国家的同行参会,交流各自反倾销的立法与实践。我们还连续3年举办了3期发展中国家官员贸易救济研修班和3期发展中国家官员贸易壁垒研修班,为几十个发展中国家培训了数百位政府官员,同时还利用研修班机会加深了相互了解,加强了合作。

(2)与重点国家建立贸易救济合作机制。我国不断加强与有关国家贸易救济调查机构的交流与对话,本着"因国而异、形式多样、增信释疑、减少摩擦"的原则,与南非、埃及、韩国、巴基斯坦、阿根廷、巴西、美国、澳大利亚、俄罗斯、乌兹别克斯坦等10多个国家正式建立起贸易救济合作机制。每年定期召开贸易救济合作会议,交流双方贸易救济措施的运用情况和相关机制、法规的变化情况,通报针对或涉及对方的贸易救济调查的决定和结果等。这些沟通和交流能显著提升我国贸易摩擦的应对效果。

本章小结

(1)知识产权保护涉及的内容涵盖版权、商标、专利、标识、集成电路外观的设计等。TRIPs的出现,统一了国际知识产权标准的保护制度,对知识产权的范围、类别、保护以及争端解决问题做出了详细的规定。这有利于维护各个国家和地区的知识产权免受侵害以及知识产权贸易的进一步的发展。中国在保护自身的知识产权免受侵害的同时又要避免陷入他国的知识产权纠纷,这需要我们做到健全进口贸易中的知识产权管理制度,强化产权意识,提高创新能力,打赢知识产权纠纷的关键一仗。

(2)世界发展的趋势要求贸易的开展必须要对环境问题负责。环境贸易壁垒的愈演愈烈真实地昭示了国际日趋激烈的竞争。如果我们不以积极的态度做出回应,大幅度地提高我国企业和产品的国际竞争力,就难以继续保持我国产品出口大国的优势地位。我们要在提高环保意识的同时,大力推行环境标准制度和环境认证制度,调整贸易结构和产业结构,推动企业进行清洁生产。此外还要严禁国外污染产品和产业流入我国。

(3)贸易摩擦的增加已经成为当今世界经济发展过程中的突出特征。当前,中国的国际贸易摩擦数量居高不下,已从传统市场扩散到新兴市场。贸易摩擦的主要表现形式是环境贸易壁垒、知识产权壁垒、反倾销、反补贴、反规避、产业损害、337调查、301报告等。为了更好地应对贸易摩擦,我们应不断完善贸易摩擦应对机制,加强政府间磋商、指导,协助企业做好大要案应诉工作,与此同时也要妥善运用贸易救济措施,维护国内企业的合法权益。

思 考 题

1. 中国在出口知识产权方面做了哪些努力?还有哪些不足?
2. 环境贸易壁垒的特点及表现形式是什么?对中国外贸的影响有哪些?
3. 中国遭受贸易摩擦的新趋势是什么?如何来应对?

【阅读资料】

中美轮胎特保案

美国总统奥巴马于2009年9月11日宣布对中国轮胎特保案实施限制关税。白宫在声明中说:"奥巴马总统今日签署一项决定,对中国输美乘用车与轻型卡车轮胎连续3年加征特别从价关税,以此规范因轮胎进口而被扰乱的市场秩序。"美国将在现行进口关税(3.4%~4.0%)的基础上,对中国输美轮胎连续3年分别加征55%、45%和35%的从价特别关税。此规定将于2009年9月26日生效。

相关措施增加了美国低收入消费者的经济负担。根据美国内一些机构的数据显示,美国轮胎的平均价格已经上涨10%~20%。虽然轮胎价格还受橡胶成本等其他因素影响,但加征关税显然是轮胎涨价的重要原因。

尽管对中国采取特保措施,但美国同类轮胎进口总量早已超过实施前的水平,2010年上半年,美国相关类型轮胎的进口总量增加了21%,进口价格则上涨了30%。特保措施使中国对美轮胎出口明显下降,美国转而向其他国家扩大进口。

2010年12月13日,世贸组织争端解决机构向世贸组织成员散发了中国诉美轮胎特保措施世贸组织争端案(DS399)专家组报告。专家组没有裁定美国针对中国输美轮胎所采取的特保措施违反世贸规则。商务部条法司负责人对这一裁决表示遗憾,并指出,中方对专家组裁决可能产生的负面影响深表关注,将仔细研究专家组报告,并适时提起上诉,以维护中方产业的合法权益。

(资料来源:中华人民共和国商务部进出口公平贸易局)

参考文献

[1] 谢国娥,孙定东. 中国对外贸易概论新编[M]. 上海:华东理工大学出版社,2007.
[2] 闫志军. 中国对外贸易概论[M]. 2版. 北京:科学出版社,2011.
[3] 温耀庆,鲁丹萍. 商检与报关实务[M]. 北京:清华大学出版社,2007.
[4] 黄晓玲. 中国对外贸易概论[M]. 2版. 北京:对外经济贸易大学出版社,2009.
[5] 岑维廉,钟昌元,王华. 关税理论与中国关税制度[M]. 上海:上海人民出版社,2006.
[6] 杨逢珉. 中国对外贸易概论[M]. 北京:中国商务出版社,2009.
[7] 赵玉阁. 中国对外贸易教程[M]. 北京:科学出版社,2004.
[8] 谢凤燕. 现代海关管理[M]. 成都:西南财经大学出版社,2003.
[9] 陈铮. 国际结算[M]. 上海:上海财经大学出版社,2005.
[10] 李欣广. 理性思维:国际贸易理论的探索与发展[M]. 北京:中国经济出版社,1997.
[11] 杨圣明. 中国对外经贸理论前沿[M]. 社会科学文献出版社,1999.
[12] 王俊宜. 国际贸易[M]. 北京:中国发展出版社,2003.
[13] 华民. 国际经济学[M]. 上海:复旦大学出版社,1998.
[14] 奥林. 地区间贸易和国际贸易[M]. 上海:商务印书馆,1986.
[15] 杰弗里. 萨克斯. 全球视角的宏观经济学[M]. 上海:上海人民出版社;上海三联出版社,1997.
[16] DENNIS R. APPLEYARD & ALFRED J. FIELD, Jr. 国际经济学[M]. 英文版. 3版. 北京:机械工业出版社,1998.
[17] 杨清真. 中国对外贸易概论[M]. 北京:清华大学出版社,2009.
[18] 曲如晓. 中国对外贸易概论[M]. 机械工业出版社,2009.
[19] 舒玉敏. 中国对外贸易[M]. 对外经济贸易大学出版社,2005.
[20] 张鸿. 中国对外贸易战略的调整[M]. 上海:上海交通大学出版社,2006.
[21] 熊晓琳. 新型工业化道路中的对外贸易发展战略研究[M]北京:中国社会科学出版社,2009.
[22] 白万钢. 中国外贸企业战略转型[M]. 北京:中国发展出版社,2009.
[23] 徐复. 中国对外贸易[M]. 北京:清华大学出版社,2006.
[24] 邹忠全. 中国对外贸易概论[M]. 大连:东北财经大学出版社,2006.
[25] 黄汉民. 中国对外贸易[M]. 北京:中国财政经济出版社,2009.
[26] 刘辉群,王艳荣. 中国对外贸易概论[M]. 厦门:厦门大学出版社,2010.
[27] 胡元礼,岳秀芹. 也谈与国际贸易有关的知识产权保护[J]. 北方经贸,2006(2):31-32.

[28] 刘阳.试析中美知识产权领域贸易争端的最新发展动向[J].知识产权研究,2005(3):57-60.
[29] 李锐,牛立亭,等.我国贸易摩擦的现状分析及应对策略[J].中国对外贸易,2007(3):86-88.
[30] 江小涓,杨圣明.中国对外经贸理论前沿Ⅱ[M].北京:社会科学文献出版社,2001.
[31] 刘庆林.国际服务贸易[M].北京:人民邮电出版社,2004.
[32] 饶友玲.国际服务贸易[M].北京:对外经济贸易大学出版社,2005.
[33] 林珏.国际技术贸易[M].上海:上海财经大学出版社,2006.
[34] 李虹.国际商务中的技术转让[M].北京:经济科学出版社,2005.
[35] 陈忠培,齐景升,王翰铭.国际技术贸易实务教程[M].北京:中国海关出版社,2003.

读者反馈表

尊敬的读者：

　　您好！感谢您多年来对哈尔滨工业大学出版社的支持与厚爱！为了更好地满足您的需要，提供更好的服务，希望您对本书提出宝贵意见，将下表填好后，寄回我社或登录我社网站（http://hitpress.hit.edu.cn）进行填写。谢谢！您可享有的权益：

☆ 免费获得我社的最新图书书目　　　☆ 可参加不定期的促销活动
☆ 解答阅读中遇到的问题　　　　　　☆ 购买此系列图书可优惠

读者信息
姓名_____　□先生　□女士　　年龄_____　学历_____
工作单位_____　职务_____
E-mail_____　邮编_____
通讯地址_____
购书名称_____　购书地点_____

1. 您对本书的评价

内容质量　　□很好　　　□较好　　　□一般　　　□较差
封面设计　　□很好　　　□一般　　　□较差
编　　排　　□利于阅读　□一般　　　□较差
本书定价　　□偏高　　　□合适　　　□偏低

2. 在您获取专业知识和专业信息的主要渠道中，排在前三位的是：
　①_____　　②_____　　③_____
A.网络 B.期刊 C.图书 D.报纸 E.电视 F.会议 G.内部交流 H.其他：_____

3. 您认为编写最好的专业图书(国内外)

书名	著作者	出版社	出版日期	定价

4. 您是否愿意与我们合作，参与编写、编译、翻译图书？
_____

5. 您还需要阅读哪些图书？
_____

网址：http://hitpress.hit.edu.cn
技术支持与课件下载：网站课件下载区
服务邮箱　wenbinzh@hit.edu.cn　　duyanwell@163.com
邮购电话　0451－86281013　　0451－86418760
组稿编辑及联系方式　赵文斌(0451－86281226)　杜燕(0451－86281408)
回寄地址：黑龙江省哈尔滨市南岗区复华四道街10号　哈尔滨工业大学出版社
邮编：150006　传真0451－86414049